Karl Heinz van Wesel
Bezirks-Schornsteinfegermeister
Am Wüllen 21 · 48727 Billerbeck
Telefon 0 25 43 / 2 55 90 · Fax 2 55 91

D1731526

Stehmer

Muster – Kehr- und Überprüfungsordnung

Handbuch für das Schornsteinfegerwesen

Kommentar

Muster – Kehr- und Überprüfungsordnung

Handbuch für das Schornsteinfeger- wesen

Kommentar

von

Wolfgang Stehmer
Mitglied des Landtags von
Baden-Württemberg

Erste Auflage

Verlag W. Kohlhammer

Alle Rechte vorbehalten
© 2007 W. Kohlhammer GmbH Stuttgart
Verlagsort: Stuttgart
Gesamtherstellung W. Kohlhammer
Druckerei GmbH + Co KG., Stuttgart
Printed in Germany

ISBN 978-3-17-019725-1

Inhaltsverzeichnis

Vorwort   V

Abkürzungsverzeichnis   IX

Muster-Verordnungstext   1

Kommentar Muster-KÜO   17
I.   Einführung   17
II.   Rechtsgrundlagen   39
III.   Kehr- oder überprüfungspflichtige Anlagen und
        Einrichtungen   41
IV.   CO-Messung bei Gasfeuerstätten   63
V.   Ausnahmen von der Kehr- oder Überprüfungspflicht.   69
VI.   Kehr- oder Überprüfungsfristen   77
VII.   Anlagen nach § 4 BImSchG   81
VIII.   Ausbrennen, Ausschlagen, Chemisch reinigen   83
IX.   Reinigung asbesthaltiger Schornsteine, Lüftungsanlagen
        und Verbindungsstücke   87
X.   Ankündigung der Schornsteinfegerarbeiten   91
XI.   Kehr- und Überprüfungsintervalle   95
XII.   Zusammenlegung von Kehr- und Überprüfungsarbeiten   98
XIII.   Bescheinigungen über die Mess- und Prüfungsergebnisse. . . .   104
XIV.   Beseitigung der Rückstände   106
XV.   Gebührenerhebung   107
XVI.   Begriffe.   113
XVII.   Inkrafttreten   114

Kommentar Anlage 1 zur Muster-KÜO
(Kehr- oder Überprüfungspflicht)   115

I.   Kehr- oder Überprüfungspflichten allgemein   115
II.   Feste Brennstoffe   119
III.   Flüssige Brennstoffe.   130
IV.   Gasförmige Brennstoffe   142
V.   Sonstige Anlagen   160

Kommentar Anlage 2 zur Muster-KÜO
(Schornsteinfegergebührenverzeichnis)   164

I.   Die Schornsteinfegergebühren nach der neuen
        Muster-KÜO.   164
II.   Grundgebühr (Begehungsgebühr)   195
III.   Arbeitsgebühr je Kehrung   211
IV.   Arbeitsgebühr je Überprüfung   221
V.   Arbeitsgebühr je Emissionsmessung   245
VI.   Arbeitsgebühren für Bauabnahmen   252
VII.   Sonstige Arbeitsgebühren.   261
VIII.   Musterhäuser   269

Inhaltsverzeichnis

IX.   Schornsteinfegergebührenverzeichnis – Kurzfassung   283
X.   Entwurf: Schornsteinfegergebührenverzeichnis mit
      alternativen Gebührenkürzeln   289

Kommentar Anlage 3 zur Muster-KÜO
(Begriffsbestimmungen)   297

Stichwortverzeichnis   331

Vorwort

Der Bund-Länder-Ausschuss „Schornsteinfegerwesen" hat in seiner Sitzung am 21. und 22. Mai 2003 in Erfurt beschlossen, dass ein bundeseinheitliches Arbeitszeitgutachten nach REFA zur Ermittlung von neuen Arbeitswerten im Schornsteinfegerhandwerk in Auftrag gegeben wird. Aufbauend auf die erfolgreich umgesetzten Gutachten in Baden-Württemberg und Bayern sollten erstmals grundlegende Daten für eine einheitliche Gebührenstruktur für Schornsteinfegergebühren in ganz Deutschland erarbeitet und den Ländern zur Umsetzung vorgeschlagen werden. Außerdem wurde beschlossen, ein fachtechnisches Hearing zeitnah durchzuführen, um die Anforderungen an die Kehr- und Überprüfungspflichten zu überprüfen. Ziel war eine neue Muster – Kehr- und Überprüfungsordnung (Muster-KÜO). Dazu wurde eine Projektgruppe eingesetzt, bei der mitwirkten:
Wolfgang Stehmer (Baden-Württemberg) – Vorsitz –, Jürgen Lambrecht (Nordrhein-Westfalen), Karsten Prilop (Hamburg), Gerd Belger (Brandenburg), Wolfgang Ertl (Bayern), Jürgen Gottschlich (BMWT), Klaus Dank, stellv. Bundesinnungsmeister ZIV, Dr. Ing. Dieter Stehmeier, Vorstand Technik ZIV, Hans-Ulrich Gula, Vorstand Finanzen ZIV, Frank Weber, Bundesvorsitzender ZDS, Christian Beyerstedt, Technischer Referent ZDS, Detlef Manger, Rechtsanwalt, Haus & Grund Deutschland (Sitzungen 1–4), Wolf-Bodo Friers, Haus & Grund Deutschland (ab der 6. Sitzung)
Das fachtechnische Hearing hat am 21. und 22. Januar 2004 in Stuttgart, Haus der Wirtschaft, stattgefunden. Die Projektgruppe hat in 15 Sitzungen beraten und konnte am Ende eine völlig überarbeitete Muster-KÜO einschließlich einer Muster-Gebührenordnung für das Schornsteinfegerhandwerk vorlegen. Der Bund-Länder-Ausschuss befasste sich im Frühjahr 2006 in zwei Sitzungen sehr ausführlich mit dem Vorschlag der Projektgruppe und verabschiedete am 31. Mai 2006 in Mainz einstimmig die Muster-KÜO. Er empfahl den Ländern, die Muster-KÜO bis spätestens 1. Januar 2008 als Landesrecht zu beschließen.
Damit besteht erstmals eine Musterempfehlung für eine bundesweit einheitliche Kehr- und Überprüfungsordnung, die sowohl die Regelungen zur Kehr- und Überprüfungspflicht der Gebäudeeigentümer, als auch das Gebührenverzeichnis enthält. In der Systematik folgt die Muster-KÜO der Kehr- und Überprüfungsordnung Baden-Württemberg aus dem Jahr 1999, die sich in den sechs Jahres seit ihrem Inkrafttreten bestens bewährt hat.
Das vorliegende Handbuch kommentiert den Text der Musterverordnung einschließlich der drei Anlagen. Aufgrund der Unsicherheiten über den Fortgang der Schornsteinfegerreform auf Bundesebene wurde darauf verzichtet, das Schornsteinfegergesetz und die dazugehörige Verordnung in das Handbuch aufzunehmen. Auch baurechtliche, immissionsschutzrechtliche und energierechtliche Vorschriften sind im Handbuch nicht enthalten, da die rechtlichen Regelungen derzeit grundlegend überprüft werden.
Auf landesspezifische Abweichungen kann das Handbuch in der ersten Auflage nicht eingehen, da diese bei der Drucklegung noch nicht bekannt waren. Diese werden in einer zweiten Auflage berücksichtigt, wenn dazu Bedarf besteht.
Das Handbuch ist der Standardkommentar für sämtliche Schornsteinfeger in Deutschland und solche, die es einmal werden wollen. Es ist ein unentbehrliches Handwerkszeug für alle Verwaltungsbeamten, die mit der

schwierigen Materie umgehen müssen. Es richtet sich auch gleichermaßen an die fachlich interessierten Kunden der Bezirksschornsteinfegermeister. Bei der Erarbeitung dieses Handbuches haben insbesondere Dr. Ing. Dieter Stehmeier, Hans-Ulrich Gula, Klaus Dank vom Bundesverband des Schornsteinfegerhandwerk – Zentralinnungsverband (ZIV) – und Christian Beyerstedt, Magnus Werner vom Zentralverband Deutscher Schornsteinfeger e.V. – Gewerkschaftlicher Fachverband – (ZDS) tatkräftig mitgewirkt. Dafür sind Verlag und Verfasser dankbar. Ohne ihre Beiträge wäre es nicht möglich gewesen, die komplexe Materie mit vielen technischen Begriffen zu kommentieren. Vielen Dank auch meiner Frau Lioba für ihren Lektorendienst.

Verlag und Verfasser sind für Anregungen und Kritik zu diesem Handbuch dankbar. Am schnellsten gehen diese über die E-Mail-Adresse info@wolfgang-stehmer.de.

Hemmingen, Juni 2007 Wolfgang Stehmer MdL

Abkürzungsverzeichnis

a.a.O.	=	am angegebenen Ort
Abs.	=	Absatz
AGWÜ	=	Abgaswegüberprüfung (in BW veraltet: Abgaswegeüberprüfung)
allg.	=	allgemein
AW	=	Arbeitswert
Az.	=	Aktenzeichen
BGB	=	Bürgerliches Gesetzbuch
BGBl.	=	Bundesgesetzblatt
BImSchG	=	Bundesimmissionsschutzgesetz
BImSchV	=	Verordnung zur Durchführung des Bundesimmissionsschutzgesetzes
BLA	=	BLA-Ausschuss, hier: Bund-Länder-Ausschuss der Fachreferenten im Schornsteinfegerwesen
BSM	=	Bezirksschornsteinfegermeister
BTV	=	Bundestarifvertrag im Schornsteinfegerhandwerk
BVerwG	=	Bundesverwaltungsgericht
BW	=	Baden-Württemberg
BY	=	Bayern
bzw.	=	beziehungsweise
CO	=	Kohlenmonoxid
CO_2	=	Kohlendioxid
d.h.	=	das heißt
DIN	=	DIN-Normen und Deutsches Institut für Normung
DM	=	Deutsche Mark
DVBl.	=	Deutsches Verwaltungsblatt
EnEG	=	Energieeinsparungsgesetz
EnEV	=	Energieeinsparverordnung
Erl.	=	Erläuterungen
EStG	=	Einkommenssteuergesetz
evtl.	=	eventuell
€	=	Euro
f(x)	=	Ergebnis einer Funktionsgleichung
FeuVO	=	Feuerungsverordnung
ff.	=	folgende (Paragrafen)
FS	=	Feuerstättenschau
FwG	=	Feuerwehrgesetz
GABl.	=	Gemeinsames Amtsblatt des Landes Baden-Württemberg
Geb.Verz.	=	Schornsteinfegergebührenverzeichnis
HeizAnlV	=	Heizungsanlagen-Verordnung

Abkürzungsverzeichnis

HM	=	Hundertstel Minute
i.d.R.	=	in der Regel
i.S.v.	=	im Sinne von
i.V.	=	in Verbindung
Kap.	=	Kapitel
KÜGebO	=	Kehr- und Überprüfungsgebührenordnung
KÜO	=	Kehr- und Überprüfungsordnung
KÜO-BW 1985	=	Kehr- und Überprüfungsordnung Baden-Württemberg vom 11.12.1984, GBl. S. 544
KÜO-BW 1991	=	Kehr- und Überprüfungsordnung Baden-Württemberg vom 5.12.1990, GBl. S. 409
KÜO-BW 2000	=	Kehr- und Überprüfungsordnung Baden-Württemberg vom 30.09.1999, GBl. S. 439
kW	=	Kilowatt
LAS	=	Luft-Abgas-Schornstein
LBO	=	Landesbauordnung
LIV	=	Landesinnungsverband (des Schornsteinfegerhandwerks)
LS	=	Lüftungsschacht
LVwVfG	=	Landesverwaltungsverfahrensgesetz
Min.	=	Minuten
Mio.	=	Million
Muster-FeuVO	=	Muster-Feuerungsverordnung
Muster-KÜO	=	derzeit gültige Muster – Kehr- und Überprüfungsordnung für Deutschland = Muster-KÜO 2006
Muster-KÜO 2006	=	Muster-KÜO aus dem Jahr 2006
Muster-KÜO 1988	=	Muster-KÜO aus dem Jahr 1988
MW	=	Megawatt
Nr.	=	Nummer
REFA	=	Verband für Arbeitsstudien
S.	=	Seite
s.	=	siehe
S1	=	Schornstein, einmalige Kehrung
SchfG	=	Schornsteinfegergesetz
sog.	=	so genannt
TAF	=	Vordruck „Technische Angaben über Feuerungsanlagen"
Tge	=	Tage
TRGI	=	Technische Regeln für Gasinstallationen
TRGS	=	Technische Regeln für Gefahrstoffe
u.a.	=	unter anderem
VG	=	Verwaltungsgericht
VGH BW	=	Verwaltungsgerichtshof Baden-Württemberg

vgl.	=	vergleiche
VO	=	Verordnung
VwV	=	Verwaltungsvorschrift
WM-BW	=	Wirtschaftsministerium Baden-Württemberg
z.B.	=	zum Beispiel
ZDS	=	Zentralverband Deutscher Schornsteinfeger e.V., Gewerkschaftlicher Fachverband
Ziff.	=	Ziffer
ZIV	=	Bundesverband des Schornsteinfegerhandwerks – Zentralinnungsverband
z.T.	=	zum Teil

Die Abkürzungen, die in der Anlage 2 Muster-KÜO (Schornsteinfegergebührenverzeichnis) verwendet werden, sind auf den Seiten 7–14 abgedruckt.

Weitere Abkürzungen sind auch auf den Seiten 288 (Kurzfassung des Schornsteinfegergebührenverzeichnisses) und 289–296 (Schornsteinfegergebührenverzeichnis mit alternativen Gebührenkürzeln) aufgeführt.

Muster einer Verordnung über die Kehrung und Überprüfung von Feuerungsanlagen, Lüftungsanlagen und ähnlichen Einrichtungen (Kehr- und Überprüfungsordnung – KÜO)

Endfassung: 31. Mai 2006

Es wird verordnet auf Grund von

1. § 1 Abs. 2 und § 24 Abs. 1[1] des Schornsteinfegergesetzes (SchfG) in der Fassung vom 10. August 1998 (BGBl. I S. 2072), nach Anhörung der in diesen Vorschriften genannten Verbände,
2. § ..... der Verordnung der Landesregierung über die Zuständigkeit zum Erlass von Rechtsverordnungen nach dem Schornsteinfegergesetz vom .... (......):

§ 1 Kehr- oder überprüfungspflichtige Anlagen und Einrichtungen

(1) Kehr- oder überprüfungspflichtig sind folgende Anlagen und Einrichtungen in Verbindung mit der Verbrennung fester, flüssiger und gasförmiger Brennstoffe und ähnliche Einrichtungen:

1. Abgasanlagen,
2. Heizgaswege der Feuerstätten,
3. Räucheranlagen, ausgenommen Koch- und Garschränke,
4. Notwendige Verbrennungsluft- und Ablufteinrichtungen,
5. Dunstabzugsanlagen, die nicht ausschließlich privat genutzt werden,
6. *(länderspezifische Anlagen und Einrichtungen wie:* Be- und Entlüftungsanlagen nach § 59 SchfG, *Rauchfänge, Rußkästen, Abschlussklappen, Vorschornsteine, Heizgaszüge aller Backöfen mit Ausnahme der Dampfbacköfen, etc.).*

Die Anlagen und Einrichtungen sind dabei in einem Arbeitsgang nach den anerkannten Regeln der Technik zu kehren oder zu überprüfen. Die Überprüfung schließt erforderlichenfalls eine Kehrung mit ein. Dies gilt nicht für Heizgaswege von Feuerstätten, Be- und Entlüftungsanlagen nach § 59 SchfG und für Dunstabzugsanlagen.

(2) Der Kohlenmonoxidanteil darf, bezogen auf unverdünntes, trockenes Abgas, bei Gasfeuerstätten nicht mehr als 1.000 ppm und bei Blockheizkraftwerken, Wärmepumpen und ortsfesten Verbrennungsmotoren nicht mehr als 1.500 ppm betragen. Bei Überschreitung dieser Werte ist die Überprüfung innerhalb einer angemessenen Frist zu wiederholen.

Eine Kohlenmonoxidmessung entfällt bei

1. gasbeheizten Wäschetrocknern, es sei denn, diese wird von baurechtlichen Vorschriften oder vom Hersteller gefordert, und
2. Gasfeuerstätten ohne Gebläse mit Verbrennungsluftzufuhr und Abgasabführung durch die Außenwand, deren Ausmündung des Abgasaustritts im Bereich von mehr als 3 m über Erdgleiche liegt und zu Fenstern, Türen und Lüftungsöffnungen einen Abstand von mehr als 1 m hat.

---

[1] § 24 Abs. 1 SchfG ist nur einzusetzen, wenn § 4 in die KÜO aufgenommen wird.

(3) Von der Kehr- oder Überprüfungspflicht sind ausgenommen:

1. dauernd unbenutzte Anlagen und Einrichtungen nach Absatz 1, wenn die Anschlussöffnungen für Feuerstätten für feste und flüssige Brennstoffe an der Abgasanlage dichte Verschlüsse aus nicht brennbaren Stoffen haben oder die Gaszufuhr zu Feuerstätten für gasförmige Brennstoffe durch Verschluss der Gasleitungen mittels Stopfen, Kappen, Steckscheiben oder Blindflanschen dauerhaft unterbunden ist,

2. freistehende senkrechte Teile der Abgasanlagen mit einem lichten Querschnitt von mehr als 10.000 cm^2 an der Sohle,

3. frei in Wohnungen oder Aufenthaltsräumen verlaufende demontierbare Verbindungsstücke von Einzelfeuerstätten, Etagenheizungen oder Heizungsherden für feste oder flüssige Brennstoffe (Ofenrohre), sofern sie nicht von unten in die Schornsteinsohle einmünden und nicht abgedeckt werden können,

4. Heizgaswege in Feuerstätten von kehrpflichtigen Anlagen, sofern es sich bei der Feuerstätte nicht um einen offenen Kamin handelt, und von unbenutzten Anlagen,

5. dicht geschweißte Abgasanlagen von Blockheizkraftwerken, Kompressionswärmepumpen und ortsfesten Verbrennungsmotoren,

6. gasbeheizte Haushalts-Wäschetrockner mit einer maximalen Wärmebelastung bis 6 kW und

7. *(länderspezifische Ausnahmen wie: Be- und Entlüftungsanlagen in Wohngebäuden mit nicht mehr als zwei Nutzungseinheiten, an die keine besonderen brandschutztechnischen Anforderungen gestellt werden).*

(4) Die Anzahl der Kehrungen oder Überprüfungen richtet sich nach Anlage 1. Im Einzelfall ist die in Anlage 1 bestimmte Anzahl der Kehrungen oder Überprüfungen zu erhöhen, wenn es die Feuersicherheit erfordert. Zusätzliche Kehrungen oder Überprüfungen hat der Bezirksschornsteinfegermeister schriftlich gegenüber dem Eigentümer des Grundstücks oder der Räume zu begründen. Auf Antrag des Eigentümers entscheidet die untere Verwaltungsbehörde nach Anhörung des Bezirksschornsteinfegermeisters. Wurden Anlagen und Einrichtungen nach Absatz 3 Nr. 1 zum Zeitpunkt der letzten regulären Kehrung oder Überprüfung nicht benutzt, sind sie vor Wiederinbetriebnahme zu überprüfen und erforderlichenfalls zu kehren.

(5) Im Einzelfall kann die untere Verwaltungsbehörde auf Antrag des Eigentümers des Grundstücks oder der Räume und nach Anhörung des zuständigen Bezirksschornsteinfegermeisters für kehr- oder überprüfungspflichtige Anlagen und Einrichtungen, die Bestandteil einer immissionsschutzrechtlich genehmigungsbedürftigen Anlage nach § 4 des Bundesimmissionsschutzgesetzes sind, von dieser Verordnung abweichende Regelungen treffen, wenn die Feuersicherheit durch besondere brandschutztechnische Einrichtungen oder andere Maßnahmen sichergestellt ist.

§ 2 Besondere Kehrarbeiten

(1) Eine kehrpflichtige Anlage ist auszubrennen, auszuschlagen oder chemisch zu reinigen, wenn die Verbrennungsrückstände mit den üblichen Kehrwerkzeugen nicht entfernt werden können. Es darf nicht ausgebrannt werden, wenn der Zustand der Anlage oder sonstige gefahrbringende Umstände entgegenstehen. Ausbrennarbeiten dürfen nur von einem Schornsteinfegermeister durchgeführt werden. Der Zeitpunkt des Ausbrennens ist dem Eigentümer des Grundstücks oder der Räume oder dessen Beauftragten, den Hausbewohnern und der Feuerwehr vorher mitzuteilen. Nach dem Ausbrennen ist die Anlage auf Brandgefahren zu überprüfen.

(2) Reinigungsarbeiten an asbesthaltigen Abgas- und Lüftungsanlagen und Verbrennungsluft- und Ablufteinrichtungen dürfen nur von sachkundigen Schornsteinfegern, entsprechend den Technischen Regeln für Gefahrstoffe (TRGS) 519 „As-

best, Abbruch-, Sanierungs- oder Instandhaltungsarbeiten", durchgeführt werden; die Reinigung ist nach dem vom Bundesverband des Schornsteinfegerhandwerks – Zentralinnungsverband (ZIV) – herausgegebenen Arbeitsblatt 702 durchzuführen.

§ 3 Ankündigung und Durchführung der Kehr- oder Überprüfungsarbeiten

(1) Der Termin der beabsichtigten Kehrung oder Überprüfung sowie der Feuerstättenschau ist spätestens fünf Werktage vor der Durchführung anzukündigen, soweit nicht einzelne Eigentümer von Grundstücken oder Räumen oder deren Beauftragte darauf verzichten.

(2) Die Kehr- oder Überprüfungsarbeiten sind unter Berücksichtigung der Feuersicherheit in möglichst gleichen Zeitabständen durchzuführen.

(3) In einem gemeinsamen Arbeitsgang sind durchzuführen:

1. bei Feuerstätten zur Verbrennung fester Brennstoffe, die nach § 15 1. BImSchV wiederkehrend gemessen werden:
   – Emissionsmessungen nach § 15 1. BImSchV und
   – Feuerstättenschauen nach § 13 Abs. 1 Nr. 2 SchfG;
2. bei Feuerstätten zur Verbrennung flüssiger Brennstoffe, die nach § 15 1. BImSchV wiederkehrend gemessen werden:
   – Emissionsmessungen nach § 15 1. BImSchV,
   – Überprüfungs- und erforderlichenfalls Kehrarbeiten nach Anlage 1 Nr. 2.5–2.10, soweit diese nicht zweckmäßigerweise zusammen mit Kehr- oder Überprüfungsarbeiten nach Anlage 1 Nr. 1 oder 2.1–2.3 auf dem gleichen Grundstück durchgeführt werden können und
   – Feuerstättenschauen nach § 13 Abs. 1 Nr. 2 SchfG;
3. bei Feuerstätten zur Verbrennung gasförmiger Brennstoffe:
   – Emissionsmessungen nach § 15 1. BImSchV,
   – Überprüfungs- und erforderlichenfalls Kehrarbeiten nach Anlage 1 Nr. 3, soweit diese nicht zweckmäßigerweise zusammen mit Kehr- oder Überprüfungsarbeiten nach Anlage 1 Nr. 1 oder 2 auf dem gleichen Grundstück durchgeführt werden können und
   – Feuerstättenschauen nach § 13 Abs. 1 Nr. 2 SchfG.

(4) Über das Ergebnis der Feuerstättenschau, der Abgaswegeüberprüfung und der Dunstabzugsanlagenüberprüfung hat der Bezirksschornsteinfegermeister dem Eigentümer des Grundstücks oder der Räume eine Bescheinigung auszustellen.

(5) Die bei den Arbeiten anfallenden Rückstände sind vom Schornsteinfeger zu entfernen und in die vom Eigentümer des Grundstücks oder der Räume oder dessen Beauftragten bereitzustellenden geeigneten Behälter zu füllen.

§ 4 Gebührenerhebung

(1) Der Bezirksschornsteinfegermeister erhebt für die nach §§ 13 Abs. 1 Nr. 1, 2, 4, 9, 10 und 11 sowie 59 Abs. 1 SchfG vorgeschriebenen Arbeiten eine Gebühr. Diese bemisst sich nach den in Anlage 2 festgesetzten Arbeitswerten (AW). Neben den Gebühren kann die Erstattung von Auslagen nur entsprechend der Anlage 2 verlangt werden.

(2) Das Entgelt für einen Arbeitswert beträgt .... Euro zuzüglich der gesetzlichen Umsatzsteuer.

(3) Die nach dieser Verordnung zu erhebenden Gebühren und Auslagen werden nach Durchführung der jeweiligen Arbeiten zur Zahlung fällig. Der Bezirksschornsteinfegermeister kann mit Zustimmung des Gebührenschuldners eine Jahresrechnung stellen.

§ 5 Begriffe

Bei der Anwendung dieser Verordnung sind die in Anlage 3 aufgeführten Begriffe zugrunde zu legen.

§ 6 Inkrafttreten

Diese Verordnung tritt am .... in Kraft. Gleichzeitig treten außer Kraft:

a) die Kehr- und Überprüfungsordnung vom .... (....... S. ....),
   zuletzt geändert durch Verordnung vom .... (.......
   S. ....);

b) die Kehr- und Überprüfungsgebührenordnung vom .... (......
   S. ....), zuletzt geändert durch Verordnung vom ....
   S. ....).

Muster-KÜO

Anlage 1 (zu § 1 Abs. 4) Kehr- oder Überprüfungspflicht

Anlagen, Einrichtungen und deren Benutzung	Kehrpflicht	Überprü-fungspflicht
1. Feste Brennstoffe		
1.1 ganzjährig regelmäßig benutzte Feuerstätte	4 x im Jahr	
1.2 regelmäßig in der üblichen Heizperiode benutzte Feuerstätte	3 x im Jahr	
1.3 Feuerstätte von bivalenten Heizungen mit einem ausreichenden Pufferspeicher (mindestens 25 l/kW Nennleistung des Heizkessels)	2 x im Jahr	
1.4 Feuerstätte zur Verbrennung von Holzpellets (Brennstoffe nach § 3 Abs. 1 Nr. 5a 1. BlmschV) und erkennbar rückstandsarmer Verbrennung	2 x im Jahr	
1.5 nach § 15 1. BlmSchV wiederkehrend zu überwachende Feuerstätte	2 x im Jahr	
1.6 mehr als gelegentlich, aber nicht regelmäßig benutzte Feuerstätte	2 x im Jahr	
1.7 gelegentlich benutzte Feuerstätte	1 x im Jahr	
1.8 nach § 15 1. BlmSchV wiederkehrend zu überwachende Feuerstätte mit Einrichtungen zur Sicherstellung der Verbrennungsgüte (z.b. durch CO-Sensoren)	1 x im Jahr	
1.9 Verbrennungsluft- und Ablufteinrichtung		1 x im Jahr
1.10 betriebsbereite, jedoch dauernd unbenutzte Feuerstätte		1 x im Jahr
2. Flüssige Brennstoffe		
2.1 regelmäßig benutzte Feuerstätte	3 x im Jahr	
2.2 mehr als gelegentlich, aber nicht regelmäßig benutzte Feuerstätte	2 x im Jahr	
2.3 gelegentlich benutzte Feuerstätte	1 x im Jahr	
2.4 Verbrennungsluft- und Ablufteinrichtungen von Anlagen nach Ziff. 2.1–2.3		1 x im Jahr
2.5 betriebsbereite, jedoch dauernd unbenutzte Feuerstätte		1 x im Jahr
2.6 nach § 15 1. BlmSchV wiederkehrend zu überwachende Feuerstätte oder Anlage, bei denen eine Emissionsmessung nach § 15 1. BlmSchV ohne Rechtsverpflichtung durchgeführt wurde (freiwillige Emissionsmessung)		1 x im Jahr
2.7 Brennwertfeuerstätte, Blockheizkraftwerk, Wärmepumpe, ortsfester Verbrennungsmotor und Brennstoffzellenheizgerät		1 x im Jahr

Anlagen, Einrichtungen und deren Benutzung	Kehrpflicht	Überprüfungspflicht
2.8 raumluftunabhängige Feuerstätte und raumluftabhängige Brennwertfeuerstätte an einer Abgasanlage für Überdruck bei Anlagen zur ausschließlichen Verbrennung von schwefelarmem Heizöl nach DIN 51603		1 x in zwei Jahren
2.9 Anlage nach 2.8 und selbstkalibrierender kontinuierlicher Regelung des Verbrennungsprozesses		1 x in drei Jahren
2.10 ortsfeste Netzersatzanlage (Notstromaggregat)		1 x in drei Jahren

3. **Gasförmige Brennstoffe**		
3.1 raumluftabhängige Feuerstätte		1 x im Jahr
3.2 raumluftunabhängige Feuerstätte		1 x in zwei Jahren
3.3 raumluftabhängige Brennwertfeuerstätte an einer Abgasanlage für Überdruck		1 x in zwei Jahren
3.4 Blockheizkraftwerk, Wärmepumpe, ortsfester Verbrennungsmotor und Brennstoffzellenheizgerät		1 x in zwei Jahren
3.5 raumluftunabhängige Feuerstätte und raumluftabhängige Brennwertfeuerstätte an einer Abgasanlage für Überdruck mit selbstkalibrierender kontinuierlicher Regelung des Verbrennungsprozesses		1 x in drei Jahren

4. **Sonstige Anlagen**		
4.1 Dunstabzugsanlage		1 x im Jahr
4.2 *(länderspezifische Regelungen wie Be- und Entlüftungsanlage nach § 59 SchfG)*		

Treffen bei Anlagen und Einrichtungen innerhalb der Tabelle unterschiedliche Kehr- oder Überprüfungspflichten zu, so ist die geringste Festsetzung maßgebend.

Bei Mehrfachbelegung einer kehr- oder überprüfungspflichtigen Abgasanlage richtet sich die Anzahl der Kehrungen oder Überprüfungen nach der Feuerstätte, für die die höchste Anzahl der Kehrungen oder Überprüfungen festgesetzt ist.

Anlage 2 (zu § 4 Abs. 1) Schornsteinfegergebührenverzeichnis

Nr.	Abkürzung	Bezeichnung	Rechtsgrundlage der Tätigkeit	AW
1		**Grundgebühr für jede Begehung (Begehungsgebühr)**		
1.1	GG	Grundwert je Gebäude bei Kehrungen, Überprüfungen, Emissionsmessungen, Abgaswegeüberprüfungen und Feuerstättenschauen	§ 1 KÜO, §§ 14 und 15 1. BImSchV, § 13 Abs. 1 Nr. 2 SchfG	
1.1.1	GG1	– für Kehr- und Überprüfungsarbeiten, die an senkrechten Teilen von Abgasanlagen durchgeführt werden		9,2
1.1.2	GG2	– für Emissionsmessungen, Abgaswegeüberprüfungen und Feuerstättenschauen, wenn keine Kehr- und Überprüfungsarbeiten an senkrechten Teilen von Abgasanlagen durchgeführt werden		3,5
1.1.3	GG3	– Werden Überprüfungs- und Messarbeiten nach § 3 Abs. 3 Nr. 2 KÜO in einem Arbeitsgang durchgeführt, erhöht sich die Gebühr nach Nr. 1.1.1 auf		12,9
1.2	BZG	– Grundwert je Gebäude bei einer Bauzustandsbesichtigung, Bauabnahme (Endabnahme), örtlichen Prüfung der Mängelbeseitigung vor einer Endabnahme	§ .... Landesbauordnung (LBO),	7,5[2]
1.3	FP1	Fahrtpauschale für die An- und Abfahrt – unter Beachtung von § 3 Abs. 3 KÜO – für jeden notwendigen Arbeitsgang je Nutzungseinheit, in der Arbeiten nach den Nummern 1.1 bis 4.7 durchgeführt werden Für Arbeiten nach Nr. 3.10 kann die Fahrtpauschale höchstens für drei Arbeitsgänge in einem Gebäude berechnet werden.	§ 1 KÜO, §§ 14 und 15 1. BImSchV, § 13 Abs. 1 Nr. 2 SchfG	6,2[3]

---

[2] BZG entfällt, wenn die Arbeitsgebühr für Bauabnahmen nach Nr. 5 als Zeitgebühr erhoben wird.

[3] Wird länderspezifisch festgelegt, durch die unterschiedlichen Begehungen und km/h.

Nr.	Ab-kür-zung	Bezeichnung	Rechtsgrundlage der Tätigkeit	AW
1.4	FP2	Werden bei Arbeiten nach den Nummern 5 und 6 besondere Fahrten erforderlich, kann für jeden im Kehrbezirk zusätzlich zurückgelegten Kilometer ein besonderes Entgelt erhoben werden	KÜO, SchfG,1. BImSchV, LBO	1,6[4]
		Werden Arbeiten nach den Nummern 5 und 6 miteinander verbunden, so sind die Arbeitswerte anteilig umzulegen.		
		Anstelle des besonderen Entgeltes kann auch die Fahrtpauschale nach Nr. 1.3 berechnet werden.		
2		**Arbeitsgebühr je Kehrung**		
2.1	S	Kehrarbeiten an Schornsteinen und sonstigen senkrechten Teilen von Abgasanlagen je Schornstein/Abgasleitung bzw. Schacht, für jeden vollen und angefangenen Meter	§ 1 Abs. 1 Nr. 1 KÜO	0,3
2.2	SB	Muss der Schornstein zum Kehren innen bestiegen werden, wird abweichend von Nr. 2.1 je Arbeitsminute berechnet	§ 1 Abs. 1 Nr. 1 KÜO	0,8
2.3	RK	Räucherkammer für jeden vollen und angefangenen Quadratmeter zu kehrende Fläche	§ 1 Abs. 1 Nr. 3 KÜO	
2.3.1	RK1	– bei privat genutzten Anlagen		0,7
2.3.2	RK2	– bei gewerblich genutzten Anlagen		3,3
2.3.3	RK3	Rauchwagen		6,7
2.3.4	RK4	Raucherzeuger, je Arbeitsminute		0,8
2.4	K	Abgaskanal für jeden vollen und angefangenen Meter	§ 1 Abs. 1 Nr. 1 KÜO	
2.4.1	K1	– bis 500 cm^2 Querschnitt		1,5
2.4.2	K2	– über 500 cm^2 bis 2500 cm^2 Querschnitt		2,4
2.4.3	K3	– über 2500 cm^2 Querschnitt		6,0
2.5	AR	Abgasrohr	§ 1 Abs. 1 Nr. 1 KÜO	
2.5.1	AR1	– für den ersten Meter (einschließlich Reinigungsöffnung und einer Richtungsänderung)		7,0
2.5.2	AR2	– je weiteren vollen und angefangenen Meter		1,0
2.5.3	AR3	– je weitere Richtungsänderung		3,0

---

[4] Wird länderspezifisch festgelegt, durch die unterschiedlichen Begehungen und km/h.

Muster-KÜO

Nr.	Ab-kür-zung	Bezeichnung	Rechtsgrundlage der Tätigkeit	AW
2.5.4	AR4	– Zuschlag je Rohr bei staubfreier Kehrung mittels Staubsauger	(nur auf Wunsch des Kunden)	4,1
2.5.5		– Zuschläge für Abgasrohre, die nicht ausschließlich privat genutzt werden	§ 1 Abs. 1 Nr. 1 KÜO	
2.5.5.1	AR5	– je wärmegedämmte Reinigungsöffnung		6,7
2.5.5.2	AR6	– je Abgasrohr über Durchgangshöhe (2,5m)		4,9
2.5.5.3	AR7	– Schalldämpfer oder Zyklon je Arbeitsminute		0,8
2.6	OK	Rauchfang vom offenen Kamin	§ 1 Abs. 1 Nr. 2 i.V.m. Abs. 3 Nr. 4 KÜO	1,3
2.7		Länderspezifische Anlagen und Einrichtungen	§ 1 Abs. 1 Nr. 6 KÜO	
		(z.B. Rauchfänge, Rußkästen, Abschlussklappen, Vorschornsteine, Heizgaszüge aller Backöfen mit Ausnahme der Dampfbacköfen)		
3		**Arbeitsgebühr je Überprüfung einschließlich einer ggf. erforderlichen Kehrung, Feuerstättenschau**		
3.1	SÜ	Überprüfungsarbeiten an senkrechten Teilen von Abgasanlagen je Schornstein/ Abgasleitung bzw. Schacht, für jeden vollen und angefangenen Meter	§ 1 Abs. 1 Nr. 1 KÜO	0,3
3.2		Abgaswegeüberprüfung für Feuerstätten mit flüssigen Brennstoffen[5]	§ 1 Abs. 1 Nr. 1 und 2 KÜO	
3.2.1	AÖ1	– für die erste Prüfstelle in der Nutzungseinheit		13,8
3.2.2	AÖ2	– für jede weitere Prüfstelle im selben Aufstellungsraum		7,3
3.2.3	AÖ3	– für jede weitere Prüfstelle in einem anderen Aufstellungsraum der selben Nutzungseinheit		8,3
3.3		Abgaswegeüberprüfung für raumluftabhängige Gasfeuerstätten[6]	§ 1 Abs. 1 Nr. 1 und 2 KÜO	
3.3.1	A11	– für die erste Prüfstelle in der Nutzungseinheit		15,5

---

[5] Die Abgaswegeüberprüfung schließt die Überprüfung der Verbrennungslufteinrichtungen und die Ausstellung der Bescheinigung mit ein.
[6] Die Abgaswegeüberprüfung schließt die CO-Messung, die Überprüfung der Verbrennungslufteinrichtungen und die Ausstellung der Bescheinigung mit ein.

Nr.	Ab-kür-zung	Bezeichnung	Rechtsgrundlage der Tätigkeit	AW
3.3.2	A12	– für jede weitere Prüfstelle im selben Aufstellungsraum		8,7
3.3.3	A13	– für jede weitere Prüfstelle in einem anderen Aufstellungsraum der selben Nutzungseinheit		9,7
3.4		Abgaswegeüberprüfung für raumluftunabhängige Gasfeuerstätten[7]	§ 1 Abs. 1 Nr. 1 und 2 KÜO	
3.4.1	A21	– für die erste Prüfstelle in der Nutzungseinheit		18,9
3.4.2	A22	– für jede weitere Prüfstelle im selben Aufstellungsraum		11,7
3.4.3	A23	– für jede weitere Prüfstelle in einem anderen Aufstellungsraum der selben Nutzungseinheit		12,2
3.5		Abgaswegeüberprüfung für Gasfeuerstätten ohne Gebläse mit Verbrennungsluftzufuhr und Abgasabführung durch die Außenwand[8]	§ 1 Abs. 1 Nr. 1 und 2 KÜO	
3.5.1	A31	– für die erste Prüfstelle in der Nutzungseinheit		16,0
3.5.2	A32	– für jede weitere Prüfstelle im selben Aufstellungsraum		8,9
3.5.3	A33	– für jede weitere Prüfstelle in einem anderen Aufstellungsraum der selben Nutzungseinheit		9,3
3.6	RS	Müssen im Ringspalt Reinigungsarbeiten durchgeführt werden, wird eine zusätzliche Gebühr erhoben, je Arbeitsminute	§ 1 Abs. 1 Nr. 1 KÜO	0,8
3.7	WÜ	Wiederholungsüberprüfungen nach § 1 Abs. 2 KÜO	§ 1 Abs. 2 KÜO	10,0
3.8	LL	Verbrennungsluft- und Ablufteinrichtungen nach Anlage 1 Nr. 1.9 und 2.4	§ 1 Abs. 1 Nr. 4 KÜO	
3.8.1	LL1	Leitungen je vollen und angefangenen Meter		1,0
3.8.2	LL2	Nicht leitungsgebundene notwendige Öffnungen ins Freie		0,5
3.9	DA	Dunstabzugsanlage, je Arbeitsminute	§ 1 Abs. 1 Nr. 5 KÜO	0,8

---

[7] Die Abgaswegeüberprüfung schließt die CO-Messung, die Überprüfung der Verbrennungslufteinrichtungen, die Ausstellung der Bescheinigung und die Ringspaltmessung mit ein.

[8] Die Abgaswegeüberprüfung schließt die CO-Messung, die Überprüfung der Verbrennungslufteinrichtungen, die Ausstellung der Bescheinigung und die Ringspaltmessung mit ein.

Nr.	Ab-kür-zung	Bezeichnung	Rechtsgrundlage der Tätigkeit	AW
3.10		Feuerstättenschau	§ 13 Abs. 1 Nr. 2 SchfG	
3.10.1	FS1	Für jeden vollen und angefangenen Meter von senkrechten Teilen von Abgasanlagen und Gruppen von Abgasanlagen[9, 10]		1,0
3.10.2	FS2	Zuschlag je Feuerstätte zur Verbrennung flüssiger und fester Brennstoffe, die keiner Emissionsmessung nach Nr. 4 unterliegen		1,7
3.11		Länderspezifische Anlagen und Einrichtungen	§ 1 Abs. 1 Nr. 6 KÜO	
		(z.B. Be- und Entlüftungsanlagen nach § 59 SchfG)		
4		**Arbeitsgebühr je Emissionsmessung**		
4.1		Feuerungsanlagen für flüssige Brennstoffe in der Nutzungseinheit	§§ 14 und 15 1. BImSchV	
4.1.1	M1	– zusammen mit Tätigkeiten nach den Nummern 3.2		10,3
4.1.2	M2	– nicht zusammen mit Tätigkeiten nach den Nummern 3.2 für die erste Messstelle		19,1
4.1.3	M3	– nicht zusammen mit Tätigkeiten nach den Nummern 3.2 für jede weitere Messstelle		17,2
4.1.4	M4	Zuschlag bei Messstellen über Durchgangshöhe (2,5m)		5,8
4.2		Feuerungsanlagen für gasförmige Brennstoffe je Messstelle in der Nutzungseinheit	§§ 14 und 15 1. BImSchV	
4.2.1	MG1	– zusammen mit Tätigkeiten nach den Nummern 3.3–3.5		6,5
4.2.2	MG2	– nicht zusammen mit Tätigkeiten nach den Nummern 3.3–3.5 für die erste Messstelle		15,3
4.2.3	MG3	– nicht zusammen mit Tätigkeiten nach den Nummern 3.3–3.5 für jede weitere Messstelle		13,5
4.2.4	MG4	Zuschlag bei Messstellen über Durchgangshöhe (2,5m)		5,8

---

[9] Nicht berechnet werden: Längen von Abgasanlagen in Aufstellungsräumen, in denen gleichzeitig eine Abgaswegeüberprüfung durchgeführt wird.
[10] Bei Abgasanlagen außerhalb von Gebäuden werden maximal 3 Meter berechnet.

Nr.	Ab-kür-zung	Bezeichnung	Rechtsgrundlage der Tätigkeit	AW
4.3		Feuerungsanlagen für feste Brennstoffe nach § 3 Abs. 1 Nr. 1 bis 3 1. BImSchV in der Nutzungseinheit	§§ 14 und 15 1. BImSchV	
4.3.1	MF1	– für die erste Messstelle		62,3
4.3.2	MF2	– für jede weitere Messstelle		57,7
4.4		Feuerungsanlagen für feste Brennstoffen nach § 3 Abs. 1 Nr. 4 bis 8 1. BImSchV in der Nutzungseinheit	§§ 14 und 15 1. BImSchV	
4.4.1	MF3	– für die erste Messstelle		75,7
4.4.2	MF4	– für jede weitere Messstelle		70,0
4.5	MA	Die Kosten für die Auswertung der Messung staubförmiger Emissionen werden als Auslagen berechnet.	§§ 14 Abs. 4 und 15 Abs. 4 1. BImSchV	
4.6	MW	Bei Wiederholungsmessungen werden die Gebühren wie bei einer Emissionsmessung (Nr. 1 und 4.1 bis 4.5) erhoben	§§ 14 Abs. 4 und 15 Abs. 4 1. BImSchV	
4.7		Länderspezifische Anlagen und Einrichtungen	§ 1 Abs. 1 Nr. 6 KÜO	
5		**Arbeitsgebühren für Bauabnahmen**[11]	§ .... Landesbauordnung (LBO)	
5.1	BP	Planprüfung		30,0
5.2	BZ	Bauzustandsbesichtigung, Endabnahme, örtliche Prüfung der Mängelbeseitigung vor einer Endabnahme für jeden vollen und angefangenen Meter von Schornsteinen und sonstigen senkrechten Teilen von Abgasanlagen bis zu zwei Schächten Für Reserveschornsteine kann ein Zuschlag nur berechnet werden, wenn eine Feuerstätte angeschlossen ist		
5.2.1	BZ1	a) bei einer Bauzustandsbesichtigung, Rohbaubesichtigung, örtlichen Prüfung der Mängelbeseitigung vor einer Endabnahme		0,9
5.2.2	BZ2	b) bei einer Endabnahme		1,8
5.2.3	BZ3	Zuschlag je Feuerstätte mit Außenwandanschluss		4,4

---

[11] In Ländern mit abweichenden Verfahren wird eine Zeitgebühr nach 6.1 empfohlen.

Nr.	Abkürzung	Bezeichnung	Rechtsgrundlage der Tätigkeit	AW
5.3	BAB	Ausstellung der Bescheinigung über die Brandsicherheit und die sichere Abführung der Verbrennungsgase von Feuerungsanlagen		10,0
		Dies gilt auch, wenn lediglich ein Mängelbericht ausgestellt werden kann.		
5.4	BAL	Setzt die Ausstellung der Bescheinigung nach Nr. 5.3 eine rechnerische Überprüfung zur Sicherstellung der Zufuhr der notwendigen Verbrennungsluft für die Feuerstätten voraus, wird ein Zuschlag je Arbeitsminute berechnet		0,8
5.5	BAD	Setzt die Ausstellung der Bescheinigung nach Nr. 5.3 eine Dichtheitsprüfung bei mit Überdruck betriebenen Abgasleitungen voraus, wird ein Zuschlag je Arbeitsminute berechnet		0,8
5.6		Länderspezifische Anlagen und Einrichtungen		
6		**Sonstige Arbeitsgebühren**		
6.1	ZE1	Ausbrennen, Ausschlagen oder chemische Reinigung von kehrpflichtigen Anlagen und Einrichtungen je Arbeitsminute	§ 2 Abs. 1 KÜO	0,8
		Verbrauchsmaterialien für diese Arbeiten können als Auslagen in Rechnung gestellt werden.		
6.2	ZE2	Kehr- und Überprüfungsarbeiten, für die keine bestimmten Arbeitswerte festgesetzt wurden, je Arbeitsminute	KÜO	0,8
6.3	ZE3	Reinigung asbesthaltiger Schornsteine und Verbindungsstücke je Arbeitsminute	§ 2 Abs. 2 KÜO	0,8
6.4	ZA	Zuschlag für Arbeiten nach der KÜO, dem Schornsteinfegergesetz und der 1. BImSchV, wenn die Arbeiten außerhalb des üblichen Arbeitsganges ausgeführt werden müssen, weil sie trotz rechtzeitiger Ankündigung ohne triftigen Grund verhindert wurden	KÜO, SchfG 1. BImSchV	10,0
6.5	ZW	Zuschlag zu den angefallenen Arbeitswerten nach den Nummern 1 bis 6 bei Arbeiten, die auf besonderen Wunsch ausgeführt werden	KÜO, SchfG,1. BImSchV	
6.5.1	ZW1	– von Montag – Freitag vor 6.00 Uhr oder nach 18.00 Uhr oder am Samstag		50 v.H.
6.5.2	ZW2	– an Sonn- und gesetzlichen Feiertagen		100 v.H.

Nr.	Ab-kür-zung	Bezeichnung	Rechtsgrundlage der Tätigkeit	AW
6.6	MA	Für eine notwendige Mahnung, wenn eine rückständige Gebühr innerhalb eines Monats nach Zustellung der Gebühren-rechnung nicht bezahlt wird (Mahnge-bühr)	KÜO	5,0
6.7		Länderspezifische Anlagen und Einrich-tungen	§ 1 Abs. 1 Nr. 6 KÜO	

Anlage 3 (zu § 5) Begriffsbestimmungen

1. **Abgasanlagen:** Bauliche Anlagen, wie Schornsteine, Verbindungsstücke, Abgasleitungen oder Luft-Abgas-Systeme, für die Ableitung der Abgase von Feuerstätten; zu den Abgasanlagen zählen auch Anlagen zur Abführung von Verbrennungsgasen von Blockheizkraftwerken, Wärmepumpen, ortsfesten Verbrennungsmotoren und Brennstoffzellenheizgeräten;

2. **Abgasanlagen für Überdruck:** Abgasanlagen, bei deren Betrieb der statische Druck im Innern höher sein darf als der statische Druck in der Umgebung der Abgasanlage in gleicher Höhe;

3. **Abgasleitungen:** Abgasanlagen, die nicht rußbrandbeständig sein müssen;

4. **Abgaskanäle:** Verbindungsstücke, die mit Böden, Decken, Wänden oder anderen Bauteilen fest verbunden sind;

5. **Abgasrohre:** Frei in Räumen verlaufende Verbindungsstücke;

6. **Abgaswege:** Heizgaswege und Strömungsstrecken der Abgase innerhalb der Verbindungsstücke;

7. **Ablufteinrichtungen:**

   a) Schächte und sonstige Anlagen und Einrichtungen, die zum Betrieb von Feuerstätten oder zur Lüftung von Räumen mit Feuerstätten erforderlich sind oder deren Betrieb beeinflussen können,

   b) Abluftschächte, die Räume entlüften und Abgase von Feuerstätten ins Freie leiten;

8. **Bivalente Heizungen:** Heizungen, bei denen die Feuerstätten in Verbindung mit einer Wärmepumpe oder einem Solarkollektor betrieben werden, soweit die Wärmepumpe oder der Solarkollektor nicht ausschließlich der Brauchwassererwärmung dient;

9. **Brennwertfeuerstätten:** Feuerstätten, bei denen die Verdampfungswärme des im Abgas enthaltenen Wasserdampfes konstruktionsbedingt durch Kondensation nutzbar gemacht wird;

10. **Dunstabzugsanlagen:** Ortsfeste Einrichtungen zum Aufnehmen von Koch-, Brat-, Grill-, Dörr- oder Röstdünsten und deren Abführung über Rohre, Kanäle oder Schächte ins Freie;

11. **Feuerstätten:** Im oder am Gebäude ortsfest benutzte Anlagen oder Einrichtungen, die dazu bestimmt sind, durch Verbrennung Wärme zu erzeugen;

12. **Gebäude:** Jedes selbständig nutzbares Bauwerk, einschließlich der unmittelbar angrenzenden unbewohnten Nebengebäude, wie z.B. Waschküchen, Garagen, Futterküchen oder Stallungen.

13. **Heizgaswege:** Strömungsstrecken der Verbrennungs-/Abgase innerhalb der Feuerstätten;

14. **Heizgaszüge:** Strömungsstrecken der Verbrennungs-/Abgase innerhalb der Feuerstätten zwischen Feuerraum und Abgasstutzen;

15. **Luft-Abgas-Systeme:** Abgasanlagen mit nebeneinander oder ineinander angeordneten Schächten; Luft-Abgassysteme führen den Feuerstätten Verbrennungsluft über den Luftschacht aus dem Bereich der Mündung der Abgasanlage zu und führen deren Abgase über den Abgasschacht ins Freie ab;

16. **Nennleistung:**

    a) Die auf dem Typenschild der Feuerstätte angegebene Leistung oder

b) die in den Grenzen des Wärmeleistungsbereichs fest eingestellte und auf einem Zusatzschild angegebene höchste Leistung der Feuerstätte oder

c) bei Feuerstätten ohne Typenschild die aus dem Brennstoffdurchsatz (Wirkungsgrad 80 %) ermittelte Leistung;

17. **Nutzungseinheiten:** Gebäude oder Teile von Gebäuden, die selbständig nutzbar sind und einen eigenen Zugang haben (z.b. Wohnungen oder Ähnliches);

18. **Räucheranlagen:** Anlagen zum Konservieren oder zur Geschmacksveränderung von Lebensmitteln. Sie bestehen aus Raucherzeuger, Räucherschrank oder -kammer sowie den dazugehörigen Verbindungsstücken;

19. **Raumluftunabhängige Feuerstätten:** Feuerstätten, denen die Verbrennungsluft über dichte Leitungen direkt aus dem Freien zugeführt wird und bei denen bei einem statischen Überdruck in der Feuerstätte gegenüber dem Aufstellraum kein Abgas in Gefahr drohender Menge in den Aufstellungsraum austreten kann;

20. **Schornsteine:** Senkrechte Teile der Abgasanlagen, die rußbrandbeständig sind;

21. **Senkrechte Teile der Abgasanlagen:** Vom Baugrund oder von einem Unterbau ins Freie führende Teile der Abgasanlagen;

22. **Verbindungsstücke:** Bauliche Anlage zwischen dem Abgasstutzen der Feuerstätte und dem senkrechten Teil der Abgasanlage;

23. **Verbrennungslufteinrichtungen:** Einrichtungen und Öffnungen zur Zuführung von Außenluft zum Zwecke der Verbrennungsluftversorgung von Feuerstätten (einschließlich Öffnungen zum Zwecke des Verbrennungsluftverbundes usw.);

24. *Länderspezifische Anlagen wie Be- und Entlüftungsanlagen: Gewerblich und privat genutzte Einrichtungen, die der Belüftung (Zuluft) und Entlüftung (Abluft) von Räumen dienen, einschließlich der Absperrvorrichtungen gegen Feuer und Rauch.*

I. Einführung

Verordnungstext Überschrift:

Muster einer Verordnung über die Kehrung und Überprüfung von Feuerungsanlagen, Lüftungsanlagen und ähnlichen Einrichtungen (Kehr- und Überprüfungsordnung – KÜO)

Endfassung: 31. Mai 2006

Erläuterungen

1. Historie 1, 2
2. Struktur 3–8
3. Wirtschaftliche Rahmenbedingungen............................ 9–11
4. Ausgangslage vor Inkrafttreten der Muster-KÜO 2006 12–17
5. Technisches Hearing.. 18–26
6. Wichtigste Änderungen durch die Muster-KÜO 2006................ 27–34
7. Auswirkungen der Muster-KÜO 2006........................... 35–42
8. Rechtsgrundlagen der KÜO................................... 43, 44
9. Statistik (Erhebungen) 45–52

1. Historie[12]

Das Schornsteinfegerhandwerk kann wie viele andere Handwerkszweige **1** auf eine eigene, viele hundert Jahre umfassende Geschichte zurückblicken. Solange der Mensch offene Feuerstätten im Freien hatte, bestand kein Bedarf an einer besonderen Pflege der Feuerstätte. Auch die Verlegung offener Feuerstätten in Räume änderte daran zunächst nichts. Griechen und Römer nahmen die mit der Verwendung des Feuers einhergehende Rauchentwicklung in Kauf. Sie ließen den Rauch durch kleine Öffnungen abziehen; rauchgeschwärzte Wände gehörten damals zum Lebensstil. Die „Kemenaten" der mittelalterlichen Ritterburgen hatten Kamine mit offenem Abzug. Erst als besondere Rauchabzüge in die Häuser Eingang fanden und nicht allein das Holz als Brennmaterial diente, stand der Mensch dem Problem der Reinigung der Rauchabzüge gegenüber. Das war erst recht der Fall, als mehrstöckige Häuser gebaut wurden und man entdeckte, dass Schornsteinbrände oftmals auf den feuergefährlichen Ruß zurückzuführen waren. Aus der Notwendigkeit der Vornahme der Kehrarbeiten heraus, wurden diese zunächst von Dachdeckern, Maurern, Köhlern, Töpfern, Kohleträgern und anderen neben ihren eigentlichen Berufen ausgeführt. Erst später entwickelte sich infolge einer zunehmenden Zahl von Feuerstätten aus dem Nebenberuf ein eigenes Handwerk, nämlich das Schornsteinfegerhandwerk. Dies wurde bei uns anfangs vornehmlich von eingewanderten Italienern und

---

[12] Quelle: „Geschichte des Schornsteins und des Schornsteinfegerhandwerks vom IX. bis XX. Jahrhundert" von Gerhard Wagner, herausgegeben vom Bundesverband des Schornsteinfegerhandwerks Zentralinnungsverband (ZIV).

Schweizern ausgeführt. Die ältesten uns bekannten Aufzeichnungen über Schornsteinfeger stammen von elsässischen, vornehmlich Straßburger Chronisten aus dem 13. Jahrhundert. In anderen Teilen des Deutschen Raumes wurden Schornsteinfeger um die Mitte des 15. Jahrhunderts urkundlich erwähnt. Der älteste dieser Belege ist eine im Jahr 1447 ergangene, an die Bürger der Stadt Ulm gerichtete Verfügung des Rats (der Stadt), wonach jedem Hauseigentümer zur Pflicht gemacht wurde, die Kamine selbst zu fegen, falls ein Kaminfeger nicht zu erlangen war. Mit Beginn des 16. Jahrhunderts wurde allerorts eine wirksame Gestaltung des Feuerschutzes sichtbar. Ausdruck dessen war der Erlass von Feuerordnungen mit zum Teil den einzelnen Bürger sehr drückenden Vorschriften. Der Kehrzwang als Grundlage des neuzeitlichen Schornsteinfegerwesens war seit dem 17. Jahrhundert zunehmend in den Feuerordnungen enthalten. Eine zusätzliche stärkere Bindung des Grundstückseigentümers brachte die im Zusammenhang mit dem Kehrzwang stehende Einführung von Kehrfristen. Im Interesse der Erhöhung der Feuersicherheit wurde dem Grundstückseigentümer vorgeschrieben, wie oft und wann er Kehrungen durchführen lassen musste. Darauf folgend ergab sich zunehmend die Notwendigkeit, den räumlichen Arbeitsbereich der obrigkeitlich bestellten Schornsteinfeger abzugrenzen, da andernfalls die Feuersicherheit nicht gewährleistet war. Dies führte zur Errichtung von Kehrbezirken. Die Abgrenzung der Bezirke nahmen zum Teil die zuständige Obrigkeit, zum Teil die Schornsteinfegerzünfte vor. Bis zum 18. Jahrhundert war die Zunftzugehörigkeit in aller Regel Voraussetzung einer jeden gewerblichen Tätigkeit, so auch im Schornsteinfegerhandwerk. Mit der Einführung der Gewerbefreiheit erfolgte die Auflösung der Zünfte. Die selbstständige Ausübung des Schornsteinfegerhandwerks war jedoch weiterhin von einer besonderen Erlaubnis abhängig. Auch nach Inkrafttreten der Gewerbeordnung vom 21.6.1869 blieb es dem Recht der Länder überlassen, die Berufsausbildung im Schornsteinfegerhandwerk im Einzelnen zu regeln und die Einrichtung von Kehrbezirken zu gestatten. Durch das Gesetz zur Änderung der Gewerbeordnung für das Deutsche Reich vom 13.4.1935 wurde die Einrichtung von Kehrbezirken für Schornsteinfeger für das gesamte Gebiet des Deutschen Reiches vorgeschrieben. Bis zum Jahr 1969 wurde das Schornsteinfegerwesen in Verordnungen geregelt. Am 1. Januar 1970 trat das Gesetz über das Schornsteinfegerwesen (Schornsteinfegergesetz – SchfG) vom 15.9.1969 (BGBl. I S. 1634) in Kraft.

2 In den EU-Mitgliedstaaten ist die Regelung des Schornsteinfegerrechts sehr unterschiedlich. Eine Umfrage des Bundeswirtschaftsministeriums bei den Deutschen Botschaften in den EU-Mitgliedsländern im Jahr 2004 ergab folgendes Bild:

Belgien
Laut königlichem Erlass aus dem Jahr 1978 existiert eine rechtsverbindliche Pflicht privater Haushalte, ihre Feuerungsanlagen für den Einsatz fester und flüssiger Brennstoffe regelmäßig reinigen und überprüfen zu lassen. Dies geschieht durch eine jährliche Wartung, die das Schornsteinfegen, die Kesselreinigung sowie eine Analyse und Regulierung der Verbrennungswerte umfasst. Das Kehren der Schornsteine und sonstiges Reinigen übernimmt der Schornsteinfeger. Die Analyse und Regulierung der Verbrennungswerte werden von einem staatlich zugelassenen Fachmann durchgeführt, wobei die Zulassung durch das Umweltministerium erfolgt. Viele Schornsteinfeger

sind selbstständig. Soweit sie betrieblich organisiert sind, haben die Betriebe im geschätzten Durchschnitt 1–20 Beschäftigte. Der Preis für die Leistungen des Schornsteinfegers wird nicht von staatlicher Seite vorgegeben, sondern entwickelt sich am freien Markt. Eine staatliche Kontrolle der Erfüllung der Reinigungs- und Inspektionspflichten privater Haushalte findet nicht statt.

Dänemark
In ministeriellen Bekanntmachungen werden der Eigentümer und der Benutzer verpflichtet, Ölfeuerungsanlagen kontrollieren, justieren und reinigen zu lassen. Die Abgase der Ölfeuerungsanlagen werden auch nach Umweltgesichtspunkten gemessen und überprüft. Es gibt 169 Schornsteinfeger, die wie in Deutschland auf Bezirke verteilt sind. Die Struktur wurde im 17. und 18. Jahrhundert aus Deutschland importiert. Die Preise sind festgesetzt und können von der Gemeinde zusammen mit anderen Kommunalabgaben eingezogen werden. Die Gemeinden überwachen die Pflichten der Anlagenbesitzer und die Schornsteinfeger.

Estland
Die Eigentümer oder Verwalter von Häusern sind gesetzlich verpflichtet nach Bedarf – mindestens aber zweimal im Jahr, bei Gas einmal – Heizungsanlagen zu reinigen. Eine Überprüfung nach Umweltschutzkriterien besteht nicht. Die Reinigungen, Überprüfungen und Messungen werden von Schornsteinfegern, bei Gasfeuerungsanlagen von TÜV-Inspektoren durchgeführt. Es gibt insgesamt ca. 100 Schornsteinfeger. Eine Gebührenordnung ist nicht vorhanden, der Preis entwickelt sich am Markt. Derzeit wird über ein zentrales Register für Schornsteinfeger nachgedacht.

Finnland
Es gibt eine rechtsverbindliche Pflicht für Hauseigentümer, ihre Feuerungsanlagen aus Gründen des Brandschutzes regelmäßig reinigen und kontrollieren zu lassen (Holz jährlich, Öl alle zwei Jahre). Überprüfungen nach Umweltschutzkriterien erfolgen nicht. Zuständig sind die örtlichen Behörden. Diese haben die Wahl zwischen öffentlichen (mit festgesetzten Gebühren) und freien Systemen (Preis frei verhandelbar). Die örtlichen Behörden kontrollieren die Pflichten der Hauseigentümer und die Qualifikation der Schornsteinfeger.

Frankreich
Nach einem Rahmengesetz müssen die Kamine aller Feuerungsanlagen für feste, flüssige und gasförmige Brennstoffe zweimal im Jahr gereinigt und überprüft werden, davon einmal in der Heizperiode. Der Schadstoffausstoß und die Einhaltung von Grenzwerten muss nicht überprüft werden. Im Rahmen von Serviceverträgen ist dies dennoch üblich. Es obliegt dem Hauseigentümer bzw. Mieter oder der Hausverwaltung, sich um das Einhalten der Vorschriften zu kümmern. Eine staatliche Kontrolle findet nicht statt. Meistens werden Heizungsbau- oder Dachdeckerfirmen damit beauftragt, die über entsprechend qualifizierte Mitarbeiter verfügen. Oft wird auch beim Einbau der Anlage ein Servicevertrag geschlossen. Den Schornsteinfeger als unabhängigen Beruf gibt es kaum noch. Eine Gebührenordnung existiert nicht, der Preis bildet sich am Markt.

Griechenland
Vorgeschrieben ist eine regelmäßige Wartung der Feuerungsanlagen, die mit Heizöl, Gas oder Schweröl betrieben werden. Es werden auch Höchstwerte

für den CO_2-Ausstoß bzw. Werte für Wärmeverluste festgesetzt. Die Wartung erfolgt durch legitimierte Techniker mindestens einmal im Jahr (bei Schweröl zweimal im Jahr). Es muss ein Wartungsprotokoll ausgestellt werden, fehlt dies bei Kontrollen oder ist es lückenhaft ausgefüllt, kann dies Strafe nach sich ziehen. Der Beruf des Schornsteinfegers ist unbekannt und daher kein Ausbildungsberuf. Die Wartung erfolgt von Technikern des Umweltministeriums oder des Heizöllieferanten. Das Umweltministerium räumt Mängel bei der Durchführung von Kontrollen besonders bei privat genutztem Wohnraum ein.

Großbritannien
Es gibt keine rechtsverbindliche Pflicht für Hauseigentümer oder Betreiber von Feuerungsanlagen, diese regelmäßig überprüfen zu lassen. Es besteht jedoch die Verpflichtung gegenüber Vermietern, gasbetriebene Feuerungsanlagen einmal jährlich von einer zugelassenen Werkstatt warten zu lassen. Dazu gibt es eine staatliche Regulierungsbehörde, die ihre Aufgabe an die örtlichen Behörden weitergibt. Manche örtlichen Behörden verlangen eine regelmäßige Wartung in ihren eigenen Häusern (Sozialwohnungen), was vertraglich festgelegt wird. Es gibt keine Pflicht, die Heizungssysteme auf Einhaltung bestimmter Umweltschutzanforderungen zu untersuchen. Der Preis für die Wartungsleistungen der einzeln vorhandenen Schornsteinfegerbetriebe bildet sich am Markt.

Irland
Reinigungs- und Überprüfungsvorschriften gibt es nur für gewerblich genutzte Räume. Anforderungen hinsichtlich des Umweltschutzes bestehen nicht. Staatliche Überwachungsorgane gibt es nicht. Die Bevölkerung wird mit Merkblättern über Gefahren durch Feuerungsanlagen informiert.

Lettland
Die Eigentümer oder Verwalter von Häusern sind gesetzlich verpflichtet, regelmäßig reinigen und prüfen zu lassen (Schornsteine je nach Brennstoffart jedes Jahr oder jedes dritte Jahr, Heizungsanlagen zweimal jährlich). Eine Überprüfung nach Umweltschutzkriterien besteht nur für Unternehmen und Behörden. Die Reinigungen, Überprüfungen und Messungen werden von Schornsteinfegern, bei Gasfeuerungsanlagen von staatlichen Inspektoren durchgeführt. Es gibt keine Gebührenordnung, der Preis entwickelt sich am Markt. Die Überwachung bei Firmen und Behörden macht der staatliche Feuerwehrdienst (Inspektorenbesuche).

Litauen
Bei Feuerungsanlagen bis 50 MW gibt es keine nationalen Regelungen. Ebenso werden keine Messungen und Kontrollen nach Umweltschutzgesichtspunkten durchgeführt. Den Beruf des Schornsteinfegers gibt es in Litauen nicht. Im Jahr 2003 wurden 1.182 Brandfälle im Zusammenhang mit Feuerungsanlagen gemeldet (6,5 %).

Malta
In Malta gibt es kaum Feuerungsanlagen in Häusern. Die wenigen Eigentümer, die über einen Kamin oder eine Heizungsanlage verfügen, lassen diese nach Belieben warten und reinigen sie zumeist selbst. Rechtsverbindliche Regelungen bestehen auch im Umweltschutzbereich nicht.

Niederlande
Es gibt keine Kehrpflicht und kein Schornsteinfegergesetz, der Privathaus-
eigentümer hat auch keine Pflicht, seine Anlagen nach Umweltgesichtspunkten kontrollieren zu lassen. Entsprechende Überlegungen sind jedoch ange-
stellt worden.

Österreich
In allen Bundesländern gibt es Feuerpolizeiverordnungen, die Überprüfungen und Reinigungen durch den „Rauchfangkehrer" bei Abgasanlagen vor-
sehen. In vielen Bundesländern gibt es zusätzlich noch die Verpflichtung,
auch die Feuerstätten in regelmäßigen Intervallen zu überprüfen und zu
reinigen. Jedes Bundesland hat auch Grenzwertbestimmungen für Abgas-
werte. Reinigungen und Überprüfungen an Abgasanlagen und Feuerstätten
werden ausschließlich von Schornsteinfegern durchgeführt. Messungen
kann der Installateur, der Schornsteinfeger und das befugte „Messorgan"
durchführen. Aufgrund der nicht klaren Zuordnung kommt es hier zu
Schwierigkeiten bei der Überwachung und der zentralen Datenerfassung.
Der Preis für die Schornsteinfeger wird durch staatliche Stellen vorgegeben.
Die Überwachung erfolgt durch den Schornsteinfeger oder durch örtliche
Behörden.

Polen
Hauseigentümer und Hausverwalter sind verpflichtet, die Feuerungsanlagen
mindestens einmal jährlich überprüfen zu lassen (ansonsten drohen Bußgel-
der). Emissionsmessungen sind nicht vorgeschrieben. Die Reinigung wird
durch Schornsteinfeger und „Gasmeister" (Gasfeuerungsanlagen) vorgenommen. Dies sind meist private Kleinbetriebe. Eine staatliche Gebührenordnung gibt es nicht. Die Preise entwickeln sich in Korrelation zum
Einkommensniveau der Gemeinde/Stadt. Gewerbeaufsicht und Gewerbe-
kontrolle bestehen durch die Behörde.

Portugal
Nach einer Gemeindeverordnung aus dem Jahr 1961 müssen private Haushalte alle drei Monate, Unternehmen monatlich ihre Schornsteine reinigen.
Eine Kontrolle darüber findet nicht statt. Emissionsmessungen sind nicht
vorgeschrieben. Die erforderlichen Reinigungen und Überprüfungen werden von den fünf in Lissabon ansässigen Schornsteinfegerbetrieben übernommen. Diese führen auch Reinigungen und Überprüfungen in ganz Portugal durch, bekommen aber selten Aufträge außerhalb Lissabons. Es gibt
insgesamt 15–20 Schornsteinfeger mit festen Verträgen und ca. 35 Schornsteinfeger mit Zeitverträgen. Der Preis entwickelt sich am Markt. Die Kontrolle obliegt der Feuerwehr. Diese kann auch Bescheinigungen über die
sachgemäße Reinigung ausstellen (Versicherungsnachweis), mangels Kapa-
zität kann sie diese Leistung aber nicht erbringen.

Schweden
Die Wartung und Überprüfung von Heizungsanlagen in Gebäuden ist gesetzlich vorgeschrieben. Emissionsmessungen werden nicht verlangt.
Schornsteinreinigung und Brandschutzkontrolle werden vom Schornsteinfeger durchgeführt. Die Kommunen sind für die Einhaltung der Reinigung
und Kontrollen verantwortlich. Sie können einem Hauseigentümer gestatten, Schornsteinfegerarbeiten selbst durchzuführen, sofern sie ihm zutrauen,
dies vom Brandschutzgesichtspunkt her sicher ausführen zu können. Es gibt

250 Schornsteinfegerbetriebe und ca. 1.500 Schornsteinfeger. Die Kommunen können die Abgaben für die Schornsteinfegerarbeiten festlegen.

Slowakei
Hauseigentümer sind zur Überprüfung der Feuerungsanlagen verpflichtet. Die Intervalle richten sich nach der Art des Brennstoffes. Mängel an Feuerungsanlagen sind der Gemeinde zu melden. Emissionsmessungen für häusliche Feuerstätten sind nicht vorgeschrieben. Die erforderlichen Reinigungen und Überprüfungen werden von Schornsteinfegern durchgeführt. Es gibt ca. 200 selbstständige Schornsteinfeger. Dies reicht für die Arbeit nicht aus. Daher wurde auch verwandten Berufen erlaubt, Schornsteinfegerarbeiten durchzuführen. Die Verpflichtung wird von den zuständigen Gemeinden nicht kontrolliert (nicht üblich).

Slowenien
Es besteht eine Rechtsverpflichtung, Feuerungsanlagen für den Einsatz von festen, flüssigen oder gasförmigen Brennstoffen in bestimmten Abständen zu reinigen. Emissionsmessungen werden noch nicht durchgeführt. Es sind 114 selbstständige Schornsteinfegerunternehmen registriert. Der Preis für die Leistungen von Schornsteinfegern wird von den einzelnen Gemeinden festgelegt.

Spanien
Eine Verordnung über Heizungsinstallationen regelt, dass die Feuerungsanlagen regelmäßig gewartet und gesäubert werden müssen. Die Arbeiten werden von den Installationsfirmen durchgeführt und schriftlich dokumentiert. Hauseigentümer müssen die Dokumente noch drei Jahre aufbewahren. Die Firmen müssen von den Regionalverwaltungen autorisiert sein. Für die Leistungen bestehen Gebührenordnungen der Regionalverwaltungen.

Tschechische Republik
Es gibt keine gesetzliche Pflicht für Hauseigentümer oder Betreiber, Feuerungsanlagen zu überprüfen. Emissionsmessungen gibt es nur in Betrieben. Die tätigen Schornsteinfeger stehen unter der Kontrolle der Gemeinden. Der Preis der Leistungen entwickelt sich am Markt. Nach einer Statistik sind ca. 3,5 % der Brände ursächlich auf Schornsteine und Heizkörper zurückzuführen.

Ungarn
Es ist gesetzlich bestimmt, dass Hauseigentümer die Abgasanlagen (Schornsteine) – unabhängig von der Art des Brennstoffes – regelmäßig reinigen und überprüfen lassen müssen. Emissionsmessungen sind ebenfalls vorgeschrieben. Die Reinigungs-, Überprüfungs- und Messaufgaben werden von Schornsteinfegermeistern und -gehilfen, die in der öffentlichen Dienstleistung des Schornsteinfegens arbeiten, wahrgenommen. Kehrbezirke werden öffentlich ausgeschrieben und vergeben (Monopol auf Zeit). In Ungarn gibt es ca. 1.000–1.100 Schornsteinfeger. Der Preis wird als behördliche Gebühr festgesetzt. Die kommunale Selbstverwaltung kontrolliert regelmäßig persönlich oder durch schriftliche Berichte.

Zypern
Feuerungsanlagen für den Einsatz von festen, flüssigen oder gasförmigen Brennstoffen werden feuerpolizeilich nicht überprüft. Bei Mehrfamilienhäusern ist eine feuerpolizeiliche Stellungnahme bei der Bauabnahme vorgeschrieben. Regelmäßige Überprüfungen sind nur in Gebäuden mit öffentli-

chem Charakter wie Hotels, Pflegeheimen oder gewerblich genutzten Gebäuden vorgeschrieben. Emissionsmessungen werden nicht verlangt. Auf Zypern gibt es keine Schornsteinfeger.

2. Struktur

Die Überwachung häuslicher Feuerstätten aus Gründen der Feuersicherheit **3** und des Umweltschutzes ist in Deutschland bereits traditionell durch sog. beliehene Handwerker in einer Teilprivatisierungsform geregelt. Ein zusammenhängender Kehrbezirk mit festen, durch das Gesetz vorgeschriebenen Reinigungs- und Überprüfungsarbeiten innerhalb bestimmter Fristen garantiert dabei eine kontinuierliche Arbeitsweise ohne große An- und Abfahrtszeiten, ohne Akquisitionsbemühungen von Kunden und Schornsteinfeger und ohne intensives Überwachungssystem. Die Einteilung in Kehrbezirke bedingt jedoch das „Kehrmonopol" und den Kontrahierungszwang (Zwangsvertrag), weil sich ansonsten die nach dem Arbeitsvolumen zu bestimmende Größe eines Bezirks nicht ermitteln ließe.

Das „Kehrmonopol" wird durch die Einrichtung von Kehrbezirken garan- **4** tiert. Zweck dieser Regelung ist es, dem Bezirksschornsteinfegermeister die ihm gesetzlich aufgetragene Ausführung der Kehr- und Überprüfungsaufgaben zu ermöglichen. Dies sind:

– Ausführung der durch die landesrechtliche Kehr- und Überprüfungsordnung vorgeschriebenen Kehr- und Überprüfungsarbeiten,
– Durchführung der Feuerstättenschau alle fünf Jahre,
– unverzügliche Meldung vorgefundener Mängel in der Feuersicherheit,
– Beratung in feuerungstechnischen Fragen,
– Vornahme der Brandverhütungsschau nach Landesrecht, Hilfeleistung bei der Brandbekämpfung, Unterstützung bei Aufgaben des Zivilschutzes,
– Durchführung der baurechtlichen Rohbau- und Schlussabnahmen,
– Überwachung der Aufgaben nach den Vorschriften auf dem Gebiet des Immissionsschutzes und
– Überwachung der Anlagen nach den Vorschriften des Energieeinsparungsgesetzes.

Die Eigentümer und Besitzer von Grundstücken und Räumen sind verpflich- **5** tet, dem Bezirksschornsteinfegermeister und den bei ihm beschäftigten Personen zum Zwecke des Kehrens und der Überprüfung der kehr- und überprüfungspflichtigen Anlagen, Zutritt zu den Grundstücken und Räumen zu gestatten. Das Grundrecht der Unverletzlichkeit der Wohnung wird insoweit eingeschränkt.

Bezirksschornsteinfegermeister ist, wer von der zuständigen Verwaltungs- **6** behörde (Untere Verwaltungsbehörde) als Bezirksschornsteinfegermeister für den bestimmten Kehrbezirk bestellt ist. Der Bezirksschornsteinfegermeister gehört als Gewerbetreibender dem Handwerk an. Bei der Feuerstättenschau, bei der Bauabnahme und bei Tätigkeiten auf dem Gebiet des Immissionsschutzes und der rationellen Energieverwendung nimmt er öffentliche Aufgaben wahr.

7   Die Besetzung der einzelnen Kehrbezirke erfolgt in den Flächenländern meist durch die Mittelbehörden (Regierungspräsidium, Regierungspräsident), in Stadtstaaten oder kleinen Bundesländern direkt beim zuständigen Ministerium. Dort werden Bewerberlisten geführt. In die Bewerberliste werden alle Bewerber eingetragen, die die Meisterprüfung im Schornsteinfegerhandwerk bestanden haben und noch als Schornsteinfegergeselle tätig sind.

8   Derzeit gibt es in Deutschland rd. 7.800 Kehrbezirke. Die Kehrbezirke sind so groß, dass zusätzlich zur Arbeitsleistung des BSM die Vollbeschäftigung eines Gesellen und die Beschäftigung einer Bürokraft in Teilzeit erforderlich ist. Aus Gründen der Feuersicherheit sind die Kehrbezirke so zugeschnitten, dass das Volumen von einem Bezirksschornsteinfegermeister und einem Gesellen zu bewältigen ist. Der Bezirksschornsteinfegermeister ist grundsätzlich verpflichtet, einen Gesellen einzustellen. Die Beschäftigung von Auszubildenden (Lehrlinge) wird durch solidarische Lehrlingskostenausgleichskassen unterstützt.

3. Wirtschaftliche Rahmenbedingungen

9   Wirtschaftliche Grundlage der Schornsteinfegerbetriebe sind die von den zuständigen Landesministerien (in NRW vom Regierungspräsidium Arnsberg) festzulegenden Gebühren. Diese sind nach dem Arbeitsumfang und den dem Bezirksschornsteinfegermeister entstehenden notwendigen Aufwendungen zu bemessen. Die staatlich festgesetzte Gebühr des Bezirksschornsteinfegermeisters ist eine öffentliche Last des Grundstücks und daher vom Grundstückseigentümer zu tragen. Wird die Gebühr trotz Mahnung des Bezirksschornsteinfegermeisters nicht entrichtet, hat die untere Verwaltungsbehörde die Gebühr in einem Bescheid festzusetzen und beizutreiben. Die landesrechtlichen Regelungen über die kehr- und überprüfungspflichtigen Anlagen und die Kehr- und Überprüfungsintervalle sowie die jeweiligen Gebühren sollen künftig in einer Verordnung über die Kehrung und Überprüfung von Feuerungsanlagen, Lüftungsanlagen und ähnlichen Einrichtungen (Kehr- und Überprüfungsordnung – KÜO) getroffen werden. Neben den Aufgaben der Feuersicherheit, die in der KÜO festgeschrieben sind, nimmt der Bezirksschornsteinfegermeister die ihm übertragenen Messaufgaben nach der Ersten Verordnung zur Durchführung des Bundesimmissionsschutzgesetzes (Verordnung über kleine und mittlere Feuerungsanlagen – 1. BImSchV) – die sog. Emissionsmessung – und die Abnahmeaufgaben im Baurecht wahr. Die eigentlichen Kehr- und Reinigungsarbeiten machen derzeit rd. 28 %, die Emissionsmessung rd. 37 %, die Abgaswegüberprüfung rd. 29 % und die Feuerstättenschau rd. 6 % seiner Tätigkeiten aus (Vergleichszahlen Baden-Württemberg).

10   Die Höhe der für die Arbeiten zu entrichtenden Gebühren ist nach dem durchschnittlichen Zeitaufwand des Bezirksschornsteinfegermeisters und seiner Mitarbeiter bemessen. Für jede einzelne Tätigkeit sind in der KÜO Arbeitswerte festgesetzt (nur in Hessen gibt es noch feste Eurobeträge für jede Schornsteinfegertätigkeit), wobei ein Arbeitswert einer Arbeitsminute entspricht. Der Ermittlung der Arbeitswerte für die einzelnen Tätigkeiten liegen arbeitswissenschaftliche und betriebswirtschaftliche Untersuchungen anerkannter Fachfirmen mittels Zeitstudien nach REFA-Grundsätzen zugrunde. Neben den rein produktiven Arbeitszeiten vor Ort sind nach den gesetzlichen Vorgaben des § 24 Schornsteinfegergesetz in den Arbeitswerten auch sonstige Arbeiten u.a. für die Büroarbeiten des Meisters und das Rüsten der Arbeitsgeräte berücksichtigt. Die notwendigen Fahrten des BSM und seines Gesellen werden bisher nur in Baden-Württemberg durch eine „Wegepauschale" offen ausgewiesen. In den anderen Bundesländern sind sie in den Arbeitswerten eingerechnet oder sind Bestandteil von Jahrespauschalen. Eine transparente Darstellung dieser Kostenfaktoren erfolgt meist nicht. Die Arbeitswerte sind so festgesetzt, dass die Tätigkeiten ordnungsgemäß durchgeführt werden können.

Das Schornsteinfegerhandwerk ist in hohem Maße davon abhängig, in **11** welchem Umfang die Länder aus Gründen der Feuersicherheit die Überprüfung und Kehrung von häuslichen Feuerungsanlagen für notwendig erachten und der Bund aus Gründen des Umweltschutzes Emissionsmessungen für erforderlich hält. Entscheidend dafür ist der Entwicklungsfortschritt in der Technik häuslicher Feuerungsanlagen. Dies hat dazu geführt, dass sich in den vergangenen 30 Jahren das Arbeitsgebiet des Bezirksschornsteinfegermeisters von einem reinen Reinigungsbetrieb von Feuerungsanlagen zu einem Dienstleistungsbetrieb rund um die häuslichen Feuerungsanlagen entwickelt hat. Vor dem 1.10.1973 kannte man den Schornsteinfeger nur in Schwarz mit Leiter und Kehrgerät. Heute ist die rußige Arbeit am Schornstein nur noch ein geringer Ausschnitt seiner beruflichen Tätigkeit. Der Schornsteinfeger erledigt heute Aufgaben im Baurecht; er ist der Fachmann für die Sicherheit, die Energieeinsparung und den Umweltschutz rund um die häuslichen Feuerungsanlagen. Der Schornsteinfeger ist ebenso nicht mehr die mit staatlicher Gewalt ausgestattete Aufsichtsperson, sondern ein Dienstleister, der für den Betreiber beratend und kontaktfreudig tätig wird.

4. Ausgangslage vor Inkrafttreten der Muster-KÜO 2006

An der Sitzung des Bund-Länder-Arbeitskreises „Schornsteinfegerwesen" **12** (BLA) am 21. und 22. Mai 2003 in Erfurt wurde die Vergabe einer bundeseinheitlichen Arbeitszeitstudie nach REFA für Arbeitswerte im Schornsteinfegerhandwerk beschlossen. Das Gutachten sollte vom Bundesverband des Schornsteinfegerhandwerks (ZIV) im Einvernehmen mit den Ländern und unter Berücksichtigung der Hinweise aus dem Projektbericht finanziert und vergeben werden. Dabei war ein Gutachter zu beauftragen, der bereits Erfahrung mit dem Schornsteinfegerhandwerk hatte. Die noch aktuellen Daten der Gutachten in Bayern und Baden-Württemberg sollten in das bundeseinheitliche Gutachten einfließen.

Damit das Arbeitszeitgutachten nicht als Parteiengutachten verworfen wer- **13** den muss, wurden dem Bundesverband des Schornsteinfegerhandwerks als Auftraggeber besondere Auftragsbedingungen auferlegt:

– Eine Projektgruppe der Bundesländer begleitet die Arbeitsstudie und fertigt auf der Grundlage des Arbeitszeitgutachtens eine Umsetzungsempfehlung für die Bundesländer (Muster-KÜGebO).

– Die Auftragsvergaben mit der detaillierten Beschreibung des Auftrags inklusive aller Nebenabreden sind nur nach vorheriger Zustimmung der Projektgruppe zulässig.

– Die Projektgruppe legt arbeitsbegleitend die Untersuchungsbreite und Untersuchungstiefe fest, bestimmt die untersuchten Kehrbezirke und entscheidet bei unterschiedlichen Arbeitsabläufen der Schornsteinfegertätigkeiten.

– Die Projektgruppe erhält Einblick in alle Unterlagen, die vom Zeitnehmer erstellt werden. Sie erhält auch Zweitschriften von allen Schreiben an die untersuchten Kehrbezirksinhaber, Schulungsunterlagen und Protokolle über Vorbereitungen zur Arbeitsstudie der Innungen, Landesinnungsverbände, des Bundesverband des Schornsteinfegerhandwerkes und des ZDS.

14 Zusätzlich hatte der BLA beschlossen, ein fachtechnisches Hearing durchzuführen. Dieses hatte an das bundesweite fachtechnische Hearing am 10.12.1987 in München und an das fachtechnische Hearing zur KÜO Baden-Württemberg am 11. und 12.5.1998 in Stuttgart anzuknüpfen. In diesem Hearing sollte durch eine Anhörung von Fachleuten geklärt werden, ob die zwischenzeitlich eingetretenen Fortschritte in der Heizungs-, Überwachungs- und Messgerätetechnik Auswirkungen auf die von den Ländern zu erlassenen Kehr- und Überprüfungsordnungen haben. Damit wurde die Muster-KÜO insgesamt auf den Prüfstand gestellt.

15 Die Projektgruppe hatte den Auftrag,

– eine Arbeitszeitstudie zu begleiten und die Neutralität der Arbeitsuntersuchungen sicherzustellen,

– nach Vorlage des Arbeitszeitgutachtens eine Umsetzungsempfehlung für die Bundesländer zu geben,

– das fachtechnische Hearing vorzubereiten und durchzuführen und

– die Erkenntnisse aus dem fachtechnischen Hearing zu dokumentieren und Umsetzungsempfehlungen zur Änderung der Muster-KÜO zu geben.

16 Mitglieder der Projektgruppe aus dem Bund-Länder-Ausschuss waren:

Wolfgang Stehmer (Baden-Württemberg) – Vorsitz –
Jürgen Lambrecht (Nordrhein-Westfalen)
Karsten Prilop (Hamburg)
Gerd Belger (Brandenburg)
Jürgen Gottschlich (BMWT)
Wolfgang Ertl (Bayern)

Zusätzlich wurden Vertreter des Handwerks (ZIV und ZDS) beteiligt. Die Projektgruppe hat noch einen Vertreter von Haus & Grund Deutschland in die Projektgruppenarbeit einbezogen, um die Mitwirkung der Grundstückseigentümer sicher zu stellen.
An den Sitzungen der Projektgruppe nahmen daher noch folgende Personen teil:

Klaus Dank, stellv. Bundesinnungsmeister ZIV
Dr. Ing. Dieter Stehmeier, Vorstand Technik ZIV
Hans-Ulrich Gula, Vorstand Finanzen ZIV
Frank Weber, Bundesvorsitzender ZDS

Christian Beyerstedt, Technischer Referent ZDS
Detlef Manger, Rechtsanwalt, Haus & Grund Deutschland (Sitzungen 1–4)
Wolf-Bodo Friers, Haus & Grund Deutschland (ab der 6. Sitzung)

Während der Projektarbeit vom Mai 2003 bis Mai 2006 fanden insgesamt 5 **17** Sitzungen des Bund-Länder-Ausschusses, 9 Sitzungen der Projektgruppe und 6 Arbeitsbesprechungen von Personen der Projektgruppe statt. Die Arbeit der Projektgruppe wurde mit dem einstimmigen Beschluss des Bund-Länder-Ausschusses zur Muster-KÜO 2006 am 31. Mai 2006 in Mainz abgeschlossen.

5. Technisches Hearing

Das technische Hearing wurde als Expertenfachgespräch mit konkreten **18** Fragen, Statements und Diskussionen am 21. und 22. Januar 2004 in Stuttgart durchgeführt. Dabei ging es um Handlungsempfehlungen aufgrund der häuslichen Feuerungstechnik. Nicht erörtert wurden Fragen des Umweltschutzes (Häufigkeit und Wirkung der Emissionsmessungen) und der Schornsteinfegerorganisation (Kehrmonopol, Gebühren). Es wurde in die Fachbereiche

- Ölfeuerungsanlagen,
- Feste Brennstoffe,
- Gasfeuerungsanlagen und
- Lüftungsanlagen und sonstige Einrichtungen.

unterteilt. Dazu lag ein Empfehlungspapier des Bundesindustrieverbands Deutschland vor, das von folgenden Verbänden unterzeichnet war:

- Bundesverband der Deutschen Gas- und Wasserwirtschaft (BGW)
- Institut für wirtschaftliche Ölheizung, Hamburg (IWO)
- Zentralverband Sanitär Heizung Klima (ZVSHK)
- Bundesverband des Schornsteinfegerhandwerks (ZIV)
- Zentralverband Deutscher Schornsteinfeger e.V. (ZDS)
- Bundesindustrieverband Deutschland Haus-, Energie- und Umwelttechnik e.V. (BDH)

Die Projektgruppe hat 58 Behörden, Verbände, Institute und sonstige Stellen **19** für das Expertenfachgespräch eingeladen. Die Länder, der Bund, Haus & Grund Deutschland und das Schornsteinfegerhandwerk konnten Vorschläge für den Einladungskreis machen. Dabei wurden alle Vorschläge berücksichtigt, die zur Zielgruppe gehörten. Mit Schreiben vom 13.8.2003 wurden die Experten schriftlich vom Vorsitzenden der Projektgruppe über den Termin und das Vorhaben des technischen Hearings informiert. Die offizielle Einladung wurde am 7.11.2003 versandt.

Auf der Grundlage des Fragenkatalogs des technischen Hearings im Jahr **20** 1998 wurde ein umfangreicher Fragenkatalog entworfen. Die Länder, der Bund, Haus & Grund Deutschland und das Schornsteinfegerhandwerk wurden aufgefordert, bis zur zweiten Sitzung der Projektgruppe Änderungs- und Ergänzungswünsche vorzutragen. In der Sitzung am 13. und 14. Oktober 2003 in Erfurt wurde dann der Fragenkatalog festgelegt (s. Dokumentation).

21 Die Fachbeiträge der Teilnehmer am Expertenfachgespräch und das Fazit bei jeder Frage wurden akustisch aufgezeichnet. Daraus wurde dann ein Wortprotokoll gefertigt. Ein Extrakt aus den Zusammenfassungen zu jedem Thema ergab dann das offizielle Protokoll.

22 Die zusammengefassten Antworten zu jeder Frage (Fazit) bildete das Ergebnis des Expertenfachgesprächs. Dieses wurde aus den Diskussionen über die Änderung der Muster-KÜO entwickelt. Das Ergebnis des technischen Hearings ist aus dem „Fazit, Stand 18. März 2004" (s. Erl. 24) zu entnehmen. Dabei wurde weitgehend festgestellt, dass die bisher in der Muster-KÜO empfohlenen Kehr- und Überprüfungsintervalle auch heute noch nahezu aktuell sind. Die Fachexperten empfehlen daher bei der bisherigen Feuerungstechnik keine besonderen Änderungen sowohl bei Ölfeuerstätten, Gasfeuerstätten als auch bei Feuerungsanlagen für feste Brennstoffe. Bei messpflichtigen Ölfeuerstätten soll künftig eine Abgaswegüberprüfung stattfinden.

Künftig werden technisch verbesserte Feuerungsanlagen auf den Markt kommen, die mit selbstkalibrierender kontinuierlicher Regelung des Verbrennungsprozesses eine wesentliche Verbesserung in der Feuersicherheit bieten. Für diese Anlagen, die kurz vor der Markteinführung stehen, schlagen die Experten längere Abstände zwischen den Überprüfungen vor. Längere Überprüfungsintervalle werden auch für Feuerungsanlagen vorgeschlagen, die mit schwefelarmen Heizöl EL betrieben werden. Auch diese Anlagen werden in Kürze marktfertig sein.

Bei den bisher marktüblichen Gasfeuerungsanlagen werden keine Änderungen vorgeschlagen, allerdings sollte begrifflich eine andere Einteilung erfolgen: Bisher mit und ohne Strömungssicherung, künftig raumluftunabhängig/-abhängig; Über-/Unterdruck.

23 Die Vorschläge für die Bereiche Ölfeuerungsstätten, feste Brennstoffe und Gasfeuerungsanlagen erfolgten mit großer Einstimmigkeit. Bei der Überprüfung von gewerblichen Dunstabzugsanlagen, hygienischen Lüftungsleitungen, ortsfesten Verbrennungsmotoren, Brennstoffzellenheizgeräten und Brennstoffversorgungseinrichtungen waren keine großen Übereinstimmungen zu erzielen. Es wird daher an den Ländern liegen, die Expertenansichten auszuwerten.

24 Das Fazit aus dem technischen Hearing am 21. und 22. Januar 2004 in Stuttgart im Wortlaut:

1. Ölfeuerstätten
1.1. Die regelmäßige Reinigung (Kehrung) der Abgasanlagen (Schornsteine, Abgasleitungen und Verbindungsstücke) für Ölfeuerungsanlagen, die der regelmäßigen Überwachung nach der 1. BImSchV nicht unterliegen, ist weiterhin quartalsweise erforderlich, denn die Gerätetechnik hat sich in diesem Bereich nicht entscheidend weiterentwickelt. Bei ganzjährig benutzten Feuerstätten soll viermal im Jahr, bei regelmäßig in der üblichen Heizperiode benutzten Feuerstätten dreimal im Jahr, bei Zusatzfeuerstätten zweimal im Jahr und bei selten benutzten Feuerstätten einmal im Jahr gekehrt werden.
1.2. Ausnahmen für Ölfeuerstätten von bivalenten Heizungen, Ölbrennwertgeräten und Verbindungstücken sind sicherheitstechnisch nicht zu

begründen. Dieser Auffassung stehen die Erfahrungen einiger Länder entgegen, die die Kehrintervalle für bivalente Anlagen und Ölbrennwertgeräten bereits vor einigen Jahren auf einmal im Jahr verlängert haben. Sicherheitliche Bedenken oder das Erfordernis zusätzlicher Kehrungen sind hier bisher auf Landesebene nicht geltend gemacht worden.

1.3. Demontierbare Verbindungsstücke in Aufenthaltsräumen (Ofenrohre) müssen nicht vom Schornsteinfeger gekehrt werden.

1.4. Ist der Hauseigentümer bereit, eine freiwillige Emissionsmessung durchführen zu lassen, verringern sich die Kehrtermine wie bei messpflichtigen Anlagen.

1.5. Bei messpflichtigen Ölfeuerstätten, die einer regelmäßigen Überwachung nach der 1. BImSchV unterliegen, wird eine jährliche **Überprüfung**, erforderlichenfalls Reinigung, für ausreichend angesehen.

1.6. Dabei soll der Abgasweg insgesamt überprüft werden. Eine CO-Messung ist nur als Bestandteil der Emissionsmessung erforderlich.

1.7. Bei jeder Emissionsmessung und Abgaswegüberprüfung sind die Verbrennungsluftzuführung (Tür- und Wanddurchbrüche) und der Verbrennungsluftverbund (Raumgröße, neu eingebaute dichte Türen und Fenster) durch Augenschein zu überprüfen.

1.8. Bei raumluftunabhängigen Ölfeuerungsanlagen und bei Brennwertfeuerstätten an Überdruck-Abgasanlagen, die jeweils mit schwefelarmem Heizöl EL betrieben werden, reicht eine Überprüfung, notfalls Reinigung, alle zwei Jahre aus.

1.9. Ölfeuerungsanlagen mit selbstkalibrierender kontinuierlicher Regelung des Verbrennungsprozesses, die mit schwefelarmem Heizöl EL betrieben werden, sollten künftig nur alle 3 Jahre, nach entsprechendem Monitoring alle 5 Jahre, überwacht werden.

2. Feuerungsanlagen für feste Brennstoffe

2.1. Die regelmäßige Reinigung (Kehrung) der Abgasanlagen (Schornsteine und Verbindungsstücke) für Feuerungsanlagen, die der regelmäßigen Überwachung nach der 1. BImSchV nicht unterliegen, ist weiterhin quartalsweise erforderlich. Bei ganzjährig benutzten Feuerstätten soll viermal im Jahr, bei regelmäßig in der üblichen Heizperiode benutzten Feuerstätten dreimal im Jahr, bei Zusatzfeuerstätten zweimal im Jahr und bei selten benutzten Feuerstätten einmal im Jahr gekehrt werden. Es wird angeregt, die Kehrungsintervalle (Reinigung) nach der Anlagentechnik und nicht nach der Betriebsdauer festzulegen.

2.2. Ausnahmen für Holzfeuerstätten von bivalenten Heizungen, Kohle- und Koksfeuerstätten und Kohlebadeöfen sind sicherheitstechnisch nicht zu begründen. Dieser Auffassung stehen die Erfahrungen einiger Länder entgegen, die die Kehrintervalle für bivalente Anlagen bereits vor einigen Jahren auf zweimal im Jahr verlängert haben. Sicherheitliche Bedenken oder das Erfordernis zusätzlicher Kehrungen sind hier bisher auf Landesebene nicht geltend gemacht worden.

2.3. Bei Feuerstätten für feste Brennstoffe ist nur durch die Sicherstellung einer besseren Verbrennungsgüte (z.B. durch CO-Sensoren) eine Reduzierung der Kehrhäufigkeiten – wie z.B. bei Ölfeuerungsanlagen – vertretbar. Hier liegen aber noch zu wenige Erfahrungen vor.

2.4. Die Messung nach der 1. BImSchV sorgt für eine Verringerung der Staub- und Rußbildung. Bei allen wiederkehrend überwachten Anlagen reicht daher eine zweimalige Kehrpflicht für den Schornstein und

die Verbindungsstücke aus. Bei weiterer Verbesserung der Feuerungsanlagen ist auch eine einmalige Kehrung im Jahr verantwortbar.

2.5.   Bei Holzpellet-Einzelfeuerstätten und -Heizkesseln kann eine zweimalige Kehrung im Jahr ausreichend sein, sofern sie emissionsarm betrieben werden. Bei BImSchV-überwachten Anlagen ist bei guten Mess-
werten sogar eine Reduzierung der Termine auf eine Kehrung im Jahr
in Betracht zu ziehen.

3.   Gasfeuerungsanlagen

3.1.   Abgaswegüberprüfungen sind erforderlich

3.1.1. Jährlich bei raumluftabhängigen Heizwertfeuerstätten und bei
Brennwertfeuerstätten an **Unter**druck-Abgasanlagen.

3.1.2. Alle zwei Jahre bei raumluft**unab**hängigen Heizwert- und Brennwertfeuerungsanlagen, raumluft**ab**hängigen Brennwertfeuerstätten
an **Überdruck**-Abgasanlagen sowie an raumluft**unab**hängigen Feuerstätten ohne Gebläse mit Verbrennungsluftzufuhr und Abgasabführung durch die Außenwand.

3.1.3. Alle 3 Jahre, ggf. nach entsprechendem Monitoring ab 2008 alle 5
Jahre, bei Brennwertfeuerungsanlagen mit selbstkalibrierender
kontinuierlicher Regelung des Verbrennungsprozesses.
Der jährlichen Überprüfungspflicht von Gasfeuerstätten ohne Strömungssicherung und ausgelegt für Abgasabführung mit Unterdruck
stehen die Erfahrungen einiger Länder entgegen, die die Überprüfungsintervalle bereits vor einigen Jahren auf alle zwei Jahre verlängert haben. Sicherheitliche Bedenken oder das Erfordernis zusätzlicher Überprüfungen sind hier bisher auf Landesebene nicht
geltend gemacht worden.

3.2.   Die Angleichung an die Überwachungsfristen der Emissionsmessung ist anzustreben.

3.3.   Ein Abspiegeln der senkrechten Teile von Abgasanlagen (Abgasschornsteine) zur Überwachung ist nur unter bestimmten Randbedingungen zu empfehlen. Folgende Verhältnisse müssen mindestens
vorliegen, damit ein Abspiegeln ausreichend sicher ist:
– Ausreichendes Tageslicht,
– das Verhältnis von Länge der Abgasanlage zu ihrem lichten
Querschnitt darf nicht zu groß sein,
– es dürfen keine Umlenkungen im zu überprüfenden Bereich der
Abgasanlage vorhanden sein,
– es dürfen keine Aufsätze oder Abdeckungen an der Mündung
der Abgasanlage vorhanden sein,
– es muss ein geeigneter Spiegel in Verbindung mit einer geeigneten Lichtquelle verwendet werden und
– es muss zusätzlich eine Druckmessung oder O_2-Messung durchgeführt werden.

3.4.   Eine CO-Messung ist als Teil jeder Abgaswegüberprüfung erforderlich.

3.5.   Bei jeder Emissionsmessung und Abgaswegüberprüfung ist die Verbrennungsluftzuführung (Tür- und Wanddurchbrüche) und der Verbrennungsluftverbund (Raumgröße, neu eingebaute dichte Türen
und Fenster) durch Augenschein zu überprüfen.

3.6.   Neben den Anlagen nach Ziff. 3.1.3 gibt es bisher noch keine
Abgasüberwachungseinrichtungen (wie z.B. Ferndiagnose etc.),

die längere Überprüfungsintervalle oder gar den Verzicht auf die Überprüfung rechtfertigen würden.

3.7. Die Dichtheit von raumluftunabhängigen Feuerstätten mit konzentrischer Luft-Abgas-Führung kann durch eine Messung des O_2-Gehaltes im Ringspalt gewährleistet werden. Dadurch könnten Alterungsprozesse im Bereich der Dichtungen kontrolliert werden. Bei anderen Feuerstätten ist der Einsatz eines aufwendigen Dichtheitsprüfgerätes erforderlich.

4. Lüftungsanlagen und sonstige Einrichtungen

4.1. Die regelmäßige Überprüfung von gewerblichen Dunstabzugsanlagen (halbjährlich – zweijährlich) wird aus Brandschutzgründen überwiegend für erforderlich gehalten.

4.2. Die jährliche Überprüfung der Lüftungsleitungen ohne Anschluss einer Feuerstätte (Hygieneleitungen) wird aus Gründen der Schimmelpilzbildung dringend für erforderlich gehalten. Eine Rechtsgrundlage dazu müsse allerdings im Gesundheitsrecht geschaffen werden. Die Regelungen des Einheitsvertrages gelten nur in den neuen Bundesländern und sind auf die alten Bundesländer nicht übertragbar. Dies gilt auch, wenn in den Lüftungsleitungen Brandschutzklappen liegen.

4.3. Eine regelmäßige Überprüfung von ortsfesten Verbrennungsmotoren (BHKW, Wärmepumpen, Notstromaggregate) sollte alle zwei Jahre erfolgen (wie bei Gasfeuerungsanlagen), da solche Anlagen ständig gewartet werden müssen (ca. 3 bis 5 mal im Jahr). Eine Abnahmeprüfung (Bauabnahme) wird für sinnvoll gehalten. Druckdichte Anlagen (geschweißtes Abgasrohr) sollten demgegenüber nach der Bauabnahme nicht mehr überprüft werden.

4.4. Eine Überprüfungspflicht der Brennstoffzellenheizgeräte kann noch nicht beurteilt werden.

4.5. Eine regelmäßige Überprüfung der Brennstoffversorgungseinrichtungen (Lager, Zuleitung etc.) stößt auf grundsätzliche Vorbehalte der Eigentümerverbände und des Installateurhandwerks; gegen eine Inaugenscheinnahme im Rahmen der Feuerstättenschau bestehen keine Bedenken. Bei der Überprüfung der Gaszuleitungen soll es weitere Feldversuche geben.

Die von der Projektgruppe vorgeschlagene Muster-KÜO soll umfassend **25** sowohl die kehr- und überprüfungspflichtigen Anlagen, deren Kehr- oder Überprüfungspflichten, die Ankündigung und Durchführung der Kehr- und Überprüfungsarbeiten, die Gebühren und ausführliche Begriffsbestimmungen enthalten. Dabei sollen die Kehr- und Überprüfungspflichten in Anlage 1 tabellarisch aufgeführt werden. Das Schornsteinfegergebührenverzeichnis soll als Anlage 2 nach dem Muster Baden-Württembergs ebenfalls in Tabellenform festgeschrieben werden. Die Begriffe werden in einer Anlage 3 zusammengefasst.

Bis auf das Schornsteinfegergebührenverzeichnis (Anlage 2) wurde die Muster-KÜO in der Sitzung der Projektgruppe am 28. Februar und 1. März 2005 in Münster abgeschlossen und mit Schreiben des Vorsitzenden vom 15.6.2005 den Ländern und dem BMWA übersandt. Der Bund-Länder-Ausschuss hat diesen Teil der Muster-KÜO in der Sitzung am 8. und 9. Februar 2006 in Berlin ohne Änderungen beschlossen. Die Endabstimmung auch über die Anlage 2 erfolgte dann am 31. Mai 2006 in Mainz. **26**

6. Wichtigste Änderungen durch die Muster-KÜO 2006

27 Verringerung der Anlauftermine des BSM in den einzelnen Gebäuden
Bei Gasfeuerstätten wird zwingend vorgeschrieben, dass alle wiederkehrend
anfallenden Arbeiten (Emissionsmessung, Abgaswegüberprüfung, Prüfung
des Gaskamins, Feuerstättenschau alle 5 Jahre) an **einem** Termin stattfinden
müssen. Dies wird – einschließlich der Überprüfung der senkrechten Abgasanlage (Schornstein) mit dem Kehrbesen – auch bei messpflichtigen Ölfeuerstätten festgeschrieben.
Bei nicht messpflichtigen Ölfeuerstätten und bei Holz- und Kohlefeuerstätten
ist in der Regel damit zu rechnen, dass der Schornsteinfeger bei den Kehrarbeiten sehr schmutzig wird. Zur Vermeidung von Interessenskonflikten (Verschmutzung) können diese Arbeiten nicht mit Mess- und Überprüfungsarbeiten
an anderen im Gebäude befindlichen Anlagen (Feuerstättenschau, Überprüfung von Gas- und messpflichtigen Ölfeuerstätten) kombiniert werden.
Die Verringerung der Anlauftermine reduziert die Jahresfahrleistung des
Schornsteinfegerbetriebes und wirkt damit gebührensenkend.

28 Umsetzung des „Empfehlungspapiers" BDH u.a.
Messpflichtige Ölfeuerungsanlagen werden behandelt wie Gasfeuerungsan-
lagen. Es erfolgt nur noch eine Abgaswegüberprüfung, nicht zwingend eine
Kehrung der senkrechten Abgasanlage. Für raumluftunabhängige Feuerstät-
ten und raumluftabhängige Brennwertfeuerstätten an einer mit Überdruck
betriebenen Abgasanlage und dem Einsatz von schwefelarmem Heizöl ist
nur noch eine Überprüfung alle zwei Jahre vorgesehen.
Moderne Gas- und Ölfeuerstätten mit selbstkalibrierender kontinuierlicher
Regelung des Verbrennungsprozesses werden nur noch alle drei Jahre vom
BSM überprüft.

29 Kehrpflicht für moderne Holzfeuerstätten verringern
Messpflichtige Feuerstätten zur Verbrennung von Holzpellets werden künftig nur noch zweimal jährlich gekehrt, wenn sie erkennbar rückstandsarm
verbrennen.

30 Flexible Termingestaltung, Service erhöhen
Schornsteinfegertermine sind künftig zwingend fünf Werktage vorher anzu-
melden, sofern der Grundstückseigentümer nicht darauf verzichtet.
Die BSM werden angewiesen, auf besondere Kundenwünsche regelmäßig
einzugehen.
Gebührenzuschläge fallen nur noch an, wenn die Arbeiten auf Wunsch des
Kunden vor 6.^{00} Uhr oder nach 18.^{00} Uhr, an Samstagen, Sonn- und Feier-
tagen angesetzt werden.

31 Effizientere Beratung bei energiewirtschaftlichen Fragen vor Ort
Die Gebührenberechnung umfasst eine Arbeitszeit von 2 % beim Kehren
und 3,4 % bei den übrigen Arbeiten für die Beratung des Kunden vor Ort in
Fragen rund um die häusliche Feuerungsanlage, gemessen an der Gesamt-
arbeitszeit. Zusätzlich müssen unentgeltlich Telefonauskünfte erteilt werden. Kostenpflichtig sind nur besondere Anfahrten, fachtechnische Stellungnahmen und Gutachten.
Nahezu alle Schornsteinfegerbetriebe in Deutschland sind in ein Qualitäts-
managementsystem einbezogen und zertifiziert. Dadurch ist eine Qualitäts-
steigerung und höhere Servicebereitschaft zu erwarten.

Moderne Gebührengestaltung   32

Die Arbeitszeitstudien ergaben, dass durch den Einsatz moderner Messgeräte und gezielter Fortbildung der Schornsteinfeger die Emissionsmessungen billiger werden können.

Für die Abgaswegüberprüfung einschließlich CO-Messung und die Feuerstättenschau können die Gebühren erstmals auf der Grundlage einer Arbeitszeitstudie festgesetzt werden.

Die Aufwandszeiten für die Kehrungen haben sich in den letzten 15 Jahren nicht verändert.

Die Arbeitszeitstudie bietet auch eine sichere Plattform für die Gebühren, wenn einzelne Arbeiten zusammengelegt werden.

Die betrieblichen Fahrzeiten des BSM und seines Gesellen werden künftig verursachergerecht als Fahrtpauschale je begangene Nutzungseinheit (Wohnung) erhoben. Dies führt zwar bei Gebäuden mit wenig Arbeitsvolumen des BSM (Einfamilienhäuser ohne messpflichtige Feuerungsanlagen) zu einer geringen Verteuerung, bei Gebäuden mit hohem Arbeitsvolumen werden bisher juristisch angreifbare Benachteiligungen beseitigt.

Die bisherige Arbeitswertberechnung je gebührenpflichtiger Tätigkeit enthält die Arbeitszeit vor Ort, einschließlich eines Vorgabezuschlags für Rüst-, Beratungs- und sonstige Zeiten und eines Bürozuschlags. Der jeweilige Arbeitswert (AW) drückt damit den betriebswirtschaftlichen Anteil der jeweiligen Arbeit aus. Durch die Zusammenlegung vieler Arbeiten gibt es künftig keine unterschiedlichen Vorgabe- und Bürozuschläge für verschiedene Tätigkeiten mehr. Die Zuschlagsberechnung für die einzelnen Zeiten kann daher in den Arbeitswerten entfallen. Der Arbeitswert drückt daher künftig nur noch die durchschnittlich ansetzbare Arbeitszeit vor Ort aus. Daran kann sich sowohl der Kunde, als auch der Schornsteinfeger orientieren. Dies dient auch der Qualitätssicherung. Die dadurch generell niedrigeren Arbeitswerte bedingen dann einen höheren Gebührensatz je AW. Der durchschnittliche Endbetrag hat sich für den Kunden durch die neue Berechnungsart damit nicht wesentlich geändert.

Anpassung der KÜO an Änderungen im Bau- und Umweltrecht   33

Sämtliche Begriffe der Muster-KÜO wurden überarbeitet und an geänderte Rechtsvorschriften im Bau- und Umweltrecht angepasst.

Für die Reinigung asbesthaltiger Abgasschornsteine wird eine besondere Gebührenposition aufgenommen, die ein Arbeiten nach den „Technischen Regeln für Gefahrstoffe" TRGS 517 erlaubt.

Für die Bauabnahmegebühren wurde ein Muster empfohlen, das nach dem Baurecht in Baden-Württemberg ausgerichtet wurde. Andere Länder können sich daran orientieren.

Die bisher in einigen Ländern vorgesehenen Umrüstzuschläge für Schornsteine mit Überbreiten und aus besonderen Materialien werden entfallen. Anlagen der 4. BImSchV (z.B.: Großfeuerungsanlagen, Müllheizkraftwerke) werden von der Kehr- und Überprüfungspflicht ausgenommen, wenn dazu im immissionsschutzrechtlichen Verfahren Regelungen getroffen wurden.

Einfachere und verständlichere Vorschriftengestaltung   34

Die komplizierten Bestimmungen über die Kehr- und Überprüfungsfristen werden in einer übersichtlichen Tabelle in der Anlage 1 dargestellt.

Der Gebührenteil ist nunmehr in einer übersichtlichen Tabelle (Anlage 2) als „Schornsteinfegergebührenverzeichnis" enthalten.

Die Begriffe werden in einer weiteren Anlage am Ende der Muster-KÜO aufgeführt.
Die neue KÜO hat damit nur noch 6 Paragrafen und 3 Anlagen (bisher 2 Verordnungen, über 20 Paragrafen und oftmals Abkürzungsverzeichnisse in einer Verwaltungsvorschrift).

7. Auswirkungen der Muster-KÜO 2006

35   Die Projektgruppe hat versucht, aus den vorliegenden Daten eine Folgeabschätzung darüber anzustellen, wie sich die Umsetzung der Muster-KÜO 2006 auf die Anzahl der Kehrbezirke und das Gebührenniveau insgesamt auswirken wird. Es war jedoch zu erkennen, dass die vorliegenden Bezugsdaten der Länder dazu nicht ausgereicht haben. Lediglich in Baden-Württemberg wäre das möglich. Dort werden nahezu gebührenneutrale Ergebnisse erwartet. In den anderen Ländern ist tendenziell mit einem leichten Abbau von Kehrbezirken zu rechnen, da die Zusammenlegung der Schornsteinfegerarbeiten Arbeitsvolumen verringert. Länder mit einem hohen Gebührenniveau werden mehr Kehrbezirke abbauen müssen als Länder, die im Gebührenniveau niedrig lagen.

36   Betroffen werden in einem Kehrbezirk immer ein Bezirksschornsteinfegermeister, ein Geselle und eine Teilzeitkraft für das Büro (ca. 25–30 %).

37   In Deutschland bestehen derzeit rd. 7.800 Kehrbezirke. Nach einer Zusammenstellung der anerkannten Geschäftskostenaufstellungen der Länder für das Jahr 2006 werden im Jahr durchschnittlich rd. 130.000 Euro Umsatz erzielt. Daraus ergab sich eine Gesamtsumme in Deutschland von rd. einer Milliarde Euro. Dazu kommt noch die Mehrwertsteuer von 19 % (ab 2007, vorher 16 %), die die Gebührenzahler zusätzlich aufzubringen haben.

38   Mit der neuen Muster-KÜO wird die Wettbewerbssituation in der Energieversorgung zwischen Öl, Gas und Holz nicht verändert. Die vorgesehenen Kehr- und Überprüfungspflichten wurden vom Dachverband des Gas- und Wasserfaches (BGW) begrüßt.

39   Die Schornsteinfegergebühren werden aufgrund genauer Zeitstudien für die einzelnen Tätigkeiten der Bezirksschornsteinfegermeister oder Schornsteinfegergesellen festgelegt. Sie richten sich nicht nach der Produktion und den Ergebnissen eines Wirtschaftsbetriebes, sondern nach der Anzahl der Feuerstätten, Schornsteine und den damit verbundenen Einrichtungen. Wirtschaftsunternehmen werden mit den Kehr- und Überprüfungsgebühren nicht besonders belastet. Ihr Kostenanteil ist in der Gesamtsumme für alle Gebührenzahler enthalten. Es wäre nicht gerechtfertigt, Wirtschaftsunternehmen anders als Privathaushalte zu behandeln.

40   Am Schornsteinfegersystem (beliehener Unternehmer, feste Kehrbezirke), das durch das Schornsteinfegergesetz des Bundes festgelegt ist, ändert die Muster-KÜO nichts, was auch rechtlich nicht möglich ist. Es ist derzeit in der Bundesrepublik Deutschland in Fachkreisen unstrittig, dass auch bei modernen Feuerungsanlagen durch regelmäßiges Reinigen und Überwachen der Schornsteine, Rauch- und Abgasleitungen sowie der Feuerstätten, aber

auch durch frühzeitiges Erkennen und Feststellen von feuergefährlichen Baumängeln der Allgemeinheit große Sachwerte erhalten werden können und hierfür ein dringendes staatliches und individuelles Interesse besteht. Staatliche Regelungen über die Festlegung und Einhaltung bestimmter Sicherungsvorschriften und eine Reglementierung der Feuerschutzleistungen durch eine speziell geschulte und staatlich überwachte Berufsgruppe haben daher auch in einem freiheitlichen Gesellschafts- und Wirtschaftssystem eine wirtschaftlich sinnvolle Berechtigung. Der Bundesgesetzgeber hat die Struktur des Schornsteinfegerwesens bei der Novellierung des Schornsteinfegergesetzes im Jahr 1994 bestätigt. Inwieweit die anstehende Diskussion über die Forderung von der europäischen Kommission auf Öffnung des Kehrbezirkssystems Änderungen bringen, muss abgewartet werden.

Die vorgesehenen Änderungen der Muster-KÜO sind allerdings so einschneidend, dass alle Bezirksschornsteinfegermeister und die rd. 8.000 Gesellen in der Anwendung der neuen KÜO geschult werden müssen. Daneben muss die Software der Kehrbücher umgestellt, neue Formulare gedruckt und der tägliche Schornsteinfegerbetrieb neu organisiert werden (dreijährige Begehung, Zusammenlegung von Arbeiten). Dadurch werden wohl in allen Ländern Kehrbezirksneueinteilungen erforderlich werden. Die Zusatzkosten je Betrieb werden nach den Erfahrungen aus Baden-Württemberg aus dem Jahr 2000 mit rd. 1.000–1.500 € angenommen; darin sind keine Personalkosten enthalten. Die Zusatzkosten waren in Baden-Württemberg mit den Schornsteinfegergebühren abgedeckt, eine leichte Anhebung des Innungsbeitrags war jedoch nicht auszuschließen. Dieser wirkt sich kostenbelastend auf die Schornsteinfegergebühren aus. Einen erheblichen Aufwand wird die Neueinteilung der Kehrbezirke für die Einteilungsbehörden bedeuten. In Baden-Württemberg musste nach Einführung der neuen KÜO gleich in zwei Jahren hintereinander eingeteilt werden, um wieder zu gleichwertigen Kehrbezirken zu kommen. **41**

Zur Umsetzung der KÜO im Gebührenteil s. auch Erl. 76+77 zu Anlage 2 Einführung Muster-KÜO. **42**

8. Rechtsgrundlagen der KÜO

Rechtsgrundlagen der Kehrordnungen der Länder sind die §§ 1 und 24 SchfG sowie der entsprechende Paragraf der VO der Landesregierung über die Zuständigkeit zum Erlass von Rechtsverordnungen nach dem Schornsteinfegergesetz. § 1 Abs. 2 SchfG überträgt den Ländern das Recht zu bestimmen, welche Schornsteine, Feuerstätten, Rauchableitungen, Lüftungsanlagen oder ähnliche Einrichtungen in welchen Zeiträumen gereinigt oder überprüft werden müssen. § 24 Abs. 1 SchfG ist die Ermächtigungsvorschrift zur Festlegung der Gebühren und Auslagen. Die Zuständigkeitsverordnung der Landesregierung ist erforderlich, da das SchfG die jeweilige Regelungskompetenz der Landesregierung überträgt. **43**

Vor Erlass der Regelungen müssen jeweils der Landesinnungsverband des Schornsteinfegerhandwerks, die Arbeitnehmervertretung im Schornsteinfegerhandwerk und die Zusammenschlüsse der Hauseigentümer angehört werden. Die KÜO ist eine Verordnung des Landes und liegt auch in dessen **44**

Verantwortung. Ob eine Kabinettsentscheidung dafür notwendig ist, regeln die jeweiligen Geschäftsordnungen in den Ländern.

9. Statistik (Erhebungen)

45 Das Schornsteinfegerhandwerk führt jährlich bundesweit Erhebungen durch über

- Mängel an Feuerungsanlagen,
- Mängel an Lüftungsanlagen,
- CO-Messung an Gasfeuerstätten,
- Messungen nach der 1. BImSchV an Öl- und Gasfeuerungsanlagen und
- Emissionsmessungen an Feuerungsanlagen für feste Brennstoffe.

Dazu werden bundesweit insgesamt rd. 180 Mio. Daten erhoben. Bei der Vielzahl der Daten können Abgrenzungen und Rundungen zu geringfügigen Abweichungen führen.
Jeder BSM meldet die Ergebnisse der Erhebungen seines Kehrbezirks der zuständigen Kreisgruppe bzw. Innung, die diese zusammenfassen. Aus diesen Zusammenfassungen erstellen die Landesinnungsverbände jeweils landesweite Übersichten. Der ZIV sammelt schließlich die Ergebnisse der 16 Länder und erstellt die Bundes-Übersicht. Die Ergebnisse der Messungen nach der 1. BImSchV müssen den jeweiligen für den Immissionsschutz zuständigen obersten Landesbehörden sowie dem Bundesministerium für Umwelt, Naturschutz und Reaktorsicherheit vorgelegt werden.
Die Ergebnisse der Erhebungen für das Jahr 2006 in Deutschland werden nachfolgend vorgestellt.

46 Anlagen insgesamt

Ölheizungen	6.293.500
Gasbrenner mit Gebläse	751.900
Gasbrenner ohne Gebläse	6.280.200
Raumluftunabhängige Gasfeuerstätten	1.180.300
Gesamt	**14.505.900**

47 Alterstruktur der überprüften Feuerungsanlagen

Art	Ölfeuerungs-anlagen	Gasfeue-rungsanlagen	Zusammen	Anteil
bis 31.12.78	548.800	208.500	757.300	5,3 %
1.1.79–31.12.82	352.100	341.100	693.200	4,8 %
1.1.83–30.9.88/2.10.90	908.400	1.146.400	2.054.800	14,3 %
1.10.88/3.10.90–31.12.97	2.670.000	4.294.800	6.964.800	48,5 %
1.1.98–31.12.05	1.567.400	2.126.200	3.693.600	25,8 %
1.1.06–31.12.06	84.400	102.000	186.400	1,3 %
Gesamt	**6.131.100**	**8.219.000**	**14.350.100**	**100,0 %**

Muster-KÜO

Mängel an Feuerungsanlagen 48

Art	Mängel an bestehenden Feuerungsanlagen	Mängel an neugebauten Feuerungsanlagen	Mängel an wesentlich geänderten Feuerungsanlagen
Feuerstätten für feste Brennstoffe	107.800	28.300	24.700
Feuerstätten für flüssige Brennstoffe	61.700	6.300	10.800
Feuerstätten für gasförmige Brennstoffe	277.100	16.400	50.600
Verbindungsstücke für feste Brennstoffe	68.500	13.400	13.500
Verbindungsstücke für flüssige Brennstoffe	89.200	4.800	9.300
Verbindungsstücke für gasförmige Brennstoffe	105.600	7.900	12.300
Schornsteine und Abgasleitungen für Unterdruckbetrieb	180.400	36.100	38.300
Abgasleitungen für Überdruckbetrieb	23.500	13.600	12.200
Zusatzeinrichtungen	23.400	6.200	8.000
Einrichtungen für Schornsteinfegerarbeiten	56.900	18.700	52.000
Lüftungseinrichtungen und Verbrennungsluftversorgung	122.900	28.600	69.000
sonstige Mängel	62.800	13.200	20.100
Gesamt	**1.179.800**	**193.500**	**320.800**

In ca. 14 Mio. Gebäuden, in denen das Schornsteinfegerhandwerk wiederkehrende Kehr- und Überprüfungsarbeiten ausführt, wurden im Jahr 2006 insbesondere bei der Feuerstättenschau nahezu 1,2 Mio. Mängel (betriebs- und brandsicherheitstechnischer Art) an bestehenden Feuerungsanlagen festgestellt. Bei Prüfungen und Begutachtungen nach der LBO wurden an neugebauten Feuerungsanlagen mehr als 193.000 Mängel und an wesentlich geänderten Anlagen über 320.000 Mängel registriert.
Bei diesen Zahlen handelt es sich um Einzelmängel, nicht um die Anzahl der bemängelten Feuerungsanlagen. Nicht erfasst sind Mängel, die noch nicht unmittelbar zu Gefahren führten und die den Eigentümern mündlich mitgeteilt wurden.

Mängel an Lüftungsanlagen 49

Art	Mängel an bestehenden Lüftungsanlagen	Mängel an neugebauten Lüftungsanlagen	Mängel an wesentlich geänderten Lüftungsanlagen
Lüftungsschornsteine	5.090	440	380
Verbundhauptschächte	3.190	560	230
Verbundnebenschächte	14.270	20	970
Lüftungsleitungen	4.400	630	480
Lüftungskanäle	950	130	130
Lüfter	8.860	510	900
Lüftungsöffnungen	14.780	2.770	3.870
Brandschutzklappen	820	200	400
sonstige Mängel	24.730	1.540	2.390
Gesamt	**77.090**	**6.800**	**9.750**

50   CO-Messungen an raumluftabhängigen Gasfeuerungsanlagen

CO-Gehalt (bezogen auf unverdünntes, trockenes Abgas)	Anzahl	Anteil
unter 500 ppm	9.709.300	96,2 %
im Bereich von 500 bis 1000 ppm	213.000	2,1 %
über 1000 ppm	175.500	1,7 %
Gesamt	10.097.800	100,0 %

51   CO-Messungen an raumluftunabhängigen Gasfeuerungsanlagen

CO-Gehalt (bezogen auf unverdünntes, trockenes Abgas)	Anzahl	Anteil
unter 500 ppm	2.229.100	97,3 %
im Bereich von 500 bis 1000 ppm	35.300	1,5 %
über 1000 ppm	27.200	1,2 %
Gesamt	2.291.600	100,0 %

52   Messungen nach der 1. BImSchV

a) Ölfeuerungsanlagen

Art	Anzahl	Anteil
Überschreitung der zulässigen Rußzahl	139.300	2,2 %
Ölderivate im Abgas	12.900	0,2 %
Überschreitung der zulässigen Abgasverlustwerte	459.900	7,3 %
Gesamtanlagen	6.293.00	100,0 %

b) Gasfeuerungsanlagen

Art	Anzahl	Anteil
Überschreitung der zulässigen Abgasverlustwerte	422.700	5,1 %
Gesamtanlagen	8.219.000	100,0 %

c) handbeschickte Feuerungsanlagen für feste Brennstoffe

Art	Anzahl
1. BImSchV eingehalten	13.641
nur Staubgehalt zu hoch	1.459
nur CO-Gehalt zu hoch	771
Staub- und CO-Gehalt zu hoch	803
Gesamtanlagen	16.674

d) mechanisch beschickte Feuerungsanlagen für feste Brennstoffe

Art	Anzahl
1. BImSchV eingehalten	30.551
nur Staubgehalt zu hoch	3.459
nur CO-Gehalt zu hoch	844
Staub- und CO-Gehalt zu hoch	771
Gesamtanlagen	35.622

II. Rechtsgrundlagen

Verordnungstext Einleitung:

Es wird verordnet auf Grund von

1. § 1 Abs. 2 und § 24 Abs. 1[13] des Schornsteinfegergesetzes (SchfG) in der Fassung vom 10. August 1998 (BGBl. I S. 2072), nach Anhörung der in diesen Vorschriften genannten Verbände,

2. § ..... der Verordnung der Landesregierung über die Zuständigkeit zum Erlass von Rechtsverordnungen nach dem Schornsteinfegergesetz vom .... (......):

Erläuterungen

1. Rechtsgrundlagen 1, 2
2. Anhörung.. 3
3. Rechtsverordnung der Landesregierung.......................... 4

1. Rechtsgrundlagen

Die Ermächtigung zum Erlass einer KÜO steht im Schornsteinfegergesetz **1** (SchfG). § 1 Abs. 2 ist die Rechtsgrundlage zur Regelung, welche Anlagen in welchen Zeiträumen gereinigt und überprüft werden müssen, § 24 Abs. 1 die Grundlage zur Gebührenfestsetzung. Das SchfG begrenzt die Regelungsmöglichkeit der Länder auf Schornsteine, Feuerstätten, Rauchableitungen, Lüftungsanlagen oder ähnliche Einrichtungen. Die landesrechtlichen Regelungen müssen immer zum Zweck der Erhaltung der Feuersicherheit (Betriebs- und Brandsicherheit) erforderlich sein. Zu den einzelnen Begriffen s. Anlage 3 und die Kommentierung dazu.

Die Ermächtigung zur Erhebung der Gebühren sind eingeschränkt auf die **2** Arbeiten, die § 13 SchfG dem BSM vorgibt. Siehe hierzu Erl. 3–8, Einführung zu Anlage 2 Muster-KÜO.

---

[13] § 24 Abs. 1 SchfG ist nur einzusetzen, wenn § 4 in die KÜO aufgenommen wird.

2. Anhörung

3 In den Bundesländern müssen folgende Verbände zu Änderungen oder Neu-
fassungen der KÜO angehört werden:

- Landesinnungsverband des Schornsteinfegerhandwerks (LIV)
- Landesfachverband der Arbeitnehmer im Schornsteinfegerhandwerk =
  Landesverband des Zentralverbandes Deutscher Schornsteinfeger e.V.,
  Gewerkschaftlicher Fachverband (ZDS)
- Die für den Bereich des Landes zuständigen Zusammenschlüsse von
  Hauseigentümern = Landesverbände der Haus-, Wohnungs- und Grund-
  eigentümer (Haus + Grund), Landesverbände des Siedler- und Eigen-
  heimbundes und der Verbände der Wohnungsunternehmen.

Unabhängig davon werden Verordnungsneufassungen und -änderungen
auch mit den fachlich beteiligten Ressorts (Wirtschafts-, Umwelt- und Innenministerium, evtl. auch Landwirtschaftsministerium) abgestimmt. Fach-
lichen Rat holt sich der Verordnungsgeber auch bei sonstigen Fachverbän-
den und Forschungseinrichtungen ein.

3. Rechtsverordnung der Landesregierung

4 Das SchfG überträgt die Regelungskompetenz aus § 1 Abs. 2 und § 24
Abs. 1 an die Landesregierung oder der von ihr bestimmten Stelle. Daher
ist eine Rechtsverordnung der Landesregierung notwendig, um diese Stelle
innerhalb des Landes zu bestimmen. Im Jahr 2006 sind dies:

Baden-Württemberg:	Wirtschaftsministerium
Bayern:	Staatsministerium des Innern
Berlin:	Senatsverwaltung für Stadtentwicklung
Brandenburg:	Wirtschaftsministerium
Bremen:	Senator für Inneres und Sport
Hamburg:	Behörde für Stadtentwicklung und Umwelt
Hessen:	Ministerium für Wirtschaft, Verkehr und Landesentwicklung
Mecklenburg-Vorpommern:	Wirtschaftsministerium
Niedersachsen	Wirtschaftsministerium
Nordrhein-Westfalen:	Ministerium für Wirtschaft, Mittelstand und Energie unter Vorarbeit der Bezirksregierung Arnsberg
Rheinland-Pfalz:	Ministerium für Wirtschaft, Verkehr, Landwirtschaft und Weinbau
Saarland:	Ministerium für Umwelt
Sachsen:	Staatsministerium des Innern
Sachsen-Anhalt:	Ministerium für Wirtschaft und Arbeit
Schleswig-Holstein:	Ministerium für Wirtschaft, Arbeit und Verkehr
Thüringen:	Ministerium für Wirtschaft, Technologie und Arbeit

III. Kehr- oder überprüfungspflichtige Anlagen und Einrichtungen

Verordnungstext § 1 Absatz 1:

§ 1 Kehr- oder überprüfungspflichtige Anlagen und Einrichtungen

(1) [1]Kehr- oder überprüfungspflichtig sind folgende Anlagen und Einrichtungen in Verbindung mit der Verbrennung fester, flüssiger und gasförmiger Brennstoffe und ähnliche Einrichtungen:

1. Abgasanlagen,
2. Heizgaswege der Feuerstätten,
3. Räucheranlagen, ausgenommen Koch- und Garschränke,
4. Notwendige Verbrennungsluft- und Ablufteinrichtungen,
5. Dunstabzugsanlagen, die nicht ausschließlich privat genutzt werden,
6. *(länderspezifische Anlagen und Einrichtungen wie:* Be- und Entlüftungsanlagen nach § 59 SchfG, *Rauchfänge, Rußkästen, Abschlussklappen, Vorschornsteine, Heizgaszüge aller Backöfen mit Ausnahme der Dampfbacköfen, etc.).*

[2]Die Anlagen und Einrichtungen sind dabei in einem Arbeitsgang nach den anerkannten Regeln der Technik zu kehren oder zu überprüfen. [3]Die Überprüfung schließt erforderlichenfalls eine Kehrung mit ein. [4]Dies gilt nicht für Heizgaswege von Feuerstätten, Be- und Entlüftungsanlagen nach § 59 SchfG und für Dunstabzugsanlagen.

Erläuterungen

1. Entstehung 1–6
2. Allgemeines 7–11
3. Kehrpflicht allgemein 12–14
4. Kehren von Abgasanlagen 15–18
5. Kehren von Räucheranlagen und Trockeneinrichtungen 19–28
6. Kehren von Abgaszügen der Backöfen 29–31
7. Kehren von Rauchfängen, Rußkästen, Abschlussklappen, Vorschornsteinen 32–37
8. Kehren von offenen Kaminen und deren Verbindungsstücke 38, 39
9. Überprüfungspflicht allgemein 40–43
10. Überprüfung von Abgasanlagen 44–48
11. Abgaswegüberprüfung (AGWÜ) 49–51
12. Überprüfung von Verbrennungslufteinrichtungen 52–54
13. Überprüfung von Ablufteinrichtungen 55
14. Überprüfung von notwendigen Hinterlüftungen 56–65
15. Überprüfung von Dunstabzugsanlagen 66–69
16. Überprüfung von Be- und Entlüftungsanlagen nach § 59 SchfG 70–73
17. In einem Arbeitsgang 74
18. Anerkannte Regeln der Technik 75–80
19. Erforderliche Kehrung überprüfungspflichtiger Anlagen 81

1. Entstehung

Der Text wurde völlig neu gefasst und den baurechtlichen Begriffen ange- **1**
passt. Bisher wurden Begriffe wie Rauchschornsteine, Rauchkanäle, Rauchrohre, Abgasschornsteine, Luftabgasschornsteine, Abgaskanäle und Abgas-

wege verwendet. Die Muster-KÜO 2006 verwendet dafür den Sammelbegriff „Abgasanlagen". An der Kehrpflicht hat sich damit allerdings nichts geändert. Die zusammenhängenden Einrichtungen müssen nach dem Verordnungstext jetzt nicht mehr zwingend mit Schornsteinen in Verbindung stehen. Aus technischen Gründen werden sie dies jedoch weiterhin sein.

2 In die Aufzählung von § 1 Abs. 1 Satz 2 KÜO wurden die notwendigen Verbrennungsluft- undAblufteinrichtungen neu aufgenommen. Damit wird klargestellt, dass auch notwendige Lüftungsanlagen von Öl- und Holzfeuerungsanlagen überprüfungspflichtig sind. Dies war bisher aus dem Text der Muster-KÜO 1988 nicht herauszulesen. Aufgeführt werden nunmehr auch die Räucheranlagen. Damit werden diese bundesweit erfasst, nicht nur in den Bundesländern, in denen diese Feuerungsanlagen traditionell vorhanden sind. Die Muster-KÜO 2006 weist auch ausdrücklich darauf hin, dass es noch viele landesspezifische Anlagen und Einrichtungen gibt, die in die Kehr- und Überprüfungsordnungen der Länder aufzunehmen sind. Die verwendete Aufzählung ist nur beispielhaft.

3 Bis Anfang der Neunziger Jahre des letzten Jahrhunderts war die Rauchrohrkehrung und Rauchrohrüberprüfung als Aufgabe des BSM noch sehr umstritten. Die Einführung der Rauchrohrkehrung/Überprüfung zum 1.1.1991 in Baden-Württemberg wurde vom seinerzeit zuständigen Innenministerium wie folgt offiziell begründet:
„Rauchrohre weisen ein beachtliches Gefahrenpotential auf, da der Rußbesatz in ihnen am größten ist und im Verlauf der Strömungsstrecke der Rauchgase bis zum Eintritt ins Freie hin abnimmt. Das Rauchrohr als Verbindungsstück ist als Hauptursache für mögliche Störfaktoren – Brände – zu qualifizieren. Untersuchungen zur „Verschmutzung und Reinigungshäufigkeit von Rauch- und Abgasanlagen häuslicher und gewerblicher Feuerstätten" der Fachhochschule Münster unter Leitung von Prof. Dr. Ing. Rawe im Jahr 1983 sowie das Hearing zur Muster-KÜO im Dezember 1987 in München, haben sowohl das Erfordernis der Rauchrohrkehrung, als auch deren Vernachlässigung durch Betreiber und Wartungsfirmen ergeben. Dies wird untermauert durch die Untersuchungen der Firma SAS-Beratungsgesellschaft für Betriebswirtschaft und Informatik GmbH im Frühjahr dieses Jahres. Zur Ermittlung der Arbeitszeit für die Rauchrohrkehrung wurden an nach dem Zufallsprinzip ausgewählten 172 Rauchrohren Zeitaufnahmen durchgeführt. Lediglich 1 bis 2 % der untersuchten Rohre waren gekehrt. Bei zwei weiteren Ortsterminen an ebenfalls nach dem Zufallsprinzip ausgewählten ca. 20 Rauchrohren konnten sich auch Vertreter des Innenministeriums davon überzeugen, dass die Rauchrohre zentraler Feuerungsanlagen nicht regelmäßig gekehrt werden. Es hat sich somit nicht bestätigt, dass die Rauchrohre im Rahmen der Wartungsarbeiten vom freien Handwerk oder vom Betreiber selbst gekehrt werden. § 9 der Heizungsanlagen-Verordnung erfasst aufgrund seiner Zielsetzung – der Energieeinsparung – auch nur die Heizflächen des Kessels und nicht die nach dem Verbrennungsvorgang befindlichen Verbindungsstücke.
Das erhebliche Gefahrenpotential der Rauchrohre feststoffbefeuerter Anlagen sowie von Feuerungsanlagen für den Einsatz flüssiger Brennstoffe, die nicht nach § 15 1. BImSchV überwacht werden, rechtfertigt daher ihre Unterstellung unter den Kehrzwang (Satz 1)."

Die Verordnungsgeber der Kehr- und Überprüfungsordnungen in Deutsch- **4**
land waren daher bereits vor der Einführung der Rauchrohrkehrung davon
überzeugt, dass die Rauchrohre von Feuerungsanlagen ein beachtliches
Gefahrenpotenzial aufweisen und eine jährliche Reinigung notwendig ist.
Sie gingen jedoch vielfach davon aus, dass die Rohre vom Betreiber selbst
gereinigt werden. Aufgrund der Empfehlungen der Fachreferenten der Bundesländer und eigener Überprüfungen sind die Länder zur Auffassung gelangt, dass davon nicht mehr ausgegangen werden kann. Sie haben daher die
Rauchrohre generell der Kehrpflicht unterworfen. Ausgenommen wurden
lediglich Ofenrohre (leicht demontierbare Rauchrohre). Bei diesen „Ofenrohren" geht der Verordnungsgeber weiterhin davon aus, dass der Betreiber
die Anlagen selbst reinigen wird.

Die Studie der Fachhochschule Münster aus dem Jahr 1983 von Herrn Prof. **5**
Dr. Ing. R. Rawe zeigt lediglich auf, dass die Verschmutzung von Schornsteinen und Verbindungsstücken durch Partikelemissionen häuslicher und
gewerblicher Feuerstätten aufgrund vielfältiger Einflüsse kaum vorausbere-
chenbar, sondern nur empirisch zu ermitteln ist. Herr Prof. Rawe stellt in
diesem Gutachten fest, dass der Verschmutzungsgrad der waagerechten
Teile der Feuerungsanlage (Rauchrohre) höher ist, als der der senkrechten
Teile (Schornstein). Insoweit wurde dieses Gutachten als Beleg für das Ge-
fährdungspotenzial der Rauchrohre verwendet. Die in der Studie festgestellten geringen Rußschichtdicken lassen jedoch nicht den Schluss zu, dass auf
eine regelmäßige Kehrung bzw. Überprüfung der Rauchrohre verzichtet
werden kann. Auch die technischen Hearings in den Jahren 1998 und
2004 haben im Ergebnis die Kehr- oder Überprüfungspflichten bei Rauchrohren bestätigt.

Der VGH BW (14S 1198/01) bestätigte in einem Urteil aus dem Jahr 2002 **6**
ausdrücklich, dass die Erwägungen des Verordnungsgebers mit der Ermächtigung des § 1 Abs. 2 SchfG gedeckt sind. Im gleichen Urteil führt der VGH
BW auch aus: „*Im Interesse der Feuersicherheit ist der Normgeber auch
berechtigt, bei der Regelung der Kehrpflicht, was das Alter und die ordnungsgemäße Funktion der Ölfeuerungsanlagen betrifft, nicht von einem
Durchschnittswert aller vorhandenen Anlagen auszugehen, sondern sich
eher an überalterten, störanfälligen Anlagen zu orientieren, soweit solche
Anlagen noch gesetzlich zulässig und faktisch in einem nennenswerten
Umfang in Gebrauch sind.*"

2. Allgemeines

Die Aufzählung in § 1 Abs. 1 Satz 1 KÜO erfasst kehr- und überprüfungs- **7**
pflichtige Anlagen und Einrichtungen, an die Feuerstätten zur Verbrennung
fester, flüssiger und gasförmiger Brennstoffe angeschlossen sind. Es handelt
sich dabei um

– Abgasanlagen zur Ableitung der Abgase von Feuerstätten und zur Abführung von Verbrennungsgasen aus Blockheizkraftwerken, Wärmepumpen, ortsfesten Verbrennungsmotoren und Brennstoffzellenheizgeräten
  (vgl. Erl. 50 ff. Anlage 1, Kap. 3 Muster-KÜO),

das sind:

- Schornsteine (bisher Rauch- und Abgasschornsteine – vgl. Erl. 3 zu Anlage 3 Nr. 20 Muster-KÜO)
- Verbindungsstücke (bisher Abgasrohre, Rauchrohre, Abgaskanäle, Rauchkanäle – vgl. Erl. 3 zu Anlage 3 Nr. 22 Muster-KÜO)
- Abgasleitungen (vgl. Erl. 3 zu Anlage 3 Nr. 3 Muster-KÜO)
- Luft-Abgas-Systeme (vgl. Erl. 3 zu Anlage 3 Nr. 15 Muster-KÜO)
- Heizgaswege der Feuerstätten (vgl. Erl. 3 zu Anlage 3 Nr. 13 Muster-KÜO),
- Räucheranlagen, ausgenommen Koch- und Garschränke (vgl. Erl. 3 zu Anlage 3 Nr. 18 Muster-KÜO),
- Notwendige Verbrennungsluft- und Ablufteinrichtungen (vgl. Erl. 3 zu Anlage 3 Nr. 7 + Erl. 3 zu Anlage 3 Nr. 23 Muster-KÜO),
- Dunstabzugsanlagen, die nicht ausschließlich privat genutzt werden (vgl. Erl. 3 zu Anlage 3 Nr. 10 Muster-KÜO),
- Länderspezifische Anlagen und Einrichtungen wie Be- und Entlüftungsanlagen nach § 59 SchfG (Übernommen vom Einigungsvertrag), Rauchfänge, Rußkästen, Abschlussklappen, Vorschornsteine, Heizgaszüge aller Backöfen mit Ausnahme der Dampfbacköfen, etc. Weitere Anlagen werden dazukommen.

Zusatzeinrichtungen wie z.B. Drosseleinrichtungen, Nebenluftvorrichtungen, Absperrvorrichtungen (ausgenommen Abschlussklappen), Rußabsperrer und Abgasventilatoren sind nicht ausdrücklich reinigungspflichtig. Sie werden mitgereinigt, wenn dies mit üblichen Kehrwerkzeugen (Kehrbesen) möglich ist. Sind sie auch nach Behandlung durch den Schornsteinfeger noch so verschmutzt, dass ihre Funktion beeinträchtigt ist, oder sind sie funktionsuntüchtig, werden sie vom Schornsteinfeger beanstandet (Mängelbericht nach § 13 Abs. 1 Nr. 3 SchfG).

8   In § 1 Abs. 1 Muster-KÜO sind auch die überprüfungspflichtigen Anlagen und Einrichtungen erfasst, an die Feuerstätten zur Verbrennung flüssiger oder gasförmiger Brennstoffe angeschlossen sind. Die Begriffe Nr. 1 und 2 beschreiben den gesamten Weg der Strömungsstrecke der Verbrennungs-/Abgase von der Flamme in der Feuerstätte bis zum Austritt ins Freie am Schornsteinkopf oder der Austrittsmündung einer Abgasanlage. Überprüfungspflichtig sind auch notwendige Lüftungsanlagen und Hinterlüftungen.

9   Zusatzeinrichtungen wie Abgasventilatoren, Abgasklappen, Schalldämpfer etc. sind nicht ausdrücklich als überprüfungspflichtige Einrichtungen aufgezählt. Sie müssen jedoch ebenfalls überprüft werden, da sie elementarer Bestandteil für die Funktionsfähigkeit der Feuerungsanlagen sind. Der Schornsteinfeger hat sie auch erforderlichenfalls zu reinigen, wenn dies mit üblichen Kehrwerkzeugen (Kehrbesen) möglich ist. Sind sie auch nach Behandlung durch den Schornsteinfeger noch so verschmutzt, dass ihre Funktionsfähigkeit beeinträchtigt ist oder sind sie funktionsuntüchtig, werden sie vom BSM beanstandet (Mängelbericht nach § 13 Abs. 1 Nr. 3 SchfG).

10   Verbrennung ist die Reaktion verschiedener Stoffe (Kohlenstoff, Wasserstoff, Schwefel etc.) mit Sauerstoff. Reaktionsteilnehmer sind der Brennstoff und die Verbrennungsluft. Als Reaktionsprodukte entstehen Abgase, zu denen noch die Asche kommt, die aus unverbrannten oder nicht brennbaren Bestandteilen des Brennstoffes besteht. Im Bauordnungsrecht wird deshalb allgemein nur noch von Abgasen gesprochen. Die Muster-KÜO 2006 hat diese Begriffsbestimmung übernommen. Abgase im Sinne der Muster-KÜO sind daher nicht nur die Reaktionsprodukte, die bei der Verbrennung von gasförmigen Brennstoffen entstehen, sondern die Reaktionsprodukte bei der Verbrennung fester, flüssiger und gasförmiger Brennstoffe.

Alle Anlagen und Einrichtungen, die in § 1 Abs. 1 Satz 1 aufgeführt sind, **11** werden – unter Beachtung der Regelungen in § 3 Abs. 3 Muster-KÜO – im gleichen Arbeitsgang nach den Fristen der Tabellen in Anlage 1 der Muster-KÜO gekehrt (gereinigt) oder überprüft. So werden z.b. offene Kamine, die nur gelegentlich benutzt werden, einmal im Jahr gekehrt, Abgaswege von raumluftunabhängigen Gasfeuerstätten einmal in zwei Jahren überprüft. So ist gewährleistet, dass die gesamte Feuerungsanlage von der Flammenbildung in der Feuerstätte bis zum Abgasaustritt an der Schornsteinmündung oder ab Abgasaustritt der Abgasanlage an einem Termin begutachtet wird. Dadurch kann die Feuerungsanlage insgesamt beurteilt werden.

3. Kehrpflicht allgemein

Kehren i.S.v. § 1 Abs. 1 Muster-KÜO heißt entfernen der in der kehrpflich- **12** tigen Anlage haftenden Verbrennungsrückstände. Die Kehrpflicht obliegt dem Eigentümer des Grundstücks (Gebäudeeigentümer) oder des Raumes (Miteigentümer bei Eigentumswohnungen) i.S.v. § 1 Abs. 1 SchfG. § 1 Muster-KÜO präzisiert dabei die Grundanforderungen des § 1 SchfG. Die Kehrpflicht wird durch das Kehren des Schornsteinfegers erfüllt. Kehren im Sinne der Muster-KÜO ist das Entfernen der in der kehrpflichtigen Anlage haftenden Verbrennungsrückstände und anderer Ablagerungen, damit ein ungehinderter Durchlass des Abgases möglich ist. Eine bestimmte Reinigungsart wird dabei noch nicht vorgeschrieben. Erst im Zusammenhang mit § 2 Abs. 1 wird klar, dass Reinigung i.S.v. § 1 Abs. 1 Muster-KÜO vorrangig die Entfernung der Verbrennungsrückstände mit Stangen-/Stoß- und Leinenbesen, Haspel, Schultereisen und Handbesen (Stielbesen) ist. Kehren i.S.v. § 1 Abs. 1 Satz 1 Muster-KÜO ist aber auch die Reinigung mit besonderen mechanischen Werkzeugen (z.b. Schlaggerät), mit chemischen Mitteln und durch das Ausbrennen (s. hierzu Erl. 7 zu § 2 Abs. 1).

Zum Einsatz einer Haspel hat das WM BW in einem Erlass vom 23.9.2002, **13** Az.: 3-1548.1/Dietrich in einer Einzelfallentscheidung ausgeführt:
„Aufgrund der mit neuartigen Kehrgeräten (zum Beispiel Haspeln) gewonnen Erfahrungen bestehen allerdings keine Bedenken, abweichend von den technischen Regeln (DIN 18160) Abgasanlagen zur Ableitung von Abgasen aus Feuerstätten für flüssige oder gasförmige Brennstoffe von der unteren Reinigungsöffnung aus zu reinigen, wenn folgende Voraussetzungen erfüllt sind:

1. Die Abgasanlage muss aus neuzeitlichen Baustoffen wie z.b. Schamotte, Keramik, Edelstahl, Aluminium, Kunststoff oder Glas hergestellt sein.
2. Die Abgasleitung darf nicht mehrfach belegt werden, ausgenommen ist die Mehrfachbelegung einer Abgasleitung mit Feuerstätten, die in derselben Nutzungseinheit (z.b. Wohneinheit, Gewerbeeinheit) aufgestellt sind.

3. Die Höhe der Abgasleitung darf höchstens 15 Meter, der lichte Querschnitt höchstens 400 cm² betragen. Der senkrechte Teil der Abgasleitung darf ein Mal um 30° zur Senkrechten schräg geführt werden.

4. Die untere Prüf-/Reinigungsöffnung ist im senkrechten Teil der Abgasleitung unterhalb des Feuerstättenanschlusses anzuordnen.

5. Eine eventuell vorhandene obere Prüf-/Reinigungsöffnung muss bündig mit der Innenwand abschließen und ist mit geeignetem Baustoff dicht zu verschließen.

6. Vor der Prüf-/Reinigungsöffnung muss eine Standfläche von mindestens 1 m² und einer Höhe von mindestens 1,80 m als Arbeitsraum zur Verfügung stehen.

7. Die Unterkante der Prüf-/Reinigungsöffnung muss mindestens 0,4 m, höchstens jedoch 1,4 m über der Standfläche angeordnet sein.

8. Oberhalb der Prüf-/Reinigungsöffnung dürfen keine Einrichtungen vorhanden sein, die die Reinigung der Abgasleitung behindern.

9. Die Prüf-/Reinigungsöffnung darf nicht in einem Wohn-/Schlafraum angeordnet sein.

Bauherrn/Betreiber die eine Reinigung der Abgasleitung von unten wünschen, sind darauf hinzuweisen, dass der Bezirksschornsteinfegermeister eine Haftung wegen Verschmutzung nicht übernehmen kann.„

14 Die Kehrpflicht nach § 1 Abs. 1 Muster-KÜO bezieht sich nur auf Anlagen und Einrichtungen, die mit Feuerstätten zur Verbrennung fester und flüssiger Brennstoffe in Verbindung stehen und in den Tabellen der Anlage 1 aufgeführt sind. Maßgebend ist dabei der Aggregatzustand des Brennstoffes vor dem bestimmungsgemäßen Einsatz in der Feuerstätte. Zulässige Brennstoffe sind mit den Einschränkungen der §§ 3–11 1. BImSchV:

a) Flüssige Brennstoffe:
   – Heizöl EL, Methanol, Ethanol (§ 3 Abs. 1 Nr. 9 1. BImSchV)
b) Feste Brennstoffe:
   – Steinkohle, Braunkohle, Torf, Holzkohle (§ 3 Abs. 1 Nr. 1–3a 1. BImSchV)
   – Scheitholz, Hackschnitzel, Reisig, Zapfen, Sägemehl, Späne, Schleifstaub, Rinde, Presslinge, Sperrholz, Spanplatten, Faserplatten, Stroh (§ 3 Abs. 1 Nr. 4–8 1. BImSchV)

Flüssiggas zählt dabei zu den Gasen (§ 3 Abs. 1 Nr. 10 1. BImSchV).

4. Kehren von Abgasanlagen

15 Abgasanlagen sind in Anlage 3 Nr. 1 Muster-KÜO beschrieben. Die senkrechten Abgasanlagen werden auf der ganzen Länge von der Mündung (Leinenbesen) oder oberen Reinigungsöffnung (Leinenbesen und Stangen-/Stoßbesen), erforderlichenfalls von der unteren Reinigungsöffnung (Haspel) gekehrt.

16 Verbindungsstücke werden mit den geeigneten Kehrgeräten durchfahren.

17 Drosselvorrichtungen, Nebenluftvorrichtungen, Absperrvorrichtungen, Rußabsperrer, Abgasventilatoren und andere ein- oder angebaute Einrichtungen sind Teile der Verbindungsstücke und mit diesen zu kehren.

Abgasanlagen im Freien (z.B. im Garten) sind kehrpflichtig, wenn sie im **18** oder am Gebäude ortsfest benutzt werden (s. Erl. 5 zu Nr. 11 Anlage 3 Muster-KÜO).

5. Kehren von Räucheranlagen und Trockeneinrichtungen

Räucheranlagen sind privat und gewerblich genutzte Anlagen, in denen **19** meist Fleisch, Wurst oder Fisch geräuchert wird. Zur Begriffsbestimmung s. Nr. 18 Anlage 3 Muster-KÜO.

Kehr- oder überprüfungspflichtig sind Raucherzeuger (bei eigener Feue- **20** rungsanlage), Räucherkammer, Räucherschrank und die dazu gehörenden Verbindungsstücke.

Räucherschränke sind kehrpflichtig, soweit die Rauchgase über eine Abgas- **21** anlage abgeleitet werden. Sie sind ebenfalls insgesamt zu kehren (Decke, Boden, Wände, Türen, Zwischenfächer und Verbindungsstücke).

Rauchwagen sind kehrpflichtig, wenn sie als Teil der Räucherkammer oder **22** des Rächerschrankes angesehen werden (s. hierzu Erl. 16+17 zu Nr. 18 Anlage 3 Muster-KÜO).

Ist die Räucheranlage ein Koch- und/oder Garschrank, ist sie nicht kehr- **23** pflichtig. Koch- und Garschränke sind Anlagen, die neben dem Räuchern und Trocknen von Fleisch, Wurst oder Fisch auch anderen Aufbereitungsarten dienen. Sie unterscheiden sich daher nicht von herkömmlichen Backöfen.

Die Räucherkammer ist insgesamt zu kehren (Decke, Wände, Boden, Türen **24** der Räucherkammer und Verbindungsstücke zwischen Raucherzeuger und Räucherkammer).

Räucheranlagen mit nachgeschalteter Abgasreinigung sind kehrpflichtig (s. **25** hierzu Erl. 11 zu Nr. 18 Anlage 3 Muster-KÜO).

Bei Trockeneinrichtungen (Darren) sind die Abgasanlagen nach § 1 Abs. 1 **26** Nr. 1 Muster-KÜO kehr- oder überprüfungspflichtig. Sie sind keine Rä- cheranlagen i.S. der Muster-KÜO (s. hierzu Erl. 8 zu Nr. 18 Anlage 3 Mus- ter-KÜO).

Soweit die Rauchrohre der so genannten Koch- und Garschränke mit Ein- **27** richtungen zur chemischen Selbstreinigung ausgestattet sind – die in den letzten Jahren in Betrieb genommenen Anlagen fallen darunter –, können sie faktisch kaum gekehrt werden, ohne die Selbstreinigungseinrichtung zu beschädigen. Ein Schornsteinfeger, der diese Rauchrohre kehrt und dadurch Beschädigungen verursacht, macht sich sogar schadensersatzpflichtig. Von der Wirksamkeit der Selbstreinigungsanlage hat sich der Schornsteinfeger allerdings mindestens einmal im Jahr zu überzeugen. Gegebenenfalls muss er diese beanstanden.

Die Verbindungsstücke von Räucheranlagen und Trockeneinrichtungen **28** sind vom Schornsteinfeger zu kehren, unabhängig davon, ob sie genehmigungspflichtige Anlagen i.S.v. § 4 Abs. 1 BImSchG i.V.m. § 1 Abs. 1 mit Nr. 7.20 des Anhangs der 4. BImSchV sind oder nicht. Allerdings könnten hier auf Antrag des Eigentümers des Grundstücks oder der Räume abweichende Regelungen i.S. des § 1 Abs. 5 KÜO getroffen werden.

6. Kehren von Abgaszügen der Backöfen

29 Abgaszüge sind Abgas führende Kanäle (herkömmlich: Rauchgaszüge) innerhalb eines Backofens, die sich jedoch außerhalb des Feuerraums befinden. Sie sind entweder Abgasanlagen oder Heizgaswege der Feuerstätten. Entsprechend wird auch die Kehrpflicht unterschieden. Abgasanlagen sind kehrpflichtig, Heizgaswege der Feuerstätten sind nach § 1 Abs. 3 Nr. 4 Muster-KÜO ausgenommen.

30 Holzbacköfen, ganz gleich, wie sie im Detail gebaut und ausgestattet sind, weisen stets drei Bauelemente auf. Dies sind:

– Der Herd, die viereckige Unterlage, gemauert und mit Schamotteplatten belegt. Auf ihrer Oberfläche, dem Ofentisch, liegt das Backwerk.
– Das Ofengewölbe über dem Herd, das walzen- oder kuppelförmig sein kann.
– Der Ofenmund, die vorne liegende Öffnung für Brennmaterial und Backwerk, früher mit einem dicken Holzbrett, später mit einem Eisenblech oder gusseisernen Türchen verschlossen.

Die alten Backhäuser besaßen noch keinen Schornstein. Der heiße Rauch zog durch einen oder zwei Kanäle, deren Öffnung hinten im Gewölbe lag und die sich vorn über dem Ofenmund zur Zugöffnung vereinigten. Im Durchziehen erwärmte er die Kuppel des Gewölbes von oben. Die Zugöffnung war mit einem Verschluss versehen, der beim Einheizen zur Seite geschoben wurde, damit der Rauch abziehen konnte. Er entwich nach vorn ins Freie. Bei Öfen, die in der Küche beheizt wurden, zog er in den Rauchfang über dem Küchenherd. Oft wurde auch über dem Ofenmund ein Blechtrichter angebracht, der den Rauch in den Schornstein leitete. Während des Backens blieb der Zug geschlossen. Auch bei Backhäusern mit Schornstein wurde der Rauch zum Erwärmen des Gewölbes genutzt. Hier führte der Zugschacht nicht zur Zugöffnung, sondern in den darüber gebauten Schornstein, der über dem Ofenmund oder seitlich davon aus dem Dach ragte.

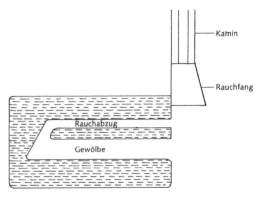

Backofen mit Rauchfang, gemeinsamer Schornstein mit Küchenherd

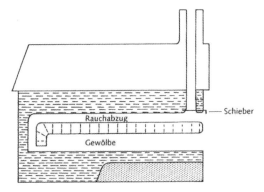

Backofen mit eigenem Schornstein, Abzug wird mit einer Klappe reguliert

Unstrittig ist, dass Rauchfang und senkrechter Teil der Abgasanlage **31** (Schornstein) kehrpflichtig sind. Werden die Rauchabzüge als Bestandteil der Feuerstätte angesehen, sind sie von der Kehrpflicht ausgenommen (§ 1 Abs. 3 Nr. 4 Muster-KÜO). Zur Rechtssicherheit wird daher empfohlen, die „Rauchgaszüge der Backöfen" in § 1 Abs. 1 Satz 1 als landesspezifische Anlagen und Einrichtungen aufzunehmen, wenn diese kehrpflichtig werden sollen. Die Züge innerhalb von Dampfbacköfen sind zweifelsfrei Bestandteil des Wärmetauschers und sollten daher von der Kehrpflicht ausdrücklich ausgenommen werden. Ihre Reinigung obliegt dem Betreiber.

7. Kehren von Rauchfängen, Rußkästen, Abschlussklappen, Vorschornsteinen

In § 1 Abs. 1 KÜO sind Anlagen wie Rauchfänge, Rußkästen, Abschluss- **32** klappen, Vorschornsteine und ähnliche Einrichtungen nicht besonders aufgeführt. Wenn sie Teile von Abgasanlagen sind, sind sie wie diese kehr- oder überprüfungspflichtig. Sind sie das nicht, kann keine Kehr- oder Überprüfungspflicht unterstellt werden. Sie sind dann nur kehr- und überprüfungspflichtig, wenn sie unter § 1 Abs. 1 Ziff. 6 ff. als länderspezifische Anlagen und Einrichtungen extra in die KÜO aufgenommen werden. Die Muster-KÜO 2006 hat darauf besonders hingewiesen.

33   Die KÜO bietet keine Begriffsbestimmung für den Rauchfang an. Es handelt sich um eine Anlage, die Rauch einer offenen Feuerstätte sammelt, um ihn dem Schornstein zuzuführen. Ein Rauchfang oder Rauchsammler ist in jedem offenen Kamin enthalten. Da der Rauchfang eines offenen Kamins unter Anlage 2 Ziff. 2.6 Muster-KÜO besonders aufgeführt ist, geht der Verfasser der Muster-KÜO 2006 davon aus, dass der gesamte offene Kamin vom Begriff „Abgasanlagen" erfasst wird (§ 1 Abs. 1 Muster-KÜO). Folgt man dieser Auffassung nicht, wäre der Begriff „Rauchfang" in die KÜO aufzunehmen. Außer dem offenen Kamin gibt es jedoch noch weitere Anlagen, wie z.B. die Rauchsammler eines Essefeuers, eines Backhauses oder eines Grillofens, die mit dem Begriff „Rauchfang" erfasst werden können.

34   Nicht als Rauchfang anzusehen ist die „Hurte", ein Rauchsammler aus Flechtwerk und Lehm, der den Rauch jedoch nicht an einen Schornstein abgibt, sondern nur soweit mit der Raumluft mischt, bis er auf eine ungefährliche Temperatur abkühlt. Die Hurte ist daher nicht kehrpflichtig i.S. der KÜO. Soll sie der Kehrpflicht unterworfen werden, kann dies nur durch Aufnahme in die Aufzählung des § 1 Abs. 1 (Nr. 6 ff.) Muster-KÜO als landesspezifische Anlage oder Einrichtung sichergestellt werden.

35   Ein Rußkasten ist – wie eine Abschlussklappe – der Verschluss eines auf das Kellergeschoss oder auf bzw. zwischen das Gebälk gesetzten Schornsteins am unteren Ende. Er kann auch eine gemauerte kanalähnliche Vorrichtung mit einer Länge von mehr als 50 cm ohne Rauchführung zur Entnahme des Rußes aus der Schornsteinsohle sein. Wird für seine Kehrung eine besondere Gebühr festgesetzt, wird empfohlen, diesen in § 1 Abs. 1 Muster-KÜO besonders aufzuführen.

36   Abschlussklappen i.S.v. § 1 Abs. 1 Satz 1 Nr. 6 Muster-KÜO verschließen wie Rußkästen – und zum gleichen Zweck – den Schornstein am unteren Ende. Andere Verschlüsse von bauordnungsrechtlich zugelassenen Öffnungen im Schornstein sind keine Abschlussklappen i.S. des Schornsteinfegerrechts. Wird für die Kehrung der Abschlussklappe eine besondere Gebühr festgesetzt, wird empfohlen, diese in § 1 Abs. 1 Muster-KÜO besonders aufzuführen.

37   Der Vorschornstein ist eine dem Schornstein vorgeschaltete gemauerte schornsteinähnliche Einrichtung zur Sammlung und Weiterleitung der Rauchgase mehrerer Feuerstätten. Der Vorschornstein ist eine Besonderheit. Wird für seine Kehrung eine besondere Gebühr festgesetzt, wird empfohlen, diesen in § 1 Abs. 1 Muster-KÜO besonders aufzuführen.

8. Kehren von offenen Kaminen und deren Verbindungsstücke

38   Der offene Kamin ist eine Feuerstätte, die mit der baulichen Anlage fest verbunden ist. Er besteht aus einem zum Raum offenen Feuerraum und einem Rauchsammler. Meist ist noch eine Absperrvorrichtung (Rauchklappe) angebracht. Das Verbindungsstück zum Schornstein ist ein kurzer Kanal (Fuchs) oder ein zum Schornstein führendes Rohr. Rauchsammler und Kanal sind meist durch die so genannte Schürze verblendet. Kanal oder Rohr wären bereits nach § 1 Abs. 1 Satz 1 Nr. 1 kehrpflichtig. Der Rauchfang ebenso, wenn der Rechtsauffassung der Länderreferenten gefolgt wird. Ansonsten wird eine besondere Aufnahme in § 1 Abs. 1 Nr. 6 ff. Muster-KÜO empfohlen. Heizeinsätze nach DIN 18 895/EN 13 229, die ortsfest errichtet sind, einschließlich solcher mit selbst schließenden Türen, sind als offene Kamine anzusehen.

Nicht zu den offnen Kaminen zählen die ursprünglich aus Skandinavien **39** stammenden Kaminöfen, obwohl es teilweise zulässig ist, dass sie mit offenem Feuerraum – bei geöffneter Ofentür (je nach Bauart) – betrieben werden. Sie lassen sich von herkömmlichen offenen Kaminen deutlich abgrenzen. Ein Kaminofen

– muss anschlussfertig hergestellt sein und wird nicht vor Ort aus vorgefertigten Bauteilen errichtet,
– wird mit dem Gebäude nicht fest verbunden und
– kann meist auch mit geschlossenen Ofentüren betrieben werden.

Der Kaminofen ist eine Feuerstätte i.S. der Anlage 3 Nr. 11 Muster-KÜO, jedoch kein offener Kamin i.S.v. Anlage 2 Nr. 2.6 Muster-KÜO. Auch wenn ein Rauchsammler vorhanden ist, fällt eine Gebühr nach Nr. 2.6 Geb.Verz. nicht an.

9. Überprüfungspflicht allgemein

Überprüfen eines Abgasweges, einer Abgasanlage oder einer Lüftungsanlage **40** bedeutet, auf freien Querschnitt zu achten und bestehende oder zu erwartende Funktionsbeeinträchtigungen festzustellen, die die Betriebssicherheit der Anlage bis zum nächsten Überprüfungstermin beeinträchtigen könnten. Es ist in erster Linie festzustellen, ob die Abgase der Gasfeuerstätten einwandfrei abziehen und die erforderliche Verbrennungsluft in ausreichendem Maß nachströmen kann.

Die Überprüfungspflicht nach § 1 Abs. 2 KÜO bezieht sich auf Anlagen und **41** Einrichtungen, für die in Anlage 1 eine Überprüfungspflicht festgesetzt wurde. Dabei werden nicht nur Gasfeuerungsanlagen überprüft, sondern nunmehr auch messpflichtige Feuerungsanlagen zur Verbrennung flüssiger Brennstoffe. Kommt es auf den Aggregatzustand des Brennstoffes an, gilt der bei der Brennstoffzuführung, nicht bei dessen Lagerung.

Die in § 1 Abs. 1 Muster-KÜO genannten überprüfungspflichtigen Anlagen **42** müssen vom Schornsteinfeger gereinigt werden, wenn sie nicht mehr einwandfrei gebrauchsfähig sind. Dies gilt auch, wenn aufgrund der vorhandenen Verschmutzung zu befürchten ist, dass sie bis zum nächsten Termin nicht mehr gebrauchsfähig sein werden. „Einwandfreie Gebrauchsfähigkeit" ist gegeben, wenn die Abgase einer Gasfeuerstätte gefahrlos ins Freie geleitet werden oder/und der Aufstellraum der Feuerstätte ausreichend be- und entlüftet wird. Zweck der Überprüfung ist der Schutz der Menschen vor den Gefahren der Abgase. Treten die Abgase im Aufstellungsraum aus, drohen Gesundheitsschäden oder Tod. Das kann schon bei verringertem Querschnitt der überprüfungspflichtigen Anlage der Fall sein. Der Querschnitt kann sich beispielsweise verringern durch zu weit eingeführte Abgasrohre, Papierpropfen, Laub, Spinnweben, Stäube, Abplatzen von Mauerwerk, Mörtel, Rückstände infolge unvollständiger Verbrennung, Vogelnester. § 1 Abs. 1 Muster-KÜO ist insoweit eine Schutzbestimmung i.S.v. § 823 Abs. 2 BGB. Verringerung des Querschnitts oder gar Verstopfung desselben durch Bauschutt muss und wird der BSM bei der zur bauordnungsrechtlichen Abnahme erforderlichen Überprüfung feststellen und dessen Beseitigung dem Bauherrn aufgeben. Diese Überprüfung ist keine i.S.v. § 1 Abs. 1 Muster-KÜO.

43 Abgasrohre, -kanäle und -leitungen sind auf der ganzen Länge auf ihren ausreichend freien Querschnitt zu überprüfen und gegebenenfalls zu reinigen. Der ausreichend freie Querschnitt ist erforderlich, um die Abgase einwandfrei abzuführen. Verengungen in der Abgasanlage ergeben zusätzliche Widerstände. Da der thermische Auftrieb witterungsabhängig ist, muss sichergestellt sein, dass der Querschnitt auf der gesamten Länge der Abgasanlage ausreichend frei ist. Falls erforderlich, ist die Abgasanlage zu reinigen. Bei günstigen Auftriebsverhältnissen besteht die Möglichkeit, dass trotz Verschmutzung der Abgasanlage die Abgase einwandfrei abziehen. Bei ungünstigeren Auftriebsverhältnissen kann es durch diese Verschmutzung zum Abgasaustritt kommen.

10. Überprüfung von Abgasanlagen

44 Bei der Überprüfung der senkrechten Abgasanlage und des Abgasrohres oder -kanals ist auf freien Querschnitt zu achten. Dies hat mit einem geeigneten Kehrgerät oder geeigneten optischen Gerät zu erfolgen. Geeignetes Kehrgerät ist jeder Leinen- oder Stossbesen (einschl. Haspel) oder die „Gashexe". Dabei ist darauf zu achten, dass je nach Werkstoff des Kanals oder Schornsteins die entsprechend verträgliche Kehreinlage verwendet wird. Abweichend von den herkömmlichen Stahlreinigungseinlagen werden Einlagen aus speziellen Materialien wie Edelstahl, Buntmetall und Kunststoff (als Besen oder Schwamm) verwendet. Die Verwendung des Kehrgeräts erfolgt nach dem Grundsatz: „Wenn ein Kehrbesen den Schacht durchfährt, ist auch der notwendige Querschnitt frei".

45 In der Praxis gibt es zwei Überprüfungsmethoden:

1. Das Überprüfen mit einem geeigneten Kehrgerät, in Einzelfällen von unten mit dem Stoßbesen,
2. in Ausnahmefällen die optische Überprüfung mit geeignetem Spiegel und entsprechender Leuchtquelle oder das Durchfahren mittels Kamera.

Nach den Erfahrungen des Schornsteinfegerhandwerks ist die optische Überprüfung mit geeignetem Spiegel und entsprechender Leuchtquelle in der Mehrzahl der zu überprüfenden Abgasanlagen nicht ausreichend sicher, um eine genaue Beurteilung des Schornsteinfegers zuzulassen. Dies wurde auch in einem Gutachten des Direktors der Fachakademie für Augenoptik München bestätigt. Dies schließt nicht aus, dass in einigen Fällen das „Abspiegeln" ausreichend ist. Bei einem großen Innendurchmesser des Schachtes ohne Begrenzung am Schornsteinkopf, auf der ganzen Länge senkrecht gebaut und bei ausreichendem Tageslicht, gehen auch die Fachleute davon aus, dass ein Abspiegeln ausreichend ist. Diese Bedingungen treffen sehr häufig nicht und bei Abgasanlagen mit kleinem Querschnitt insgesamt nicht zu.

Eine individuelle Festlegung in jedem Einzelfall durch die Schornsteinfeger haben einige Bundesländer, wie z.b. Baden-Württemberg ausdrücklich nicht zugelassen. Dies wäre mit zusätzlichen Arbeitszeiten und damit höheren Gebühren verbunden gewesen. Im Interesse aller Gebührenschuldner und zur Rechtsklarheit haben diese Bundesländer das Abspiegeln von senkrechten Teilen von Abgasanlagen nicht mehr als Überprüfungsmethode zugelassen.
Das geeignete optische Gerät ist die Schornsteinkamera. Ein Endoskop reicht i.d.R. nicht aus.

Verbindungsstücke und Abgasleitungen werden mit den geeigneten Kehrgeräten durchfahren oder visuell überprüft.   **46**

Drosselvorrichtungen, Nebenluftvorrichtungen, Absperrvorrichtungen, Abgasventilatoren und andere ein- oder angebaute Einrichtungen sind Teile der Verbindungsstücke und mit diesen zu überprüfen.   **47**

Das Luft-Abgas-System (Luftabgasschornstein, LAS) ist in Anlage 3 Nr. 15   **48**
Muster-KÜO definiert. Die Überprüfung erfolgt auch hier durch Kehrgerät, Endoskop oder Kamera und zwar sowohl im Abgas führenden Schacht als auch im Verbrennungsluft zuführenden Schacht.

11. Abgaswegüberprüfung (AGWÜ)

Der Abgasweg ist die Strömungsstrecke der Verbrennungs-/Abgase der   **49**
Feuerstätte vom Brenner bis zum Eintritt in den senkrechten Teil der Abgasanlage (s. Anl. 3 Nr. 6 KÜO). Der Schornsteinfeger muss bei der AGWÜ den gesamten Abgasweg auf freien Querschnitt überprüfen. Einzelne Bundesländer haben hierzu besondere Bestimmungen erlassen (z.B. VwV-Schornsteinfeger Baden-Württemberg). Darin werden einzelne Arbeitsschritte, die Überprüfungszeiträume bei gleichzeitiger Emissionsmessung, die Mängelfeststellung, die Mängelbehandlung und -beseitigung beschrieben. Über das Ergebnis der AGWÜ hat der BSM auch dann eine Bescheinigung auszustellen, wenn keine Mängel festgestellt werden (Positivbescheinigung). Eine genaue technische Anleitung für die AGWÜ kann den Arbeitsblättern/Arbeitshilfen z.B. 102, „Abgaswegüberprüfung ab Brenner und Bestimmung des CO-Gehaltes im Abgas", Stand 2004 und Nr. 103, „Abgaswegüberprüfung an Gasfeuerstätten ohne Strömungssicherung einschließlich der Abgasanlage", Stand 2001, 104 „Tätigkeiten an Ölfeuerungsanlagen", Stand 2007, herausgegeben vom Bundesverband des Schornsteinfegerhandwerks – Zentralinnungsverband (ZIV) – Westerwaldstr. 6, 53757 Sankt Augustin, entnommen werden.

Stellt der Schornsteinfeger Verschmutzungen im Abgasweg fest, ist dieser zu   **50**
reinigen. Nicht gereinigt wird der Heizgasweg (s. Anlage 3 Nr. 13 Muster-KÜO), da dieser innerhalb der Feuerstätte liegt. Zu berücksichtigen ist, dass Instandhaltungsarbeiten an Gasfeuerstätten nur von Vertragsinstallateuren des Gasversorgungsunternehmens durchgeführt werden dürfen. Der BSM stellt eine Mängelmeldung nach § 13 Abs. 1 Nr. 3 SchfG aus, wenn der Heizgasweg gereinigt werden muss.

51 Zum Begriff „Abgaswegüberprüfung" s. auch Erl. 6 ff. Anlage 1, Kap. 3 und Erl. 3 zu Nr. 6 Anlage 3 Muster-KÜO.

12. Überprüfung von Verbrennungslufteinrichtungen

52 Die Verbrennungslufteinrichtung ist in Anlage 3 Nr. 23 Muster-KÜO definiert.

53 Die Überprüfung der Verbrennungslufteinrichtung ist die Begutachtung aller Einrichtungen und Öffnungen zum Zweck der Zuführung von Außenluft zur Verbrennungsluftversorgung der Feuerstätte, ob eine ausreichende Funktion gewährleistet ist. Dabei werden alle Einrichtungen und Öffnungen auf freien Querschnitt und Verschmutzung der Lüftungsgitter überprüft. Sie dürfen z.b. nicht verstellt, zugeklebt oder verschmutzt sein. Lüftungsöffnungen zur Raumlüftung (Luftwechsel) sind in die Überprüfung mit einzubeziehen, wenn sie für die sichere Funktion der Feuerungsanlage erforderlich sind.

54 Der ordnungsgemäße Zustand und die Dichtheit der Verbrennungslufteinrichtungen werden durch Inaugenscheinnahme überprüft. Durch Sichtprüfung oder mittels Querschnittsprüfgerät ist festzustellen, ob der Querschnitt der Luftleitung (Ringspalt, Zuluftleitung) zur Verbrennungsluftversorgung ausreichend frei ist. Luftleitungen, deren Querschnitt nicht genügend einsehbar ist, sind durch die Beurteilung der Druckdifferenz sowie der Verbrennungsqualität, insbes. des O_2-Gehaltes in den Abgasen im Vergleich zur letzten Messung zu überprüfen.

13. Überprüfung von Ablufteinrichtungen

55 Die Ablufteinrichtungen sind in Anlage 3 Nr. 7 Muster-KÜO beschrieben. Dabei handelt es sich um die bauordnungsrechtlich vorgeschriebenen Be- und Entlüftungsanlagen (Lüftungsschächte, Lüftungsleitungen, Abluftschächte). Diese werden wie die Verbrennungsluftleitungen auf freien Querschnitt und Verschmutzungen überprüft und erforderlichenfalls gereinigt.

14. Überprüfung von notwendigen Hinterlüftungen

56 Abgasleitungen von mit Überdruck betriebenen Feuerungsanlagen sind i.d.R. über die gesamte Länge hinterlüftet. Dies bezieht sich nicht nur auf Gasfeuerstätten, sondern auch auf Ölbrennwertgeräte, die ebenfalls von § 7 Abs. 9 Muster-FeuVO betroffen sind. Die Feuersicherheit ist bei derartigen Geräten nur gewährleistet, wenn kein Abgas in Gefahr drohender Menge vom Abgasrohr in die Hinterlüftung dauerhaft eintritt und stets eine ausreichende Hinterlüftung gegeben ist. Es ist deshalb vorgesehen, dass der Schornsteinfeger derartige bauordnungsrechtlich vorgeschriebene Hinterlüftungen im gleichen Rhythmus wie die Gasfeuerstätten überprüft.

57 Der Begriff „Hinterlüftung" ist weder in Anlage 3 der Muster-KÜO, noch in der Muster-FeuVO oder der TRGI definiert. Es handelt sich um den Ringspalt zwischen einer im Überdruck betriebenen Abgasleitung und der erforderlichen Schachtwand. Abgasleitungen werden oft in einem Schornstein

(Schacht) geführt. Bei mit Überdruck geführten Abgasleitungen ist dies u.U. die einzige Möglichkeit, den Anforderungen des § 7 Abs. 8 Muster-FeuVO zu entsprechen. Der Hohlraum zwischen dem Abgasrohr und der Schachtinnenwand ist der Ringspalt. Als klassischer Ringspalt ist das Abgasrohr rund und der Schacht viereckig angelegt. Dies ist jedoch nicht zwingend, auch runde Schächte oder elliptische Abgasrohre werden noch von der Begriffsbestimmung erfasst.

Ein Schacht ist nach dem „Duden" ein von allen Seiten von Wänden umschlossener hoher, enger Raum. Im Sinne der KÜO ist er jedoch nach oben offen, damit Abgase oder Abluft austreten können. Eine Hinterlüftung ist jedoch nur gegeben, wenn diese bauordnungsrechtlich vorgeschrieben ist. Dies ist nach § 7 Abs. 8 Muster-FeuVO nur bei Gas- und Ölfeuerstätten der Fall, die ihre Abgase mit Überdruck ableiten, da von ihnen besondere Gefahren ausgehen können. Der Verordnungsgeber sieht die besondere Gefahr in den zulässigen Undichtigkeiten der Abgasleitungen (zulässige Leckage entsprechend den europäischen Produktnormen). Um den daraus entstehenden Gefahren zu begegnen, müssen Räume, durch die unter Überdruck stehende Abgasleitungen führen, ausreichend belüftet sein oder aufgrund ihrer Bauart (z.B. durch Verwendung eines Doppelrohres mit luftumspültem Ringspalt) gegen Austritt von Abgas in den Aufstellraum gesichert sein. **58**

Vgl. zum Begriff „Abgasleitung" Erläuterungen zu Nr. 3 Anlage 3 Muster-KÜO. Hinterlüftungen sind jedoch nicht auf Brennwertgeräte beschränkt. Auch die Abgasleitungen anderer Gas- und Ölfeuerstätten, die mit Überdruck ihre Abgase ableiten, können eine bauordnungsrechtlich vorgeschriebene Hinterlüftung haben und werden somit überprüft. **59**

Ein Überdruck ist gegeben, wenn der statische Druck des Abgases in Höhe der Achse der Abgaseinmündung in die Abgasanlage planmäßig höher ist als der statische Druck der Luft im Freien in gleicher Höhe. Erfolgt die Ableitung des Abgases durch atmosphärischen Unterdruck (Zug), besteht keine Überprüfungspflicht, auch wenn das Abgasrohr in einem Schacht verläuft. Es liegt dann keine Hinterlüftung vor. **60**

Durch den Ringspalt, der sich zwischen der Abgasleitung und dem Schacht bzw. der Ummantelung ergibt, muss die Überdruck-Abgasleitung während des Betriebs der Feuerung ständig im Gleichstrom oder Gegenstrom hinterlüftet werden. Dadurch wird verhindert, dass sich Abgase im Ringspalt ansammeln können. Der Ringspalt kann auch genutzt werden, um Verbrennungsluft aus dem Freien im Gegenstrom zur Feuerstätte zu führen. Die Abgasleitung ist bei dieser Bauweise verbrennungsluftumspült. **61**

Bei der Hinterlüftung im Gegenstrom können durch eine Messung des Sauerstoffgehalts (O_2-Messung) im Ringspalt Undichtigkeiten in der Abgasleitung festgestellt werden. Eine Verringerung des O_2-Wertes gegenüber der Außenluft (etwa 21 %) entsteht dann, wenn die Luft mit Abgas vermischt ist. Undichtheiten der Abgasleitung können zum Teil anhand des O_2-Wertes in der Hinterlüftung erkannt werden. Hat dieser im Vergleich zur letzten Prüfung stark abgenommen, kann eine erhöhte Undichtheit der Abgasanlage die Ursache sein. Die Messung des O_2-Gehaltes erfolgt i.V.m. der CO-Messung. Voraussetzungen für eine sichere Beurteilung sind Prüfungsbedin- **62** gungen, die dem Betriebszustand der letzten Überprüfung (Volllast) entspricht.

63 Bei verbrennungsluftumspülten Abgasleitungen wird die Verbrennungsluft im Gegenstrom an der Abgasleitung entlang zur Feuerstätte geführt. Wenn über eine undichte Abgasleitung Abgase in den Verbrennungsluftstrom gelangen, werden diese Abgasbestandteile in der Verbrennungsluft mitgeführt und vermindern deren prozentualen O_2-Anteil. Durch eine Messung des O_2-Gehaltes der Verbrennungsluft, lassen sich diese Undichtheiten nachweisen. Die Grenzwerte für die Verringerung des O_2-Gehaltes in der Verbrennungsluft sind je nach Ausführung der Abgasleitung unterschiedlich. Als ausreichend dicht gelten:

1. frei ausmündende Abgasleitungen, wenn der O_2-Gehalt nicht mehr als 0,4 Volumenprozent und
2. Abgasleitungen, deren Mündungen nicht frei ausmünden, so dass mit der Rezirkulation von Abgas an der Mündung in die Verbrennungsluftzuführung zu rechnen ist, (z.B. abdeckende Windschutzeinrichtungen, Ausmündungen unter Dachvorsprüngen), wenn der O_2-Gehalt um nicht mehr als 2,0 Volumenprozent vom Bezugswert, abweicht.

64 Die Hinterlüftung von Abgasleitungen im Gleichstrom erfolgt ohne Gebläseunterstützung durch den thermischen Auftrieb. Eine ausreichende Hinterlüftung setzt voraus, dass, in Abhangigkeit von der erlaubten Leckrate, ein bestimmter Volumenstrom eingehalten wird. Beim Unterschreiten dieses Volumenstromes ist auf zu große Widerstände in der Hinterlüftung zu schließen.
Bei der Hinterlüftung von Abgasleitungen treten an der Eintrittsöffnung sehr niedrige Strömungsgeschwindigkeiten auf, die sich normalerweise mit einem Rauchröhrchen ausreichend genau überprüfen lassen. Ausreichende Hinterlüftung ist sichergestellt, wenn der Hinterlüftungsstrom mindestens so groß ist wie die Abgasmenge, die bei dem höchstmöglichen Betriebsdruck pro m^2 innerer Abgasleistungsoberfläche austreten darf (maximal zulässige Leckrate). Erst wenn die Reaktion der Rauchfahne einen noch geringeren Volumenstrom vermuten lässt, sind weitergehende Maßnahmen erforderlich. Zum Beispiel kann mit einem Anemometer im Lufteintritts- oder Austrittsbereich der Volumenstrom gemessen werden.

65 Der Schornsteinfeger verwendet bei der Überprüfung des Ringspaltes Rauchröhrchen, wie sie auch bei der Feuerwehr üblicherweise verwendet werden. Der Verordnungsgeber hat für beide Überprüfungsmethoden den gleichen Gebührensatz angesetzt. Die Prüfröhrchen sind Verbrauchsmaterialien, ein Auslagenersatz ist nicht vorgesehen.

15. Überprüfung von Dunstabzugsanlagen

66 Dunstabzugsanlagen sind ortsfeste Einrichtungen zum Aufnehmen von Koch-, Brat-, Grill-, Dörr- oder Röstdünsten und deren Abführung über Rohre, Kanäle oder Schächte ins Freie (s. Erl. 5 zu Anlage 3 Nr. 10 Muster-KÜO). Bei der Überprüfung wird die gesamte Be- und Entlüftungsanlage ab Zulufteinrichtung bis zur Mündung der Luftleitung einschließlich deren Komponenten Inaugenschein genommen. Geprüft werden auch der Zustand

der Aerosolabscheider (Filter), die vorhandenen Regel- und Sicherheitseinrichtungen, die Ventilatoren und die Zulufteinrichtungen.

Beim technischen Hearing im Januar 2004 war es unter den Fachleuten **67**
nicht umstritten, dass von Dunstabzugsanlagen erhebliche Brandgefahren
ausgehen können. Das Schornsteinfegerhandwerk, die Berufsgenossenschaften und viele Feuerwehren befürworten aus ihrer Erfahrung heraus eine
regelmäßige Überprüfung durch das Schornsteinfegerhandwerk. Ausschlaggebend für die Aufnahme der Dunstabzugsanlagen in die Überprüfungspflicht waren die positiven Erfahrungen der Länder, die diese Überprüfungspflicht bereits auf der Grundlage der Muster-KÜO 1988 eingeführt haben.

Von § 1 Abs. 1 Nr. 5 Muster-KÜO sind jedoch nur die Dunstabzugsanlagen **68**
erfasst, die nicht ausschließlich privat genutzt werden. Privat ist lt. „Brockhaus" persönlich, vertraulich, nicht offiziell, familiär. Nicht ausschließlich
privat im Sinne dieser Vorschrift ist

– gewerblich (eine auf Dauer angelegte Wirtschaftstätigkeit),
– die Urproduktion (Land- und Forstwirtschaft, Fischerei, Bergbau),
– die freien Berufe,
– die rein künstlerische und wissenschaftliche Betätigung und
– die Tätigkeiten in öffentlichen oder gemeinnützigen Betrieben.

Dabei kommt es nicht auf die gewerbliche oder öffentliche Nutzung des
Gebäudes, sondern der Dunstabzugsanlage selbst an. So werden z.B. die
Dunstabzugsanlagen eines vermieteten Mehrfamilienhauses privat genutzt
und fallen nicht unter § 1 Abs. 1 Nr. 5 Muster-KÜO. Die Dunstabzugsanlage eines Kiosks, das in einem festen Gebäude Pommes Frites verkauft, ist
jedoch nicht mehr als privat, sondern gewerblich anzusehen und wird daher
von § 1 Abs. 1 Nr. 5 Muster-KÜO erfasst. Von § 1 Abs. 1 Nr. 5 Muster-
KÜO erfasst werden auch Dunstabzugsanlagen in Altenwohnheimen Schul-
mensen oder Kinderhorten, da sie entweder gewerblich oder öffentlich genutzt werden. Die Dunstabzugsanlage einer kleinen Teeküche im Rathaus
oder im Büro eines Rechtsanwaltes fällt zwar auch unter den Begriff „...
nicht ausschließlich privat ...", sollte aber nach dem Willen des
Bund-Länder-Ausschusses nicht erfasst werden. Nach dem Sinn und Zweck
der Vorschrift sollten nur Dunstabzugsanlagen erfasst werden, die auch über
die übliche private Nutzung hinaus genutzt werden. Dies ist bei Anlagen, die
nur gelegentlich benutzt werden nicht der Fall. Der BSM wird daher gewerblich oder öffentlich genutzte Dunstabzugsanlagen, deren Nutzung die
einer privat genutzten Anlage nicht übersteigen, nicht unter § 1 Abs. 1 Nr. 5
Muster-KÜO einstufen.

Nach der Definition der Dunstabzugsanlagen in Anlage 3 Nr. 10 Muster- **69**
KÜO werden nur Dunstabzugsanlagen überprüft, die die fetthaltige Abluft
ins Freie leiten. Damit sind Dunstabzugsanlagen, die nur im Umluftbetrieb
arbeiten, nicht erfasst.

16. Überprüfung von Be- und Entlüftungsanlagen nach § 59 SchfG

Anlage 1 Kapitel V Sachgebiet B Abschnitt III Nr. 3 Buchstabe e des Eini- **70**
gungsvertrages vom 31. August 1990 (BGBl. 1990 II S. 885, 1000) regelt,

dass zu den Aufgaben der BSM im Beitrittsgebiet (neue Länder) auch die Überprüfung der Funktionsfähigkeit gewerblicher und privater Entlüftungsanlagen gehört. In unterschiedlicher Rechtsentwicklung werden diese Überprüfungspflichten weitergeführt.

71 Be- und Entlüftungsanlagen nach § 59 SchfG sind Lüftungsanlagen in Gebäuden, die nicht zur Verbrennungsluftversorgung von Feuerstätten erforderlich sind (sog. Hygieneleitungen). Beim technischen Hearing im Januar 2004 in Stuttgart haben die Fachleute vehement für die generelle Einführung einer regelmäßigen Überprüfungspflicht für Lüftungsanlagen zum Luftaustausch und Abtransport schädlicher Feuchte aus Räumen votiert. Sie empfahlen daher die Ausweitung der Überprüfungen nach § 59 SchfG auch in den alten Bundesländern. Dazu fehlt aber eine eindeutige Rechtsgrundlage. Diese kann nicht aus dem Schornsteinfegergesetz abgeleitet werden, da es sich dabei nicht um eine Maßnahme zur Feuersicherheit, sondern um den allgemeinen Gesundheitsschutz (Verhinderung von Schimmelpilzen) handelt. Der Bund-Länder-Ausschuss konnte daher eine generelle Überprüfung von Be- und Entlüftungsanlagen nach § 59 SchfG nicht in die Muster-KÜO aufnehmen.

72 § 59 SchfG lässt die Regelungen des Einigungsvertrages vom 31. August 1990 (BGBl. 1990 II S. 885, 1000) unberührt. Dieser bestimmt in Anlage 1 Kapitel V Sachgebiet B Abschnitt III Nr. 3 Buchstabe e, dass die „Überprüfung der Funktionsfähigkeit gewerblicher und privater Be- und Entlüftungsanlagen" zu den Aufgaben des BSM gemäß § 13 SchfG in den neuen Bundesländern zählen. Damit fällt diese Aufgabe handwerksrechtlich in den Vorbehaltsbereich des Schornsteinfegerhandwerks. Ob die Länder dadurch auch verpflichtet sind, diese Aufgabe in die KÜO zu übernehmen, werden wohl letztendlich nur die Gerichte klären können. In jedem Fall ist es jedoch zulässig, dass die neuen Bundesländer die Überprüfung von Be- und Entlüftungsanlagen in die KÜO aufnehmen können.

73 Für diese Bundesländer hatte die Projektgruppe zur Vorbereitung des Beschlusses im Bund-Länder-Ausschuss folgende Ergänzungen der KÜO vorgeschlagen:

1. § 1 Abs. 1 wird durch eine Nr. 6 wie folgt ergänzt:
„6. gewerbliche und private Be- und Entlüftungsanlagen"
2. § 1 Abs. 3 wird durch eine Nr. 7 wie folgt ergänzt:
„7. Be- und Entlüftungsanlagen in Wohngebäuden mit nicht mehr als zwei Nutzungseinheiten, an die keine besonderen brandschutztechnischen Anforderungen gestellt werden"
3. Anlage 1 wird durch die Nummern 1.1.2 (Ergänzung), 4.2 und 4.3 wie folgt ergänzt:

Anlagen, Einrichtungen und deren Benutzung	Kehrpflicht	Überprüfungspflicht
4.2 Be- und Entlüftungsanlage mit Filter am Lufteintritt oder mit Filterung der Zuluft		1 x in zwei Jahren
4.3 Be- und Entlüftungsanlage ohne Filter am Lufteintritt		1 x im Jahr

4. Anlage 2 wird durch die Nummern 1.1.2 (Zusatz), 3.12–3.12.2 wie folgt ergänzt:

Nr.	Ab-kür-zung	Bezeichnung	Rechts-grundlage der Tätigkeit	AW
1.1.2	GG 2	... sowie Überprüfungsarbeiten an Be- und Entlüftungsanlagen	§ 59 SchfG	
3		Arbeitsgebühr je Überprüfung einschließlich einer ggf. erforderlichen Kehrung, Feuerstättenschau		
...				
3.12	L	Prüfung der Funktionsfähigkeit gewerblicher und privater Be- und Entlüftungsanlagen	§ 59 SchfG	
3.12.1	LA	Arbeiten außerhalb der Nutzungseinheit		
3.12.1.1	LA1	Überprüfungsarbeiten an Lüftungshauptschächten von Verbundanlagen oder Lüftungshauptleitungen, für jeden angefangenen und vollen Meter		0,4
3.12.1.2	LA2	– Zuschlag für jeden Nebenschacht von Verbundanlagen		1,2
3.12.1.3	LA3	– Zuschlag für jeden Mündungsaufsatz		1,7
3.12.1.4	LA4	– Zuschlag für jeden Zentrallüfter		8,6
3.12.1.5	LA5	– Zuschlag für jeden Lüftungskanal oder jede waagerechter Lüftungsleitung in Räumen bis 1,2 m Raumhöhe		9,3
3.12.1.6	LA6	– Zuschlag für jeden Lüftungskanal oder jede waagerechter Lüftungsleitung in Räumen über 1,2 m Raumhöhe		2,7
3.12.1.7	LA7	– Zuschlag für jede Reinigungsöffnung in Lüftungskanälen oder waagerechten Lüftungsleitungen in Räumen bis 1,2 m Raumhöhe		2,3
3.12.1.8	LA8	– Zuschlag für jede Reinigungsöffnung in Lüftungskanälen oder waagerechten Lüftungsleitungen in Räumen über 1,2 m Raumhöhe		1,1
3.12.1.9	LA9	Luftvolumenstrommessungen bei Gitternetz- oder Kanalmessung je Arbeitsminute		0,8
3.12.2	LN	Arbeiten innerhalb der Nutzungseinheit		
3.12.2.1	LN1	– für die erste Lüftungsöffnung		8,4
3.12.2.2	LN2	– für jede weitere Lüftungsöffnung		6,0
3.12.2.3	LN3	– Zuschlag für jede Küchenablufthaube		3,2

5. In Anlage 3 wird die Nr. 8 mit folgendem Wortlaut eingefügt:
   8. **Be- und Entlüftungsanlagen:** Gewerblich und privat genutzte Einrichtungen, die der Belüftung (Zuluft) und Entlüftung (Abluft) von Räumen dienen, einschließlich der Absperrvorrichtungen gegen Feuer und Rauch;
6. Die bisherigen Nummern 8–23 erhalten die Nummern 9–24.

Der Bund-Länder-Ausschuss hat diesen Vorschlag der Projektgruppe jedoch formell abgelehnt, da er grundsätzlich keine landesspezifischen Regelungen aufnehmen wollte. Es ist daher den einzelnen neuen Bundesländern überlassen, ob sie Be- und Entlüftungsanlagen in die KÜO aufnehmen wollen. Für den Fall, dass sie das tun, liegt ein abgestimmter und systemkonformer Vorschlag der Projektgruppe vor.

17. In einem Arbeitsgang

74   Alle Anlagen und Einrichtungen nach § 1 Abs. 1 Muster-KÜO sind in einem Arbeitsgang zu kehren oder zu überprüfen. Die Worte „in einem Arbeitsgang" stellen sicher, dass sämtliche Kehr- oder Überprüfungsarbeiten einer Anlage oder Einrichtung an einem Termin des Schornsteinfegers im Gebäude des Pflichtigen durchgeführt werden. Er kann somit nicht heute den Schornstein und am nächsten Tag das Abgasrohr reinigen. Ausnahmen und weitere Zusammenlegungsvorschriften sind in § 3 Abs. 3 Muster-KÜO enthalten.

18. Anerkannte Regeln der Technik

75   Die Muster-KÜO benutzt erstmals den Begriff „anerkannte Regeln der Technik" im Zusammenhang mit der Arbeitsausführung der Kehr- und Überprüfungsarbeiten. Anerkannte Regeln der Technik sind Normen, technische Vorschriften und sonstige Bestimmungen sachverständiger Stellen. Dies sind Stellen, die sich mit den technischen Notwendigkeiten der entsprechenden Regelungen vertieft auseinandersetzen und mit einer gewissen Autorität gegenüber den Anwendern festlegen. Vorrangig wären das Regelungen von Bundes- und Landesbehörden, z.B. in den Landesbauordnungen oder den Feuerungsverordnungen. Diese haben i.d.R. Normen und technische Vorschriften für den Bereich des Schornsteinfegerwesens nicht erlassen. Denkbar wären jedoch sonstige Bestimmungen der Länder z.B. in Verwaltungsvorschriften und Erlassen, wie sie z.B. das Wirtschaftsministerium Baden-Württemberg in der VwV-Schornsteinfeger vom 24. November 2000 (GABl. 2001 S. 70) zur Abgaswegüberprüfung und dem Umgang mit der Mängelfeststellung getroffen hat. Aber auch Einzelerlasse z.B. zum „Abspiegeln von senkrechten Abgasanlagen" sind darunter zu erfassen. Diese gehen allen „Regeln der Technik" vor, die im gleichen Zuständigkeitsbereich von den Stellen des Handwerks getroffen werden.

76   Der Bund-Länder-Ausschuss, der diese Muster-KÜO beschlossen hat, sah als „anerkannte Regeln der Technik" vorrangig die vom Bundesverband des Schornsteinfegerhandwerks, teilweise gemeinsam mit dem Zentralverband deutscher Schornsteinfeger – gewerkschaftlicher Fachverband –, herausgegebenen Arbeitsblätter/Arbeitshilfen.

77   Davon sind bisher erschienen bzw. in Bearbeitung:

Nr. 101   „TRGI", Dezember 1996, (ständig angepasst entsprechend den Änderungen des DVGW); entspricht Arbeitshilfe Rechtsvorschriften Modul 1 des ZDS, Januar 2003

Nr. 102   „Abgaswegüberprüfung ab Brenner und Bestimmung des CO-Gehalts im Abgas", Oktober 2004; entspricht Arbeitshilfe Praxis Modul 1 des ZDS, August 2006

Nr. 103 „Abgaswegüberprüfung an Gasfeuerstätten ohne Strömungssicherung und Überprüfung von Abgasanlagen", März 2001; entspricht Arbeitshilfe Praxis Modul 3 des ZDS, März 2003

Nr. 104 „Tätigkeiten an Ölfeuerungsanlagen" (in Bearbeitung); entspricht Arbeitshilfe Praxis Modul 12 des ZDS, Februar 2007

Nr. 201 „Vorgänge um die Verbrennung" 1995

Nr. 202 „Rationelle Arbeitshilfen", 1991 (in Überarbeitung)

Nr. 203 „Physik um den Schornstein (Teil 1: Strömungslehre)", November 1993

Nr. 204 „Physik um den Schornstein (Teil 2: Wärme- und Temperaturvorgänge)", November 1993

Nr. 205 „Technisches Taschenbuch; – Physikalisch – mathematische Grundlagen, Verbrennungstechnik, Kenndaten von Feuerstätten, Schornsteinberechnung nach DIN 4705, Verbrennungsluftversorgung", März 1999

Nr. 206 „Technisches Taschenbuch; – TRGI und Kennzeichnung von Gasgeräten, Standsicherheit, Immissionsschutz, Wärmebedarf, Energieberatung, Anforderungen aus HeizAnlVO und WSchVO, Neutralisation", März 1999

Nr. 301 „Lüftungsanlagen", 1994; entspricht Arbeitshilfe Praxis Modul 14 des ZDS (in Überarbeitung)

Nr. 302 „Überprüfung und Reinigung von Abgasanlagen" (im Entwurf)

Nr. 303 „Überprüfung von Dunstabzugsanlagen", Stand April 2002; entspricht Arbeitshilfe Praxis Modul 15 des ZDS (im Entwurf)

Nr. 304 „Messungen an Lüftungsanlagen" (in Bearbeitung)

Nr. 601 Erste Verordnung zur Durchführung des Bundes-Immissionsschutzgesetzes", März 1997, Einlageblätter April 2002; entspricht Arbeitshilfe Rechtsvorschriften Modul 2 des ZDS, März 2003

Nr. 602 „Messungen an Feuerungsanlagen für feste Brennstoffe", Juli 2001; entspricht Arbeitshilfe Praxis Modul 13 des ZDS, Januar 2004

Nr. 603 „Verordnung über energiesparenden Wärmeschutz und energiesparende Anlagentechnik bei Gebäuden (Energieeinsparverordnung–EnEV) + allgemeine Verwaltungsvorschrift zu § 13 der Energieeinsparverordnung (AVV Energiebedarfsausweis)", Dezember 2004

Nr. 701 „Sicherheitsregeln für SF-Arbeiten", BG-Regel 218 (bisherige ZH 1/602) der BG der Bauwirtschaft

Nr. 702 „Schornsteinfegerarbeiten unter Beachtung der Anforderungen beim Umgang mit asbesthaltigen Produkten", Dezember 1996

Nr. 801 „Diagramme zur funktionstechnischen Überprüfung von Schornsteinen der Wärmedurchlasswiderstandsgruppe III", Juni 1996

Nr. 802 „Diagramme zur funktionstechnischen Überprüfung von Schornsteinen der Wärmedurchlasswiderstandsgruppe II", Juni 1996

Nr. 901 „Abnahme an Feuerungsanlagen", 1997 (in Überarbeitung)

Nr. 902 „Abnahme an Feuerungsanlagen – Querschnittsänderungen an Abgasanlagen", Oktober 1999 (in Überarbeitung bzw. Einarbeitung in Nr. 901

Nr. 903 „Abnahme an Feuerungsanlagen – Im Freien stehende Abgasanlagen", (in Bearbeitung)

Nr. 904 „Abnahme an Feuerungsanlagen – Abnahmen und Tätigkeiten an gasbefeuerten Dunkelstrahlern", Juni 1999

Nr. 905 „Abnahme an Feuerungsanlagen – Baurecht", August 1999
Nr. 906 „Abnahme an Lüftungsanlagen", März 2003
Nr. 907 „Direktbeheizte Warmluftsysteme – Abnahmen und Tätigkeiten
an Warmlufterzeugern/Direkt beheizten Lüftungssystemen", August 2001 (als Arbeitsblatt oder Info-Blatt)

Darunter fallen auch die Arbeitshilfe Fachtheoretische Grundlagen Modul 1 „Formeln und Tabellen für Schornsteinfeger", Januar 2004 und die Arbeitshilfe Praxis Modul 2 „Messungen an Öl- und Gasfeuerungsanlagen, Oktober 2002 des ZDS.

78 Widersprechen sich Bestimmungen von einzelnen Arbeitsblättern, so geht die zeitlich jüngste Fassung der älteren vor. Dabei wird nicht unterschieden, um welches Sachgebiet es sich bei den entsprechenden Abhandlungen handelt. Es gibt keine Arbeitsblätter, die höherrangiger sind, als andere.

79 „Anerkannte Regeln der Technik" können allerdings auch als solche gekennzeichnete Rundschreiben des ZIV, der Landesinnungsverbände und Innungsverbände sein, die zur schnellen Information dienen. Sehen diese Abweichungen von Arbeitsblättern vor, sind sie zu beachten. Diese Änderungen sollten allerdings nur angewandt werden, wenn die Information so wichtig und unaufschiebbar ist, dass die entsprechenden Änderungen der Arbeitsblätter nicht abgewartet werden können.

80 Alle „anerkannte Regeln der Technik" sind frei zugänglich zu halten. Das bedeutet, dass es auch BSM, die nicht Mitglied der Innung sind, ermöglicht wird, die entsprechenden Regelungen zu beschaffen. Der Beschaffungspreis darf dabei nicht unverhältnismäßig hoch sein. Mehr als die Erstellungs- und Vertriebskosten werden dabei nicht in Ansatz gebracht werden dürfen. Es ist jedoch nicht erforderlich, dass der ZIV und seine Innungsverbände alle Nichtmitglieder auf die jeweiligen neuen Bestimmungen hinweisen. Es genügt, wenn sie in ihren Fachzeitschriften darauf hinweisen. Allerdings müssen diese dann den Nichtmitgliedern in gleicher Weise frei zugänglich sein. Wird dies nicht gewährleistet, bliebe nur noch eine Veröffentlichung in den amtlichen Verkündungsorganen der jeweiligen Aufsichtsbehörde über die Bezirksschornsteinfegermeister. Dies wäre jedoch ein Aufwand, der nicht vertretbar wäre.
Jeder BSM ist nach § 12 SchfG verpflichtet, seine Aufgaben ordnungsgemäß und gewissenhaft auszuführen und seine Mitarbeiter zu informieren. Dazu gehört, dass er auch die „Regeln der Technik" berücksichtigt. Es gehört daher zu seinen Berufspflichten, sich über alle Änderungen zeitnah zu informieren. Dies trifft in besonderer Weise die BSM, die nicht Mitglied einer Innung sind und daher auch nicht davon ausgehen können, dass sie die jeweiligen Informationen unaufgefordert erhalten.

19. Erforderliche Kehrung überprüfungspflichtiger Anlagen

81 § 1 Abs. 1 Satz 3 Muster-KÜO legt jetzt klar fest, dass nach einer Überprüfung eine Kehrung (Reinigung) erfolgen muss, wenn dies erforderlich ist. Diese Kehrung hat der zuständige BSM durchzuführen. Ausgenommen davon sind:

– Heizgaswege von Feuerstätten (s. Erl. 3 zu Nr. 13 Anlage 3 Muster-KÜO)

– Be- und Entlüftungsanlagen nach § 59 SchfG (gewerbliche und private Be- und Entlüftungsanlagen, die nicht unter Nr. 7 – Ablufteinrichtungen –, Nr. 15 – Luft-Abgas-Systeme – und Nr. 23 – Verbrennungslufteinrichtungen – der Anlage 3 fallen) in den neuen Bundesländern (sog. Hygieneleitungen)
– Dunstabzugsanlagen (s. Erl. 3 zu Nr. 10 Anlage 3)

Stellt der Schornsteinfeger Verschmutzungen im Heizgasweg fest, ist eine Mängelmeldung nach § 13 Abs. 1 Nr. 3 SchfG auszustellen (s. Erl. 16). Die Reinigung des Heizgasweges ist dem Vertragsinstallateur des Gasversorgungsunternehmens vorbehalten. Sind Reinigungen von Be- und Entlüftungsanlagen nach § 59 SchfG und Dunstabzugsanlagen notwendig, können diese auch vom BSM als Nebenarbeiten im Rahmen des § 14 SchfG durchgeführt werden. Das Arbeitsentgelt ist dabei frei zu vereinbaren. Werden diese Arbeiten nicht sofort vom zuständigen BSM durchgeführt, muss eine Mängelmeldung nach § 13 Abs. 1 Nr. 3 SchfG ausgestellt und überwacht werden.

IV. CO-Messung bei Gasfeuerstätten

Verordnungstext § 1 Absatz 2:

(2) [1]Der Kohlenmonoxidanteil darf, bezogen auf unverdünntes, trockenes Abgas, bei Gasfeuerstätten nicht mehr als 1.000 ppm und bei Blockheizkraftwerken, Wärmepumpen und ortsfesten Verbrennungsmotoren nicht mehr als 1.500 ppm betragen. [2]Bei Überschreitung dieser Werte ist die Überprüfung innerhalb einer angemessenen Frist zu wiederholen.

[3]Eine Kohlenmonoxidmessung entfällt bei
1. gasbeheizten Wäschetrocknern, es sei denn, diese wird von baurechtlichen Vorschriften oder vom Hersteller gefordert, und
2. Gasfeuerstätten ohne Gebläse mit Verbrennungsluftzufuhr und Abgasabführung durch die Außenwand, deren Ausmündung des Abgasaustritts im Bereich von mehr als 3 m über Erdgleiche liegt und zu Fenstern, Türen und Lüftungsöffnungen einen Abstand von mehr als 1 m hat.

Erläuterungen

1. Entstehung 1, 2
2. Allgemeines   3–5
3. CO-Messung   6–9
4. CO-Grenzwerte 1000 ppm und 1500 ppm 10–14
5. Wiederholungsüberprüfung 15–17
6. Ausnahmen von der CO-Messung 18–20

1. Entstehung

Bereits die Muster-KÜO 1988 bestimmte, dass bei Gasfeuerstätten eine CO-Messung vorzunehmen ist und legte einen Grenzwert von 1000 ppm – bezogen auf unverdünntes Abgas – fest. Davon gab es aber noch fünf **1**

Ausnahmen, die allerdings bei der Änderung der Muster-KÜO im Jahr 1997 gestrichen wurden. Die CO-Messung war seinerzeit eine eigenständige Tätigkeit des BSM neben der Abgaswegüberprüfung. Es wurde allerdings bestimmt, dass sie nur zusammen mit der Abgaswegüberprüfung und der Emissionsmessung durchzuführen ist. Mit dieser Regelung gab es bereits nach der Muster-KÜO 1988 eine Zusammenlegungsvorschrift bei Gasfeuerstätten. Die Muster-KÜO 2006 sieht die CO-Messung als Teil der Abgaswegüberprüfung und ist auch zusammen mit dieser durchzuführen (s. Erl. 3).

2 Neu eingeführt wurde in der Muster-KÜO 2006 ein abweichender CO-Grenzwert für Blockheizkraftwerke, Wärmepumpen und ortsfeste Verbrennungsmotoren (1500 ppm). Eine CO-Messung entfällt jetzt nur noch bei gasbeheizten Wäschetrocknern und bestimmten Außenwandgasfeuerstätten.

2. Allgemeines

3 CO = Kohlenmonoxid (Kohlenoxid), ein farbloses sehr giftiges, geruchloses Gas, das, vom Menschen eingeatmet, in bestimmter Dosierung gesundheitlich schädigend und sehr schnell tödlich sein kann. Es entsteht bei unvollständiger Verbrennung von Brennstoffen. Kohlenmonoxid ist übrigens Bestandteil aller Motorauspuffgase. Gefahr besteht, wenn CO im Abgas enthalten ist und dieses in den Aufenthaltsbereich von Menschen gelangen kann. Der Schornsteinfeger prüft bei der Abgaswegüberprüfung nach Abgasaustritt, Undichtigkeiten an der Feuerungsanlage, Korrosionserscheinungen und Querschnittsveränderungen im gesamten Abgasweg. Zur Ermittlung der Verbrennungsqualität reicht die visuelle Beurteilung der Gasflamme nicht aus. Aus dem CO-Gehalt im unverdünnten Abgas lassen sich Rückschlüsse auf den Betriebszustand der Feuerstätte ziehen. Ursache einer ungenügenden Verbrennungsqualität können sein:

– Verschmutzung des Brenners,
– zu hohe oder zu geringe Feuerungsleistung,
– durch die dauernde thermische Beanspruchung verursachte Veränderung an der Brennerkonstruktion,
– Abgaszirkulation innerhalb der Feuerungsanlage,
– Störungen bei der Aufbereitung des Brenngas-Luftgemisches,
– Verschmutzung des Wärmetauschers,
– Störungen der Verbrennungsluftversorgung durch Verschmutzungen oder Verengungen im Bereich der Luftzufuhr oder Abgasabführung.

Die Fachexperten des technischen Hearings im Januar 2004 waren einhellig der Meinung, dass eine CO-Messung erforderlich ist, um nicht nur den augenblicklichen Zustand einer Gasfeuerstätte zu überprüfen. Sie ist auch als vorbeugende Maßnahme geeignet, weil die CO-Messung im Vorfeld anzeigt, wenn irgendetwas an der Anlage nicht in Ordnung ist. Die CO-Messung ist daher als Teil der Abgaswegüberprüfung an Gasfeuerstätten nicht mehr umstritten.

4 Nach den Arbeitsblättern 102 und 103 des ZIV (allgemein anerkannte Regel der Technik) sind die BSM angewiesen, die Gebäudeeigentümer und Benutzer bereits zu warnen, wenn der Wert von 500 ppm bei Gasfeuerstätten überschritten wird. In der Bescheinigung über die Abgaswegüberprüfung wird empfohlen, die Gasfeuerstätte umgehend von einem Fachunternehmen warten zu lassen.

§ 1 SchfG ermächtigt die Länder, in die KÜO Bestimmungen zur Kehr- und **5** Überprüfungspflicht von Anlagen und Einrichtungen aufzunehmen. Auflagen über den Betrieb von Feuerstätten fallen nicht darunter. Es handelt sich dabei um baurechtliche Regelungen, die in die verschiedenen Landesbauordnungen oder Feuerungsverordnungen aufzunehmen wären. In der KÜO ist daher eine Regelung zur Bestimmung eines Grenzwertes deplaziert, zumal vom BSM keinerlei Sanktionsmaßnahmen verhängt werden können. Der CO-Grenzwert von 1000 ppm/1500 ppm fand dennoch Eingang in die Muster-KÜO 2006, da in den baurechtlichen Regelungen aller Bundesländer entsprechende Vorschriften fehlen. Aus Gründen der Sicherheit ist diese Regelung von besonderer Wichtigkeit. Der Grenzwert von 1000 ppm ist z.B. auch bei den europäischen Gasgerätenormen DIN EN 297 und 483 enthalten. Daher störte den Bund-Länder-Ausschuss diese juristische Unsicherheit bei der Verabschiedung der Muster-KÜO 2006 ebenso wenig, wie in der Muster-KÜO davor.

Wenn es beim Vollzug der Vorschrift Probleme geben sollte (z.B. wenn der Betreiber der Anlage uneinsichtig ist), ist dem Schornsteinfeger zu raten, einen Mängelbericht zu fertigen und die zuständige Baurechtsbehörde zu informieren. Die Länder sollten jedoch bestrebt sein, die Grenzwerte für den CO-Gehalt künftig im Baurecht zu regeln, da auch dort die entsprechenden Sanktionsbestimmungen enthalten sind.

3. CO-Messung

Der Messvorgang selbst ist in der KÜO nicht beschrieben. Als „anerkannte **6** Regeln der Technik" gelten die Arbeitsblätter 102 „Abgaswegüberprüfung ab Brenner und Bestimmung des CO-Gehalts im Abgas", Stand 2004 und Nr. 103 „Abgaswegüberprüfung an Gasfeuerstätten ohne Strömungssicherung einschließlich der Abgasanlage", Stand 2001, beide herausgegeben vom Bundesverband des Schornsteinfegerhandwerks, die als technische Arbeitsanleitung zugrunde zu legen sind. Dabei wird der im unverdünnten, trockenen Abgas enthaltene Anteil des Kohlenmonoxids in ppm (part per million), bezogen auf den Rauminhalt am Abgasvolumen, mit einem eignungsgeprüften Messgerät ermittelt.

Messgeräte sind geeignet, wenn sie gemäß den Anforderungen der „Richt- **7** linie für die Eignungsprüfung von CO-Messgeräten für Gasfeuerstätten" geprüft sind und die Anforderungen nach der 1. BImSchV erfüllen. Die Messgeräte sind zur Kontrolle halbjährlich einmal in einer technischen Prüfstelle der Innung für das Schornsteinfegerhandwerk zu überprüfen. Sie sind stets in technisch einwandfreiem Zustand zu halten. Grundlage für die Anwendung sind die Vorgaben der Bedienungsanleitung.

Die Messung erfolgt durch Auswertung einer Gasprobe. Diese ist durch eine **8** Mehrlochsonde am Abgasstutzen der Gasfeuerstätte zu entnehmen. Die Mehrlochsonde weist in Abhängigkeit von der Sondenlänge mehrere Bohrungen auf. Die Lochreihe der Sonde muss gegen die Strömungsrichtung der

Abgase zeigen. Um den Mittelwert eines möglichst großen Abgasstromquerschnitts zu erfassen, ist die Sondenlänge entsprechend dem jeweiligen Querschnitt zu wählen. Bei Abgasleitungen mit kleinen Querschnitten und hohen Strömungsgeschwindigkeit kann eine Einlochsonde eingesetzt werden. Alle Messungen sind so durchzuführen, dass keine Falschluft (Raumluft) angesaugt wird, die die Messgenauigkeit beeinträchtigen würde.

9 Die Begriffsbestimmung legt fest, dass es sich um eine Bestimmung des CO-Anteils handelt. Das Abgas ist bei der Bestimmung verdünnt und nicht trocken. Der im verdünnten Abgas gemessene CO-Wert ist auf seine Konzentration im unverdünnten Abgas umzurechnen. Der im Abgas enthaltene Wasserdampf kondensiert bereits in der Strecke von der Entnahmestelle bis zur Sensorik aus. Deshalb wird dann stets ein trockenes Abgas gemessen. Grundlage für die Umrechnung ist der Messwert (O_2 oder CO_2), den das Messgerät ermittelt.

Die Umrechnung erfolgt bei der Messung des O_2-Gehalts nach der Formel:

$$\text{CO unverdünnt} = \text{CO gemessen} \times \frac{21}{21 - O_2 gemessen}$$

oder bei der Messung des CO_2-Gehalts nach der Formel:

$$\text{CO unverdünnt} = \text{CO gemessen} \times \frac{CO_2{}_{max}}{CO_2 gemessen}$$

CO_2max – Werte der folgenden Gase:

11,7 % für Erdgas LL (früher Erdgas L)
12,0 % für Erdgas E (früher Erdgas H)
13,8 % für Flüssiggas

Wird ein CO-Gehalt von mehr als 500 ppm ermittelt, so ist die Gasprobe über einen längeren Messzeitraum zu entnehmen, um vorübergehende instabile Betriebszustände der Anlage zu erkennen.

4. CO-Grenzwerte 1000 ppm und 1500 ppm

10 Das Messergebnis einer CO-Messung ist der Anteil von Kohlenmonoxid (CO) am Gesamtabgas. Die Maßeinheit ist ppm (part per million). So sind z.B. 1000 ppm CO-Anteile 1/1000 Raumanteil am Abgasvolumen.

Die Wirkung von Kohlenmonoxid auf den menschlichen Körper in Abhängigkeit von der Konzentration und der Einwirkungsdauer ergibt sich aus der Tabelle der Berufsgenossenschaften:

CO-Konzentration in der Luft		Inhalationszeit und toxische Symptomentwicklung
0,003 %	30 ppm	MAK-Wert = (Maximale Arbeitsplatzkonzentration bei achtstündiger Arbeitszeit)
0,02 %	200 ppm	Leichte Kopfschmerzen innerhalb von 2–3 Stunden
0,04 %	400 ppm	Kopfschmerzen im Stirnbereich innerhalb von 1–2 Stunden, breitet sich innerhalb von 2,5–3,5 Stunden im ganzen Kopfbereich aus
0,08 %	800 ppm	Schwindel, Übelkeit und Gliederzucken innerhalb 45 Minuten, bewusstlos innerhalb von 2 Stunden

CO-Konzentration in der Luft		Inhalationszeit und toxische Symptomentwicklung
0,16 %	1.600 ppm	Kopfschmerzen, Schwindel und Übelkeit innerhalb von 20 Minuten Tod innerhalb von 2 Stunden
0,32 %	3.200 ppm	Kopfschmerzen, Schwindel und Übelkeit innerhalb von 5–10 Minuten Tod innerhalb von 30 Min.
0,64 %	6.400 ppm	Kopfschmerzen und Schwindel innerhalb von 1–2 Minuten Tod innerhalb von 10–15 Minuten
1,28 %	12.800 ppm	Tod innerhalb von 1–3 Minuten

bzw. aus nachfolgender Grafik: **11**

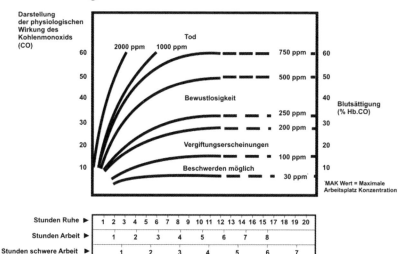

§ 1 Abs. 2 Muster-KÜO führt zwei Grenzwerte auf: Einen CO-Anteil von   **12**
1000 ppm für alle Gasfeuerstätten und abweichend davon für Blockheizkraftwerke, Wärmepumpen und ortsfeste Verbrennungsmotoren einen
Grenzwert von 1500 ppm. Dies ist nach obiger Aufstellung einsichtig. Die
unterschiedlichen Grenzwerte sind nur daraus zu erklären, dass Blockheizkraftwerke, Wärmepumpen und ortsfeste Verbrennungsmotoren – im Gegensatz zu allen übrigen Gasfeuerstätten – i.d.R. nicht in Räumen aufgestellt
sind, in denen sich Menschen ständig aufhalten. Ansonsten wäre eine unterschiedliche Behandlung nicht gerechtfertigt.

Bei Überschreitung der Werte ist die Gasfeuerungsanlage nicht mehr be-   **13**
triebssicher und eine Stilllegung angezeigt. Auf der Karteikarte des BSM
wird der genau ermittelte Wert festgehalten. Demgegenüber braucht der
BSM auf dem an die Behörde gehenden Mängelbericht nur anzugeben, dass
der Wert über 1000 ppm liegt. Bei 500 bis 1000 ppm hat der Schornsteinfeger dem Betreiber zu empfehlen, die Gasfeuerstätte warten zu lassen.
Unter 500 ppm Kohlenmonoxid im unverdünnten Abgas ist die Anlage in
Ordnung, es sei denn, die Digitalanzeige beim CO-Test bleibt bei Null
stehen, nachdem der Schornsteinfeger die Messsonde in den Abgasstrom
gehalten hat.

14 Bei zu hohem CO-Gehalt im Abgas liegt u.U. kein ungestörter Dauerbetriebszustand gem. Anlage III Nr. 1.3 der 1. BImSchV vor, so dass die wiederkehrende Messung nach 1. BImSchV nicht sofort durchgeführt werden sollte, sondern erst zusammen mit der Wiederholungsüberprüfung.

5. Wiederholungsüberprüfung

15 § 1 Abs. 2 Satz 2 Muster-KÜO bestimmt jetzt ausdrücklich, dass bei Überschreitung der Grenzwerte die Überprüfung innerhalb einer angemessenen Frist zu wiederholen ist. Die Behörde wird daher nur dann eingeschaltet, wenn auch die Wiederholungsprüfung ergeben hat, dass die Gasfeuerungsanlage die Grenzwerte nicht einhält.

16 Eine Frist ist angemessen, wenn der Grundstückseigentümer ohne schuldhaftes Zögern die notwendigen Maßnahmen zur Verbesserung der Anlage treffen kann. Dabei geht es um die technische Machbarkeit, nicht um die finanzielle. Die Frist wird auch davon abhängen, welche Aufstellbedingungen gegeben sind. Ist zu befürchten, dass ein gesundheits- und lebensbedrohlicher Zustand gegeben ist, muss die Anlage stillgelegt werden. Formell kann dies nur die zuständige Baurechtsbehörde anordnen. Der BSM hat daher die Baurechtsbehörde unverzüglich zu informieren, wenn ein derartiger Zustand gegeben ist. Der BSM hat den Grundstückseigentümer, bei Mietobjekten auch den Mieter, in geeigneter Form darauf hinzuweisen, dass die Feuerstätte nicht betriebssicher ist und dem Grundstückseigentümer aufzugeben, die festgestellten Mängel wegen der bestehenden Gefahren für Leben und Gesundheit unverzüglich abzustellen.

17 Die Wiederholungsprüfung umfasst nur den Teil der Abgaswegüberprüfung, der für die CO-Messung notwendig ist. Es wird daher keine komplette Abgaswegüberprüfung, sondern nur eine CO-Messung durchgeführt. Das Ergebnis ist dem Grundstückseigentümer zu bescheinigen.

6. Ausnahmen von der CO-Messung

18 Eine CO-Messung ist nicht vorgeschrieben:

- bei gasbeheizten Wäschetrocknern, es sei denn, diese wird vom Hersteller gefordert, und
- bei Gasfeuerstätten ohne Gebläse mit Verbrennungsluftzufuhr und Abgasabführung durch die Außenwand, deren Ausmündung des Abgasaustritts im Bereich von mehr als 3 m über Erdgleiche liegt und zu Fenstern, Türen und Lüftungsöffnungen einen Abstand von mehr als 1 m hat.

19 Bei gasbeheizten Wäschetrocknern macht die CO-Messung keinen Sinn, da der gemessene Wert keine Beurteilung der Verbrennungsgüte zulässt. Konstruktionsbedingt wird das Abgas nach der Brennkammer mit Luft so angereichert, dass der CO-Gehalt nicht mehr ausreichend sicher ermittelt werden kann. Beim Verlassen des gasbeheizten Wäschetrockners ist nicht mehr zu erwarten, dass noch eine gefährliche CO-Konzentration besteht. Gasbeheizte Wäschetrockner mit einer maximalen Wärmebelastung bis 6 kW sind in Abs. 3 ganz von der Überprüfung durch den BSM ausgenommen. Bei gasbeheizten Wäschetrocknern über 6 kW wird i.d.R. eine Abgaswegüberprüfung ohne CO-Messung durchgeführt.

Die Herausnahme der Außenwandgasfeuerstätten von der Überprüfung **20** erklärt sich aus der Gefahrenlage. Bei Anlagen, die im Freien liegen und hinreichend weit entfernt sind vom Einwirkungsbereich auf den Menschen, gehen keine Gefahren aus, wenn eine zu hohe CO-Konzentration von ihnen ausgehen. Oftmals sind solche Anlagen auch so angebracht, dass eine CO-Messung mit den herkömmlichen Messgeräten nicht möglich ist. Die Ausnahme gilt allerdings nur für Gasfeuerungsanlagen, die sämtliche Bedingungen des § 1 Abs. 2 Satz 3 Nr. 2 erfüllen. Es muss sich um Außenwandgasfeuerstätten ohne Gebläse handeln, die sowohl mehr als 3 m über Erdgleiche liegen, als auch zu Fenstern, Türen und Lüftungsöffnungen einen Abstand von mehr als 1 m haben. Die Abgaswegüberprüfung wird auch bei diesen Geräten durchgeführt, allerdings ohne CO-Messung.

V. Ausnahmen von der Kehr- oder Überprüfungspflicht

Verordnungstext § 1 Absatz 3:

(3) Von der Kehr- oder Überprüfungspflicht sind ausgenommen:

1. dauernd unbenutzte Anlagen und Einrichtungen nach Absatz 1, wenn die Anschlussöffnungen für Feuerstätten für feste und flüssige Brennstoffe an der Abgasanlage dichte Verschlüsse aus nicht brennbaren Stoffen haben oder die Gaszufuhr zu Feuerstätten für gasförmige Brennstoffe durch Verschluss der Gasleitungen mittels Stopfen, Kappen, Steckscheiben oder Blindflanschen dauerhaft unterbunden ist,
2. freistehende senkrechte Teile der Abgasanlagen mit einem lichten Querschnitt von mehr als 10.000 cm^2 an der Sohle,
3. frei in Wohnungen oder Aufenthaltsräumen verlaufende demontierbare Verbindungsstücke von Einzelfeuerstätten, Etagenheizungen oder Heizungsherden für feste oder flüssige Brennstoffe (Ofenrohre), sofern sie nicht von unten in die Schornsteinsohle einmünden und nicht abgedeckt werden können,
4. Heizgaswege in Feuerstätten von kehrpflichtigen Anlagen, sofern es sich bei der Feuerstätte nicht um einen offenen Kamin handelt, und von unbenutzten Anlagen,
5. dicht geschweißte Abgasanlagen von Blockheizkraftwerken, Kompressionswärmepumpen und ortsfesten Verbrennungsmotoren,
6. gasbeheizte Haushalts-Wäschetrockner mit einer maximalen Wärmebelastung bis 6 kW und
7. *(länderspezifische Ausnahmen wie: Be- und Entlüftungsanlagen in Wohngebäuden mit nicht mehr als zwei Nutzungseinheiten, an die keine besonderen brandschutztechnischen Anforderungen gestellt werden).*

Erläuterungen

1. Entstehung 1, 2
2. Allgemeines 3, 4
3. Dauernd unbenutzte Anlagen 5–13
4. Freistehende Schornsteine 14, 15
5. Ofenrohre 16–28
6. Heizgaswege 29–32

7. Dicht geschweißte Abgasanlagen (Auspuffanlagen) 33–35
8. Gasbeheizte Haushaltswäschetrockner............................. 36–39
9. Länderspezifische Ausnahmen................................... 40

1. Entstehung

1 Die Nummern 1–3 des § 1 Abs. 3 Muster-KÜO wurden mit kleinen Änderungen aus der Muster-KÜO 1988 übernommen. Ziff. 4 war bereits bisher enthalten, jedoch begrenzt auf die Kehrpflicht (nach Überprüfung) von Gasfeuerstätten, wenn diese erforderlich war. Ziff. 5 ist eine klarstellende Regelung zur Abgrenzung von kehr- oder überprüfungspflichtigen Feuerstätten zu Motoren mit Auspuff, die keiner Kehr- oder Überprüfungspflicht unterliegen. Ziff. 6 ist neu, da gasbeheizte Haushalts-Wäschetrockner erst in den letzten Jahren auf dem Markt sind.

2 Die Muster-KÜO 2006 weist ausdrücklich auf länderspezifische Ausnahmen hin und erwähnt als Beispiel Be- und Entlüftungsanlagen in Wohngebäuden mit nicht mehr als zwei Nutzungseinheiten, an die keine besonderen brandschutztechnischen Anforderungen gestellt werden. Diese Ausnahmen sind dann zu erwägen, wenn die Bundesländer, die dem Einigungsvertrag unterworfen sind, in Abs. 1 Be- und Entlüftungsanlagen nach § 59 SchfG überprüfungspflichtig machen.

2. Allgemeines

3 § 1 Abs. 3 Muster-KÜO regelt abschließend, welche der in § 1 Abs. 1 genannten Anlagen und Einrichtungen nicht kehr- oder überprüfungspflichtig sind. Eine auf einen Einzelfall bezogene Befreiung von der Kehr- oder Überprüfungspflicht räumt die Muster-KÜO weder den Verwaltungsbehörden, noch dem BSM ein. Auch § 1 Abs. 5 ermöglicht eine Ausnahme von der Kehrpflicht, allerdings im Gegensatz zur Regelung des Abs. 3 nur insofern, als die Kehrung oder Überprüfung der dort genannten Anlagen von der unteren Verwaltungsbehörde durch andere geeignete Maßnahmen, insbesondere durch brandschutztechnische Einrichtungen ersetzt werden können.

4 Die Ausnahmen des § 1 Abs. 3 Muster-KÜO erfolgten nicht nur aus dem Grund, dass mit dem Betrieb der entsprechenden Anlagen keine Gefahren für die Feuersicherheit bestehen. Zumindest bei den Ofenrohren (§ 1 Abs. 3 Nr. 3 Muster-KÜO) sind die gleichen Gefahren wie bei kehr- oder überprüfungspflichtigen Abgasanlagen (Verbindungsstücke) gegeben. Es wird jedoch vorausgesetzt, dass der Eigentümer oder der Besitzer der Anlage die Ofenrohre regelmäßig reinigt. Insoweit setzt der Verordnungsgeber auf die Eigenverantwortung des Eigentümers.

3. Dauernd unbenutzte Anlagen

5 Wer seine Feuerstätte zur Verbrennung fester und flüssiger Brennstoffe stilllegt und die Anschlussöffnungen in den Schornsteinwangen mit nichtbrennbaren Stoffen verschließt – wie bauordnungsrechtlich vorgeschrieben –, bringt (bis zum Beweis des Gegenteils) zum Ausdruck, dass er den Schornstein unbefristet, d.h. dauernd unbenutzt lässt. Solange dieser Zustand andauert, entfällt die Kehr- oder Überprüfungspflicht, und zwar für die gesamte Feuerungsanlage. Damit werden an die Stilllegung einer senkrechten Abgasanlage (Schornstein) baurechtliche Erfordernisse gestellt. Werden diese nicht erfüllt, kann unterstellt werden, dass die Feuerungsanlage kurzfristig wieder in Betrieb genommen wird; d.h. die Kehr- oder Überprüfungspflicht wird nicht unterbrochen.

Bei Gasfeuerungsanlagen ist die Unterbrechung der Gaszufuhr erforderlich **6** und zwar dauerhaft durch das Anbringen von Stopfen, Kappen, Steckscheiben oder Blindflanschen. Die Abgasabführung muss nicht von dem senkrechten Teil der Abgasanlage (Schornstein) getrennt werden. Denn ohne Gaszufuhr ist die Anlage nicht betriebsfähig. Es wäre auch sicherheitstechnisch nicht zu vertreten und höchst gefährlich, wenn eine Gasfeuerungsanlage in Betrieb genommen würde, die keine Abgasabführung hätte.

Wer auf Dauer zielend den senkrechten Teil der Abgasanlage (Schornstein) **7** einer Feuerstätte zur Verbrennung von festen Brennstoffen nicht mehr regelmäßig während der üblichen Heizperiode, sondern nur noch gelegentlich benutzt, verringert dadurch die Zahl der erforderlichen Kehrungen auf einmal im Jahr. Dies wird nach § 1 Abs. 1 Muster-KÜO beurteilt, nicht nach § 1 Abs. 3 Muster-KÜO.

Die heute wieder vermehrt eingebauten Reserveschornsteine sind selbstver- **8** ständlich so lange von der Kehr- und Überprüfungspflicht gemäß der Nr. 1 ausgenommen, solange keine Feuerstätten angeschlossen sind.

Zur Problematik dauernd unbenutzter, jedoch betriebsbereiter Feuerungs- **9** anlagen s. Erl. zu Anlage 1 Nr. 1.10 und Nr. 2.5 Muster-KÜO.

§ 1 Abs. 3 Nr. 1 KÜO darf jedoch nicht zum Ergebnis führen, dass unbe- **10** nutzte Feuerungsanlagen so lange gekehrt werden, bis der Hauseigentümer die baurechtlichen Stilllegungsvorschriften erfüllt. Das Schornsteinfegergesetz gibt den Ländern nicht die Ermächtigung, bauordnungsrechtliche Forderungen durch zusätzliche Kehrungen oder Überprüfungen durchzusetzen. Erforderlichenfalls ist ein Mängelbericht nach § 13 Abs. 1 Nr. 3 SchfG zu schreiben und der zuständigen Baurechtsbehörde zuzuleiten. Bis zu deren Entscheidung ist die Feuerungsanlage kehr- oder überprüfungspflichtig.

Über die Anforderung nach einem dichten Verschluss der Anschlussöffnung **11** (bei Feuerungsanlagen zur Verbrennung fester und flüssiger Brennstoffe) und der Absperrung der Gaszufuhr (Gasfeuerungsanlagen) hinaus, darf der BSM vom Hauseigentümer keine zusätzlichen baulichen Änderungen verlangen. Dies gilt auch für Maßnahmen wie z.B. Entfernung der Gaszuleitung, Entfernung des Verbindungsstücks und Abdeckung des Schornsteins. Tut er dies trotzdem mit dem Hinweis auf seine behördliche Stellung, kann er sich unter Umständen sogar schadensersatzpflichtig machen. Der BSM kann eine schriftliche Erklärung des Grundstückseigentümers verlangen, dass die Feuerungsanlage nicht benutzt wird.

Will ein Grundstückseigentümer einen offenen Kamin stilllegen, steht er vor **12** einem besonderen Problem. Rauchsammler oder Kanal können oft nicht mit einem dichten Verschluss aus nicht brennbarem Stoff verschlossen werden. Vorgeschlagen wird dann oft, mit einer einfachen Platte aus nichtbrennbarem Material den Schornsteinkopf abzudecken oder den Rauchfang zu verschließen, um zu dokumentieren, dass die Feuerungsanlage nicht benutzt wird. Für eine zwangsweise Durchsetzung dieser Maßnahme gibt die KÜO oder das SchfG keine Handhabe. Die Feuerungsanlage ist allerdings noch als betriebsbereit anzusehen, wenn ein ungehinderter Rauchabzug in den Schornstein möglich ist. Treten in der Praxis vermehrt Abgrenzungsprobleme auf, ist der Verordnungsgeber aufgerufen, eine konkrete Regelung zu treffen.

13   Gibt der Gebäudeeigentümer eine schriftliche Erklärung ab, dass er die Feuerstätte nicht mehr benutzt, ist dies nur ein Indiz, dass dieser die Feuerungsanlage nicht mehr benutzen möchte. Sie gibt keine Sicherheit dafür, dass dies von den Hausbewohnern auch eingehalten wird. In der Regel reicht diese Erklärung nicht aus, um der Überprüfungspflicht nach Nr. 1.10 und 2.5 Anlage 1 Muster-KÜO zu entgehen. Sie kann allerdings im Einzelfall zusätzlich zu weiteren Kriterien (z.B. lange Abwesenheit vom Gebäude, provisorische Anbringung einer Abdeckplatte) dazu beitragen, dass der BSM die Feuerungsanlage als „unbenutzt" einstuft.

4. Freistehende Schornsteine

14   Ein senkrechter Teil der Abgasanlage (Schornstein) steht frei, wenn er weder in ein Gebäude eingebaut noch an ein Gebäude angebaut ist. Frühere Kehrordnungen einzelner Länder sahen noch eine Ausnahme für Schornsteine > 10.000 cm² an der Schornsteinsohle vor, wenn sie in Kesselhäuser eingebaut waren. Da es jedoch keine allgemeingültige Begriffsbestimmung der Kesselhäuser gibt, wurde dieser Befreiungstatbestand bundesweit gestrichen. Unter § 1 Abs. 3 Nr. 2 Muster-KÜO fallen nur noch senkrechte Abgasanlagen, die nicht in Gebäuden stehen.

15   Der lichte Querschnitt einer senkrechten Abgasanlage (Schornstein) ist die (gedachte) innere Schnittfläche des Schornsteins rechtwinklig zur Längsachse. Der Querschnitt ist an der Sohle der senkrechten Abgasanlage zu messen. Anlagen mit einem Sohlenquerschnitt von mehr als 10.000 cm² haben in aller Regel eine Höhe, die ein Schadenfeuer auch bei einem unkontrollierten Rußbrand nahezu ausschließt. Deshalb ist der Großschornstein (ist er rund, hat er einen Durchmesser über 112,84 cm) von der Kehr- oder Überprüfungspflicht generell ausgenommen.
Von der Kehr- oder Überprüfungspflicht ausgenommen sind nach Nr. 2 nur Schornsteine, nicht Kanäle und sonstige Verbindungsstücke.

5. Ofenrohre

16   Da beim Reinigen der Ofenrohre eine besondere Verschmutzungsgefahr der Aufenthaltsräume (meist Wohnräume) besteht und Konflikte daher vorhersehbar sind, hat sich der Verordnungsgeber dazu entschlossen, die aus fachtechnischer Hinsicht notwendige Kehr- oder Überprüfungspflicht der Ofenrohre nicht zwangsweise einzuführen. Der Verordnungsgeber ist davon ausgegangen, dass Ofenrohre vom Betreiber in eigener Verantwortung überprüft und erforderlichenfalls gekehrt werden. Will der Betreiber die Ofenrohrreinigung nicht selbst durchführen, bleibt es ihm unbenommen, den BSM oder eine Fachfirma – gegen frei auszuhandelndes Entgelt – damit zu beauftragen.

Unter den Begriff „Ofenrohre" fallen jedoch nicht alle Verbindungsstücke in **17** Wohnungen und Aufenthaltsräumen. Nach der Muster-KÜO 2006 müssen folgende Bedingungen erfüllt sein:

- In Wohnungen oder Aufenthaltsräumen,
- frei verlaufende,
- demontierbare Verbindungsstücke (Rohre),
- von Einzelfeuerstätten, Etagenheizungen oder Heizungsherden,
- für feste oder flüssige Brennstoffe.

Nur wenn alle fünf Bedingungen erfüllt sind, handelt es sich um ein Ofenrohr i.S. der Muster-KÜO 2006. Nicht befreit sind Ofenrohre, die von unten in die Schornsteinsohle einmünden und nicht abgedeckt werden können.

Wohnungen sind Gebäude oder Teile von Gebäuden, die selbstständig be- **18** nutzbar sind, über eigene Feuerungsanlagen verfügen und einen eigenen Zugang haben. Der Begriff Wohnung und Nutzungseinheit nach Anlage 3 Nr. 17 werden gleich definiert.

Aufenthaltsräume sind Räume, die zum nicht nur vorübergehenden Aufent- **19** halt von Menschen bestimmt oder geeignet sind. Der VGH BW, Urteil vom 15.2.2001 – 14S2431/00, legt das baurechtliche Verständnis des Aufenthaltsraums zugrunde. Anhaltspunkte dafür, dass für das Schornsteinfegerrecht eine andere Interpretation angezeigt wäre, sind nicht ersichtlich. Danach können auch Werkstätten Aufenthaltsräume sein (vgl. Sauter, LBO, 3. Aufl., Stand Februar 2007, § 2 RdNr. 86 ff., 94, Schlotterbeck/von Arnim, LBO, 4. Aufl. 1997, § 2 RdNr. 64). In diesem Zusammenhang ist es irrelevant, wie der fragliche Raum tatsächlich genutzt wird.

Frei verlaufen Verbindungsstücke, wenn sie in der ganzen Länge sichtbar **20** sind. Sie dürfen weder eingemauert, noch verkleidet werden.

Demontierbar ist ein Rohr (Leitung), wenn es ohne besondere technische **21** Hilfsmittel entfernt werden kann. Dies ist regelmäßig bei zusammengesteckten Rauchrohren der Fall. Ist ein zusammengestecktes Rauchrohr jedoch so angebracht, dass es ohne besonderes Werkzeug nicht abgenommen werden kann (z.B. nach Entfernen der Feuerungsanlage selbst) kann nicht mehr von einem Ofenrohr im Sinne der Muster-KÜO gesprochen werden.

Der VGH BW führt in seinem Urteil vom 15.2.2001 – 14S2431/00 aus: **22** „... *Danach kann das Rohr in Einzelteile zerlegt werden. Diese seien konisch ausgeführt, so dass sie sich ineinander schieben ließen. Nach den damaligen Angaben hat das Rohr einen Durchmesser von 20 cm, nach den Angaben des Kläger-Vertreters in der mündlichen Verhandlung von 25 cm und besteht aus ca. 2 mm starkem Stahlblech. Es wird in zwei in der Wand befestigten halbrunden Halterungen geführt. Das sich daraus ergebende Gewicht des Rohres lässt eine Demontage mit den üblichen Mitteln, die einem Nicht-Handwerker zur Verfügung stehen, nicht ausgeschlossen erscheinen. Der Kläger hat weiter unwidersprochen angegeben, dass er für die Demontagearbeit ca. 10 Min. benötige, etwa gleichlang für die Wiederanbringung. Er könne die Demontage allein durchführen. Danach hat der Senat keine Zweifel, dass das fragliche Merkmal eines Ofenrohrs erfüllt ist. Ob der Kläger das Rohr tatsächlich demontiert, was der*

Beklagte mit beachtlichen Argumenten bestreitet, ist nach dem klaren Wortlaut von § 1 Nr. 9 KÜO (Red.: KÜO Baden-Württemberg) unerheblich. ..."

23 Die Muster-KÜO 1988 benutzte noch den allgemeinen Begriff „Feuerstätte". Dieser wurde jetzt ersetzt durch die Begriffe: „Einzelfeuerstätten", „Etagenheizungen" und „Heizungsherden". Der Muster-KÜO 2006 will damit klarer zu den sonstigen Verbindungsstücken (Anlage 3 Nr. 22 Muster-KÜO) abgrenzen. Ofenrohre können damit nur Verbindungsstücke von Einzelfeuerstätten, Etagenheizungen und Heizungsherden sein. Verbindungsstücke von Zentralheizungen können daher keine Ofenrohre sein, auch wenn sie in Wohnungen oder Aufenthaltsräumen verlaufen.

24 Eine Einzelfeuerstätte ist – im Gegensatz zur Zentralheizung bzw. Mehrraumheizung – eine Feuerstätte, die nur den Aufstellungsraum heizt. Der Raum wird von Wänden, Boden und Decke umschlossen und ist Teil eines Gebäudes. Der Grundriss des Raumes ist dabei ohne Belang. Zur Inneneinrichtung gehörende Raumteiler bilden dabei noch keinen Raumabschluss, dagegen jedoch Türen jeglicher Art, auch wenn sie üblicherweise offen stehen. Räume mit Galerieaufbau sind als Einheit anzusehen, wenn die Galerie mehr als den üblichen Treppenaufgang offen lässt.

25 Eine Etagenheizung ist eine Mehrraumheizung zur Wärmeversorgung eines Stockwerkes in einem Mehrfamilienhaus. Der Begriff kommt erst zum Tragen, wenn die Feuerstätte in einer Wohnung oder einem sonstigen Aufenthaltsraum aufgestellt ist.

26 Der VGH BW führt in seinem Urteil vom 15.2.2001 – 14S2431/00 dazu aus: *„... Das Rohr dient nach Überzeugung des Senats auch einer „Etagenheizung", was nach der genannten Bestimmung ebenfalls erforderlich ist. Nach dem Vorbringen des Klägers, dem der Beklagte nicht widersprochen hat, wird lediglich die Etage im ersten Obergeschoss des Hauses beheizt. Im Werkstattraum selber sind keine Heizkörper vorhanden, die Erwärmung, die nicht eigens für diesen Raum regulierbar ist, erfolgt als „Abfallprodukt". Dass die Heizungsanlage nicht auf derselben Etage steht, die beheizt wird, hindert die Qualifizierung der Heizanlage als Etagenheizung nicht. Erkennbarer Zweck der Regelung von § 1 Nr. 9 KÜO (Red.: KÜO BW 1985) ist es nämlich, die Zuleitung zu kleineren Heizanlagen von der Kehrpflicht auszunehmen. Deshalb kann es nach Auffassung des Senats nicht auf den Standort der Heizung ankommen, sondern auf die im Vergleich zu Zentralheizungen typischerweise geringere Heizleistung. Dem Verordnungsgeber kann nicht verwehrt werden, in bestimmtem Umfang zu typisieren, auch wenn eine Bezifferung der Heizleistung in diesem Zusammenhang wohl klarer wäre. ..."*

27 Der Heizungsherd ist eine Feuerstätte zum Kochen/Backen und zum unmittelbaren Beheizen des Aufstellraumes über Heizflächen. Der Begriff wäre im Grunde in § 1 Abs. 3 Nr. 3 Muster-KÜO entbehrlich, da bereits mit den Einzelheizungen auch die Heizungsherde erfasst sind. Die Muster-KÜO wollte jedoch keine Zweifel aufkommen lassen, dass Heizungsherde typische Feuerstätten sind, die Ofenrohre als Verbindungsstücke haben.

28 Schornsteine, in deren Sohle Verbindungsstücke einmünden (sie können in diesem Fall nicht auf dem Baugrund stehen), können nur noch vereinzelt vorkommen (z.b. in Gebäuden, die vor Erlass der jeweiligen Bauordnung errichtet worden sind). Kehrpflichtig sind diese Verbindungsstücke bereits nach § 1 Abs. 1; nicht jedoch, wenn es sich um Ofenrohre handelt. Diese sind nur dann kehrpflichtig, wenn sie bei der Kehrung des Schornsteins nicht oder nicht ausreichend abgedeckt werden können. Eine Kehrung des Schornsteines wäre unvollständig, wenn der Ruß lediglich in das Ofenrohr fallen würde. Im Interesse einer ordnungsgemäßen Arbeit sieht die Muster-KÜO daher bei diesen speziellen Ofenrohren die Kehrpflicht vor.

6. Heizgaswege

Der Heizgasweg ist in Anlage 3 Nr. 13 Muster-KÜO beschrieben. Es handelt **29** sich um die Strömungsstrecke der Verbrennungs- oder Abgase innerhalb der Feuerstätte zwischen Feuerraum und Abgasstutzen. Auf die Erläuterungen zu Anlage 3 Nr. 13 Muster-KÜO wird verwiesen.

§ 1 Abs. 1 Satz 1 Nr. 2 bestimmt ausdrücklich, dass auch die Heizgaswege **30** der Feuerstätten kehr- und überprüfungspflichtig sind. § 1 Abs. 3 Nr. 4 nimmt alle kehrpflichtigen Feuerungsanlagen aus, mit Ausnahme der offenen Kamine. Bei Öl- und Feststofffeuerungsanlagen ist es dem Betreiber überlassen, wer die Reinigung durchführt. Der Schornsteinfeger kann damit privatrechtlich beauftragt werden.

Von der Überprüfungspflicht ausgenommen sind die Heizgaswege von dau- **31** ernd unbenutzten, aber betriebsbereiten Feuerungsanlagen, für die nach Anlage 1 Nr. 1.10 und 2.5 eine jährliche Überprüfungspflicht besteht. Der BSM kann auch ohne Überprüfung des Heizgasweges feststellen, ob die Anlage noch unbenutzt ist.

Im Ergebnis werden damit bei allen überprüfungspflichtigen Feuerungsan- **32** lagen die Heizgaswege einbezogen, ausgenommen dauernd unbenutzte Anlagen; gekehrt werden nur die offenen Kamine. Dies ist technisch bedingt, da der Abgaskanal des offenen Kamins innerhalb der Feuerstätte liegt. Die Kehrung (Reinigung) von Kanälen ist jedoch auch nach dem Handwerksrecht unstrittig Vorbehaltsaufgabe des Schornsteinfegers.

7. Dicht geschweißte Abgasanlagen (Auspuffanlagen)

Nach § 1 Abs. 1 Muster-KÜO unterliegen alle Abgasanlagen von Anlagen **33** und Einrichtungen zur Verbrennung fester, flüssiger und gasförmiger Brennstoffe der Kehr- oder Überprüfungspflicht. Unter diese Definition fällt auch die Abgasableitung eines Verbrennungsmotors. Ist dies ein Auspuff, wird er nach § 1 Abs. 3 Nr. 5 von der Kehr- oder Überprüfungspflicht ausgenommen. Erfolgt die Abgasableitung im Unterdruck und/oder ist sie wie bei einer Feuerungsanlage ausgebildet, unterliegt sie der Kehr- oder Überprüfungspflicht.

Der Begriff „Auspuff" wird nicht verwendet, da er fachlich nicht ganz **34** korrekt ist. Die Muster-KÜO verwendet daher den Begriff „dicht geschweißte Abgasanlage". Dicht geschweißt setzt voraus, dass sich zwischen Flansch des Motors und der Abgasleitung keine anderen Bauteile befinden.

Damit ist auch klar gestellt, dass es sich nur um Anlagen handeln kann, die die Abgase im Überdruck abführen. Ist lediglich ein Gebläse angebracht, die Ableitungen jedoch nicht dicht geschweißt (druckdicht), entfällt die Kehr- oder Überprüfungspflicht nicht.

35 Aufgezählt werden hier ausdrücklich die Auspuffanlagen von Blockheizkraftwerken, Kompressionswärmepumpen und ortsfesten Verbrennungsmotoren. Damit sind alle denkbaren stationären Feuerungsanlagen aufgezählt, für die Zweifel aufkommen könnten, ob es sich um kehr- oder überprüfungspflichtige Feuerungsanlagen oder reine Verbrennungsmotoren handelt.

8. Gasbeheizte Haushaltswäschetrockner

36 Ein gasbeheizter Haushalts-Wäschetrockner ist ein Gasgerät mit einer maximalen Wärmebelastung (QNB) von 6 kW zum Trocknen von Wäsche. Die Abgase werden gemeinsam mit der Abluft ins Freie geführt. Die Geräte können für den raumluftabhängigen oder raumluftunabhängigen Betrieb bestimmt sein. Die Bauteile der Abluftab-/Zuluftzuführung müssen Bestandteil des Gerätes oder nach den Angaben des Gasgeräteherstellers errichtet sein.

37 Beim raumluftabhängigen Betrieb des Wäschetrockners darf kein unzulässiger Unterdruck im Aufstellraum entstehen. Dies kann z.B. durch ausreichende Lüftungsöffnungen ins Freie sichergestellt werden, die bei Betrieb des Wäschetrockners offen sind. Der Verbrennungsluftversorgung dient nur ein geringer Teilstrom aus dem gesamten Trockenluftvolumenstrom. Daher ist die Verbrennungsluftversorgung sichergestellt, wenn dem Wäschetrockner ausreichend Luft zum Trocknen der Wäsche zugeführt wird. Wird dem Wäschetrockner die Luft zum Trocknen der Wäsche und für die Verbrennungsluftversorgung über eine eigene Leitung zugeführt (raumluftunabhängiger Betrieb), brauchen keine zusätzlichen Anforderungen bzgl. der Verbrennungsluftversorgung erfüllt zu sein.

38 Von der Überprüfungspflicht sind jedoch nur gasbeheizte Wäschetrockner mit einer maximalen Wärmebelastung von 6 kW ausgenommen. Haushalts-Wäschetrockner mit einem Ölbrenner sind bisher nicht bekannt, sie würden auch nicht die Anforderung des § 1 Abs. 3 Nr. 6 Muster-KÜO erfüllen. Die maximale Wärmebelastung ist aus den Herstellerangaben zu entnehmen.

39 Zur Überprüfungspflicht von gasbeheizten Wäschetrocknern > 6 kW Wärmebelastung s. Erl. 18 zu § 1 Abs. 2.

9. Länderspezifische Ausnahmen

40 Beispielhaft für eine länderspezifische Ausnahme werden hier nur „Be- und Entlüftungsanlagen in Wohngebäuden mit nicht mehr als zwei Nutzungseinheiten, an die keine besonderen brandschutztechnischen Anforderungen gestellt werden" aufgeführt. Diese ist dann zu erwägen, wenn in § 1 Abs. 1 Be- und Entlüftungsanlagen nach § 59 SchfG aufgenommen werden. Damit wäre die Überprüfung der so genannten Hygieneleitungen in Ein- und

Zweifamilienhäusern ausgenommen, es sei denn, an die Leitungen werden besondere (= notwendige) brandschutztechnische Anforderungen gestellt.

VI. Kehr- oder Überprüfungsfristen

Verordnungstext § 1 Absatz 4:

(4) [1]Die Anzahl der Kehrungen oder Überprüfungen richtet sich nach Anlage 1. [2]Im Einzelfall ist die in Anlage 1 bestimmte Anzahl der Kehrungen oder Überprüfungen zu erhöhen, wenn es die Feuersicherheit erfordert. [3]Zusätzliche Kehrungen oder Überprüfungen hat der Bezirksschornsteinfegermeister schriftlich gegenüber dem Eigentümer des Grundstücks oder der Räume zu begründen. [4]Auf Antrag des Eigentümers entscheidet die untere Verwaltungsbehörde nach Anhörung des Bezirksschornsteinfegermeisters. [5]Wurden Anlagen und Einrichtungen nach Absatz 3 Nr. 1 zum Zeitpunkt der letzten regulären Kehrung oder Überprüfung nicht benutzt, sind sie vor Wiederinbetriebnahme zu überprüfen und erforderlichenfalls zu kehren.

Erläuterungen

1. Entstehung 1–3
2. Tabelle über Kehr- und Überprüfungsfristen 4, 5
3. Erhöhung der Kehr- und Überprüfungspflichten im Einzelfall 6–14
4. Inbetriebnahme stillgelegter Anlagen 15–21

1. Entstehung

Im Gegensatz zur Muster-KÜO 1988 werden die Kehr- und Überprüfungs- **1** fristen tabellarisch dargestellt und nicht mehr im Textfluss. § 1 Abs. 4 Satz 1 weist daher nur auf die Anlage 1 (= Tabelle über Kehr- oder Überprüfungsfristen) hin und legt deren Anwendung fest. Welche Anlagen und Einrichtungen in welchen Intervallen gekehrt oder überprüft werden, ergibt sich daher i.d.R. aus der Anlage 1. Nur wenn der BSM – auf Antrag des Eigentümers auch die untere Verwaltungsbehörde – eine Erhöhung der Kehr- oder Überprüfungsfristen festlegt, ergeben sich die Kehr- und Überprüfungsfristen aus § 1 Abs. 4 Muster-KÜO. Der Regelungsinhalt von § 1 Abs. 4 Satz 2–5 Muster-KÜO ist bereits in der Muster-KÜO 1988 enthalten (§ 4).

Eine Vorschrift zur Ermäßigung der Kehr- oder Überprüfungsfristen im **2** Einzelfall ist weiterhin nicht vorgesehen. Die Vertreter der Länder sahen dies nicht als erforderlich an und fürchteten wohl den großen Verwaltungsaufwand, der mit einer solchen Regelung verbunden gewesen wäre. Der einzelne BSM hat daher keine Möglichkeiten, von Kehr- oder Überprüfungspflichten zu befreien, bzw. Kehr- oder Überprüfungsintervalle zu vergrößern, auch wenn er fachlich dies befürworten könnte. Dies steht auch den mit der Aufsicht betrauten Verwaltungsbehörden nicht zu. Eine Ausnahme kann nur der Verordnungsgeber durch eine Ausnahmeregelung in der KÜO selbst vornehmen. Vielfach behelfen sich die Länder in besonderen Ausnahmefällen (z.b. industrielle Prozessanlagen, Museumseinzelstücke etc.) damit, dass sie Regelungen durch ministeriellen Erlass treffen. Ob dieser bei juristischer Nachprüfung rechtlichen Bestand haben würde, kann dahingestellt bleiben. Da es sich dabei nur um Vergünstigungen für einen Eigentümer bzw. Betreiber einer Anlage handelt, werden diese Fälle wohl nicht zu Gerichtsentscheidungen führen.

3   Der zuständigen Verwaltungsbehörde ist es nach dem eindeutigen Wortlaut des § 1 Abs. 4 Muster-KÜO auch nicht mehr erlaubt, Kehr- und Überprüfungspflichten für weitere Feuerungsanlagen anzuordnen, wie dies z.b. in der KÜO Baden-Württemberg 2000 noch möglich war. Der Bund-Länder-Ausschuss sah dazu keinen Bedarf, da entsprechende Anordnungen dazu nicht bekannt sind. Erforderlichenfalls sind derartige Anlagen und Einrichtungen zu beschreiben und als landesspezifische Anlage oder Einrichtung in die Aufzählung des § 1 Abs. 1 anzufügen.

2. Tabelle über Kehr- und Überprüfungsfristen

4   Da die Kehr- oder Überprüfungsfristen mit der Muster-KÜO 2006 in Anlage 1 tabellarisch aufgeführt sind, genügt im Verordnungstext nur ein Hinweis darauf. Sämtliche Kehr- und Überprüfungsfristen, mit Ausnahme der Erhöhungen und behördlichen Festlegung weiterer Kehr- oder Überprüfungsfristen, richten sich nach den Tabellen in Anlage 1. Damit ist auch eine juristisch klare Abgrenzung zwischen der Kehr- und Überprüfungspflicht allgemein (ob die Anlage oder Einrichtung überhaupt gekehrt oder überprüft wird) und die sich daran geknüpften Fristen erreicht.

5   Ob eine Anlage oder Einrichtung kehr- oder überprüfungspflichtig ist, richtet sich nur nach § 1 Abs. 1–4, nicht nach Anlage 1. Dort werden für die nach § 1 Abs. 1–4 Muster-KÜO kehr- oder überprüfungspflichtigen Anlagen und Einrichtungen die speziellen Kehr- oder Überprüfungsfristen festgelegt. Diese erfolgen sehr differenziert und wären im Textfluss sehr schwer lesbar. Deshalb hat sich der Bund-Länder-Ausschuss für die Tabellenform entschieden.

3. Erhöhung der Kehr- und Überprüfungspflichten im Einzelfall

6   Die in Anlage 1 Muster-KÜO festgelegten Kehr- oder Überprüfungsfristen können vom BSM nicht ohne besonderen Grund verändert werden. Die Muster-KÜO ermächtigt den BSM nicht, die Anzahl der Kehrungen oder Überprüfungen zu ermäßigen. Er darf sie nur noch erhöhen, und zwar lediglich im Einzelfall (d.h. pro Anlage), nicht also für sämtliche kehr- und überprüfungspflichtigen Anlagen eines Gebäudes oder gar eines ganzen Gebiets. Zwingende Voraussetzung für die Anordnung einer oder mehrerer zusätzlicher Kehrung(en) oder einer weiteren Überprüfung ist, dass dies aus Gründen der Feuersicherheit geboten ist. Aus anderen Gründen (z.b. aus Gründen des Umweltschutzes) ist eine Erhöhung nicht zulässig. Die einer Anordnung vorausgehende Tatbestandsfeststellung trifft der anordnende BSM selbst. Er wird die Gründe für die Anordnung bei der Kehrung, Überprüfung oder Feuerstättenschau feststellen können. Bei Wegfall der Voraussetzung ist die Anordnung aufzuheben.

In einigen Kehrordnungen der Länder (z.b. in BW bis 1990) war es auch **7** ausdrücklich zulässig, eine zusätzliche Kehrung oder Überprüfung anzuordnen, wenn dies auch aus Gründen der Rußbelästigung erforderlich schien. Mit den Worten: „wenn es die Feuersicherheit erfordert", ist dies nicht mehr zulässig. Damit wird zum Ausdruck gebracht, dass nur Gründe der Feuersicherheit, nicht des Umweltschutzes (z.b. Rußbelästigung) zu einer Erhöhung der Kehr- und Überprüfungstermine führen dürfen. Den Dienststellen des Umweltschutzes stehen andere Möglichkeiten für solche Fälle zur Verfügung. Der Begriff „Feuersicherheit" ist nämlich im Sinne von § 1 Abs. 2 SchfG auszulegen und umfasst daher nur die Betriebs- und Brandsicherheit.

Die Brandsicherheit wird nicht mehr gegeben sein, wenn die Art oder **8** Intensität der Befeuerung befürchten lässt, dass so viele brennbare Stoffe in den kehrpflichtigen Teilen abgelagert werden, dass im Falle ihrer Entzündung ein unkontrollierter Rußbrand und daraus ein Schadenfeuer entstehen kann. Beispielsweise kann durch einen Rußbrand der Schornstein undicht werden und der Brand sich daher ausdehnen oder durch Flugfeuer oder Strahlungswärme angrenzende brennbare Bauteile entzünden. In die Überlegung ist auch die Brandlast der Nachbargebäude einzubeziehen.

Neben einer Brandgefahr kann auch eine Störung im Betrieb der Feuerungs- **9** anlage Schaden bringen. Für die „Betriebssicherheit" einer überprüfungspflichtigen Anlage ist vor allem eine ausreichende Be- und Entlüftung und eine einwandfreie Abführung der Rauch- oder Abgase notwendig. Die Feuerstätte muss sicher (gefahrlos) betrieben werden können. Sie kann nicht sicher betrieben werden, wenn z.b. bei einem Schornstein oder einer Lüftungsanlage eine Verminderung des erforderlichen Querschnitts vorliegt.

Die Zahl der Kehrungen und Überprüfungen ist zu erhöhen, wenn es die **10** Feuersicherheit erfordert. Ist sie durch die übliche Zahl der Kehrungen und Überprüfungen nicht gewährleistet, ist für eine Ermessensausübung kein Raum.

Die Anordnung einer Erhöhung der Zahl der jährlichen Kehrungen oder **11** Überprüfungen durch den BSM ist ein mit dem Rechtsmittel des Widerspruchs anfechtbarer Verwaltungsakt (vgl. zum Begriff § 35 Landesverwaltungsverfahrensgesetz Baden-Württemberg – LVwVfG – und zur Rechtsmittelbelehrungspflicht § 58 VwGO); Widerspruchsbehörde ist die Aufsichtsbehörde im Sinne von § 26 SchfG. Der BSM handelt nach § 2 Abs. 3 SchfG in seiner Eigenschaft als so genannter beliehener Unternehmer hoheitlich und kann insoweit auch Verwaltungsakte erlassen. Die Anordnung bedarf der Schriftform und ist zuzustellen. Dies ist zwar nicht mehr durch die KÜO bestimmt, ergibt sich jedoch zwingend aus den Landesverwaltungsverfahrensgesetzen.

Die etwaig notwendig werdende zwangsweise Durchsetzung einer Anord- **12** nung nach § 1 Abs. 4 Muster-KÜO richtet sich, wie bei einer Kehrung oder Überprüfung nach § 1 Abs. 1 und 2 Muster-KÜO nach den Bestimmungen der Landesverwaltungsvollstreckungsgesetze. Vollstreckungsbehörde ist i.d.R. die Aufsichtsbehörde über den Bezirksschornsteinfegermeister (§ 26 SchfG), die auf Antrag des BSM hin tätig wird.

13 Eine zusätzliche, gebührenpflichtige Tätigkeit des BSM kann nur in begründeten Ausnahmefällen angeordnet werden. Der BSM hat die zusätzlichen Arbeiten – wie im Rechtsverkehr üblich – schriftlich zu begründen.

14 Der Eigentümer des Grundstücks oder der Räume kann – sofern er nicht mit der Entscheidung des BSM einverstanden ist – die zuständige untere Verwaltungsbehörde, das ist meist das Landratsamt bzw. Bürgermeisteramt des Stadtkreises, anrufen. Deren Entscheidung kann er anfechten. Über seinen Widerspruch entscheidet i.d.r. die nächsthöhere Verwaltungsbehörde (Mittelbehörde, Regierungspräsidium etc).

4. Inbetriebnahme stillgelegter Anlagen

15 Die Regelung in § 1 Abs. 4 Satz 5 Muster-KÜO behält den Grundsatz bei, dass stillgelegte Feuerungsanlagen vor Wiederinbetriebnahme grundsätzlich vom Schornsteinfeger überprüft werden müssen. Offen ist immer noch, wie der BSM an die Information kommt, dass die Feuerungsanlage in Betrieb genommen wird.

16 Werden Anlagen nicht mehr benutzt, verlangt § 1 Abs. 3 Nr. 1 Muster-KÜO, dass deren Anschlussöffnungen bei Feuerstätten für feste und flüssige Brennstoffe an der Abgasanlage dichte Verschlüsse aus nicht brennbaren Stoffen haben. Bei Feuerstätten für gasformige Brennstoffe ist die Gaszufuhr durch Verschluss der Gasleitungen mittels Stopfen, Kappen, Steckscheiben oder Blindflanschen dauerhaft zu unterbrechen. Über die Problematik bei offenen Kaminen s. Erl. 12 zu § 1 Abs. 3 Muster-KÜO. Beabsichtigt der Hauseigentümer, die Feuerungsanlagen wieder zu benutzen, hat er die Verbindung zur Abgasanlage (feste und flüssige Brennstoffe) oder die Gaszufuhr zur Feuerstätte (gasförmige Brennstoffe) wieder herzustellen und den BSM zu informieren. Der BSM überprüft die Feuerungsanlage auf bauordnungsrechtliche Mängel. Über das Ergebnis ist dem Grundstückseigentümer eine Bescheinigung wie bei einer baurechtlichen Änderung auszustellen. Stellt der Schornsteinfeger Mängel fest, fertigt er einen Mängelbericht nach § 13 Abs. 3 SchfG.

17 Die Informationspflicht des Hauseigentümers ist zwar nicht eindeutig festgeschrieben, ergibt sich jedoch aus dem Wortlaut des § 1 Abs. 4 Satz 5 Muster-KÜO i.V.m. § 1 Abs. 1 SchfG. Danach ist der Hauseigentümer **vor der Inbetriebnahme** (Muster-KÜO) verpflichtet (SchfG) die Feuerungsanlage überprüfen zu lassen (Muster-KÜO).

18 Die Überprüfung wird jedoch nur gefordert, wenn die Feuerungsanlage zum Zeitpunkt der letzten regulären Kehrung oder Überprüfung nicht benutzt war. Der Hauseigentümer wird den Zeitpunkt der Stilllegung der Feuerungsanlage dem BSM mitteilen, damit dieser keine Kehrungen oder Überprüfungen ausführt. Versäumt er dies, hat er keine Nachteile, wenn der Schornsteinfeger ohnehin Arbeiten im Gebäude des Hauseigentümers auszuführen hat. Kommt der Schornsteinfeger jedoch vergebens, ist zumindest die Fahrtpauschale – je nach Aufwand auch der Grundwert – zu entrichten (s. Erl. 31a zu Anlage 2, Kap.1 Muster-KÜO).

Die Regelung des § 1 Abs. 4 Satz 5 ist auch anzuwenden, wenn die Anlage **19** oder Einrichtung beim letzten turnusmäßigen Termin nicht überprüft werden konnte, weil die Anlage aufgrund z.b. nicht vorhandener Brennstoff- oder Stromversorgung nicht in Betrieb genommen werden konnte.

Wird eine Feuerungsanlage nach Anlage 1 Nr. 1.10 und Nr. 2.5 Muster- **20** KÜO jährlich einmal überprüft, kann § 1 Abs. 5 Satz 5 nicht greifen, da ansonsten eine überprüfte Anlage nochmals überprüft wird. Daher ist ausreichend zu dokumentieren, ob eine Anlage oder Einrichtung betriebsbereit ist oder nicht.

Betroffen von der Regelung des § 1 Abs. 4 Satz 5 Muster-KÜO sind alle **21** Anlagen des Abs. 1 (Feuerungsanlagen zur Verbrennung fester, flüssiger und gasförmiger Brennstoffe). Für messpflichtige Ölfeuerungsanlagen und Gasfeuerungsanlagen, die einmal in zwei Jahren oder einmal in drei Jahren überprüft werden, ist § 1 Abs. 4 Satz 5 Muster-KÜO im Grundsatz ebenfalls anzuwenden. Innerhalb des Prognosezeitraums der zweijährigen Überprüfungsrhythmen ist dies jedoch nur gerechtfertigt, wenn bauliche oder technische Änderungen an der Feuerungsanlage vorgenommen wurden. Nach Ablauf der Überprüfungsfrist werden die Feuerungsanlagen wie andere Anlagen des § 1 Abs. 1 Muster-KÜO behandelt.

VII. Anlagen nach § 4 BImSchG

Verordnungstext § 1 Absatz 5:

(5) Im Einzelfall kann die untere Verwaltungsbehörde auf Antrag des Eigentümers des Grundstücks oder der Räume und nach Anhörung des zuständigen Bezirksschornsteinfegermeisters für kehr- oder überprüfungspflichtige Anlagen und Einrichtungen, die Bestandteil einer immissionsschutzrechtlich genehmigungsbedürftigen Anlage nach § 4 des Bundesimmissionsschutzgesetzes sind, von dieser Verordnung abweichende Regelungen treffen, wenn die Feuersicherheit durch besondere brandschutztechnische Einrichtungen oder andere Maßnahmen sichergestellt ist.

Erläuterungen

1. Entstehung 1
2. Allgemeines 2–7

1. Entstehung

Der Text des § 1 Abs. 5 Muster-KÜO 2006 wurde wortgleich von der KÜO **1** Baden-Württemberg übernommen. Ziel der Vorschrift ist eine klare Abgrenzung zwischen den Anlagen und Einrichtungen, die der 4. BImSchV und der KÜO unterliegen. Damit müssten die in diesem Bereich bestehenden Unsicherheiten beseitigt sein. Diese Bestimmung soll auch dazu beitragen, dass die Belange der Feuersicherheit in den Genehmigungsbescheiden nach dem Bundesimmissionsschutzgesetz ausreichend berücksichtigt werden.

2. Allgemeines

2   § 1 Abs. 5 Muster-KÜO ist nur im Einzelfall anzuwenden. Eine generelle Anordnung der unteren Verwaltungsbehörde z.b. für alle Großfeuerungs-anlagen wäre nicht zulässig.

3   § 1 Abs. 5 Muster-KÜO kann nur auf Antrag des Eigentümers oder der Räume angewandt werden. Der Antrag kann innerhalb des immissions-schutzrechtlichen Genehmigungsverfahrens oder nach Abschluss dessen ge-stellt werden.

4   Zuständige Behörde ist die untere Verwaltungsbehörde, das ist – je nach Landesrecht – i.d.R. das Landratsamt bzw. Bürgermeisteramt des Stadtkrei-ses. Innerhalb der Behörde wird i.d.R. das Umweltschutzamt die Federfüh-rung haben. Die untere Verwaltungsbehörde hat jedoch zwingend vor ihrer Entscheidung den BSM anzuhören. Die Anhörung kann schriftlich oder mündlich erfolgen.

5   Die kehr- oder überprüfungspflichtigen Anlagen und Einrichtungen, über die abweichende Regelungen getroffen werden sollen, müssen Bestandteil der genehmigungspflichtigen Anlage nach § 4 BImSchG sein. Wird z.b. auf dem Gelände einer Großfeuerungsanlage eine Hausmeisterwohnung mit herkömmlicher Feuerungsanlage gebaut, gibt es keine Veranlassung, eine abweichende Regelung nach § 1 Abs. 5 Muster-KÜO zu treffen. Anders ist es jedoch z.b. bei den Rauchzügen der Großräuchereien.

6   Die abweichenden Regelungen der unteren Verwaltungsbehörde müssen jedoch die Feuersicherheit durch besondere brandschutztechnische Einrich-tungen oder andere Maßnahmen sicherstellen. Dies können z.b. eigene betriebliche Kontroll- und Reinigungseinrichtungen oder besondere brand-schutztechnische Einrichtungen (z.b. Sprinkleranlage) sein. Davon ist nur auszugehen, wenn in der immissionsschutzrechtlichen Genehmigung auf § 1 Abs. 5 Muster-KÜO ausdrücklich eingegangen wird.

7   Die abweichende Regelung ist nach pflichtgemäßem Ermessen zu treffen, die den besonderen Verhältnissen des Einzelfalls Rechnung trägt. § 1 Abs. 5 Muster-KÜO ermöglicht nicht nur eine Reduzierung der Kehrhäufigkeit, sondern u.a. auch eine zusätzliche Überprüfung der Anlagen und Einrich-tungen oder statt des Kehrens ein generelles Ausbrennen in bestimmten Zeitabständen. Diese Regelung trägt einem Bedürfnis der Praxis Rechnung.

VIII. Ausbrennen, Ausschlagen, Chemisch reinigen

Verordnungstext § 2 Abs. 1:

§ 2 Besondere Kehrarbeiten

(1) [1]Eine kehrpflichtige Anlage ist auszubrennen, auszuschlagen oder chemisch zu reinigen, wenn die Verbrennungsrückstände mit den üblichen Kehrwerkzeugen nicht entfernt werden können. [2]Es darf nicht ausgebrannt werden, wenn der Zustand der Anlage oder sonstige gefahrbringende Umstände entgegenstehen. [3]Ausbrennarbeiten dürfen nur von einem Schornsteinfegermeister durchgeführt werden. [4]Der Zeitpunkt des Ausbrennens ist dem Eigentümer des Grundstücks oder der Räume oder dessen Beauftragten, den Hausbewohnern und der Feuerwehr vorher mitzuteilen. [5]Nach dem Ausbrennen ist die Anlage auf Brandgefahren zu überprüfen.

Erläuterungen

1. Entstehung.. 1, 2
2. Allgemeines.. 3–11
3. Übliche Kehrwerkzeuge....................................... 12, 13
4. Einschränkungen bei Gefahren................................ 14–16
5. Durchführung der Ausbrennarbeiten........................... 17, 18
6. Ankündigungspflichten....................................... 19, 20
7. Überprüfung der Anlage nach dem Ausbrennen.................. 21, 22

1. Entstehung

§ 2 Abs. 1 Muster-KÜO ist mit wenigen Änderungen von der Muster-KÜO **1** 1988 übernommen worden. Beim Ausbrennen ist eine Mitteilung an die Gemeinde (Ortspolizeibehörde) und an die Aufsichtsbehörde nicht mehr notwendig. Diese Stellen haben bei ordnungsgemäßer Ausführung der Ausbrennarbeiten keine Tätigkeiten zu verrichten. Bei einem Schadenfeuer kommt in erster Linie die Feuerwehr zum Einsatz. Die Ortspolizeibehörde wird informiert, wenn dies von der Feuerwehr für erforderlich gehalten wird. Die Aufsichtsbehörde hat bei Ausbrennarbeiten keine Aufgabe. Die Information hatte allenfalls statistische Funktion. Eine Informationspflicht konnte daher entfallen.

Es ist jedoch nicht automatisch auszubrennen, wenn Glanzruß im Schorn- **2** stein festgestellt wird. Der BSM hat zu prüfen, ob er ausbrennt, chemisch reinigt oder ausschlägt. Er hat sich dabei in erster Linie von der Feuersicherheit, in zweiter Linie vom technischen und wirtschaftlichen Aufwand leiten zu lassen.

2. Allgemeines

§ 2 Abs. 1 Satz 1 Muster-KÜO nennt die Voraussetzungen, die gegeben sein **3** müssen, bevor ausgebrannt, chemisch gereinigt oder ausgeschlagen werden darf. Es müssen Verbrennungsrückstände vorhanden sein, die die Funktionsweise der Feuerungsanlage beeinträchtigen und mit den üblichen Kehrwerkzeugen (s. Erl. 12+13) nicht entfernt werden können.

4   Kehrpflichtige Anlagen sind sämtliche Anlagen nach § 1 Abs. 1, für die – unter Beachtung von § 1 Abs. 3 (Ausnahmen von der Kehrpflicht) – in Anlage 1 eine Kehrpflicht festgelegt wurde. Nicht darunter fallen Anlagen, für die eine Überprüfungspflicht vorgeschrieben ist. Es ist auch nur theoretisch denkbar, dass der senkrechte Teil der Abgasanlage einer messpflichtigen Ölfeuerstätte oder einer Gasfeuerstätte so verschmutzt ist, dass sie mit den üblichen Kehrwerkzeugen nicht gereinigt werden kann.

5   Die Muster-KÜO legt nicht fest, ob die Anlagen ausgebrannt, chemisch gereinigt oder ausgeschlagen werden. Der BSM hat dies als Fachmann unter Berücksichtigung der Feuersicherheit zu entscheiden. Scheidet unter diesen Erwägungen keine Reinigungsmethode aus, ist der technische und wirtschaftliche Aufwand zu berücksichtigen.

6   Die Arbeiten nach § 2 Abs. 1 Satz 1 stehen nicht im Ermessen des BSM; er ist hierzu nach dem klaren Wortlaut („... ist auszubrennen ...") verpflichtet. Und der Grundstückseigentümer muss das Ausbrennen, chemisch Reinigen oder Ausschlagen dulden (§ 1 Abs. 1 SchfG).

7   Das Ausbrennen von kehrpflichtigen Anlagen ist das Reinigen durch den gewollten Abbrand und damit Entfernung der Verbrennungsrückstände. Es ist eine Kehrung im Sinne von § 1 Abs. 1 Muster-KÜO.

8   Ausschlagen ist die Entfernung von Glanzruß oder sonstiger Verbrennungsrückstände mit einem besonderen Ausschlaggerät.

9   Chemische Reinigung ist die Entfernung von Glanzruß oder sonstiger Verbrennungsrückstände mit chemischen Mitteln.

10   § 2 Abs. 1 Satz 2–5 befasst sich nur mit dem Ausbrennen.

11   Da das Reißen des Schornsteins nie ganz auszuschließen sein wird, muss der Schornsteinfegermeister während des Ausbrennens den Schornstein durch ständig wiederholtes Begehen der an ihn grenzenden Räume beobachten. Der VG Karlsruhe führt dazu im Urteil vom 14.3.2006 – 11K2874/04 aus: *„Bei der klägerischen Feuerstätte handelt es sich um eine kehrpflichtige Anlage im Sinne des § 1 KÜO, bei der die Verbrennungsrückstände mit den üblichen Kehrwerkzeugen nicht entfernt werden konnten. Nach der Beweisaufnahme ist nicht festzustellen, dass der Zustand der Anlage oder sonstige gefahrbringende Umstände dem Ausbrennen entgegengestanden hätten. Der Sachverständige konnte keine Anhaltspunkte dafür erkennen, dass der Schornstein nicht hätte ausgebrannt werden dürfen. Der ausgelöste Brand des Kamins ist kein Indiz dafür, dass die Anlage nicht hätte ausgebrannt werden dürfen, denn Ausbrennarbeiten sind stets risikobehaftet. Von einer mit dem Ausbrennen verbundenen Gefahr geht auch der Verordnungsgeber aus, der in § 2 Abs. 1 Sätze 3, 4 KÜO (BW) festgelegt hat, dass Ausbrennarbeiten nur von einem Schornsteinfegermeister ausgeführt werden dürfen und der Zeitpunkt des Ausbrennens der Feuerwehrleitstelle* *vorher mitzuteilen ist. Ob die Ausbrennarbeiten sachgerecht durchgeführt wurden – woran aufgrund der gutachterlichen Ausführungen keine Zweifel bestehen –, ist für die Entstehung der Gebührenschuld nicht von Bedeutung; Fehler bei der Durchführung können allenfalls unabhängig von der Gebührenschuld Schadensersatzansprüche der Kläger begründen."*

3. Übliche Kehrwerkzeuge

Übliche Reinigungswerkzeuge sind Stangen- und Leinebesen Haspel, Schultereisen und Handbesen (Stielbesen). **12**

Der Schornsteinfeger muss erst mit diesen Geräten einen Reinigungsversuch machen, bevor er weitergehende Maßnahmen nach § 2 Abs. 1 Muster-KÜO vornimmt. Es ist nicht zulässig, regelmäßig auszubrennen, nur weil dies in dem Haus in den letzten Jahren notwendig war. **13**

4. Einschränkungen bei Gefahren

Der Zustand der Anlage steht dem Ausbrennen entgegen, wenn der bauliche Zustand der kehrpflichtigen Anlage – nur sie ist gemeint und nicht die sonstigen Bauteile des Gebäudes – durch Inaugenscheinnahme zu der Befürchtung Anlass gibt, das Feuer in der kehrpflichtigen Anlage könne zu einem Schadenfeuer außerhalb dieser Anlage führen. So kann die Beschaffenheit des Schornsteins erwarten lassen, dass die Hitze des brennenden Glanzrußes Risse im Schornstein verursachen wird. **14**

Sonstige Gefahr bringende Umstände können sein: **15**

– Der bauliche Zustand des Gebäudes oder der benachbarten Gebäude sind besonders brandanfällig (z.B. bei weicher Bedachung).
– Die Wetterlage steht dem Ausbrennen entgegen (z.B. Sturm, extreme Kälte, mangelnder Luftaustausch, wenn die Abgase nicht nach oben abziehen können). Im Zweifel kommt der Feuersicherheit Vorrang vor dem Umweltschutz zu.
– Die Lagerung feuergefährlicher oder explosionsgefährlicher Stoffe in der Umgebung stellt eine hohe Brandgefahr dar. Der Beurteilungsbereich wird begrenzt durch die Reichweite des möglichen Funkenflugs und der Strahlungswärme.

Ist die Brandgefahr so hoch, dass der Schornsteinfegermeister die Arbeiten nur durchführen kann, wenn die Feuerwehr vor Ort Brandwache hält, ist diese vom Grundstückseigentümer – auf seine Kosten – anzufordern. Die Ausbrennarbeiten dürfen nicht durchgeführt werden, wenn Gefahr bringende Umstände noch gegeben sind. **16**

5. Durchführung der Ausbrennarbeiten

§ 2 Abs. 1 Satz 3 Muster-KÜO verlangt, dass die Ausbrennarbeiten (dazu gehört auch die Nachschau i.S.v. Satz 5) von einem Schornsteinfeger ausgeführt wird, der die Meisterprüfung im Schornsteinfegerhandwerk bestanden hat. Die Meisterprüfung wird verlangt, da das Ausbrennen einen hohen **17**

Sach- und Fachverstand verlangt. Der Ausbrennende muss den baulichen Zustand der kehrpflichtigen Anlage beurteilen können, auch während und nach dem Ausbrennen; er muss Erfahrungen über Funkenflug und Strahlungswärme haben.

18   Die einzelnen Arbeitsschritte für das fachgerechte Ausbrennen sind bisher nur in Arbeitsanweisungen beschrieben. Derzeit ist ein Arbeitsblatt 302 „Überprüfung und Reinigung von Abgasanlagen" in Vorbereitung, in dem u.a. das Ausbrennen beschrieben wird. Darin werden mehrere Ausbrennmethoden beschrieben. Der BSM muss die für die Feuerungsanlage, unter Beachtung der sonstigen gefahrbringenden Umstände, geeignete Methode wählen. Dabei sind vor allem Sicherheitsgesichtspunkte maßgebend, erst in zweiter Linie der zeitliche Aufwand oder die Materialkosten. Es ist nicht vorgeschrieben, dass bei Ausbrennarbeiten neben dem verantwortlichen Schornsteinfegermeister eine weitere Hilfsperson (Geselle, BSM des Nachbarkehrbezirks) anwesend sein muss. Bei bestimmten Ausbrennmethoden (z.B. bei Arbeiten mit dem Kettenausbrenngerät mit Propangasbrenner) muss in jedem Fall ein zweiter Schornsteinfeger vor Ort sein.

6. Ankündigungspflichten

19   Da das Ausbrennen nie ganz gefahrlos ist, schreibt § 2 Abs. 1 Satz 4 Muster-KÜO dem BSM vor, den genauen Ort (Gebäude), den Tag und die Uhrzeit des beabsichtigten Ausbrennens mitzuteilen:

– dem Eigentümer des Grundstücks oder der Räume, oder dessen Beauftragten (z.B. Mieter, Hausverwalter etc.),
– den Hausbewohnern,
– der Feuerwehr (Feuerwehrleitstelle).

Eine Meldung an das Bürgermeisteramt als Ortspolizeibehörde oder die Aufsichtsbehörde ist nicht mehr notwendig.

20   Die Benachrichtigung muss dem Ausbrennen vorangehen. § 2 Abs. 1 Satz 4 Muster-KÜO sagt nichts über die Benachrichtigungsfrist aus. Da der Zweck der Benachrichtigung des Grundstückseigentümers der ist, den Zugang zu den an den Schornstein angrenzenden Räumen zu sichern und Vorkehrungen vor vermeidbaren Schäden und Belästigungen treffen zu können, würde eine Ankündigung von einem Tag im Regelfall ausreichen. Da die Feuerwehr vom Termin des Ausbrennens so rechtzeitig wissen muss, dass Einteilung und Benachrichtigung einer etwaig notwendigen Einsatzmannschaft möglich ist, sollte der BSM den Termin möglichst frühzeitig mitteilen.

7. Überprüfung der Anlage nach dem Ausbrennen

21   Da es auch nach dem Ausbrennen (der Glanzruß ist abgebrannt) noch zu einem Schadenfeuer kommen kann, ist der die Kehrarbeiten ausführende Schornsteinfegermeister verpflichtet, die kehrpflichtige Anlage noch solange zu beobachten oder von einer zuverlässigen Person beobachten zu lassen (den Schornstein von der Sohle bis zur Mündung), bis nach seinen Erfahrungen eine vom Ausbrennen herrührende Brandgefahr mit an Sicherheit grenzender Wahrscheinlichkeit auszuschließen ist. Stellt er eine akute

Brandgefahr fest, hat er die Feuerwehr unverzüglich zu unterrichten, es sei denn, er kann die Gefahr selbst beseitigen (Brandnest ausräumen, kühlen). Dazu gibt es i.d.R. in den Feuerwehrgesetzen der Länder entsprechende Regelungen (z.B. § 31 Abs. 1 Feuerwehrgesetz BW).
Auszug aus dem Feuerwehrgesetz für Baden-Württemberg (FWG):
„§ 31 Gefahrmeldung
(1) Wer einen Brand, Unfall oder ein anderes Ereignis, durch das Menschen oder erhebliche Sachwerte gefährdet sind, bemerkt, ist verpflichtet, unverzüglich die Feuerwehr oder eine Polizeidienststelle zu benachrichtigen, sofern er die Gefahr nicht selbst beseitigt oder beseitigen kann; bei einem Waldbrand genügt auch eine Benachrichtigung der nächsten Forstdienststelle."

In der Regel ist die ausgebrannte, ausgeschlagene oder chemisch gereinigte **22** Anlage nach dem Ausbrennen zu kehren. Diese Kehrung gehört zu den Arbeiten nach § 2 Abs. 1 Muster-KÜO. Die dafür notwendige Arbeitszeit ist daher auch bei der Berechnung der Minutengebühr nach Anlage 2 Nr. 6.1 Muster-KÜO mitzurechnen.

IX. Reinigung asbesthaltiger Schornsteine, Lüftungsanlagen und Verbindungsstücke

Verordnungstext § 2 Abs. 2:

(2) Reinigungsarbeiten an asbesthaltigen Abgas- und Lüftungsanlagen und Verbrennungsluft- und Ablufteinrichtungen dürfen nur von sachkundigen Schornsteinfegern, entsprechend den Technischen Regeln für Gefahrstoffe (TRGS) 519 „Asbest, Abbruch-, Sanierungs- oder Instandhaltungsarbeiten", durchgeführt werden; die Reinigung ist nach dem vom Bundesverband des Schornsteinfegerhandwerks – Zentralinnungsverband (ZIV) – herausgegebenen Arbeitsblatt 702 durchzuführen.

Erläuterungen

1. Entstehung.. 1–3
2. Allgemeines 4–8
3. Sachkunde 9, 10
4. Arbeitsausführung.. 11, 12

1. Entstehung

Kein Baustoff hat in den letzten Jahrzehnten soviel Staub aufgewirbelt wie **1** Asbest. Von der Wunderfaser mit den tausendfachen Verwendungsmöglichkeiten ist die einst so hochgeschätzte Asbestfaser zu einem Reizwort höchster Sensibilität und Beunruhigung geworden. Gefährdet sind insbesondere Personen, die berufsmäßig mit Asbest oder asbesthaltigen Stoffen umgehen. Aber auch die Personen sind gefährdet, die einer ungewollten und damit passiven Asbeststaubbelastung ausgesetzt sind. Als Asbestinhalationsfolgen sind schwere Krankheitsbilder der Lunge und des Rippenfells bekannt. Eine Reihe dieser Erkrankungen ist seit Jahren in der Liste der anerkannten Berufskrankheitenverordnung aufgeführt[14].

Die Muster-KÜO 2006 hat dem Rechnung getragen und eine Regelung über die Behandlung asbesthaltiger Schornsteine und Verbindungsstücke, die nach den technischen Regeln für Gefahrstoffe besonders behandelt werden müssen, getroffen. In der Regel wird der BSM oder sein Geselle das nach der TRGS 519 zulässige Nassreinigungsverfahren wählen. Dies ist sehr aufwendig und erfordert besondere Gebührensätze. Daher ist eine besondere Regelung in der KÜO angebracht.

2 Asbest ist die Sammelbezeichnung für eine Gruppe natürlich vorkommender Silikatfasern. Es besitzt eine feinhaarige Struktur und kann deshalb auch versponnen und verwoben werden. Je nach chemischer Zusammensetzung werden zwei Gruppen von Asbest unterschieden:

– Amphibolasbest (4 %): Krokydolith (Blauasbest), Amosit, Tremolit, Aktinolit, Anthophyllit
– Serpentinasbest (94 %): Chrysotil (Weißasbest)

3 Bei Arbeiten mit asbesthaltigen Stoffen werden zum vorbeugenden Gesundheitsschutz eine Reihe von Maßnahmen getroffen, um die Exposition (Belastung) der Betroffenen zu vermindern bzw. zu vermeiden. Wird am Arbeitsplatz die Asbestfaserkonzentration von 15.000 F/m^3 überschritten, so dürfen Arbeiten nur mit persönlicher Schutzausrüstung ausgeführt werden. Die persönliche Schutzausrüstung muss so beschaffen sein, dass es zu keiner erhöhten Aufnahme von Schadstoffen über die Atmungsorgane kommen kann. Bei Arbeiten mit geringer Exposition kann auf das Tragen von Atemschutz verzichtet werden. Die Benutzung z.B. einer P2-Maske kann je nach Art und Häufigkeit der Arbeiten oder Expositionsspitzen sinnvoll sein. Weiterhin dürfen Arbeitnehmer dort nur beschäftigt werden, wenn sie Vorsorgeuntersuchungen (G 1.2 „Asbesthaltiger Staub" und G 26 „Atemschutz") unterzogen worden sind. Entsprechend der Gefahrstoffverordnung sind entsprechende Nachuntersuchungen durchzuführen. Die Benutzung von Atemschutzgeräten befreit nicht von der Verpflichtung der Vorsorgeuntersuchungen. Zum Schutz der Gesundheit dürfen Jugendliche sowie werdende und stillende Mütter nicht mit Arbeiten betraut werden, bei denen sie Asbestfasern ausgesetzt sein können. Insgesamt dürfen Arbeitnehmer täglich nicht länger als acht Stunden und wöchentlich nicht länger als 40 Stunden mit solchen Arbeiten beschäftigt werden.

Bei den Schornsteinfegerarbeiten handelt es sich um Instandhaltungsarbeiten mit geringer Exposition (Asbestfaserkonzentration unter 15.000 Fasern/ m^3). Dabei kann vom Tragen von Atemschutzmasken, Schutzanzügen, der Bereitstellung einer Dusche, der Durchführung arbeitsmedizinischer Vorsorgeuntersuchungen und der Errichtung einer Abschottung und Freigabemessung abgesehen werden.

---

[14] Übernommen aus dem Vorwort des Arbeitsblatts 702 des ZIV.

2. Allgemeines

Reinigungsarbeiten (Kehrarbeiten) an asbesthaltigen Produkten dürfen nur **4** durchgeführt werden, wenn sichergestellt ist, dass die personelle und sicherheitstechnische Ausstattung des Betriebs auf diese Arbeiten abgestimmt ist. Da es sich i.d.R. um Abgasanlagen handelt, die einer Überprüfungspflicht unterliegen (Abgasanlagen von Gasfeuerstätten), findet vorher eine optische Untersuchung statt. Nur wenn die Überprüfung ergibt, dass die Anlage zu kehren (reinigen) ist, wird § 2 Abs. 2 Muster-KÜO einschlägig.

Der BSM hat sich zu vergewissern, ob bei den vorgesehenen Schornsteinfe- **5** gerarbeiten asbesthaltige Gefahrstoffe zu erwarten sind. Lässt sich nicht zweifelsfrei feststellen, ob die bearbeiteten Produkte asbestfrei sind, so wird bei den anzuwendenden Arbeitsverfahren von asbesthaltigen Stoffen ausgegangen. Die Nachweispflicht obliegt dem Grundstückseigentümer. Der BSM muss im Einzelfall sicherstellen, dass die durchzuführenden Schornsteinfegerarbeiten Instandhaltungsarbeiten mit geringer Exposition (Asbestfaserkonzentration unter 15.000 Fasern/m^3) sind.

Schornsteinfegerbetriebe sind materiell so auszustatten, dass bei Schorn- **6** steinfegerarbeiten die nachfolgenden Voraussetzungen erfüllt werden:

- Die Arbeiten müssen so durchgeführt werden können, dass nach dem Stand der Technik möglichst wenig Fasern freigesetzt werden.
- Es muss gewährleistet sein, dass nachweislich eine Asbestfaserkonzentration von 15.000 F/m^3 nicht überschritten wird.
- Gebäude und Teile davon dürfen nicht kontaminiert werden.

Diese Voraussetzungen gelten als erfüllt, wenn „Geprüfte Verfahren für Arbeiten mit geringer Exposition gemäß Nr. 2.10 Abs. 8 TRGS 519" angewandt werden. Die Verfahren müssen durch den Arbeitskreis „Asbestexposition bei ASI-Arbeiten" des Berufsgenossenschaftlichen Instituts für Arbeitssicherheit (BIA) in Sankt Augustin überprüft und in das FIA-Verzeichnis für Arbeiten mit geringer Exposition aufgenommen worden sein. Die materielle Ausstattung bezieht sich im Wesentlichen auf:

- die persönliche Schutzausrüstung,
- Prüf-, Mess- und Reinigungsgeräte sowie Hilfsmittel, die eine Arbeitsausführung mit geringer Exposition erlauben,
- Vorrichtungen zur Entsorgung asbesthaltiger Abfälle und
- ausreichende sanitäre Einrichtungen.

§ 2 Abs. 2 Satz 1 Muster-KÜO zählt nicht alle Anlagen und Einrichtungen **7** des § 1 Abs. 1 Muster-KÜO auf, sondern nur Abgas- und Lüftungsanlagen und Verbrennungsluft- und Ablufteinrichtungen. Andere Anlagen und Einrichtungen sind i.d.R. nicht aus asbesthaltigem Material. Sollte dennoch eine Anlage oder Einrichtung aus asbesthaltigem Material bestehen, die nicht unter diese Begriffsbestimmungen zu fassen ist, ist auch diese unter den Voraussetzungen des § 2 Abs. 2 reinigungspflichtig, wenn sie zur Funktion der Feuerungsanlage notwendig ist.

§ 2 Abs. 2 Muster-KÜO unterscheidet nicht zwischen überprüfungspflich- **8** tigen und kehrpflichtigen Anlagen. Auch wenn asbesthaltige Materialien vorwiegend bei Feuerungsanlagen mit gasförmigen Brennstoffen verwendet werden, sind die rechtlichen Vorschriften auch auf Feuerungsanlagen übertragbar, die eine Feuerstätte zur Verbrennung von flüssigen und festen Brennstoffen beinhaltet. Bei diesen Anlagen empfiehlt sich aus Gründen des Eigenschutzes, eine Reinigung der Anlage vom Ergebnis einer vorherigen optischen Prüfung abhängig zu machen.

3. Sachkunde

9 Der Schornsteinfeger muss die für den Umgang mit asbesthaltigen Materialien erforderliche Sachkunde besitzen. Diese erhält er durch einen Sachkundelehrgang beim jeweiligen Landesinnungsverband oder bei der Bauberufsgenossenschaft.

10 Die eingesetzten Mitarbeiter müssen gemäß Betriebsanweisung unterwiesen sein. Für die Durchführung der Arbeiten muss ausreichend fachkundiges Personal zur Verfügung stehen.

4. Arbeitsausführung

11 Für Schornsteinfegerarbeiten sind Verfahren entwickelt worden, die eine Unterschreitung der Asbestfaserkonzentration von 15.000 F/m^3 sicherstellen und damit eine Exposition i.S. der Gefahrstoffverordnung vermeiden. Diese Verfahren wurden vom Berufsgenossenschaftlichen Institut für Arbeitssicherheit (BIA) geprüft und in die Liste für Arbeiten mit geringer Exposition (BIA-Verzeichnis) aufgenommen. Der Bundesverband des Schornsteinfegerhandwerks – Zentralinnungsverband (ZIV) – hat das Arbeitsblatt 702 „Schornsteinfegerarbeiten unter Beachtung der Anforderungen beim Umgang mit asbesthaltigen Produkten" herausgegeben, das vier zugelassene Arbeitsverfahren beschreibt:

- Kugelverfahren (BT 7): Prüfen asbesthaltiger Schornsteine durch Ableinen mit Prüfkugel und beschichteter Leine.
- Kameraverfahren (BT 8): Prüfen asbesthaltiger Schornsteine auf freien Querschnitt mittels Schornsteinkamera.
- Kehrverfahren (BT 9): Reinigung bzw. Kehren von asbesthaltigen Schornsteinen.
- Schwammverfahren (BT 10): Reinigen und Überprüfen der Freigängigkeit von Asbestzement (AZ)-Schornsteinen mit dem Schwamm.

Der BSM kann ein Verfahren davon auswählen. Damit hält er auch die TRGS 519 „Asbest, Abbruch-, Sanierungs- oder Instandhaltungsarbeiten" ein.

12 Die erforderliche Querschnittsüberprüfung der Abgas- und Lüftungswege kann durch Inaugenscheinnahme, durch ein geeignetes Prüfgerät oder bei Lüftungsanlagen unter bestimmten Voraussetzungen durch Ermittlung von Luftvolumenströmen erfolgen. Um die Ablösung von Fasern im direkten Arbeitsbereich (z.B. Schornsteinmündung, Meidinger Scheibe, Reinigungsöffnung) zu vermeiden, ist vor Beginn der Arbeiten ein Befeuchten durch Einsprühen mit entspanntem Wasser erforderlich. Wasser lässt sich mit handelsüblichen Spülmitteln entspannen.

Bei der Überprüfung asbesthaltiger senkrechter Abgasanlagen akzeptieren auch die Länder eine Inaugenscheinnahme mittels Spiegel und Taschenlampe (Abspiegeln), die diese Überprüfungsmethode an senkrechten Abgasanlagen generell nicht zulassen.

X. Ankündigung der Schornsteinfegerarbeiten

Verordnungstext § 3 Abs. 1:

§ 3 Ankündigung und Durchführung der Kehr- oder Überprüfungsarbeiten

(1) Der Termin der beabsichtigten Kehrung oder Überprüfung sowie der Feuerstättenschau ist spätestens fünf Werktage vor der Durchführung anzukündigen, soweit nicht einzelne Eigentümer von Grundstücken oder Räumen oder deren Beauftragte darauf verzichten.

Erläuterungen

1. Entstehung 1, 2
2. Allgemeines 3–6
3. Ankündigung 7–13
4. Zwangsmaßnahmen bei verweigerten Kehrungen und Überprüfungen .. 14–18

1. Entstehung

§ 3 Abs. 1 Muster-KÜO wurde nach dem Vorbild der KÜO BW 2000 neu **1** gestaltet. Nach der bisherigen Muster-KÜO 1988 hatte der BSM die Kehr- und Überprüfungsarbeiten rechtzeitig und ortsüblich anzukündigen. Dies war örtlich unterschiedlich mit der Folge, dass es immer wieder zu Auseinandersetzungen darüber kam, was ortsüblich und rechtzeitig ist. Der baden-württembergische Verordnungsgeber hat sich bei Einführung im Jahr 2000 von der bayerischen KÜO leiten lassen und verlangte die Ankündigung der Schornsteinfegerarbeiten spätestens zwei Werktage vor der Arbeitsdurchführung. Der Bund-Länder-Ausschuss sah dies als zu knapp an und hat nunmehr in die Muster-KÜO 2006 eine Fünf-Tage-Frist eingeführt. Dies mag für viele Schornsteinfegerkunden immer noch eine sehr knappe Frist sein. Der BSM ist jedoch kaum in der Lage, die Arbeiten mehr als eine Woche im Voraus präzise zu planen. § 3 Abs. 1 Muster-KÜO stellt daher ein Kompromiss dar zwischen dem Kundenwunsch auf frühzeitige Ankündigung und den arbeitsökonomischen Möglichkeiten des BSM. Es würde auch zu Missverständnissen führen, wenn der BSM die Arbeiten mehr als eine Woche vorher ankündigt, da in diesen Fällen leicht die Ausführungswoche verwechselt werden kann.

Die BSM sind auch angewiesen, mit Umsetzung der Muster-KÜO – wie **2** bereits in Baden-Württemberg seit dem Jahr 2000 – sehr flexibel mit den Kundenwünschen umzugehen. So werden die BSM i.d.R. jeden begründeten

Terminverlegungswunsch ohne Zusatzkosten erfüllen. Die Gebührenfestlegung gibt ihnen den dafür notwendigen Spielraum (s. Erl. 30 zu Anlage 2, Kap. 1 Muster-KÜO).

2. Allgemeines

3   § 3 Abs. 1 Muster-KÜO verpflichtet den BSM, seine Arbeit den Betroffenen anzukündigen, was bekanntlich in beiderseitigem Interesse liegt. Kommt er seiner Ankündigungspflicht nicht nach, riskiert er, nochmals kommen zu müssen, weil der Grundstückseigentümer oder sein Beauftragter nicht anwesend oder ihm eine Kehrung oder Überprüfung im Augenblick des Erscheinens nicht zumutbar ist (z.b. Wäsche hängt zum Trocknen vor der Reinigungsöffnung). Der BSM darf die Kosten des unangekündigten und daher vergeblichen Kommens dem Grundstückseigentümer nicht auferlegen (s. Erl. 28 zu Anlage 2, Kap. 6 Muster-KÜO).

4   Die Ankündigungspflicht besteht nicht, wenn einzelne Grundstückseigentümer oder deren Beauftragte darauf verzichten. Der Verzicht muss ausdrücklich ausgesprochen werden. Dabei genügt ein mündlicher Hinweis. Der BSM kann nicht automatisch unterstellen, dass die Hauseigentümer auf eine Ankündigung verzichten, nur weil der Kehrbezirk in einem ländlich strukturierten Gebiet liegt. Beauftragte des Grundstückseigentümers können z.b. Mieter sein. Widersprechen sich Grundstückseigentümer und Mieter, ist der Grundstückseigentümer maßgebend.

5   Die Ankündigungsfrist von fünf Werktagen ist die Mindestforderung aus § 3 Abs. 1 Muster-KÜO, vorherige Ankündigungen sind zulässig.

6   § 3 Abs. 1 Muster-KÜO regelt die Ankündigung der Kehr- und Überprüfungsarbeiten nach § 1 und 2 Muster-KÜO und der Feuerstättenschau nach § 13 Abs. 1 Nr. 2 SchfG. Die Ankündigung der Emissionsmessungen erfolgt nach § 15 Abs. 3 1. BImSchV zwischen 8–6 Wochen vorher schriftlich. Eine nochmalige Ankündigung der Emissionsmessung spätestens fünf Werktage vor der Durchführung ist zwar von der Muster-KÜO nicht vorgeschrieben, dies empfiehlt sich jedoch auch dann, wenn die Emissionsmessung an einem separaten Termin stattfindet. Wenn die Ankündigung 8–6 Wochen vorher keine tagesspezifische war oder der Termin nicht eingehalten werden kann, ist eine nochmalige Anmeldung der Emissionsmessung fünf Werktage vor dem Termin unerlässlich.
Zur Ankündigung von Bauabnahmen s. Erl. 43–47 zu Anlage 2, Kap. 5 Muster-KÜO.

3. Ankündigung

7   Die Ankündigungsfrist beträgt mindestens fünf Werktage vor Durchführung des Termins. Werktage sind Montag, Dienstag, Mittwoch, Donnerstag, Freitag und Samstag, jedoch keine Sonn- und Feiertage.
Für die Berechnung von Fristen und für die Bestimmung von Terminen gelten die §§ 187–193 BGB. Bei hoheitlicher Handlung (Feuerstättenschau, Bauabnahme, Emissionsmessung) ergibt sich dies aus den Landesverwaltungsverfahrensgesetzen, bei den Aufgaben nach der KÜO direkt aus § 3

Abs. 1 Muster-KÜO. Ist, wie in § 3 Abs. 1 Muster-KÜO für den Anfang einer Frist ein Ereignis (Ankündigung) gesetzt, so wird bei der Berechnung der Frist der Tag nicht mitgerechnet, in welchen das Ereignis fällt (§ 187 Abs. 1 BGB). Die Schornsteinfegerarbeiten können daher erst im 6. Werktag nach der Anmeldung erfolgen.

Es ist Sinn und Zweck der Ankündigungen, dass der Grundstückseigentü- **8** mer noch Vorkehrungen treffen kann, um dem Schornsteinfeger die Kehr- und Überprüfungsarbeiten am angegebenen Termin zu ermöglichen, oder um eine Terminänderung vereinbaren zu können. Die notwendigen Vorkehrungen werden nicht nur darauf beschränkt, den Zugang zu ermöglichen, sondern auch um die Anwesenheit sicher zu stellen. Dafür sind fünf Werktage ausreichend. Für eine Terminänderung muss der BSM telefonisch erreichbar sein und zwar an den fünf Werktagen vor der Arbeitsausführung. Kündigt der BSM die Arbeiten für Montag erst am Dienstag der vorherigen Woche an, muss er am Samstag erreichbar und in der Lage sein, Termine zu vereinbaren. Will er dies am Samstag vermeiden, muss er bereits am Montag ankündigen. Ebenso verhält es sich, wenn er erst am Mittwoch die Arbeiten für Dienstag der nächsten Woche ankündigt. Es wird daher empfohlen, den Samstag nicht mitrechnen. Daher wird generell empfohlen, die Arbeitsausführung eine Woche vorher anzukündigen.

So sind anzukündigen (ohne Feiertage): **9**

Arbeitsdurchführung am:	Ankündigung	
	spätestens:	empfohlen:
Montag	Dienstag der Vorwoche	Montag der Vorwoche
Dienstag	Mittwoch der Vorwoche	Dienstag der Vorwoche
Mittwoch	Donnerstag der Vorwoche	Mittwoch der Vorwoche
Donnerstag	Freitag der Vorwoche	Donnerstag der Vorwoche
Freitag	Samstag der Vorwoche	Freitag der Vorwoche

Im gegenseitigen Einvernehmen kann die Frist auch unterschritten werden (s. Erl. 4).

Wird für die Ankündigung der späteste Termin gewählt, muss sie den **10** Empfänger noch am gleichen Tag erreichen. Dies ist dann gegeben, wenn die Ankündigung am Tag, sechs Werktage zuvor, im Briefkasten des Empfängers liegt. Sollte der Kehr- oder Überprüfungspflichtige den Termin nicht wahrnehmen können, hat er mit dem BSM zwecks Vereinbarung eines Ersatztermins Kontakt aufzunehmen. Aus arbeitsökonomischen Gründen soll der Kehr- oder Überprüfungstermin innerhalb von 10 Arbeitstagen ermöglicht werden.

Adressat der Ankündigung ist der Eigentümer des Grundstücks oder der **11** Räume, da der BSM nur mit diesem eine Rechtsbeziehung über § 1 SchfG hat. Wirksam angekündigt ist auch an den Beauftragten des Grundstückseigentümers (z.B. an den Mieter), wenn der Eigentümer damit einverstanden ist.

12   Die Muster-KÜO gibt nicht vor, in welcher Form die Ankündigung erfolgen soll. Das Wort „... anzukündigen ..." kommt von „Kund tun". Dies geht sowohl mündlich, als auch schriftlich. Nicht zulässig wäre eine allgemeine Ankündigung im Gemeindemitteilungsblatt oder der Tageszeitung, da § 3 Abs. 1 Muster-KÜO von einer individuellen Ankündigung ausgeht. Die einfachste Methode ist die Benachrichtigung mit einem Ankündigungszettel, der in den Briefkasten eingeworfen wird. Bei Mehrfamilienhäusern genügt z.B. auch ein Aushang an der Informationstafel im Hauseingang. Der Vordruckhandel hat hier mit dem Schornsteinfegerhandwerk abgestimmte Vordrucke im Angebot. Zulässig wäre auch eine telefonische Terminvereinbarung. Eine Ankündigung mit Fax und elektronischer Post (E-Mail) wäre auch zulässig, wenn gewährleistet ist, dass der Empfänger die Nachricht erhält.

13   Das Ankleben eines Ankündigungszettels an die Haustür oder an den Briefkasten ist zwar als Ankündigung zulässig, kann allerdings andere Probleme bringen. Verursacht der Klebstoff eine Sachbeschädigung, ist der BSM schadensersatzpflichtig. Nicht rechtzeitig abgenommene Ankündigungszettel weisen auch darauf hin, dass die Hausbewohner nicht anwesend sind. Der BSM kann dann verpflichtet sein, den Zettel wieder zeitnah abzunehmen.

4. Zwangsmaßnahmen bei verweigerten Kehrungen und Überprüfungen

14   Werden ordnungsgemäß angekündigte Kehrungen und Überprüfungen des BSM verweigert, sind diese nach den Vorschriften der Landesverwaltungsverfahrensgesetze und der Landesverwaltungsvollstreckungsgesetze erforderlichenfalls zwangsweise durchzusetzen. Ermächtigungsgrundlage ist § 1 SchfG für alle Arbeiten des BSM, die nach der Kehr- und Überprüfungsordnung (KÜO) und unmittelbar durch das Schornsteinfegergesetz (SchfG) vorgeschrieben sind. Bei Arbeiten, die nach der Verordnung über kleine und mittlere Feuerungsanlagen (1. BImSchV) erfolgen, ergibt sich die Duldungsverpflichtung aus den §§ 14, 15 und 23 1. BImSchV, das Betretungsrecht des BSM aus § 52 BImSchG.

15   Verweigert der Eigentümer (bei Emissionsmessungen der Betreiber) die Kehrung, Messung oder Überprüfung, oder verweigert der Eigentümer oder Besitzer den Zutritt zum Grundstück oder den Räumen, ist durch eine konkretisierende Verfügung die Duldungsverpflichtung einzeln festzusetzen. Eine Behörde kann nur einen den Einzelfall regelnden Verwaltungsakt, nicht aber den allgemeinen, gesetzlichen Befehl mit Zwangsmitteln durchsetzen (vgl. VGH BW 14 S 2326/91; Kopp, Feststellende Verwaltungsakte und Vollziehungsverfügungen im Gewerberecht, GewArch 1986, 41, 43).

16   § 1 Abs. 3 SchfG geht davon aus, dass die Duldungsverfügung (vollziehbarer Verwaltungsakt) von der zuständigen Verwaltungsbehörde erlassen wird. Es ist im Schrifttum umstritten, ob der BSM befugt ist, Verwaltungsakte in dieser Tragweite zu erlassen, da nicht davon ausgegangen werden kann, dass er die notwendigen Verwaltungskenntnisse für dieses Verwaltungshandeln besitzt. Es ist daher unerlässlich, dass bei verweigerten Kehrungen, Messungen oder Überprüfungen die untere Verwaltungsbehörde tätig wird.

Die in § 52 BImSchG geregelte Überwachungsbefugnis schließt die Befugnis **17**
zum Erlass unselbstständiger Verfügungen (zur Konkretisierung eines Gebots oder Verbots, die in Spezialgesetzen stehen) durch die zuständige Überwachungsbehörde mit ein. Bei Maßnahmen, für die die Staatlichen Gewerbeaufsichtsämter zuständig sind, sind die entsprechenden Verfügungen von dieser Dienststelle zu erlassen.

Unmittelbarer Zwang darf nur angewandt werden, wenn Zwangsgeld und **18**
Ersatzvornahme nicht zum Erfolg geführt haben oder deren Anwendung untunlich ist. Daher ist nicht in jedem Fall die Androhung eines Zwangsgeldes erforderlich. Das besondere Interesse am Erhalt der Feuersicherheit lässt es im Einzelfall zu, den unmittelbaren Zwang auch ohne vorherige Festsetzung eines Zwangsgeldes anzuwenden. Die entsprechenden Vorschriften in den Landesverwaltungsvollstreckungsgesetzen (z.B. § 26 Landesverwaltungsvollstreckungsgesetz BW) gilt für alle Behörden, die den unmittelbaren Zwang anwenden und somit auch für BSM, falls diese die Duldungsverfügung selbst ausfertigen würden. Auch eine Änderung der Vorschriften des Schornsteinfegergesetzes und der Zuständigkeitsverordnung, den unmittelbaren Zwang durch den BSM selbst zuzulassen, würde nicht dazu führen, dass grundsätzlich die Androhung und Festsetzung eines Zwangsgeldes entfallen würde.

XI. Kehr- und Überprüfungsintervalle

Verordnungstext § 3 Abs. 2:

(2) Die Kehr- oder Überprüfungsarbeiten sind unter Berücksichtigung der Feuersicherheit in möglichst gleichen Zeitabständen durchzuführen.

Erläuterungen

1. Entstehung   1
2. Allgemeines 2, 3
3. Kehr- und Überprüfungsintervalle   4–7
4. Matrix   8
5. Änderung der Kehrintervalle bei neuen oder wesentlich geänderten
   Feuerungsanlagen 9, 10

1. Entstehung

§ 3 Abs. 2 Muster-KÜO wurde wortgleich aus der Muster-KÜO 1988 über- **1**
nommen. In einigen Bundesländern wurden die BSM bisher verpflichtet, Arbeitsvolumen mit einem zweijährigen Rhythmus jeweils hälftig auf die Jahre aufzuteilen, um eine bessere Arbeitsaufteilung zu ermöglichen. Dies war im Interesse der Feuersicherheit und entsprach auch den Regelungen für die Feuerstättenschau. Die Länder erwarteten, dass im Wechsel hohe und niedere Arbeitsvolumen entstünden, die organisatorische Probleme bringen müssten. Zu befürchten wäre dabei, dass der BSM im Jahr mit hohem Arbeitsvolumen die Arbeit nicht ordnungsgemäß bewältigen kann, im nächsten Jahr seinen Gesellen für einen Zeitabschnitt entlassen müsste.

Entsprechende Regelungen fehlen in der Muster-KÜO 2006. Wohl auch deshalb, weil jetzt nicht nur zweijährige, sondern auch dreijährige Arbeitsintervalle festgesetzt wurden. Ohnehin war es den Aufsichtsbehörden kaum möglich, diese Vorschriften zu überprüfen.

2. Allgemeines

2 § 3 Abs. 2 Muster-KÜO verpflichtet den BSM mittelbar dazu, einen aufs Jahr bezogenen Arbeitsplan aufzustellen, und zwar so, dass er die Kehr-, Mess- und Überprüfungsarbeiten in regelmäßigen Zeitabständen ausführen kann. Im Gegensatz zu früheren Regelungen einzelner Länder schreibt § 3 Abs. 2 Muster-KÜO die Zeitspanne zwar nicht mehr ausdrücklich vor, doch wird durch die Worte „... unter Berücksichtigung der Feuersicherheit ..." das Gebot der Regelmäßigkeit bei den Fristen ähnlich eingeschränkt. So sind die Mehrzahl der Kehrungen und Überprüfungen in der Zeit auszuführen, in der die zu kehrenden oder überprüfenden Anlagen üblicherweise in Betrieb sind. Für die Emissionsmessungen ist dies sogar ausdrücklich vorgeschrieben (§ 14 Abs. 3 1. BImSchV).

3 „Möglichst gleiche Zeitabstände" sind gegeben, wenn zwischen den einzelnen Kehrungen und Überprüfungen annähernd die gleiche Zahl von Wochen liegt. In der heizfreien Zeit darf allerdings nicht mehr als eine Kehrung liegen. Unterbleibt eine vorgeschriebene Kehrung, kann sie nach Ablauf des Kalenderjahres nur dann nachgeholt werden, wenn es dem BSM objektiv nicht möglich gewesen ist, die Kehrung noch Ende Dezember durchzuführen (z.B. der Betreiber der kehrpflichtigen Anlage ist in Urlaub gegangen). In diesem Fall wird die Kehrung bis Mitte Januar nicht zur Verwirkung einer Kehrung im neuen Jahr führen können. Eine – früher übliche – scharfe Fixierung auf das Kalenderjahr ist weder in § 3 Abs. 2 Muster-KÜO, noch in Anlage 1 Muster-KÜO enthalten.

3. Kehr- und Überprüfungsintervalle

4 Die Muster-KÜO 2006 geht weiterhin von der quartalsweisen Erledigung der Kehrarbeit aus. Erfolgt eine viermalige Kehrung im Jahr, so ist – unter Beachtung des gleichen Zeitabstandes – in jedem Quartal eine Kehrung vorzunehmen. Ist eine dreimalige Kehrung im Jahr vorgeschrieben, wird im Sommerquartal i.d.R. keine Kehrung durchgeführt (s. Matrix auf Seite 97). Für die zweimalige Kehrung im Jahr gibt es verschiedene Möglichkeiten je nach Nutzung der Feuerungsanlage (s. Matrix auf Seite 97).

5 Bei typischen Heizungsanlagen, die vorwiegend in der Übergangszeit betrieben werden (Kachelöfen), ist jedoch darauf zu achten, dass die zwei Kehrtermine nicht zu nah an der heizfreien Zeit liegen. Hier ist vom BSM auf die Heizgewohnheiten zu achten. Besteht nur eine einmalige Kehrpflicht im Jahr, ist der BSM frei, in welchem Quartal er diese vornimmt.

6 Ist zusammen mit der Kehrung eine Emissionsmessung durchzuführen, muss der BSM auch § 14 Abs. 3 1. BImSchV beachten. Danach darf die Messung nur während der üblichen Betriebszeit der Feuerungsanlage durchgeführt werden. Übliche Betriebszeiten von Feuerungsanlagen, die nur Heizzwecken dienen, ist die Zeit vom 1. Oktober – 30. April (s. auch Nr. 3.4 VwV-Schornsteinfeger Baden-Württemberg).

Ist eine jährliche Überprüfung vorgeschrieben, sind die gleichen Maßstäbe anzusetzen, wie bei der jährlich einmaligen Kehrung. Auch hier muss bei messpflichtigen Öl- und Gasfeuerungsanlagen § 14 Abs. 3 1. BImSchV beachtet werden. **7**

4. Matrix

Folgende Kehrintervalle werden vom Schornsteinfegerhandwerk empfohlen: **8**

Reinigung von S2-Schornsteinen (2 x jährliche Reinigung)

Quartal	Monate	Nutzung vorwiegend in der sehr kalten Jahreszeit					Nutzung vorwiegend in den Übergangszeiten im Herbst und Frühjahr				
1. Quartal	Januar	X			X					X	
1. Quartal	Februar		X	X							X
1. Quartal	März			X		X	X				
2. Quartal	April				X	X		X			
2. Quartal	Mai			X				X	X		
2. Quartal	Juni								X		
3. Quartal	Juli									X	
3. Quartal	August										X
3. Quartal	September						X				
4. Quartal	Oktober	X						X			
4. Quartal	November		X						X		
4. Quartal	Dezember				X				X		

Reinigung von S3-Schornsteinen (3 x jährliche Reinigung)

Quartal	Monat	Richtig		In begründeten Fällen[15]				falsch		
1. Quartal	Januar	X						X		
1. Quartal	Februar		X						X	
1. Quartal	März			X	X	X	X			X
2. Quartal	April	X								
2. Quartal	Mai		X						X	
2. Quartal	Juni			X					X	
3. Quartal	Juli				X					X
3. Quartal	August					X				
3. Quartal	September						X	X		
4. Quartal	Oktober	X							X	
4. Quartal	November		X						X	
4. Quartal	Dezember			X	X	X	X			X

---

[15] Bei Krankheit, kein Mitarbeiter, Urlaub des Grundstückseigentümers.

5. Änderung der Kehrintervalle bei neuen oder wesentlich geänderten Feuerungsanlagen

9 Wird eine neue Feuerungsanlage installiert, oder eine bestehende Feuerungsanlage wesentlich geändert, erfolgt mit der baurechtlichen Abnahme auch eine Überprüfung der Abgasanlage mittels Gerät. Die nächsten Kehr- und Überprüfungsarbeiten können danach erst nach Ablauf der Fristen nach den Tabellen in Anlage 1 Muster-KÜO erfolgen. Der BSM steht dann vor dem Problem, sowohl die Kehrintervalle sämtlicher Schornsteinfegerarbeiten im Gebäude nach § 3 Abs. 2 Muster-KÜO, als auch das Zusammenlegungsgebot nach § 3 Abs. 3 Muster-KÜO beachten zu müssen. Beispiel: Die Kehrung und Messung der Feuerungsanlagen erfolgt im März, die Abnahme der neuen Heizungsanlagen im September.

Einige Bundesländer gestehen in diesen Fällen dem BSM eine Toleranz von +/– drei Monaten pro Jahr zu, in der die Arbeiten für die neue oder wesentlich geänderte Feuerungsanlage vorgezogen bzw. später ausgeführt werden darf. Bei weit auseinander liegenden Terminen kann es dann u.U. zwei oder drei Jahre dauern, bis die Kehr-, Mess- und Überprüfungsarbeiten wieder an einem Termin stattfinden. Bei Messarbeiten ist auch § 14 Abs. 3 1. BImSchV zu beachten.

10 Das gleiche Problem kann auch auftreten, wenn in einem Gebäude mit mehreren Gasfeuerungsanlagen eine neue Gasfeuerungsanlage dazukommt, oder wesentlich geändert wird. Beispiel: Die Abgaswegüberprüfung von drei raumluftunabhängigen Gasfeuerungsanlagen erfolgt im Oktober 2006, im Mai 2007 wird eine Gasfeuerungsanlage wesentlich geändert. Einige Bundesländer lassen es in diesem Fall zu, dass die wesentlich geänderte Gasfeuerungsanlage dann bereits im Oktober 2008 – im Turnus mit den anderen beiden Gasfeuerungsanlagen – überprüft wird. Dies ist für den Grundstückseigentümer billiger, als wenn er über mehrere Jahre einen zusätzlichen Anlauftermin des BSM bezahlen müsste.

XII. Zusammenlegung von Kehr- und Überprüfungsarbeiten

Verordnungstext § 3 Abs. 3:

(3) In einem gemeinsamen Arbeitsgang sind durchzuführen:
1. bei Feuerstätten zur Verbrennung fester Brennstoffe, die nach § 15 1. BImSchV wiederkehrend gemessen werden:
   – Emissionsmessungen nach § 15 1. BImSchV und
   – Feuerstättenschauen nach § 13 Abs. 1 Nr. 2 SchfG;
2. bei Feuerstätten zur Verbrennung flüssiger Brennstoffe, die nach § 15 1. BImSchV wiederkehrend gemessen werden:
   – Emissionsmessungen nach § 15 1. BImSchV,
   – Überprüfungs- und erforderlichenfalls Kehrarbeiten nach Anlage 1 Nr. 2.5–2.10, soweit diese nicht zweckmäßigerweise zusammen mit Kehr- oder Überprüfungsarbeiten nach Anlage 1 Nr. 1 oder 2.1–2.3 auf dem gleichen Grundstück durchgeführt werden können und

– Feuerstättenschauen nach § 13 Abs. 1 Nr. 2 SchfG;
3. bei Feuerstätten zur Verbrennung gasförmiger Brennstoffe:
– Emissionsmessungen nach § 15 1. BImSchV,
– **Überprüfungs- und erforderlichenfalls Kehrarbeiten nach Anlage 1 Nr. 3, soweit diese nicht zweckmäßigerweise zusammen mit Kehr- oder Überprüfungsarbeiten nach Anlage 1 Nr. 1 oder 2 auf dem gleichen Grundstück durchgeführt werden können und**
– **Feuerstättenschauen nach § 13 Abs. 1 Nr. 2 SchfG.**

Erläuterungen

1. Entstehung 1
2. Allgemeines 2–7
3. Übersicht 8
4. Zusammenlegung bei Gasfeuerungsanlagen 9–12
5. Zusammenlegung bei Ölfeuerungsanlagen 13–15
6. Zusammenlegung bei Feststofffeuerungsanlagen 16–18
7. Zusammenlegungen bei der Feuerstättenschau 19, 20
8. Zusammenlegungen bei Dunstabzugsanlagen 21
9. Abweichungen im Einzelfall 22, 23

1. Entstehung

§ 3 Abs. 3 Muster-KÜO ist neu, die Muster-KÜO 1988 sah bisher nur vor, **1** dass Abgaswegüberprüfungen und Emissionsmessungen in einem Arbeitsgang durchgeführt werden müssen. Feuerstättenschauen wurden bisher getrennt von anderen Schornsteinfegerarbeiten durchgeführt. Der Muster-Verordnungstext wurde nahezu wortgleich von der KÜO BW übernommen. In BW hat sich vor allem bewährt, dass bei messpflichtigen Ölfeuerungsanlagen ebenfalls sämtliche Arbeiten an einem Termin durchgeführt werden. Auch die Feuerstättenschau wird jetzt in die Zusammenlegungsvorschriften einbezogen. Der Bund-Länder-Ausschuss sieht in der Zusammenfassung der Termine auch bei messpflichtigen Ölfeuerstätten einen wesentlichen Vorteil für den Kunden. Auf Wunsch des Kunden sind getrennte Arbeitsgänge allerdings noch möglich. Dabei fallen jedoch zusätzliche Gebühren an (Fahrtpauschale nach Anlage 2 Nr. 1.3 Muster-KÜO).

2. Allgemeines

§ 3 Abs. 3 Muster-KÜO ist eine organisatorische Regelung, die dem BSM **2** vorgibt, inwieweit er die getrennt beschriebenen Schornsteinfegerarbeiten gemeinsam durchzuführen hat (Zusammenlegung):

– Kehren von Anlagen und Einrichtungen zur Verbrennung fester und flüssiger Brennstoffe, einschließlich der Überprüfungen notwendiger Verbrennungsluft- und Ablufteinrichtungen dieser Anlagen, sowie der betriebsbereiten, jedoch dauernd unbenutzten Feuerstätten (Anlage 1 Nr. 1.1–1.10, Nr. 2.1–2.3 Muster-KÜO).
– Überprüfen von Anlagen und Einrichtungen zur Verbrennung flüssiger und gasförmiger Brennstoffe Anlage 1 Nr. 2.4–2.10, Nr. 3.1–3.5 Muster-KÜO).
– Feuerstättenschau (§ 13 Abs. 1 Nr. 2 SchfG).
– Emissionsmessung (§ 15 1. BImSchV).

Weitere Zusammenlegungen sind möglich, wenn dies einvernehmlich zwischen BSM und Grundstückeigentümer geschieht (s. Erl. 6).
Die gemeinsame Durchführung von Schornsteinfegerarbeiten hat für den Hauseigentümer den Vorteil, dass er auf weniger Termine des Schornsteinfegers Rücksicht nehmen muss. Auch werden die Schornsteinfegergebühren insgesamt günstiger, da alle Gebühren entsprechend dem Aufwand gerechnet werden.

3   In die Zusammenlegungsvorschriften wurden – mit Rücksicht auf die hygienischen Bedingungen in den Küchen und den besonderen Betriebszeiten – Dunstabzugsanlagen nicht einbezogen (Anlage 1 Nr. 4.1 Muster-KÜO).

4   Der Verordnungsgeber leitet die Ermächtigung zur Regelung in § 3 Abs. 3 Muster-KÜO aus § 1 Abs. 2 SchfG ab, nach der die Länder nicht nur festlegen dürfen, welche Schornsteine, Feuerstätten, Rauchableitungen, Lüftungsanlagen oder ähnliche Einrichtungen gereinigt oder überprüft werden müssen, sondern auch in welchen Zeiträumen. Daneben hat der Landesverordnungsgeber als oberste Schornsteinfegerbehörde im Land das Direktionsrecht über die BSM, das ihm weitgehende Möglichkeiten zur Regelung auch des inneren Dienstbetriebs gibt. § 3 Abs. 3 Muster-KÜO ist daher mit § 3 Abs. 2 SchfG vereinbar.

5   Die jeweils unter den Ziffern 1–3 aufgezählten Schornsteinfegerarbeiten sind in einem Arbeitsgang durchzuführen. Das heißt, sie sind gemeinsam, in fortlaufender Weise, zu erledigen. Der BSM hat die einzelnen Kehr-, Mess- und Überprüfungsarbeiten daher auch auf einen gemeinsamen Termin anzumelden. Eine Unterbrechung der Arbeit ist ihm nur aus wichtigem Grund erlaubt. Dies könnte z.B. der Fall sein, wenn die Arbeit ein Tageswerk überschreitet, ein für die Tätigkeit notwendiges Mess- oder Arbeitsgerät funktionsuntüchtig wird, oder der Schornsteinfeger die Arbeit aus gesundheitlichen Gründen abbrechen muss. Liegt der Unterbrechungsgrund im Einflussbereich oder der Person des Schornsteinfegers, darf sich die Unterbrechung nicht belastend auf die Gebühren auswirken (s. hierzu Erl. 31b Anlage 2, Kap. 1 Muster-KÜO).

6   Weitere Zusammenlegungen von Arbeiten in einem gemeinsamen Arbeitsgang sind im Einzelfall möglich, wenn das einvernehmlich zwischen Grundstückeigentümer und BSM geschieht. Insoweit stellt die Regelung in § 3 Abs. 3 KÜO nur eine Mindestforderung dar.

7   Die Ziffern 1, 2 und 3 in § 3 Abs. 3 Muster-KÜO sind jeweils getrennt zu betrachten. Eine übergreifende Regelung zwischen Gasfeuerungsanlagen, Ölfeuerungsanlagen und Feststofffeuerungsanlagen ist nicht verordnet worden. Zur übergreifenden Wirkung der Regelung s. Schema auf S. 101. Die Feuerstätten beziehen sich jeweils auf das Gebäude i.S.v. Nr. 12 Anlage 3 Muster-KÜO.

3. Übersicht

Den Regelungen in § 3 Abs. 3 KÜO liegt das Schema aus beigefügter Tabelle zugrunde: **8**

Zusammenlegung von Schornsteinfegerarbeiten

Arbeit		Gas		Öl nicht messpflichtig		Öl messpflichtig		Holz		Gas + Öl nicht messpflichtig		Gas + Öl messpflichtig		Gas + Holz		Öl nicht messpflichtig + Holz		Öl messpflichtig + Holz	
zusammen / getrennt		Z	G	Z	G	Z	G	Z	G	Z	G	Z	G	Z	G	Z	G	Z	G
SchfG	FS	X	X	X	X	X	X	X	X	X	X	X	X	X	X	X	X	X	X
1. BImSchV	Messen	X	X			X	X				X		X		X				X
fest	Kehren 1.1 - 1.8 + Überprüfen 1.9 - 1.10	X	X					X	X					X	X	X	X	X	X
flüssig	Kehren 2.1 - 2.3 + Überprüfen 2.4			X	X	X	X				X		X			X	X	X	X
flüssig	AGWÜ 2.5 - 2.10					X	X			*sü*	X	X	X	*sü*	X			*sü*	X
gasförmig	AGWÜ 3.1 - 3.5	X	X							X	X	X	X	X	X				
sonstige	Überprüfung Dunstabzüge	X	X	X	X	X	X	X	X	X	X	X	X	X	X	X	X	X	X

SÜ Kursiv gedruckt: je nach Zweckmäßigkeit auch alternativ möglich, Spalte „Öl nicht messpflichtig + Holz" grundsätzlich getrennt, aber senkrechte Abgasanlagen (Kamine) zusammen gekehrt.
Z = Zusammenlegung, G = getrennte Bearbeitung

Sonderfälle: Kohle, Koks etc. = wie Holz
Gas und Öl (messpflichtig) = wie Spalte 5
Gas + Öl + Holz = wie Spalte 4

4. Zusammenlegung bei Gasfeuerungsanlagen

9 § 3 Abs. 3 Nr. 3 Muster-KÜO schreibt vor, dass in Gebäuden, in denen nur Gasfeuerungsanlagen vorhanden sind, alle im Jahr durchzuführenden Mess- und Überprüfungsarbeiten, einschließlich eventuell notwendiger Kehrarbeiten, in einem Arbeitsgang durchzuführen sind. Dazu zählen die jährlichen Emissionsmessungen nach § 15 1. BImSchV (ab 11 kW), die jährlich, alle zwei oder drei Jahre anfallenden Arbeiten nach § 1 i.V.m. Anlage 1 Nr. 3.1–3.5 Muster-KÜO (Überprüfung der Abgasanlagen, Abgaswegüberprüfung, CO-Messung, Überprüfung der notwendigen Hinterlüftungen und der Verbrennungsluftversorgung) und die alle 5 Jahre durchzuführende Feuerstättenschau.

10 Dabei ist unerheblich, wie viele Gasfeuerungsanlagen im Gebäude vorhanden sind. Entscheidend ist immer das Gebäude als Ganzes. Werden in einem Gebäude mit mehreren Nutzungseinheiten i.S.v. Nr. 17 der Anlage 3 zur Muster-KÜO – auf Wunsch der Eigentümer – unterschiedliche Termine für die Schornsteinfegerarbeiten vereinbart, sind diese auch getrennt durchzuführen. Bei Wohneigentum mit Gaszentralheizung und zusätzlichen dezentralen Gasfeuerungsanlagen (z.B. Gasdurchlauferhitzern für das Brauchwasser), sind die Anlagen im Gemeinschaftseigentum (Gaszentralheizung, Abgasschornsteine, Verbindungsstücke etc.) in jedem Fall mit der Arbeit eines Wohnungseigentümers gemeinsam durchzuführen.

11 Sind im Gebäude auch nicht messpflichtige Ölfeuerungsanlagen und Feuerstätten zur Verbrennung fester Brennstoffe vorhanden (z.B. ein Holzkachelofen), werden die Überprüfungsarbeiten an dem senkrechten Teil der Abgasanlage für die Gasfeuerstätte i.d.R. zusammen mit den Kehrarbeiten an anderen senkrechten Abgasanlage (Rauchschornstein) durchgeführt (s. Übersicht auf S. 101 Spalte 9+10). Die Zweckmäßigkeit richtet sich nach der Arbeitsökonomie und wird vom BSM entschieden. Dabei ist es – von Ausnahmen abgesehen – zweckmäßiger, an einem Termin die Überprüfungs- und Kehrarbeiten am Schornstein und an einem anderen Tag die Mess- und Überprüfungsarbeiten an der Feuerstätte und am Abgasweg vorzunehmen. Eine Ausnahme wäre z.B. eine Überdruckabgasleitung, die zweckmäßiger Weise mittels Haspel i.V.m. der AGWÜ überprüft wird.

12 Maßgebend sind hier die Verhältnisse auf dem Grundstück i.S.v. Nr. 1.1 Anlage 2 Muster-KÜO (Schornsteinfegergebührenverzeichnis). Das Nachbargrundstück kann auch dann nicht in die Überlegungen einbezogen werden, wenn es dem gleichen Hausbesitzer gehört.

5. Zusammenlegung bei Ölfeuerungsanlagen

13 § 3 Abs. 3 Nr. 2 Muster-KÜO sieht nur Zusammenlegungsvorschriften vor, wenn in Gebäuden nur wiederkehrend messpflichtige Ölfeuerungsanlagen vorhanden sind. Das sind vor allem typische Ein- und Zweifamilienhäuser mit Ölzentralheizung und zentraler Brauchwasserbereitung. Die Messpflicht ergibt sich aus § 15 1. BImSchV (ab 11 kW). Freiwillige Emissionsmessungen nach Anlage 1 Nr. 2.6 Muster-KÜO werden mit messpflichtigen Feuerungsanlagen nach § 15 1. BImSchV gleichgestellt.

Die Zusammenlegung betrifft alle periodisch im Jahr zusammenfallenden **14** Messarbeiten (Emissionsmessung nach § 15 1. BImSchV oder Anlage 1 Nr. 2.6 Muster-KÜO – freiwillige Emissionsmessung), sämtliche Überprüfungsarbeiten nach § 1 Abs. 1 i.V.m. Anlage 1 Nr. 2.5–2.10 Muster-KÜO und die Feuerstättenschau alle 5 Jahre. Die Erläuterungen 9–12 gelten auch für messpflichtige Ölfeuerungsanlagen sinngemäß.

Sind nur nichtmesspflichtige Ölfeuerungsanlagen vorhanden, sind keine **15** Zusammenlegungen vorgeschrieben. Überprüfungsarbeiten sind nur alle 5 Jahre mit der Feuerstättenschau notwendig. Diese wird dann separat durchgeführt (s. Tabelle auf S. 101 Spalte 4). Hintergrund dieser Regelung ist, dass bei der Reinigung von Einzelfeuerstätten zur Verbrennung flüssiger und fester Brennstoffe eine hohe Verschmutzung durch Rußpartikel zu erwarten ist. Diese Reinigungsarbeiten können in vielen Fällen dann mit Arbeiten am selben Tag in schmutzempfindlichen Wohn- und Aufenthaltsräumen (Schlafzimmer, Wohnzimmer) nicht verbunden werden. Um den Anforderungen gerecht zu werden, müsste der Schornsteinfeger einen erhöhten Aufwand für die Reinigung seiner Kleidung aufwenden, der die Kosteneinsparungen durch den zusammengelegten Termin wieder aufzehren würde. Dem zuständigen BSM ist es jedoch freigestellt, hiervon Ausnahmen zu machen, wenn dies zu keinen Konflikten mit seinen übrigen Arbeiten führt (z.B. Arbeitsausführung am Ende des Arbeitstages). Er ist dazu aber nicht verpflichtet.

6. Zusammenlegung bei Feststofffeuerungsanlagen

§ 3 Abs. 3 Nr. 1 Muster-KÜO schreibt nur vor, dass bei messpflichtigen **16** Feuerstätten zur Verbrennung fester Brennstoffe die Feuerstättenschau alle 5 Jahre zusammen mit der Emissionsmessung durchzuführen ist. Kehrarbeiten werden bei Feststofffeuerungsanlagen nicht zusammen mit Mess- und Überprüfungsanlagen durchgeführt.

Die Hintergründe für diese Regelung sind die gleichen wie bei Öleinzelöfen **17** (s. Erl. 15). Wie bei Ölfeuerungsanlagen kann der BSM Ausnahmen zulassen, ist dazu jedoch nicht verpflichtet.

Es wird empfohlen, notwendige Verbrennungslufteinrichtungen – soweit es **18** möglich ist – mit Kehrarbeiten zusammenzulegen.

7. Zusammenlegungen bei der Feuerstättenschau

Die Feuerstättenschau findet alle 5 Jahre statt. Nach § 13 Abs. 1 Nr. 2 **19** SchfG hat der BSM die Feuerstättenschau jährlich in einem Fünftel seines Bezirks durchzuführen. Sind Mess- oder Überprüfungsarbeiten jährlich mindestens einmal im Gebäude durchzuführen, muss die Feuerstättenschau mit diesen Tätigkeiten durchgeführt werden. Bei raumluftunabhängigen Gasfeuerstätten (zweijährige Kehrpflicht) ist dies rein rechnerisch nur alle 10 Jahre möglich. Einige Bundesländer (wie z.B. Baden-Württemberg) lassen es in diesem Fall zu, dass Feuerstättenschauen nach 4 oder 6 Jahren durchgeführt werden, wenn der Überprüfungsrhythmus nach 10 Jahren wieder eingehalten wird. Das heißt, nach einem Überprüfungsintervall von 4 Jahren folgt dann zwangsläufig ein Überprüfungsintervall von 6 Jahren und umgekehrt nach einem sechsjährigen Intervall folgt ein vierjähriges Intervall. Der BSM sollte dies im Kehrbuch dokumentieren, damit er bei einer Überprüfung auch belegen kann, dass er die Feuerstättenschau auch fristgerecht durchführt.

20 Sind in einem Gebäude mit mehreren Nutzungseinheiten bei Feuerstätten unterschiedliche Überprüfungsintervalle, kann eine Abweichung von der Fünfjahresfrist nicht mehr in Betracht gezogen werden.

8. Zusammenlegungen bei Dunstabzugsanlagen

21 Wie bereits unter Erl. 3 beschrieben, hat der Bund-Länder-Ausschuss eine Zusammenlegung bei Dunstabzugsanlagen nicht vorgesehen. Daher besteht auch keine Pflicht, die Überprüfung der Dunstabzugsanlagen mit den Abgaswegüberprüfungen im gleichen Gebäude an einem Termin durchzuführen.

9. Abweichungen im Einzelfall

22 § 3 Abs. 3 Muster-KÜO sieht keine Tatbestände vor, bei denen von den Zusammenlegungsvorschriften abgewichen werden kann. Es sprechen jedoch keine Gründe dagegen, die Arbeiten getrennt durchzuführen, wenn der Eigentümer des Grundstücks oder der Räume dies ausdrücklich wünscht. Die Arbeiten in § 3 Abs. 3 Nr. 1–3 Muster-KÜO werden dann in verschiedenen Arbeitsgängen durchgeführt. Der Eigentümer des Grundstücks oder der Räume ist in diesem Fall darauf hinzuweisen, dass zusätzliche Gebühren entstehen. Die getrennte Arbeitsweise ist im Kehrbuch festzuhalten. Dies verursacht dann eine zusätzliche Fahrtpauschale nach Anlage 2 Nr. 1.3 Muster-KÜO. Auf den Wunsch kann auch jederzeit wieder verzichtet werden.

23 Bei Neueinführung der Muster-KÜO werden die BSM vor dem besonderen Problem stehen, dass sehr unterschiedliche Überprüfungsintervalle zeitlich zusammenzuführen sind. Bei Einführung der Zusammenlegungsvorschriften in BW im Jahr 2000 hat das dafür zuständige Wirtschaftsministerium eine großzügige Ausnahmeregelung für den Übergang zugelassen. Es wird den Bundesländern empfohlen, hier auch regelnd einzugreifen.

XIII. Bescheinigungen über die Mess- und Prüfungsergebnisse

Verordnungstext § 3 Abs. 4:

(4) Über das Ergebnis der Feuerstättenschau, der Abgaswegeüberprüfung und der Dunstabzugsanlagenüberprüfung hat der Bezirksschornsteinfegermeister dem Eigentümer des Grundstücks oder der Räume eine Bescheinigung auszustellen.

Erläuterungen

1. Entstehung.. 1, 2
2. Allgemeines.. 3, 4

1. Entstehung

Die Regelung in § 3 Abs. 4 ist neu in der Muster-KÜO. Sie wurde von der **1** KÜO BW übernommen. Bereits bisher hat der BSM dem Benutzer einer messpflichtigen Feuerungsanlage eine Messbescheinigung nach Anlage IV oder V zur 1. BImSchV auszustellen. Bei der Feuerstättenschau und bei der Abgaswegüberprüfung wurde nur bei vorhandenen Mängeln eine Mängelmeldung ausgestellt. Gab die Überprüfung der Feuerungsanlage keinen Anlass zu einer Mängelmeldung, erhielt der Eigentümer des Grundstücks oder der Räume keinen schriftlichen Bescheid. Bei der Feuerstättenschau, der Abgaswegüberprüfung und der Dunstabzugsanlagenüberprüfung ist künftig dem Eigentümer eine Bescheinigung über das Überprüfungsergebnis auszustellen. Damit können Zweifelsfälle im Prüfungsergebnis klar gestellt werden.

§ 3 Abs. 4 Muster-KÜO verwendet den Begriff „Abgaswegeüberprüfung". **2** Dies ist in Baden-Württemberg gebräuchlich. Im übrigen Bundesgebiet wird der Begriff „Abgaswegüberprüfung" verwendet, da es in jeder Feuerungsanlage nur einen Abgasweg gibt. Die Kommentierung wird durchgängig den Begriff „Abgaswegüberprüfung" verwenden. Der Verordnungsgeber hat zu entscheiden, ob er den Begriff aus der Muster-KÜO, oder den bundesweit gebräuchlichen Begriff verwendet.

2. Allgemeines

§ 3 Abs. 4 Muster-KÜO schreibt dem BSM vor, dem Eigentümer des Grund- **3** stücks oder der Räume über das Ergebnis eine Bescheinigung auszustellen. Die Landesinnungsverbände des Schornsteinfegerhandwerks werden dazu entsprechende Vordrucke herausgeben. Die Bescheinung wird erteilt, wenn keine sichtbaren Mängel festgestellt werden und die angetroffenen Feuerstätten, Abgaswege und Dunstabzugsanlagen sich in einem betriebs- und brandsicheren Zustand befinden. Hinweise sind auf der Bescheinigung erlaubt.

Wurden Mängel festgestellt, ist ein Mängelbericht nach § 13 Abs. 1 Nr. 3 **4** SchfG auszustellen. Sind die Mängel behoben, wird die mängelfreie Bescheinigung nach § 3 Abs. 4 KÜO nur ausgestellt, wenn der BSM erneut Gelegenheit zur Überprüfung vor Ort hatte. Eine derartige Nachprüfung ist nur bei der Emissionsmessung (§ 15 Abs. 4 i.V.m. § 14 Abs. 4 1. BImSchV) und bei der CO-Messung (§ 1 Abs. 2 Satz 2 Muster-KÜO) vorgeschrieben. Darüber hinaus kann diese Nachprüfung nur auf Wunsch des Eigentümers oder der Baurechtsbehörde durchgeführt werden. Sollten dadurch besondere Kosten anfallen, hat diese der Eigentümer des Grundstücks oder der Räume oder – im Falle der behördlichen Beauftragung – das zuständige Baurechtsamt zu tragen.

XIV. Beseitigung der Rückstände

Verordnungstext § 3 Abs. 5:

(5) Die bei den Arbeiten anfallenden Rückstände sind vom Schornsteinfeger zu entfernen und in die vom Eigentümer des Grundstücks oder der Räume oder dessen Beauftragten bereitzustellenden geeigneten Behälter zu füllen.

Erläuterungen

1. Entstehung 1
2. Allgemeines 2, 3

1. Entstehung

1 § 3 Abs. 5 Muster-KÜO wurde nahezu wortgleich von der KÜO BW übernommen. Nicht mehr enthalten ist ein Hinweis auf die landesrechtlichen Brandschutzbestimmungen. Dies ist ohnehin selbstverständlich.

2. Allgemeines

2 § 3 Abs. 5 Muster-KÜO verpflichtet den Gebäudeeigentümer, einen geeigneten Behälter für die Verbrennungsrückstände bereitzuhalten. Bereitstellen heißt, im Regelfall einen geeigneten Behälter unmittelbar vor bzw. neben die untere Reinigungsöffnung der zu kehrenden Anlage hinzustellen. Aufgabe des Schornsteinfegers ist es nicht, die Verbrennungsrückstände mitzunehmen. Der Behälter des Grundstückseigentümers muss für die Lagerung der Verbrennungsrückstände geeignet sein.

3 Die Beseitigung der Abfälle ist Sache des Gebäudeeigentümers. Er wird die Abfälle – wenn sie abgekühlt sind – in der Regel als Hausmüll beseitigen können. Genaue Regelungen dazu sind aus den Abfallvorschriften der jeweiligen Stadt- und Landkreise zu entnehmen. Sammelt der BSM die Abfälle ein und beseitigt sie, muss er dazu eine abfallrechtliche Transportgenehmigung beantragen. Der gesammelte Ruß wird dann als Sondermüll behandelt.

XV. Gebührenerhebung

Verordnungstext § 4:

§ 4 Gebührenerhebung

(1) [1]Der Bezirksschornsteinfegermeister erhebt für die nach §§ 13 Abs. 1 Nr. 1, 2, 4, 9, 10 und 11 sowie 59 Abs. 1 SchfG vorgeschriebenen Arbeiten eine Gebühr. [2]Diese bemisst sich nach den in Anlage 2 festgesetzten Arbeitswerten (AW). [3]Neben den Gebühren kann die Erstattung von Auslagen nur entsprechend der Anlage 2 verlangt werden.

(2) Das Entgelt für einen Arbeitswert beträgt .... Euro zuzüglich der gesetzlichen Umsatzsteuer.

(3) [1]Die nach dieser Verordnung zu erhebenden Gebühren und Auslagen werden nach Durchführung der jeweiligen Arbeiten zur Zahlung fällig. [2]Der Bezirksschornsteinfegermeister kann mit Zustimmung des Gebührenschuldners eine Jahresrechnung stellen.

Erläuterungen

1. Entstehung 1–5
2. Allgemeines 6–10
3. Schornsteinfegergebührenverzeichnis 11
4. Auslagenersatz 12–15
5. Gebühr je Arbeitswert 16–19
6. Fälligkeit der Gebühr 20, 21
7. Jahresrechnung 22–25

1. Entstehung

Zur Gebührensystematik s. Erläuterungen zur Anlage 2 Muster-KÜO **1** (Schornsteinfegergebührenverzeichnis).
Erstmals wurde auch ein Muster einer Schornsteinfegergebührenverordnung entworfen. Vorbild war auch hier die Fassung der KÜO BW. Es war Ziel der Projektgruppe zur Vorbereitung der Muster-KÜO 2006, eine einheitliche Kehr- und Überprüfungsordnung und eine Gebührenordnung dazu zu entwerfen. Dies ist auch gelungen.

§ 4 Abs. 1 Satz 2 ist die Verbindung zum Schornsteinfegergebührenver- **2** zeichnis, das die einzelnen Arbeitswerte für die jeweilige Tätigkeit des BSM festlegt.

In Abs. 2 wird das Entgelt für einen Arbeitswert festgelegt. Die Gebühren **3** selbst werden in Arbeitswerten ausgedrückt. Dies hat den Vorteil, dass bei den regelmäßigen Änderungen (meist Anhebungen infolge der allgemeinen Teuerung) der Schornsteinfegergebühren nur der Entgeltsatz für den Arbeitswert verändert werden muss. Bisher haben 15 der 16 Bundesländer bereits mit Arbeitswerten gearbeitet. Nur das Land Hessen hat noch für jeden Gebührentatbestand Eurobeträge festgesetzt.

4   Ein Vergleich der bisherigen Entgeltsätze der Bundesländer mit den neuen Beträgen je AW ist nur in Baden-Württemberg zulässig, da nur mit BW die Gebührenstrukturen vergleichbar sind. Bei allen anderen Ländern wäre ein Vergleich der Entgeltsätze vor und nach der Umstellung ein „Vergleich zwischen Äpfeln und Birnen".

5   Absatz 3 regelt die Fälligkeit der Gebühren und Auslagenersätze und ermöglicht die Ausstellung von Jahresrechnungen, wenn der Gebührenschuldner dies wünscht. Die in Baden-Württemberg bisher noch zulässige Aufteilung sämtlicher Gebühren im Jahr auf die Anzahl der Kehrungen ist nicht mehr zulässig.

2. Allgemeines

6   § 4 Abs. 1 Muster-KÜO bezieht sich nach seinem klaren Wortlaut nicht nur auf Tätigkeiten des BSM, die ihm nach der KÜO obliegen, sondern auf alle Arbeiten nach § 13 Abs. 1 SchfG, für die Gebühren festgesetzt werden dürfen. Die gesetzliche Grundlage dazu ist § 24 Abs. 1 SchfG. Satz 1 enthält den Erhebungsgrundsatz für die Gebühren der KÜO. Schon § 25 Abs. 1 SchfG ermächtigt den BSM, für die ihm gesetzlich obliegenden Arbeiten nach Maßgabe des § 4 Muster-KÜO Gebühren zu erheben.

7   Da die 1. BImSchV (Emissionsmessungen) und die LBO (Bauabnahmen) keinen eigenen Gebührenerhebungsgrundsatz für die Tätigkeiten des BSM haben, ist die Einbeziehung der Emissionsmessgebühren und der Bauabnahmegebühren in die KÜO geboten und durch § 24 Abs. 1 und § 25 Abs. 1 SchfG gesetzlich abgedeckt.

8   Die in der KÜO festgesetzten Gebühren muss der BSM erheben (zum Begriff „Gebühr" vgl. Erl. 11–19 Anlage 2 Einführung Muster-KÜO). Er darf weder höhere, noch niedrigere Gebühren erheben und einziehen (vgl. § 25 Abs. 1 Satz 2 SchfG). Er ist hierbei ebenso gebunden wie Behörden, die Gebühren für Amtshandlungen nach dem Landesgebührengesetz erheben. Die Pflicht, Gebühren in der in der KÜO festgesetzten Höhe zu erheben, kann jedoch nur mit der Einschränkung gelten, dass der BSM auf die Beitreibung der Gebühr verzichten kann, wenn er mit hinreichender Sicherheit weiß, dass eine Zwangsvollstreckung fruchtlos verlaufen und ihn daher nur mit den Kosten belasten würde.

9   Grundsätzlich darf der BSM nur für Kehr- und Überprüfungsarbeiten Gebühren verlangen, die er durchgeführt hat oder – bei Anwendung von § 4 Abs. 3 Satz 2 Muster-KÜO – durchführen wird. Wird eine Tätigkeit nicht durchgeführt, kann dafür auch keine Gebühr erhoben werden. Dabei ist gleichgültig, aus welchem Grund die Tätigkeit entfallen ist. Dies ergibt sich daraus, dass sämtliche Gebühren des Schornsteinfegergebührenverzeichnisses Gebühren sind, bei denen eine genau beschriebene Dienstleistung erbracht sein muss. Auch die Gebühr nach Nr. 6.6 Schornsteinfegergebührenverzeichnis fällt nur an, wenn die Mahnung an den Gebührenschuldner versandt worden ist. Zu den Gebühren allgemein s. auch erläuternde Einführung zu Anlage 2.

10   § 4 Abs. 1 Satz 1 Muster-KÜO hat von der Ermächtigung des § 24 Abs. 1 für die Schornsteinfegerarbeiten in § 13 Abs. 1 Nr. 1, 2, 4, 9, 10 und 11

SchfG Gebrauch gemacht und entsprechende Gebühren im Schornsteinfegergebührenverzeichnis festgesetzt. In der Aufzählung in § 4 Abs. 1 KÜO
fehlen die möglichen Schornsteinfegerarbeiten nach § 13 Abs. 1 Nr. 3 und
Abs. 2 SchfG. Bei § 13 Abs. 1 Nr. 3 SchfG handelt es sich um Meldungen
der bei Schornsteinen, Feuerstätten, Verbindungsstücken und Lüftungsanlagen oder ähnlichen Einrichtungen vorgefundenen Mängel an den Eigentümer des Grundstücks oder der Räume und an die Baurechtsbehörde. Dafür
wurde keine besondere Gebühr festgesetzt. Der Zeitaufwand und die Kosten
dafür sind in den allgemeinen Bürozeiten und Bürokosten enthalten und
werden damit von allen Gebührenschuldnern anteilig getragen.
§ 13 Abs. 2 SchfG wäre nur in die KÜO aufzunehmen, wenn dem BSM
zusätzliche Aufgaben übertragen würden, für die Gebühren verlangt werden
sollen. Dies ist bisher nicht der Fall.

3. Schornsteinfegergebührenverzeichnis

Im Schornsteinfegergebührenverzeichnis (Anlage 2 zur Muster-KÜO) sind **11**
die einzelnen Gebührentatbestände enthalten. Diese setzen die Gebühren in
Arbeitswerten (AW) fest. Einziger Maßstab dafür ist der notwendige Zeitaufwand für die einzelnen Tätigkeiten. § 4 Abs. 1 Satz 2 Muster-KÜO ist
notwendig, um die Anlage 2 in die KÜO einzubinden.

4. Auslagenersatz

§ 4 Abs. 1 Satz 2 Muster-KÜO erlaubt (...kann ...) die Erhebung von Aus- **12**
lagen nur in den Fällen, wenn dies im Schornsteinfegergebührenverzeichnis
ausdrücklich vermerkt ist.
Welche Auslagen berechnet werden dürfen, ergibt sich daher abschließend
aus der Anlage 2 Muster-KÜO. Die Fahrtpauschalen nach Nr. 1.3 und 1.4
des Schornsteinfegergebührenverzeichnisses sind ebenso wenig Auslagenersatz wie die sog. „Mahngebühr" nach Nr. 6.6 des Schornsteinfegergebührenverzeichnisses. Es handelt sich dabei um feste Gebühren in Arbeitswerten, auch wenn mit ihrer Erhebung ein besonderer Aufwand abgedeckt
werden soll.

Die Aufwendungen im Büro des BSM zählen zu den Geschäftskosten eines **13**
Kehrbezirks, die mit den Gebühren nach § 4 Abs. 2 Muster-KÜO abgegolten sind. Zum Umfang der Geschäftskosten s. Erl. 46 ff. zu Anlage 2 Muster-KÜO. Daher gibt es keinen Grund, für Büroaufwendungen einen zusätzlichen Auslagenersatz festzulegen.

§ 4 Abs. 2 Satz 2 Muster-KÜO gilt nur in Beziehung zwischen BSM und **14**
Gebührenschuldner bei Tätigkeiten nach der KÜO. Wird der BSM zusätzlich vom Hauseigentümer oder einer anderen Stelle beauftragt, ist er in
seiner Entgeltberechnung frei. Er kann dann auch einen sog. Verwaltungs-
kostenzuschlag ansetzen, wenn er die Aufwendungen z.B. nach dem Prinzip
der Zuschlagskalkulation errechnet.

Auslagenersatz fällt in folgenden Fällen des Schornsteinfegergebührenver- **15**
zeichnisses an:

Nr. 4.5:   Kostenersatz für die Auswertung der Messung staubförmiger Emissionen.

Nr. 6.1:   Verbrauchsmaterialien für das Ausbrennen, Ausschlagen oder chemisch Reinigen von kehrpflichtigen Anlagen und Einrichtungen.

Zu den einzelnen Auslagen s. Erl. 27, 28 Anlage 2, Kap. 4 und Erl. 9, 10 Anlage 2, Kap. 6 Muster-KÜO bei den jeweiligen Gebührennummern.

5. Gebühr je Arbeitswert

16   Die Berechnung der Gebührenhöhe kann den einführenden Erläuterungen zur Anlage 2 Muster-KÜO entnommen werden. Der Gebührensatz wird je AW in Euro festgesetzt. Dies bedeutet, dass sämtliche Arbeitswerte einer Gebührenrechnung zusammengezählt und mit diesem Satz multipliziert werden. Eine andere Berechnungsweise, in der z.b. Arbeitswerte einzelner Tätigkeiten mit dem Gebührensatz je AW multipliziert und erst die Euro-Beträge addiert werden, ist nach dem klaren Wortlaut der Muster-KÜO nicht zulässig. Es würden dabei Rundungsdifferenzen entstehen, die der BSM nicht vereinnahmen darf bzw. tragen muss. Deshalb haben die Landesinnungsverbände Rechnungsvordrucke empfohlen, die die einzelnen Gebührentatbestände in Arbeitswerten ausweisen und erst die Summenspalte mit dem jeweiligen Gebührensatz je Arbeitswert addieren. Dazu ist noch die gesetzliche Umsatzsteuer zuzuschlagen.

17   Dem jeweiligen BSM ist im Falle des Wohnungseigentums in der Regel nicht bekannt, welche internen Aufteilungsschlüssel für die Schornsteinfegergebühren bestehen, da ihm dazu die jeweiligen Teilungserklärungen und speziellen Wohnungseigentümerbeschlüsse bekannt sein müssten. Daher bestimmt § 25 Abs. 4 SchfG, dass die Schornsteinfegergebühren im Falle von Wohnungseigentum von der Gemeinschaft der Wohnungseigentümer zu tragen sind. Die Gemeinschaft der Wohnungseigentümer wird von der Hausverwaltung vertreten. Aufgrund der klaren Bestimmungen in der Muster-KÜO ist der BSM nicht verpflichtet, der Hausverwaltung eine andere Rechnungsaufstellung zukommen zu lassen. Zur Berechnung der Arbeitswerte und der Gebühren je Arbeitswert s. erläuternde Einführung zu Anlage 2 Muster-KÜO.

18   Der Name der Währung heißt: Euro (€). Im Vertrag von Maastricht, in dem die Einführung der neuen Währung vereinbart wurde, wird diese noch als Europäische Währungseinheit – „European Currency Unit (ECU)" – bezeichnet. Der Europäische Rat hat im Dezember 1995 in Madrid auf deutsche Anregung hin beschlossen, der gemeinsamen Währung den Namen „Euro" zu geben.
Für die gemeinsame europäische Währung wurde von der internationalen Organisation für Standardisierung (ISO) der aus drei Buchstaben bestehende Code „EUR" festgelegt. Das grafische Symbol für den Euro ähnelt einem großen E, das von deutlich markierten, horizontal parallel verlaufenden Linien durchquert wird. Es lehnt sich an den griechischen Buchstaben Epsilon an und verweist damit auf die Wiege der europäischen Kultur und auf den ersten Buchstaben des Wortes „Europa".

Für die Untereinheit des Euro hat sich bislang keine Abkürzung durchgesetzt. Ihre offizielle Bezeichnung lautet „Cent". Bei der Bildung der Mehrzahl wird auf das Plural-S verzichtet (2 Euro, 3 Cent).

Bereits aus § 25 Abs. 3 SchfG geht hervor, dass den Schornsteinfegergebühren die gesetzliche Umsatzsteuer hinzuzurechnen ist. Die Worte in § 4 Abs. 2 Muster-KÜO „...zuzüglich der gesetzlichen Umsatzsteuer" sind daher lediglich zur Klarstellung angefügt worden. Der BSM ist verpflichtet, auf alle Gebühreneinnahmen die gesetzliche Umsatzsteuer mit dem bei der Ausstellung der Rechnung geltenden Satz (seit 1.1.2007: 19 %) zuzuschlagen und an das Finanzamt abzuführen. Ausgenommen davon sind die Mahngebühren (Nr. 6.6 Geb.Verz.). Die Mahngebühr sieht das Finanzamt nicht als mehrwertsteuerpflichtigen Betrag an. Der BSM muss diese Betriebseinnahmen in der Buchführung ohne Mehrwertsteuer besonders ausweisen. **19**

6. Fälligkeit der Gebühr

Die Regelung ist vor allem wichtig für die Beitreibung der Gebühren, wenn diese nicht bezahlt werden. **20**

Da die Gebühren und die Auslagen mit der Vornahme der Arbeit fällig werden, d.h. vom Gebührenschuldner zu zahlen sind, kann sie der Schornsteinfeger im Anschluss an die Kehrung, Überprüfung, Messung oder Bauabnahme erheben. Er muss dabei eine Rechnung ausstellen, in der die ausgeführten Arbeiten einzeln aufgeführt sein müssen. Zur Einziehung der Gebühr vgl. § 25 SchfG. **21**

7. Jahresrechnung

Immer mehr Gebäudeeigentümer – insbesondere Verwalterfirmen – wünschen keine Einzelrechnungen, sondern Jahresrechnungen. Dies ist in beiderseitigem Einvernehmen möglich. Der Widerruf der Einwilligung ist allerdings auch jederzeit zulässig. Dem BSM ist es nicht vorgeschrieben, wann er die Jahresrechnung stellen soll. Es empfiehlt sich, das Fälligkeitsdatum der Gebühren aus der Jahresrechnung im beiderseitigen Einvernehmen festzulegen. **22**

Seit Juli 2004 müssen zwingend auch bei der Rechnungsstellung der BSM die Anforderungen des § 14 Umsatzsteuergesetzes (UStG), mit den Erleichterungen des § 33 Umsatzsteuer-Durchführungsverordnung (UStDV) – Kleinbeträge – beachtet werden. Dies gilt nach Ansicht des Bundesfinanzministeriums auch für Gebührenrechnungen. Danach müssen in den Rechnungen der BSM zwingend folgende Angaben enthalten sein: **23**

Rechnungen bei Beträgen über 150 €	Rechnungen bei Beträgen bis 150 € (Kleinbeträge)
1 Name und Anschrift des BSM	1 Name und Anschrift des BSM
2 Name und Anschrift des Kehr-/Überprüfungs- oder Messpflichtigen	
3 Die vom Finanzamt erteilte Steuernummer oder Umsatzsteuer-Identifikationsnummer.	
4 Art und Umfang der Leistung	2 Art und Umfang der Leistung
5 Zeitpunkt der Leistung	
6 Entgelt für die Leistung (Schornsteinfegergebühr)	3 Entgelt für die Leistung (Schornsteinfegergebühr)
7 Steuerbetrag	4 Steuerbetrag
8 Rechnungsdatum	
9 Rechnungsnummer	5 Rechnungsnummer
10 Mehrwertsteuersatz	6 Mehrwertsteuersatz
11 In Fällen der Zahlung vor der Leistungserbringung den Zeitpunkt	

Als Zeitpunkt der Leistung reicht die Angabe des Kalendermonats aus, in dem die Leistung ausgeführt wird (§ 31 Abs. 4 UStDV). In den Kleinbeträgen bis 150 € sind keine Angaben zur Steuernummer und zum Zeitpunkt der Leistung erforderlich.

24 Das Bundesfinanzministerium hat mit Schreiben vom 21.1.2005 Nr. IV A 5 – S 7280a-10/05 auf Anfrage des ZIV darauf hingewiesen, dass auch BSM gem. § 14 Abs. 2 Satz 1 Nr. 1 UStG verpflichtet sind, eine Rechnung innerhalb von sechs Monaten nach der Leistungserbringung zu erstellen. Soweit die Rechnung an einen nichtunternehmerischen Leistungsempfänger geht, ist auf die Aufbewahrungsverpflichtung des § 14 Abs. 4 Satz 1 UStG hinzuweisen.

25 Der Staat fördert ab 2006 alle von einem Handwerksunternehmen ausgeführten Renovierungs-, Erhaltungs- und Modernisierungsarbeiten (§ 35a Abs. 2 Satz 2 EStG). Begünstigt sind lediglich Arbeitskosten. Dazu zählen auch Leistungen des BSM, wenn sie Erhaltungscharakter haben. Das BMF hat mit Scheiben vom 3. November 2006, IVC4-S2296b-60/06 festgestellt, dass auch Kontrollaufwendungen des BSM (Schornsteinfegergebühren) begünstigt sind. Daher können seit 1.1.2007 alle Schornsteinfegergebührenrechnungen als Handwerkerleistungen i.S.v. § 35a EStG abgesetzt werden. In einer Antwort auf eine Anfrage des Autors bestätigt das baden-württembergische Finanzministerium (Az.: 3-S229.6b/4), dass anstelle einer spezifizierten Rechnung auch eine Gebührenquittung des BSM als Nachweis der Aufwendungen für eine Steuerermäßigung nach § 35a EStG genügt, wenn sie die oben beschriebenen Mindestangaben enthält. Voraussetzung für die Steuerermäßigung ist allerdings, dass der Steuerpflichtige nicht nur eine Rechnung bzw. Quittung des BSM vorlegt, sondern auch die Zahlung durch einen Beleg des Kreditinstituts (Kontoauszug genügt) nachweist. Von dieser gesetzlichen Forderung (§ 35a Abs. 2 Satz 5 EStG) hat auch das FM BW nicht befreien können. Damit werden die Gebührenpflichtigen in Zukunft wohl auf die Überweisung der Schornsteinfegergebühren bestehen. Das FM BW weist noch darauf hin, dass ab dem Jahr 2007 die begünstigten Aufwendungen gesondert auszuweisen sind. Begünstigt sind Arbeits- und Fahrtkosten. Da alle Gebühren des BSM Arbeits- oder Fahrtkosten sind – mit Ausnahme der Auslagen – sind auch alle Gebühren begünstigte Aufwendungen i.S. des Einkommensteuerrechts. Es wird daher empfohlen den Satz „Die Schornsteinfegergebühren enthalten nur Arbeitskosten" auf die Schornsteinfegergebührenrechnung bzw. -quittung zu setzen. Als ausreichend würde auch der schlichte Hinweis genügen, dass in den Schornsteinfegergebühren keine Materialkosten enthalten sind. Werden Auslagen verlangt (z.B. beim Ausbrennen und bei der Feststoffmessung), sind diese besonders auszuweisen (einschl MwSt.).

XVI. Begriffe

Verordnungstext § 5:

§ 5 Begriffe

Bei der Anwendung dieser Verordnung sind die in Anlage 3 aufgeführten Begriffe zugrunde zu legen.

Erläuterungen

1. Entstehung 1, 2
2. Allgemeines 3

1. Entstehung

Die Muster-KÜO 1988 führte 13 Begriffsbestimmungen in § 1 auf. Die **1** Muster-KÜO 2006 verlagert diese in die Anlage 3. Daher musste ein Hinweis darauf in den eigentlichen Verordnungstext aufgenommen werden.

Die vorbereitende Projektgruppe hat die Begriffe weitgehend an das Bau- **2** recht und andere Rechtsgebiete angeglichen. Dies war ein wesentliches Ziel bei der Aufstellung der Muster-KÜO 2006.

2. Allgemeines

§ 5 Muster-KÜO legt klar, dass bei der Anwendung der KÜO die Begriffs- **3** bestimmungen der Anlage 3 zugrunde zu legen sind. Damit werden sie verbindlich eingeführt.

XVII. Inkrafttreten

Verordnungstext § 6:

§ 6 Inkrafttreten

Diese Verordnung tritt am .... **in Kraft. Gleichzeitig treten außer Kraft:**

a) die Kehr- und Überprüfungsordnung vom .... (...... S. ....), zuletzt geändert durch Verordnung vom .... (........ S. ....);

b) die Kehr- und Überprüfungsgebührenordnung vom .... (...... S. ....), zuletzt geändert durch Verordnung vom .... S. ....).

Erläuterungen

1. Entstehung 1, 2
2. Allgemeines 3, 4
3. Übergangsbestimmungen 5

1. Entstehung

1 In § 6 KÜO wird das Inkrafttreten der Muster-KÜO und die dazu notwendigen Übergangsbestimmungen geregelt.

2 Die KÜO sollte bei der Erstumsetzung – nach Möglichkeit – zu einem 1. Januar in Kraft treten, da mit der Neufassung i.d.R. eine Neueinteilung der Kehrbezirke verbunden sein wird.

2. Allgemeines

3 Die KÜO muss einen festen Zeitpunkt für das Inkrafttreten bestimmen, da sich daran entsprechende Fristen und gebührenrechtliche Festsetzungen knüpfen.

4 Mit Inkrafttreten der neuen KÜO muss bestimmt werden, dass die bisher geltende Kehrordnung und die bisher geltende Kehrgebührenordnung formell außer Kraft treten.

3. Übergangsbestimmungen

5 Werden Bestimmungen für den Übergang notwendig, sind sie als § 6 Abs. 2 in die KÜO aufzunehmen. Dies wären vor allem Bestimmungen zur Abkürzung oder Verlängerung zur Änderung von Fristen bei zusammengelegten Arbeiten.

I. Kehr- oder Überprüfungspflichten allgemein

Verordnungstext Anlage 1 Überschrift, Spaltenkopf und Tabellenerläuterungen:

Kehr- oder Überprüfungspflicht

Anlage 1
(zu § 1 Abs. 4)

Anlagen, Einrichtungen und deren Benutzung	Kehrpflicht	Überprüfungs- pflicht
...		
...		
...		

[1]Treffen bei Anlagen und Einrichtungen innerhalb der Tabelle unterschiedliche Kehr- oder Überprüfungspflichten zu, so ist die geringste Festsetzung maßgebend.

[2]Bei Mehrfachbelegung einer kehr- oder überprüfungspflichtigen Abgasanlage richtet sich die Anzahl der Kehrungen oder Überprüfungen nach der Feuerstätte, für die die höchste Anzahl der Kehrungen oder Überprüfungen festgesetzt ist.

Erläuterungen

1. Entstehung   1
2. Allgemeines   2–7
3. Gliederung der Anlage 1, Tabellenkopf   8–12
4. Kehr- und Überprüfungspflichten   13–15

1. Entstehung

Die Muster-KÜO 1988 sah noch eine Vielzahl von Kehr- und Überprüfungsfristen vor, die im Text, meist in Form von Aufzählungen beschrieben wurden. Diese waren für den Laien oftmals sehr schwer zu lesen. Die Muster-KÜO 2006 differenziert die Kehr- und Überprüfungsintervalle noch mehr als die Muster-KÜO 1988. Daher hat sich der Bund-Länder-Ausschuss für eine klar gegliederte Tabelle in einer Anlage entschieden.   **1**

2. Allgemeines

Die Anlage 1 bezieht sich auf den Verordnungstext in § 1 Abs. 4 Satz 1   **2**
Muster-KÜO. Danach werden die Kehr- oder Überprüfungsfristen sämtlicher Schornsteinfegerarbeiten nach der KÜO auf der Grundlage der Anlage 1 festgesetzt. Der BSM darf von den Fristen nur unter den Bedingungen des § 1 Abs. 4 Satz 3 (Erhöhung) oder Abs. 5 (Anlagen nach § 4 BImSchG)

abweichen. Eine Verlängerung der Kehr- oder Überprüfungsfristen ist ihm nicht gestattet (s. Erl. 2 zu § 1 Abs. 4 Muster-KÜO).

3 Bezugspunkt für die Festlegung der Fristen ist meist die Feuerstätte, aber auch andere Anlagen und Einrichtungen und deren Benutzung. Dabei werden die Anlagen und Einrichtungen nach dem Aggregatzustand des jeweiligen Brennstoffes (Nr. 1.1–3.5) unterschieden. Unter der Ordnungsziffer 4 ist unter „sonstige Anlagen" nur die Dunstabzugsanlage aufgeführt. Weitere länderspezifische Anlagen, wie z.b. die Be- und Entlüftungsanlagen nach § 59 in den neuen Bundesländern, können hinzukommen.

4 Treffen bei Anlagen und Einrichtungen innerhalb der Tabelle unterschiedliche Kehr- oder Überprüfungspflichten zu, so ist die geringste Festsetzung maßgebend. Dieser erläuternde Satz zur gesamten Tabelle weist klar darauf hin, dass bei Anlagen und Einrichtungen, die gleichzeitig mehrere Einstufungsmerkmale erfüllen, die speziellere – in diesem Fall die am geringsten belastende – Einstufung gilt. So sind die Abgasanlagen von Holzpelletsfeuerungen mit erkennbar rückstandsarmer Verbrennung, die ganzjährig regelmäßig benutzt werden, zweimal im Jahr zu kehren und nicht viermal im Jahr. Der Praktiker wird sich über eine solche Regelung wundern. Doch zur juristisch einwandfreien Abgrenzung ist diese Klarstellung notwendig.

5 Grundsätzlich gilt dabei, dass eine Überprüfungspflicht weniger belastend ist als eine Kehrpflicht, auch wenn dies der Grundstückseigentümer so nicht gleich erkennen kann. So fällt z.B. eine Ölfeuerungsanlage mit 12 kW, die nur gelegentlich benutzt wird unter Nr. 2.6 und nicht unter Nr. 2.3.

6 Bei Mehrfachbelegung einer kehr- oder überprüfungspflichtigen Abgasanlage richtet sich die Anzahl der Kehrungen oder Überprüfungen nach der Feuerstätte, für die die höchste Anzahl der Kehrungen oder Überprüfungen festgesetzt ist. Der Wortlaut des zweiten erläuternden Satzes zur Anlage 1 darf jedoch nicht mit dem ersten Satz verwechselt werden, der nicht die Einstufung einer Feuerstätte zur Kehrpflicht, sondern die Situation behandelt, wenn ein Schornstein von mehreren Feuerstätten benutzt wird. In diesem Fall geht es um die Situation, dass Schornsteine oft von unterschiedlichen Feuerstätten belegt werden. In diesem Fall könnten Zweifel aufkommen, welche Belegung für die Einstufung maßgebend ist.
Beispiel: In ein senkrechtes Teil einer Abgasanlage (Schornstein) wird sowohl ein Verbindungsstück einer regelmäßig benutzten Öleinzelfeuerstätte < 11 KW als auch ein Verbindungsstück eines gelegentlich benutzten Beistellherds zur Verbrennung von Holz angeschlossen. Der senkrechte Teil der Abgasanlage wird dann dreimal im Jahr gekehrt.

7 Es empfiehlt sich daher, mehrstufig vorzugehen: Erst ist die Einstufung nach Satz 1 festzulegen, dann die verschiedenen Einstufungen nach Satz 2 zu beurteilen.

3. Gliederung der Anlage 1, Tabellenkopf

8 Die Tabelle in Anlage 1 gliedert sich in vier Bereiche mit den Ordnungsnummern:

1. Feste Brennstoffe
2. Flüssige Brennstoffe
3. Gasförmige Brennstoffe
4. Sonstige Anlagen

Innerhalb der vier Bereiche werden mit aufsteigenden Gliederungsnummern die Kehr- oder Überprüfungspflichten beschrieben. Dabei wird – ausgehend vom Kunden – von hoher Belastung bis zur niedrigsten Belastung abgestuft. Im Bereich der festen Brennstoffe geht dies von der Nr. 1.1 viermalige Kehrpflicht im Jahr bis zur Nr. 1.10 einmalige Überprüfungspflicht im Jahr. Im Bereich der flüssigen Brennstoffe geht dies von der Nr. 2.1 dreimalige Kehrpflicht im Jahr bis zur Nr. 2.10 mit einmaliger Überprüfung alle drei Jahre. Bei den Anlagen zur Verbrennung gasförmiger Brennstoffe geht dies von der Nr. 3.1 einmalige Überprüfung im Jahr bis zur Nr. 3.5 einmalige Überprüfung in drei Jahren. Im Bereich der sonstigen Anlagen ist nur die Dunstabzugsanlage mit einer jährlichen Überprüfungspflicht aufgeführt.

In Spalte 1 wird die einzustufende Anlage oder Einrichtung und deren **9** Benutzung beschrieben. Dabei handelt es sich meist um eine Feuerstätte zur Verbrennung des Brennstoffes, der in der Überschrift für diesen Bereich aufgeführt ist. So handelt es sich bei der Nr. 1.7 um eine gelegentlich benutzte Feuerstätte zur Verbrennung von Holz, Kohle oder eines anderen festen Brennstoffes. Bei der Nr. 2.1 geht es um eine regelmäßig benutzte Ölfeuerstätte.

Die Spalten 2 und 3 legen die Kehr- oder Überprüfungsfristen fest. Die **10** Festlegung in Nr. 1.1 „4 x im Jahr" bedeutet, dass der BSM die kehrpflichtigen Teile der Feuerungsanlage viermal im Jahr kehren (reinigen) muss. Unter Beachtung von § 3 Abs. 2 Muster-KÜO muss er die Arbeiten quartalsweise aufgliedern (s. Erl. 4 zu § 3 Abs. 2 Muster-KÜO).

Die Anzahl der jährlichen Kehrungen wird auch als „Kehrhäufigkeit" be- **11** zeichnet. Die Kehrhäufigkeit beschreibt die Anzahl der jährlich vorgeschriebenen Kehrungen. Bei einem Schornstein, der viermal im Jahr zu kehren ist, spricht man von einem S4-, bei dreimaliger Kehrung von einem S3-, bei zweimaliger Kehrung von einem S2- und bei einmaliger Kehrung von einem S1-Schornstein.

Welche Anlagen und Einrichtungen (z.B. Schornsteine, Rohre, Kanäle etc.) **12** zu kehren oder zu überprüfen sind, geht aus § 1 Abs. 1 hervor. In Anlage 1 sind nur die Fristen (Intervalle) beschrieben. Daher begründen sich die kehr- und überprüfungspflichtigen Anlagen nur aus § 1 Abs. 1 Muster-KÜO, die Fristen nur aus Anlage 1 der Muster-KÜO.

4. Kehr- und Überprüfungspflichten

Die Kehrpflicht ist in § 1 Abs. 1 Satz 2 Muster-KÜO festgeschrieben. Keh- **13** ren heißt Entfernen der in den Anlagen oder Einrichtungen anhaftenden Verbrennungsrückstände. Auf die Erläuterungen dazu wird verwiesen. Die Anlage ist mit allen ihren kehrpflichtigen Komponenten in einem Arbeitsgang zu kehren (reinigen). Weitere Zusammenlegungsvorschriften ergeben sich aus § 3 Abs. 3 Muster-KÜO.

14 Die Überprüfungspflicht ist ebenfalls in § 1 Abs. 1 Satz 2 Muster-KÜO festgeschrieben. Überprüfen eines Abgasschornsteins, -kanals, eines Abgaswegs, einer Lüftungsanlage oder einer Abgasleitung bedeutet, auf freien Querschnitt zu achten und bestehende oder zu erwartende Funktionsbeeinträchtigungen festzustellen, die die Betriebssicherheit der Anlage beeinträchtigen könnten. Es ist in erster Linie festzustellen, ob die Abgase der Gasfeuerstätten einwandfrei abziehen und die erforderliche Verbrennungsluft in ausreichendem Maß nachströmen kann. Auf die Erläuterungen zu § 1 Abs. 1 Muster-KÜO wird verwiesen. Auch hier ist die Anlage oder Einrichtung mit allen ihren überprüfungspflichtigen Komponenten in einem Arbeitsgang zu überprüfen. Erforderlichenfalls ist die Anlage auch noch zu kehren (reinigen). Siehe dazu Erl. 81 zu § 1 Abs. 1 Satz 3 Muster-KÜO. Auch hier können sich weitere Zusammenlegungsvorschriften aus § 3 Abs. 3 Muster-KÜO ergeben.

15 Das OVG Rheinland-Pfalz hat in einem Urteil vom 15.11.2005 – 6 A 10105/ 05.OVG – grundsätzlich ausgeführt, dass bei der Festlegung der Kehr- oder Überprüfungspflicht der Verhältnismäßigkeitsgrundsatz zu beachten ist. Dies gilt auch dann, wenn die Kehr- oder Überprüfungsarbeiten mit dem gleichen Werkzeug durchgeführt werden. Das OVG Rheinland-Pfalz führt dazu aus: *„Das Mittel ist geeignet, wenn mit seiner Hilfe der gewünschte Erfolg gefördert werden kann; es ist erforderlich, wenn der Normgeber nicht ein anderes, gleich wirksames, aber das Grundrecht nicht oder doch weniger fühlbar einschränkendes Mittel hätte wählen können."* In dem fraglichen Fall wurde eine Überprüfung eines Abgasrohres für ausreichend betrachtet und keine obligatorische Kehrung. Dazu führte das OVG weiter aus: *„Die öffentlichen Sicherheitsbelange werden nämlich im Regelfall bereits dann vollumfänglich gewahrt, wenn die normativen Duldungspflichten des Grundstückseigentümers auf eine regelmäßige obligatorische Anlagenkontrolle zurückgeführt werden. ... Zwar mag die Belastungssituation des Grundstückseigentümers in Bezug auf die Wahrnehmung des Grundstücksbetretungsrechtes durch den Schornsteinfeger ebenso wie in Bezug auf seine Entgeltsverpflichtungen unverändert sein, gleichgültig ob er einen Überwachungs- oder einen Reinigungseingriff hinzunehmen hat. Doch lässt sich bei lebensnaher Betrachtung die Annahme nicht von der Hand weisen, dass in einer namhaften Anzahl von Fällen, wenn nicht sogar im Regelfall, die Anlagenüberwachung ohne unmittelbare körperliche Einwirkung auf den abgasführenden Gegenstand auskommen kann und wird, weil Substanz schonendere Maßnahmen wie die Ausspiegelung des Abgasrohres oder ähnliche Methoden zweckdienliche Alternativen darstellen."* Die Projektgruppe hat daher sehr differenziert unterschieden zwischen kehr- oder überprüfungspflichtigen Anlagen und Einrichtungen. Die Grundsätze des OVG-Urteils sind daher eingehalten.

II. Feste Brennstoffe

Verordnungstext Anlage 1, Kapitel 1 Feste Brennstoffe:

Anlagen, Einrichtungen und deren Benutzung	Kehrpflicht	Überprü-fungspflicht
1	**Feste Brennstoffe**		
1.1	ganzjährig regelmäßig benutzte Feuerstätte	4 x im Jahr	
1.2	regelmäßig in der üblichen Heizperiode be-nutzte Feuerstätte	3 x im Jahr	
1.3	Feuerstätte von bivalenten Heizungen mit ei-nem ausreichenden Pufferspeicher (mindes-tens 25 l/kW Nennleistung des Heizkessels)	2 x im Jahr	
1.4	Feuerstätte zur Verbrennung von Holzpellets (Brennstoffe nach § 3 Abs. 1 Nr. 5a 1. BImSchV) und erkennbar rückstandsarmer Verbrennung	2 x im Jahr	
1.5	nach § 15 1. BImSchV wiederkehrend zu überwachende Feuerstätte	2 x im Jahr	
1.6	mehr als gelegentlich, aber nicht regelmäßig benutzte Feuerstätte	2 x im Jahr	
1.7	gelegentlich benutzte Feuerstätte	1 x im Jahr	
1.8	nach § 15 1. BImSchV wiederkehrend zu überwachende Feuerstätte mit Einrichtungen zur Sicherstellung der Verbrennungsgüte (z.B. durch CO-Sensoren)	1 x im Jahr	
1.9	Verbrennungsluft- undAblufteinrichtung		1 x im Jahr
1.10	betriebsbereite, jedoch dauernd unbenutzte Feuerstätte		1 x im Jahr

Erläuterungen

1. Entstehung... 1–4
2. Allgemeines... 5, 6
3. Nr. 1.1: ganzjährig regelmäßig benutzte Feuerstätte................. 7–10
4. Nr. 1.2: regelmäßig in der üblichen Heizperiode benutze Feuerstätte.... 11–14
5. Nr. 1.3: Feuerstätte von bivalenten Heizungen 15–18
6. Nr. 1.4: Holzpelletsheizung.................................... 19–23
7. Nr. 1.5: messpflichtige Feststofffeuerungsanlage 24–33
8. Nr. 1.6: mehr als gelegentlich, aber nicht regelmäßig benutzte Feuerstätte 34–41
9. Nr. 1.7: gelegentlich benutzte Feuerstätte......................... 42–47
10. Nr. 1.8: messpflichtige Feststofffeuerungsanlage mit Einrichtungen zur Sicherstellung der Verbrennungsgüte......................... 48–51
11. Nr. 1.9: Verbrennungsluft- und Ablufteinrichtungen bei einer Feuerungsanlage zur Verbrennung fester Brennstoffe 52–60
12. Nr. 1.10: betriebsbereite, jedoch dauernd unbenutzte Feuerstätte zur Verbrennung fester Brennstoffe 61–64

1. Entstehung

1 Beim technischen Hearing im Januar 2004 in Stuttgart haben die Fachleute grundsätzlich keinen Änderungsbedarf bei den Kehrfristen für Feuerungsanlagen zur Verbrennung fester Brennstoffe gesehen. Beim Betrieb dieser Feuerungsanlagen fällt Ruß als brennbarer Bestandteil der Abgase an. So werden auch weiterhin die Abgasanlagen der regelmäßig benutzten Feuerungsanlagen (mit Ausnahme der Ofenrohre) quartalsweise gekehrt. Bei Feuerstätten, die nicht ganzjährig, aber regelmäßig in der üblichen Heizperiode benutzt werden, fällt die Kehrung im Sommerquartal weg.

2 Für Kohle- und Koksfeuerstätten sind keine Ausnahmen vorgesehen. Für Kohlebadeöfen, die nur samstags benutzt werden, sahen die Fachleute jedoch die Möglichkeit, diese als „Zusatzfeuerstätte" anzusehen und sie unter Nr. 1.6 (mehr als gelegentlich, aber nicht regelmäßig benutzte Feuerstätte) einzustufen.

3 Ausnahmen für nicht messpflichtige moderne Stückholzkessel werden nicht gesehen, weil diese noch nicht auf dem Markt erprobt werden konnten. Bei messpflichtigen Feuerungsanlagen zur Verbrennung fester Brennstoffe wurde eine Ausnahme zugelassen, wenn diese über wirksame Einrichtungen zur Sicherstellung der Verbrennungsgüte verfügt (s. Erl. 48–51).

4 Beim technischen Hearing im Januar 2004 wurde intensiv über die Frage diskutiert, ob Feuerungsanlagen zur Verbrennung von Holzhackschnitzel in gleicher Weise privilegiert werden sollten, wie Holzpelletsheizungen. Am Ende konnten sich die Fachleute nicht zu dieser in Baden-Württemberg bereits praktizierten Empfehlung durchringen. Daher sind bundesweit die Feuerungsanlagen zur Verbrennung von Holzhackschnitzel gleich zu behandeln wie entsprechende Stückholzfeuerungsanlagen. Ausschlaggebend war dafür, dass der Brennstoff – anders wie bei Holzpellets – keinerlei Normen unterworfen ist. Die Förderung solcher Anlagen wäre aus Gründen des Umweltschutzes wünschenswert. Aus grundsätzlichen Erwägungen kann dies in der KÜO (Feuersicherheit) nicht berücksichtigt werden.

2. Allgemeines

5 Die Muster-KÜO geht von einer quartalsweisen Reinigung der Abgasanlagen (Schornsteine, Kanäle und Rohre) und der damit verbundenen Einrichtungen aus. Wie bisher werden Anlagen von ganzjährig regelmäßig benutzten Feuerstätten viermal im Jahr, von während der üblichen Heizperiode benutzten Feuerstätten dreimal im Jahr, von mehr als gelegentlich, aber nicht regelmäßig benutzten Feuerungsanlagen (Zusatzfeuerstätten) zweimal im Jahr und von gelegentlich oder selten benutzten Feuerstätten einmal im Jahr gekehrt. Wichtige Abweichungen bestehen:

– bei messpflichtigen Holzfeuerstätten (nur zweimal im Jahr, bei Anlagen mit Einrichtungen zur Sicherstellung der Verbrennungsgüte einmal im Jahr),

– Anlagen zur Verbrennung von Holzpellets (nur zweimal im Jahr) und

– für bivalente Heizungen mit ausreichendem Pufferspeicher (nur zweimal im Jahr).

Aus Gründen der Feuersicherheit kann der BSM die Zahl der jährlichen **6**
Kehrungen erhöhen (§ 1 Abs. 4 Satz 2 Muster-KÜO) und die untere Verwaltungsbehörde kann bei Anlagen nach § 4 BImSchG abweichende Regelungen treffen (§ 1 Abs. 5 Muster-KÜO).

3. Nr. 1.1: ganzjährig regelmäßig benutzte Feuerstätte

Die kehrpflichtigen Anlagen und Einrichtungen nach § 1 Abs. 1 Muster- **7**
KÜO von ganzjährig regelmäßig benutzten Feuerstätten zur Verbrennung
fester Brennstoffe sind jährlich viermal zu kehren. Es erfolgt i.d.R. eine
Kehrung je Quartal (s. auch Erl. 4 zu § 3 Abs. 2 Muster-KÜO).

Unter Nr. 1.1 der Anlage 1 Muster-KÜO fallen alle Feuerstätten, die ganz- **8**
jährig betrieben werden und nicht unter einer anderen Nummer zu fassen
sind. Dies sind Feuerungsanlagen, die sowohl zur Wärmegewinnung für die
Heizung, als auch für die Erwärmung des Brauchwassers benutzt werden
oder Prozesswärme im gewerblichen oder industriellen Bereich erzeugen.
Ganzjährig werden alle Feuerungsanlagen benutzt, die mehr als in der üblichen Heizperiode in Betrieb sind. Starre 12 Betriebsmonate oder 52 Be-
triebswochen können daher nicht als Maßstab angelegt werden.

Feuerstätten in Privathaushalten werden „regelmäßig" benutzt, wenn sie **9**
täglich in Betrieb sind, wobei ein gelegentliches Außerbetriebnehmen, beispielsweise wegen Urlaubs, Reise, am Wochenende unbeachtlich ist. Gewerblich genutzte Feuerstätten werden regelmäßig benutzt, wenn sie während der Arbeitszeit in Betrieb sind, wobei Betriebsferien außer Betracht
bleiben.

Ein saisoneller Heizungsbetrieb nur in den Sommermonaten etwa bei Tou- **10**
rismusbetrieben lässt jedoch noch keine Einstufung mit viermaliger Kehrpflicht im Jahr zu. Hier sollte der BSM – erforderlichenfalls unter Mitwirkung der unteren Verwaltungsbehörde – eine individuelle Lösung unter
analoger Anwendung der Systematik der Anlage 1 anstreben. Dieses Beispiel
zeigt, dass die Tabelle in Anlage 1 für 99 % aller Fälle eine einwandfreie
Einstufung zulässt, in Zweifelsfällen jedoch besondere Lösungen getroffen
werden müssen. Die Muster-KÜO sieht dies in ihrem Wortlaut zwar nicht
ausdrücklich vor, doch in allen Fällen, in denen eine andere Handhabung
mit dem Gebot der Feuersicherheit nach § 1 SchfG nicht vereinbar wäre,
bleibt dem BSM oder der Aufsicht führenden unteren Verwaltungsbehörde
nichts anderes übrig. Es wird empfohlen, derartige Festlegungen schriftlich
als Verwaltungsakt zu erlassen.

4. Nr. 1.2: regelmäßig in der üblichen Heizperiode benutzte Feuerstätte

Die kehrpflichtigen Anlagen und Einrichtungen nach § 1 Abs. 1 Muster- **11**
KÜO von regelmäßig, in der üblichen Heizperiode benutzten Feuerstätten
zur Verbrennung fester Brennstoffe sind jährlich dreimal zu kehren. Es
erfolgt i.d.R. je eine Kehrung je Quartal; das Sommerquartal wird ausgelassen (s. auch Erl. 4 zu § 3 Abs. 2 Muster-KÜO).

12 Unter Nr. 1.2 der Anlage 1 Muster-KÜO fallen alle Feuerstätten zur Verbrennung fester Brennstoffe, die regelmäßig in der üblichen Heizperiode genutzt, jedoch nicht als messpflichtige Feuerungsanlage, Holzpelletsheizung oder bivalente Feuerungsanlage mit ausreichendem Pufferspeicher privilegiert sind. Nicht darunter fallen auch ganzjährig regelmäßig benutzte Feuerstätten, die unter Nr. 1.1 fallen. Unter Nr. 1.2 Anlage 1 Muster-KÜO fallen daher nichtmesspflichtige Holzzentralheizungen, Holzeinzelfeuerstätten, Kohleherde, regelmäßig benutzte Kachelöfen und Kaminöfen.

13 Wie bereits unter Erl. 9 ausgeführt werden Feuerstätten in Privathaushalten „regelmäßig" benutzt, wenn sie täglich in Betrieb sind, wobei ein gelegentliches Außerbetriebnehmen, beispielsweise wegen Urlaubs, Reise, an Wochenenden unbeachtlich ist. Gewerblich genutzte Feuerstätten werden regelmäßig benutzt, wenn sie während der Arbeitszeit in Betrieb sind, wobei Betriebsferien außer Betracht bleiben.

14 Es kommt nicht auf die tatsächliche, sondern auf die „übliche" Heizperiode" an. Üblich ist, zwischen dem 1. Oktober und dem 30. Juni zu heizen. Muss der Außentemperatur wegen schon früher oder später geheizt (gelegentlich) werden, wird dadurch die Zahl der periodischen Kehrungen nicht berührt. Als Benutzung während der üblichen Heizperiode ist auch anzusehen, wenn die Heizung aus Sparsamkeit weniger als neun Monate im Jahr in Betrieb ist. In der bis 30.9.1988 geltenden VwV zur 1. BImSchV (Nr. 12.5 zu § 9a und Nr. 1.12 Anl. I a hierzu) wurde als Heizperiode die Zeit zwischen dem 1.10. und dem 30.4. angesehen. Während die 1. BImSchV die Messung aus Gründen der Energieeinsparung nur in der Betriebszeit zulässt, ist als „übliche Heizperiode" i.S. der Muster-KÜO die Zeit anzusehen, in der üblicherweise Ruß anfällt. In den Monaten Mai und Juni wird die Feuerungsanlage üblicherweise noch zeitweise in Betrieb gehalten bzw. genommen, z.B. in den kühlen Abendstunden, mit der Folge weiterer Rußablagerung. Die unterschiedlich lange „übliche Heizperiode" in der KÜO und der üblichen Benutzung in der 1. BImSchV ist der Sache nach daher geboten.

5. Nr. 1.3: Feuerstätte von bivalenten Heizungen

15 Die kehrpflichtigen Anlagen und Einrichtungen nach § 1 Abs. 1 Muster-KÜO von bivalenten Heizungen mit einem ausreichenden Pufferspeicher von mindestens 25 l/kW Nennleistung des Heizkessels zur Verbrennung fester Brennstoffe sind jährlich zweimal zu kehren. Es erfolgt i.d.R. eine Kehrung je Halbjahr (s. auch Erl. 4 zu § 3 Abs. 2 Muster-KÜO).

16 Zum Begriff der bivalenten Heizung s. Anlage 3 Nr. 8 Muster-KÜO. Die bevorzugte Einstufung einer bivalenten Heizung in der Kehrpflicht ist nur gerechtfertigt, wenn ein Teil der Heizlast von Sonnenkollektoren oder einer Wärmepumpe getragen wird. Dies ist nicht der Fall, wenn die Heizung ausschließlich von der Holzfeuerstätte, die Brauchwassererwärmung vom Sonnenkollektor oder der Wärmepumpe kommt.

17 Voraussetzung für die geringere Kehrpflicht ist daneben noch, dass die Holzfeuerstätte über einen ausreichenden Pufferspeicher verfügt. Erst dann ist davon auszugehen, dass die Holzfeuerstätte einer bivalenten Heizung weniger benutzt wird, als übliche Holzfeuerstätten. Ein Pufferspeicher ist ein Wärmespeicher i.S. von § 6 Abs. 3 1. BImSchV. Es ist ein Behälter, der nicht vom Wasser durchflossen wird, sondern „stehendes" Wasser als Wärmespeicher für die Heizung oder, wie in diesem Fall, von der Solaranlage aufnimmt (drucklos). Die von der Solaranlage erzeugte Wärme wird über Wärmetauscher in den Pufferspeicher eingebracht und wird über weitere Wärmetauscher zur Gebäudeheizung wieder entnommen.

Der Herausgeber der Muster-KÜO hat auch eine Mindestgröße für den **18** Pufferspeicher vorgeschrieben, damit diese Vorschrift nicht umgangen werden kann. Die Mindestgröße beträgt 25 l je kW Nennleistung des Heizkessels. Bei einem Heizkessel von 20 kW wären das 500 l. Die Mindestgröße entspricht den Anforderungen in § 6 Abs. 3 1. BImSchV.

6. Nr. 1.4: Holzpelletsheizung

Die kehrpflichtigen Anlagen und Einrichtungen nach § 1 Abs. 1 Muster- **19** KÜO von Feuerstätten zur Verbrennung von Holzpellets und erkennbar rückstandsarmer Verbrennung sind jährlich zweimal zu kehren. Es erfolgt i.d.R. eine Kehrung je Halbjahr (s. auch Erl. 4 zu § 3 Abs. 2 Muster-KÜO).

Nr. 1.4 Anlage 1 Muster-KÜO sind Feuerungsanlagen zur Verbrennung von **20** Holzpellets, wenn eine erkennbar rückstandsarme Verbrennung vorliegt, zweimal im Jahr zu kehren. Holzhackschnitzelanlagen, wie sie derzeit noch in Baden-Württemberg in gleicher Weise privilegiert sind, fallen nicht unter Ziff. 1.4. Holzpelletsheizungen müssen auch nicht mechanisch beschickt sein, allerdings werden sie das in der Praxis sein, da handbeschickte Anlagen eine erkennbar rückstandsarme Verbrennung nicht nachweisen können.

Holzpellets ist die umgangssprachliche Bezeichnung für alle Presslinge aus **21** naturbelassenen Holzbriketts entsprechend DIN 51731, Ausgabe Mai 1993, oder vergleichbare Holzpellets oder andere Presslinge aus naturbelassenem Holz mit gleichwertiger Qualität (§ 3 Abs. 1 Nr. 5a 1. BImSchV).

Die „erkennbar rückstandsarme Verbrennung" muss aus den Anlagedaten **22** selbst hervorgehen und ist im Zweifelsfall vom Gebäudeeigentümer nachzuweisen. Die Muster-KÜO sieht dazu keine besondere Definition vor, so ist vom Stand der Technik in diesem Bereich auszugehen. Im Zweifelsfall muss die Aufsichtsbehörde darüber nach Anhörung des BSM entscheiden.

Holzpelletsheizungen > 15 kW Nennleistung sind messpflichtig nach § 15 **23** der 1. BImSchV. Die Kehrpflicht dieser Anlagen ist bereits nach Nr. 1.5 der Anlage 1 Muster-KÜO auf zweimal im Jahr reduziert. Ein Nachweis über die rückstandsarme Verbrennung ist für diese Anlagen dann nicht mehr erforderlich.

7. Nr. 1.5: messpflichtige Feststofffeuerungsanlage

Die kehrpflichtigen Anlagen und Einrichtungen nach § 1 Abs. 1 Muster- **24** KÜO von Feuerstätten zur Verbrennung von festen Brennstoffen, die nach § 15 1. BImSchV wiederkehrend überwacht werden, sind jährlich zweimal zu kehren. Es erfolgt i.d.R. eine Kehrung je Halbjahr (s. auch Erl. 4–8 zu § 3 Abs. 2 Muster-KÜO).

25   Darüber hinaus gibt es über den Zeitpunkt der Kehrungen in der Muster-KÜO keine Vorgaben. Allerdings verlangt § 15 Abs. 4 i.V.m. § 14 Abs. 3 1. BImSchV, dass Emissionsmessungen nur in der üblichen Betriebszeit der Feuerungsanlage durchgeführt werden dürfen. Eine Zusammenlegung von Kehr- und Messarbeiten wird in § 3 Abs. 3 Muster-KÜO nicht verlangt. Lediglich die alle fünf Jahre durchzuführende Feuerstättenschau muss zusammen mit der Messung durchgeführt werden.

26   Damit wird der Emissionsmessung – wie bei Ölfeuerstätten – eine sicherheitsrelevante Funktion zuerkannt. Der Verordnungsgeber sah den technischen Stand der Anlagen im Emissionsverhalten noch nicht so weit wie bei messpflichtigen Ölfeuerungsanlagen. Erst messpflichtige Anlagen, die Einrichtungen zur Sicherstellung der Verbrennungsgüte haben, werden mit diesen gleichgestellt. Derartige Anlagen werden nach Nr. 1.8 der Anlage 1 Muster-KÜO eingestuft (s. u. Erl. 48–51).

27   Unter Nr. 1.5 der Anlage 1 Muster-KÜO fallen mechanisch beschickte Feuerungsanlagen mit einer Nennleistung von mehr als 15 kW zur Verbrennung von:

– Steinkohle, nicht pechgebundene Steinkohlebriketts, Steinkohlekoks,
– Braunkohle, Braunkohlebriketts, Braunkohlekoks,
– Torfbriketts, Brenntorf,
– Grill-Holzkohle, Grill-Holzkohlebriketts,
– naturbelassenem stückigem Holz (Scheitholz, Hackschnitzel, Reisig, Zapfen),
– naturbelassenem nicht stückigem Holz (Sägemehl, Späne, Schleifstaub, Rinde),
– Presslinge aus naturbelassenem Holz in Form von Holzbriketts entsprechnd DIN 51731, Ausgabe Mai 1993, oder vergleichbare Holzpellets oder andere Presslinge aus naturbelassenem Holz mit gleichwertiger Qualität,
– Stroh oder ähnliche pflanzliche Stoffe

und Feuerstätten mit einer Nennleistung von mehr als 50 kW zur Verbrennung von:

– gestrichenem, lackiertem oder beschichtetem Holz ohne Holzschutzmittel und halogenorganischen Verbindungen,
– Sperrholz, Spanplatten, Faserplatten oder sonst verleimtem Holz ohne Holzschutzmittel und halogenorganischen Verbindungen.

28   Zur Nennleistung von Feuerungsanlagen (früher Nennwärmeleistung) s. Erläuterungen bei Anlage 3 Nr. 16 Muster-KÜO.

29   Nr. 1.5 der Anlage 1 Muster-KÜO knüpft an die Regelung an die Überwachungspflicht nach § 15 der 1. BImSchV an. Unterbleibt versehentlich eine Emissionsmessung hat dies keine Auswirkungen auf die Kehrpflicht, da die Überwachungspflicht weiterhin besteht. Die Überwachungspflicht nach § 14 1. BImSchV ist für die Kehrpflicht ohne Bedeutung.

Auch Feuerungsanlagen, die neu errichtet werden, sind nach § 15 1. **30**
BImSchV überwachungspflichtig, auch wenn die erste wiederkehrende
Emissionsmessung erst nach einem Jahr erfolgt. Sie werden daher bereits
im 1. Jahr unter Beachtung der Nr. 1.5 Anlage 1 Muster-KÜO eingestuft.

Andere Kohle- und Kokssorten wie die zugelassenen Brennstoffe nach § 3 **31**
Abs. 1 1. BImSchV dürfen nicht in Feuerungsanlagen zur Wärmeerzeugung
verbrannt werden. So sind z.B. pechgebundene Steinkohlebriketts wegen der
darin enthaltenen Schadstoffe nicht mehr zugelassen. Braunkohle kann auch
in Staubform eingesetzt werden.

Mechanisch beschickt ist eine Feuerungsanlage, wenn der Brennstoff nach- **32**
rieselt, nachrutscht oder nachgeführt wird, ohne dass der Betreiber Hand
anlegen muss. Einzelne Korrekturen mit Hand verändern diesen Status
nicht.

Eine freiwillige Emissionsmessung für eine Feststofffeuerungsanlage führt – **33**
im Gegensatz zur Nr. 2.6 Anlage 1 Muster-KÜO – nicht zur Veränderung
der Kehrpflicht. Die Projektgruppe sah dies als nicht notwendig an, da eine
Emissionsmessung für Feststoffanlagen teurer ist, so dass der Grundstückseigentümer eher Nachteile als Vorteile von einer solchen Regelung hätte.

8. Nr. 1.6: mehr als gelegentlich, aber nicht regelmäßig benutzte Feuerstätte

Die kehrpflichtigen Anlagen und Einrichtungen nach § 1 Abs. 1 Muster- **34**
KÜO von Feuerstätten zur Verbrennung von festen Brennstoffen, die mehr
als gelegentlich, aber nicht regelmäßig benutzt werden, sind jährlich zweimal zu kehren. Es erfolgt i.d.R. eine Kehrung je Halbjahr (s. auch Erl. 4 zu
§ 3 Abs. 2 Muster-KÜO).

Die verwendete Beschreibung „mehr als gelegentlich, aber nicht regelmäßig **35**
benutzte Feuerstätte" ist neu. Sie tritt anstelle des bisher verwendeten Be-
griffs „Zusatzfeuerstätte", ohne inhaltlich an der Systematik etwas zu än-
dern. Der Begriff „Zusatzfeuerstätte" reichte jedoch nicht immer aus, um
die Anlagen und Einrichtungen zu erfassen, die nicht mehr gelegentlich, aber
auch noch nicht regelmäßig in der üblichen Heizperiode benutzt werden.
Alle Benutzungsformen, die dazwischen sind, sollen mit der Definition von
Nr. 1.6 Anlage 1 Muster-KÜO erfasst werden.

Es gibt Feuerstätten, die zwar nicht die Grundwärmeversorgung tragen, **36**
aber mehr als nur gelegentlich benutzt werden. Sie werden üblicherweise
in der Übergangszeit im Frühjahr und im Herbst benutzt und sind mit einer
normalen Heizung nicht vergleichbar. Diese Feuerstätten werden allgemein
„Zusatzfeuerstätten" genannt. Es handelt sich um Feuerstätten, die zum
Einsatz kommen, wenn die Wetterverhältnisse noch keine durchgehende
Heizung erforderlich machen oder zur Zentralheizung einzelne Zimmer
zusätzlich erwärmt werden müssen. Die übliche Nutzung liegt zwischen
den gebräuchlichen Heizungen der Grundversorgung und den selten genutzten Feuerstätten. Dabei wird nicht unterschieden, wie viele Tage die Feuerstätte in Betrieb ist. Anknüpfungspunkt ist nur die Tatsache, dass sie mehr

als gelegentlich, aber nicht regelmäßig benutzt wird. Ein durchgehender Betrieb während der üblichen Heizperiode oder das ganze Jahr würde allerdings diesen Status übersteigen und somit eine höhere Kehrpflicht auslösen. Das Wirtschaftsministerium BW sieht allerdings auch einen zusätzlich zu einer Gaszentralheizung von Mitte Oktober bis Mitte März täglich von 16–22 Uhr betriebenen Kachelofen als Feuerungsanlage an, die unter Nr. 1.6 Anlage 1 Muster-KÜO einzustufen ist.

37   Eine Zusatzfeuerstätte wird oft im Frühjahr und Spätherbst (Übergangszeit) benutzt (z.B. Kachelofen, Kaminofen). Zusätzlich bedeutet, dass noch eine andere Feuerstätte oder Wärmeversorgung (Fernwärme oder Elektroblockspeicherheizung) vorhanden sein muss, die die Grundlast der Wärme für die Wohnung oder das Gebäude erzeugt. Nur dann kann davon ausgegangen werden, dass diese nicht regelmäßig benutzt wird. Darunter fallen auch keine Feuerungsanlagen, die zur Brauchwasserbereitung ständig in Betrieb sind.

38   Eine Zentralheizung ist eine Feuerstätte, die mehr als einen Raum mit Wärme versorgt. Der Begriff Feuerstätte ist der Nr. 11 Anlage 3 Muster-KÜO zu entnehmen.

39   Offene Kamine, die bestimmungsgemäß offen betrieben werden können, sind zwar ebenfalls „Zusatzfeuerstätten", dürfen jedoch nach § 4 Abs. 3 1. BImSchV nur gelegentlich betrieben werden. Daher kann sie der BSM nur unter Nr. 1.7 Anlage 1 Muster-KÜO einstufen. Werden sie mehr als gelegentlich oder gar regelmäßig benutzt, ist der Betreiber auf die Bestimmungen der 1. BImSchV hinzuweisen. Erforderlichenfalls ist die Umweltschutzbehörde zu informieren.

40   Ist ein Heizkessel für den Brennstoff Holz neben einem Gas- oder Ölheizkessel Bestandteil der Zentralheizung, kann diese ebenfalls als Zusatzfeuerstätte eingestuft werden, wenn sie mehr als gelegentlich, aber nicht regelmäßig während der üblichen Heizperiode benutzt wird.

41   Zusatzfeuerstätten kann es allerdings nur im gleichen Wirkungsbereich einer Zentralheizung geben. Ist in einem Wohngebäude eine Zentralheizung installiert und in einer Einliegerwohnung, die nicht von der Zentralheizung erfasst ist, eine Feuerstätte aufgestellt, so ist diese keine Zusatzheizung i.S. der KÜO.

9. Nr. 1.7: gelegentlich benutzte Feuerstätte

42   Die kehrpflichtigen Anlagen und Einrichtungen nach § 1 Abs. 1 Muster-KÜO von Feuerstätten zur Verbrennung von festen Brennstoffen, die gelegentlich benutzt werden, sind jährlich einmal zu kehren. Die Kehrung erfolgt an einem der vier Kehrquartale im Jahr. Über den Zeitpunkt gibt es keine Vorgaben.

43   Gelegentlich wird eine Feuerstätte benutzt, wenn sie selten, hin und wieder, benutzt wird. Gelegentlich ist der Gegensatz zu regelmäßig (von Ausnahmen abgesehen – z.B. Urlaub, Reisen), jeden Tag. Gelegentlich wird beispielsweise in Jagdhäusern, Gartenhäusern, Ferienhäusern (wenn eigengenutzt oder nicht regelmäßig vermietet), Wochenendhäusern geheizt. Das Wort „gelegentlich" bezieht sich nicht allein auf das Heizen, sondern schlechthin auf die Benutzung der kehrpflichtigen Anlagen (z.B. Raucherzeugungen für Räucheranlagen). Eine genaue Begriffsbestimmung fehlt allerdings in der Muster-KÜO.

Die Benutzung einer Feuerstätte (offener Kamin, Kaminofen, etc.) nur an **44** Weihnachten und den Geburtstagen der Hausbewohner ist immer als „gelegentlich" einzustufen. Wird die Feuerstätte jedoch regelmäßig am Wochenende benutzt, ist dies nicht mehr gelegentlich mit der Konsequenz, dass eine zweimalige Kehrpflicht (Nr. 1.6 Anlage 1 Muster-KÜO) oder gar dreimalige Kehrpflicht (bei Benutzung während der üblichen Heizperiode) entsteht.

Offene Kamine ohne selbst schließende Türen dürfen nach § 4 Abs. 3 1. **45** BImSchV nur gelegentlich benutzt werden und sind unter Nr. 1.7 Anlage 1 Muster-KÜO (einmalige Kehrpflicht im Jahr) einzustufen.

Einige Aufsichtsbehörden legen den Begriff „gelegentlich" nach dem Be- **46** schluss des OVG Rheinland-Pfalz (Koblenz) vom 12.4.1991 (7B 10342/91) in einer Entscheidung über die Benutzung eines offenen Kamins im Umweltrecht aus. Das OVG ließ es zu, dass ein offener Kamin an nicht mehr als an acht Tagen pro Monat für fünf Stunden betrieben wird. Diese Bestimmung kann nicht ohne nähere Prüfung auf das Schornsteinfegerrecht übertragen werden. „Gelegentlich" i.S. von Nr. 1.7 Anlage 1 Muster-KÜO ist als Sicherheitsvorschrift enger zu fassen als die wortgleiche Regelung im Umweltrecht. So weisen acht Tage Betriebszeit im Monat bereits auf eine Regelmäßigkeit hin, die über die Regelung in Nr. 1.7 der Anlage 1 Muster-KÜO hinausgeht. Eine Einstufung des offenen Kamins unter Nr. 1.6 kann allerdings nicht erfolgen, wenn der Betreiber die gerichtlich anerkannte Benutzungsgrenze ausreizt. Hier hat der BSM die Anlage jedoch besonders zu beobachten.

Nur benutzte Abgasanlagen sind zu kehren. Werden sie nicht benutzt, stel- **47** len sie keine Gefahren für die Feuersicherheit dar. Stellt der Schornsteinfeger fest, dass der Schornstein dauernd unbenutzt ist (keine Feuerstätte angeschlossen) und ist lediglich die Anschlussöffnung nicht fachgerecht verschlossen, greift zwar die Ausnahmeregelung des § 1 Abs. 3 Nr. 1 Muster-KÜO nicht, es kann jedoch gleichwohl keine Kehrpflicht bestehen. Sie wären dann unter Nr. 1.10 Anlage 1 Muster-KÜO einzustufen und einmal jährlich zu überprüfen.

10. Nr. 1.8: messpflichtige Feststofffeuerungsanlage mit Einrichtungen zur Sicherstellung der Verbrennungsgüte

Die kehrpflichtigen Anlagen und Einrichtungen nach § 1 Abs. 1 Muster- **48** KÜO von Feuerstätten zur Verbrennung von festen Brennstoffen und Einrichtungen zur Sicherstellung der Verbrennungsgüte, die nach § 15 1. BImSchV wiederkehrend überwacht werden, sind jährlich einmal zu kehren.

Die Kehrung erfolgt an einem der vier Kehrquartale im Jahr. Über den **49** Zeitpunkt gibt es in der Muster-KÜO keine Vorgaben. Allerdings verlangt

§ 15 Abs. 4 i.V.m. § 14 Abs. 3 der 1. BImSchV, dass Emissionsmessungen nur in der üblichen Betriebszeit der Feuerungsanlage durchgeführt werden dürfen. Eine Zusammenlegung von Kehr- und Messarbeiten wird in § 3 Abs. 3 Muster-KÜO nicht verlangt. Lediglich die alle fünf Jahre durchzuführende Feuerstättenschau muss zusammen mit der Messung durchgeführt werden.

50 Die Erläuterungen 26–29 zur Nr. 1.5 gelten auch für Anlagen nach Nr. 1.8 Anlage 1 Muster-KÜO, soweit diese die Anforderungen zur Verbesserung der Verbrennungsgüte überhaupt einhalten können.

51 Welche Einrichtungen zur Verbesserung der Verbrennungsgüte zu der privilegierten Einstufung nach Nr. 1.8 führen, wird in der Muster-KÜO nicht näher ausgeführt. Es wird lediglich beispielhaft das Vorhandensein von CO-Sensoren aufgezählt. Die Verbände, die beim technischen Hearing im Januar 2004 in Stuttgart das Empfehlungspapier vorgelegt haben (BDH, BGW, IWO, ZVSHK, ZIV, ZDS) haben zugesagt, die notwendigen Abgrenzungskriterien zu erarbeiten und den Ländern zur Verfügung zu stellen. Der ZIV ist dann gehalten, ein entsprechendes Arbeitsblatt daraus zu entwickeln und den BSM an die Hand zu geben.

11. Nr. 1.9: Verbrennungsluft- und Ablufteinrichtungen bei einer Feuerungsanlage zur Verbrennung fester Brennstoffe

52 Die notwendigen Verbrennungsluft- und Ablufteinrichtungen (§ 1 Abs. 1 Nr. 1.4 Muster-KÜO) von Feuerstätten zur Verbrennung von festen Brennstoffen sind jährlich einmal zu überprüfen.

53 Die Überprüfung erfolgt in einem Arbeitsgang zusammen mit der Kehrung. Erfolgen mehrere Kehrungen im Jahr (z.B. bei Anlagen nach Nr. 1.5 Anlage 1 Muster-KÜO), kann der BSM frei wählen, an welchem der zwei Kehrtermine er die Verbrennungsluft- und Ablufteinrichtung überprüft.

54 Der Begriff „Verbrennungslufteinrichtung" ist in Nr. 23 Anlage 3 Muster-KÜO erläutert.

55 Der Begriff „Ablufteinrichtung" ist in Nr. 7 Anlage 3 Muster-KÜO erläutert.

56 Notwendig ist eine Verbrennungsluft- und Ablufteinrichtung, wenn sie baurechtlich vorgeschrieben ist. Entsprechende Vorschriften für die Verbrennungsluftversorgung sind in der Muster-Feuerungsverordnung in § 3 (Verbrennungsluftversorgung von Feuerstätten) enthalten. Bei Einrichtungen zur Sicherstellung des Verbrennungsluftverbundes reicht i.d.R. eine Überprüfung im Rahmen der Feuerstättenschau aus.

57 Ist eine Verbrennungsluft- und Ablufteinrichtung vorhanden, obwohl sie baurechtlich nicht notwendig ist, fällt sie nicht unter Nr. 1.9 Anlage 1 Muster-KÜO. Eine Überprüfung kann dann nur freiwillig als Nebenarbeit des BSM erfolgen.

Lüftungsanlagen werden auch dann nur jährlich **einmal** überprüft, wenn die **58** Abgasanlage (Schornstein, Verbindungsstücke) der entsprechenden Feuerungsanlage mehrmals im Jahr gekehrt wird.

Überprüfen bedeutet bei Lüftungsschächten die Benutzung eines geeigneten **59** Kehrgeräts oder geeigneten optischen Geräts. Die Überprüfung der übrigen Lüftungsanlagen erfolgt durch eine Sichtprüfung mit Taschenlampe, Endoskop, Rauchröhrchen, optischem Gerät etc. oder mit einem Kehrgerät.

Kehren von Lüftungsanlagen bedeutet neben der Reinigung der Leitung zur **60** Erhaltung des notwendigen Querschnitts auch die Entfernung von Gegenständen, die vor oder hinter der Lüftungsleitung den ungehinderten Luftwechsel beeinträchtigen. Ist dies mit einfachen Mitteln nicht machbar, ist ein Mängelbericht nach § 13 Abs. 1 Nr. 3 SchfG auszufertigen.

12. Nr. 1.10: betriebsbereite, jedoch dauernd unbenutzte Feuerstätte zur Verbrennung fester Brennstoffe

Betriebsbereite, aber dauernd unbenutzte Feuerstätten zur Verbrennung von **61** festen Brennstoffen sind jährlich einmal zu überprüfen. Die Überprüfung erfolgt an einem der vier Kehrquartale im Jahr. Wenn sich im gleichen Gebäude noch andere kehr- oder überprüfungspflichtige Anlagen oder Einrichtungen befinden, ist die Überprüfung der betriebsbereiten, aber dauernd unbenutzten Feuerstätte zusammen mit anderen Arbeiten zu verbinden (in einem Arbeitsgang). Über den Zeitpunkt gibt es keine Vorgaben.

Eine „aktive" Feuerstätte wird zur „dauernd unbenutzten" Feuerstätte, **62** wenn die Anlage ganz entfernt wird oder nach § 1 Abs. 3 Nr. 1 Muster-KÜO fachmännisch von dem senkrechten Teil der Abgasanlage getrennt wird. Auf die Erläuterungen zu § 1 Abs. 3 Nr. 1 Muster-KÜO wird hingewiesen. Wird die Feuerstätte nicht mehr benutzt, ist aber noch an den senkrechten Teil der Abgasanlage angeschlossen, fällt sie unter die Nr. 1.10 Anlage 1 Muster-KÜO. Betriebsbereite Feuerungsanlagen können jederzeit in Betrieb genommen werden, daher stellen sie ein Feuersicherheitsproblem dar.

§ 1 Abs. 2 SchfG ermächtigt die Länder nur zu Regelungen, die der Erhal- **63** tung der Feuersicherheit (Betriebs- und Brandsicherheit) dienen. Diese kann nur dann beeinträchtigt sein, wenn die jeweiligen Feuerstätten in Betrieb sind oder ohne besonderen Aufwand in Betrieb genommen werden können. Die Kehrpflicht in Anlage 1 Muster-KÜO setzt daher i.d.R. nur bei „benutzten" Feuerstätten ein. Der Grundstückseigentümer oder sein Beauftragter haben ja jederzeit die Möglichkeit, die Anlage fachgerecht stillzulegen (s. § 1 Abs. 3 Nr. 1 Muster-KÜO). Vielfach haben fachkundige Grundstückseigentümer nur als Schutzbehauptung erklärt, die Anlage sei nicht benutzt, um der Kehrpflicht zu entgehen. Der BSM musste dann beweisen, dass die Anlage in Betrieb ist. Um diesen Konflikten zu entgehen, sieht die Muster-KÜO eine Überprüfungspflicht für Abgasanlagen und Feuerstätten vor, die betriebsbereit sind, jedoch nicht betrieben werden.

64 Die Überprüfung umfasst nicht alle Abgas führende Anlagen. Der Schornsteinfeger überprüft den senkrechten Teil der Abgasanlage (Schornstein) und eventuell vorhandene Einrichtungen wie Rauchfänge, Rußkästen und Abschlussklappen und stellt dabei fest, ob die Feuerungsanlage benutzt wurde. Stellt er einen unbenutzten Zustand fest, ist die Überprüfung abgeschlossen. Stellt der Schornsteinfeger fest, dass die Feuerungsanlage benutzt wurde, muss eine normale Kehrung erfolgen. Zur gebührenrechtlichen Behandlung s. Erl. 9+10 Anlage 2, Kap. 3 Muster-KÜO.

III. Flüssige Brennstoffe

Verordnungstext Anlage 1, Kapitel 2 Flüssige Brennstoffe:

Anlagen, Einrichtungen und deren Benutzung	Kehrpflicht	Überprüfungspflicht
2 Flüssige Brennstoffe		
2.1 regelmäßig benutzte Feuerstätte	3 x im Jahr	
2.2 mehr als gelegentlich, aber nicht regelmäßig benutzte Feuerstätte	2 x im Jahr	
2.3 gelegentlich benutzte Feuerstätte	1 x im Jahr	
2.4 Verbrennungsluft- und Ablufteinrichtungen von Anlagen nach Ziff. 2.1–2.3		1 x im Jahr
2.5 betriebsbereite, jedoch dauernd unbenutzte Feuerstätte		1 x im Jahr
2.6 nach § 15 1. BImSchV wiederkehrend zu überwachende Feuerstätte oder Anlage, bei denen eine Emissionsmessung nach § 15 1. BImSchV ohne Rechtsverpflichtung durchgeführt wurde (freiwillige Emissionsmessung)		1 x im Jahr
2.7 Brennwertfeuerstätte, Blockheizkraftwerk, Wärmepumpe, ortsfester Verbrennungsmotor und Brennstoffzellenheizgerät		1 x im Jahr
2.8 raumluftunabhängige Feuerstätte und raumluftabhängige Brennwertfeuerstätte an einer Abgasanlage für Überdruck bei Anlagen zur ausschließlichen Verbrennung von schwefelarmem Heizöl nach DIN 51603		1 x in zwei Jahren
2.9 Anlage nach 2.8 und selbstkalibrierender kontinuierlicher Regelung des Verbrennungsprozesses		1 x in drei Jahren
2.10 ortsfeste Netzersatzanlage (Notstromaggregat)		1 x in drei Jahren

Erläuterungen

1. Entstehung 1–7
2. Allgemeines 8–12
3. Nr. 2.1: regelmäßig benutzte Feuerstätte........................... 13–16
4. Nr. 2.2: mehr als gelegentlich, aber nicht regelmäßig benutzte
   Feuerstätte 17, 18
5. Nr. 2.3: gelegentlich benutzte Feuerstätte 19, 20
6. Nr. 2.4: Verbrennungsluft- und Ablufteinrichtungen von nicht
   messpflichtigen Ölfeuerstätten 21–23
7. Nr. 2.5: betriebsbereite, jedoch dauernd unbenutzte Feuerstätte zur
   Verbrennung flüssiger Brennstoffe 24–26
8. Nr. 2.6: messpflichtige Ölfeuerungsanlage 27–33
9. Nr. 2.6: freiwillige Emissionsmessung 34–41
10. Nr. 2.7: Ölbrennwertfeuerstätte 42–45
11. Nr. 2.7: Blockheizkraftwerk, Wärmepumpe, ortsfester
    Verbrennungsmotor, Brennstoffzellenheizgerät...................... 46–53
12. Nr. 2.8: Ölfeuerungsanlage zur Verbrennung von
    schwefelarmem Heizöl 54–57
13. Nr. 2.9: Ölfeuerungsanlage mit selbstkalibrierender
    kontinuierlicher Regelung des Verbrennungsprozesses 58, 59
14. Nr. 2.10: Notstromaggregat 60–64

1. Entstehung

Beim fachtechnischen Hearing im Januar 2004 in Stuttgart sahen die Fach- **1**
experten keinen Änderungsbedarf in den Kehrpflichten für einfache Ölfeuerungsanlagen, meist Öleinzelöfen. Es bleibt daher bei der quartalsweisen
Kehrung. Auf die vierte Kehrung im Jahr kann allerdings verzichtet werden,
auch wenn die Feuerungsanlage ganzjährig regelmäßig betrieben wird. Die
Abgasanlagen dieser Feuerungsanlagen werden jetzt auch nur noch dreimal
im Jahr gekehrt.

Bei den messpflichtigen Ölfeuerungsanlagen schlugen die Fachleute vor, **2**
diese zu behandeln, wie raumluftabhängige Gasfeuerstätten. Dies bedeutet
eine Abgaswegüberprüfung für messpflichtige Ölfeuerstätten. Eine CO-
Messung ist allerdings (noch) nicht vorgesehen.

Auf Vorschlag Baden-Württembergs wurde auch die freiwillige Emissions- **3**
messung zugelassen, um Arbeitstermine des BSM zu sparen und damit die
Kosten für den Gebührenschuldner zu senken.

Es gibt auch bei der Ölfeuerungstechnik künftig Anlagen, die verlängerte **4**
Überprüfungsintervalle zulassen. Aufgenommen wurden raumluftunabhängige Anlagen zur Verbrennung von schwefelarmem Heizöl nach DIN
51603. Mit diesen Anlagen wurden raumluftabhängige Brennwertgeräte
an einer Abgasanlage für Überdruck gleichgestellt. Diese Anlagen werden
nur noch alle zwei Jahre überprüft.

Weiter werden solche Anlagen künftig auch mit selbstkalibrierender konti- **5**
nuierlicher Regelung des Verbrennungsprozesses auf den Markt kommen.
Für diese Geräte ist – wie beim Gas – eine Überprüfung alle drei Jahre
vorgesehen.

6 In die Tabelle wurden auch Brennwertfeuerstätten, Blockheizkraftwerke, Wärmepumpen, ortsfeste Verbrennungsmotoren und Brennstoffzellenheizgeräte aufgenommen, für die eine jährliche Überprüfungspflicht vorgesehen ist. Die Aufnahme in die Tabelle ist notwendig, da sie ansonsten unter die Kehrpflicht der Nummern 2.1–2.3 gefallen wären.

7 Aufgenommen wurde erstmals auch die ortsfeste und mit Öl betriebene Notstromersatzanlage (Notstromaggregat). Fällt sie unter die Kehr- und Überprüfungspflicht nach § 1 Abs. 1 i.V.m. Abs. 3 Nr. 5 Muster-KÜO, wird sie einmal in drei Jahren überprüft.

2. Allgemeines

8 Flüssige Brennstoffe sind Heizöl EL nach DIN 51603-1, Methanol oder Äthanol, naturbelassene Pflanzenöle oder Pflanzenölmethylester (s. § 3 Abs. 1 Nr. 9 der 1. BImSchV). Wenn im Folgenden von Ölfeuerstätten oder Ölfeuerungsanlagen die Rede ist, gilt dies in gleicher Weise für alle Feuerungsanlagen zur Verbrennung mit flüssigen Brennstoffen nach § 1 Abs. 1 Nr. 8 der 1. BImSchV.

9 Die Tabelle Kapitel 2 – Flüssige Brennstoffe – sieht nur noch Kehrpflichten für Ölfeuerungsanlagen vor, die keiner Emissionsmessung unterliegen und sonst nicht in den Nr. 2.7–2.10 aufgeführt sind. Es handelt sich dabei um Anlagen, die sehr geringe Nennleistungen haben (bis 11 kW) und daher meist als Öleinzelöfen betrieben werden.

10 Bei den Feuerungsanlagen nach den Nummer 2.1–2.3 geht die Muster-KÜO von einer quartalsweisen Reinigung der Abgasanlagen (Schornstein, Kanäle und Rohre) und der damit verbundenen Einrichtungen aus. Dabei werden Anlagen von ganzjährig regelmäßig benutzten Ölfeuerstätten und Anlagen, die während der üblichen Heizperiode benutzt werden, zusammengefasst und dreimal im Jahr gekehrt. Anlagen von mehr als gelegentlich, aber nicht regelmäßig benutzten Ölfeuerstätten (Zusatzfeuerstätten) werden zweimal im Jahr und von gelegentlich oder selten benutzten Ölfeuerstätten einmal im Jahr gekehrt.

11 Für die Ölfeuerungsanlagen nach den Nummern 2.6–2.10 ist – wie bei den Gasfeuerungsanlagen – eine Abgaswegüberprüfung vorzunehmen. Allerdings entfällt eine CO-Messung. Der ZIV und ZDS haben dazu ein Arbeitsblatt für die Abgaswegüberprüfung für Ölfeuerstätten „Tätigkeiten an Ölfeuerstätten" herausgegeben, damit die Arbeitsvorgänge bundesweit nach einem einheitlichen Muster stattfinden können. Dieses ist als „Stand der Technik" bindend.

12 Aus Gründen der Feuersicherheit kann der BSM auch bei den Anlagen nach der Tabelle Nr. 2.1–2.10 die Zahl der jährlichen Kehrungen oder Überprüfung erhöhen (§ 1 Abs. 4 Satz 2 Muster-KÜO) und die untere Verwaltungsbehörde kann bei Anlagen nach § 4 BImSchG abweichende Regelungen treffen (§ 1 Abs. 5 Muster-KÜO).

3. Nr. 2.1: regelmäßig benutzte Feuerstätte

Die kehrpflichtigen Anlagen und Einrichtungen nach § 1 Abs. 1 Muster-KÜO von regelmäßig benutzten Feuerstätten zur Verbrennung flüssiger Brennstoffe sind jährlich dreimal zu kehren. Es erfolgt i.d.R. eine Kehrung je Quartal, das Sommerquartal wird bei Feuerungsanlagen, die nur in der üblichen Heizperiode benutzt werden, ausgelassen. Bei Anlagen, die ganzjährig regelmäßig betrieben werden, ist der BSM frei, welches Quartal er im Jahr auslässt. Er kann die Kehrungen auch alle 4 Monate vornehmen und damit gleichmäßig auf das Jahr verteilen. **13**

Unter Nr. 2.1 der Anlage 1 Muster-KÜO fallen alle Feuerstätten, die regelmäßig betrieben werden und nicht unter eine andere Nummer des Kapitels 2 zu fassen sind. Dies sind sowohl Feuerungsanlagen, die zur Wärmegewinnung für die Heizung, aber auch für die Erwärmung des Brauchwassers benutzt werden oder Prozesswärme im gewerblichen oder industriellen Bereich erzeugen. Darunter fallen aber auch Feuerstätten, die regelmäßig nur in der üblichen Heizperiode benutzt werden. **14**

Feuerstätten in Privathaushalten werden „regelmäßig" benutzt, wenn sie täglich in Betrieb sind, wobei ein gelegentliches Außerbetriebnehmen, beispielsweise wegen Urlaubs, Reise, am Wochenende, unbeachtlich ist. Gewerblich genutzte Feuerstätten werden regelmäßig benutzt, wenn sie während der Arbeitszeit in Betrieb sind, wobei Betriebsferien außer Betracht bleiben. **15**

Zur Problematik bei einem saisonellen Heizungsbetrieb nur in den Sommermonaten etwa bei Tourismusbetrieben s. Erl. 10 zu Nr. 1.1 Anlage 1 Muster-KÜO. **16**

4. Nr. 2.2: mehr als gelegentlich, aber nicht regelmäßig benutzte Feuerstätte

Die kehrpflichtigen Anlagen und Einrichtungen nach § 1 Abs. 1 Muster-KÜO von Feuerstätten zur Verbrennung von flüssigen Brennstoffen, die mehr als gelegentlich, aber nicht regelmäßig benutzt werden, sind jährlich zweimal zu kehren. Es erfolgt i.d.R. eine Kehrung je Halbjahr (s. auch Erl. 4–8 zu § 3 Abs. 2 Muster-KÜO). **17**

Die Regelung ist deckungsgleich mit Nr. 1.6 Anlage 1 Muster-KÜO. Die Erläuterungen zu 34–41 Anlage 1, Kap. 1 Muster-KÜO gelten daher auch für die Ölfeuerungsanlagen in Nr. 2.2. **18**

5. Nr. 2.3: gelegentlich benutzte Feuerstätte

Die kehrpflichtigen Anlagen und Einrichtungen nach § 1 Abs. 1 Muster-KÜO von Feuerstätten zur Verbrennung von flüssigen Brennstoffen, die gelegentlich benutzt werden, sind jährlich einmal zu kehren. Die Kehrung erfolgt an einem der vier Kehrquartale im Jahr. Über den Zeitpunkt gibt es keine Vorgaben. **19**

20 Die Regelung ist deckungsgleich mit Nr. 1.7 Anlage 1 Muster-KÜO. Die Erläuterungen 42–48 Anlage 1, Kap. 1 Muster-KÜO gelten daher auch für die Ölfeuerungsanlagen in Nr. 2.3.

6. Nr. 2.4: Verbrennungsluft- undAblufteinrichtungen von nicht messpflichtigen Ölfeuerstätten

21 Die notwendigen Verbrennungsluft- und Ablufteinrichtungen (§ 1 Abs. 1 Nr. 1.4 Muster-KÜO) von Feuerstätten zur Verbrennung von flüssigen Brennstoffen, die unter den Nummern 2.1–2.3 eingestuft sind, sind jährlich einmal zu überprüfen.

22 Die Überprüfung erfolgt in einem Arbeitsgang zusammen mit der Kehrung nach den Nummern 2.1–2.3. Erfolgen mehrere Kehrungen im Jahr (z.B. bei Anlagen nach Nr. 2.1 Anlage 1 Muster-KÜO), kann der BSM frei wählen, an welchem der drei Kehrtermine er die Verbrennungsluft- und Abluftein-richtung überprüft.

23 Die Regelung ist deckungsgleich mit Nr. 1.9 Anlage 1 Muster-KÜO. Die Erläuterungen 52–60 Anlage 1, Kap. 1 Muster-KÜO gelten daher auch für die Ölfeuerungsanlagen in Nr. 2.4.

7. Nr. 2.5: betriebsbereite, jedoch dauernd unbenutzte Feuerstätte zur Verbrennung flüssiger Brennstoffe

24 Betriebsbereite, aber dauernd unbenutzte Feuerstätten zur Verbrennung von flüssigen Brennstoffen sind jährlich einmal zu überprüfen. Die Überprüfung erfolgt an einem der vier Kehrquartale im Jahr. Wenn sich im gleichen Gebäude noch andere kehr- oder überprüfungspflichtige Anlagen oder Ein-richtungen befinden, ist die Überprüfung der betriebsbereiten, aber dauernd unbenutzten Feuerstätte zusammen mit anderen Arbeiten zu verbinden (in einem Arbeitsgang). Über den Zeitpunkt gibt es keine Vorgaben.

25 Die Regelung ist deckungsgleich mit Nr. 1.10 Anlage 1 Muster-KÜO. Die Erläuterungen 61–64 Anlage 1, Kap. 1 Muster-KÜO gelten daher auch für die dauernd unbenutzten aber betriebsbereiten Ölfeuerungsanlagen in Nr. 2.5.

26 Die Überprüfung umfasst auch bei den Ölfeuerungsanlagen nicht alle Abgas führende Teile. Der Schornsteinfeger überprüft die senkrechten Teile der Abgasanlage (Schornstein) und eventuell vorhandene Einrichtungen wie z.B. die Abschlussklappen und stellt dabei fest, ob die Feuerungsanlage benutzt wurde. Stellt er einen unbenutzten Zustand fest, ist die Überprüfung abgeschlossen. Stellt der Schornsteinfeger fest, dass die Feuerungsanlage benutzt wurde, muss eine normale Kehrung erfolgen. Zur gebührenrechtli-chen Behandlung s. Erl. 9+10 Anlage 2, Kap. 3 Muster-KÜO.

8. Nr. 2.6: messpflichtige Ölfeuerungsanlage

27 Feuerungsanlagen zur Verbrennung flüssiger Brennstoffe, die nach § 15 der 1. BImSchV wiederkehrend überwacht werden sind einmal jährlich zu überprüfen. Dabei wird eine komplette Abgaswegüberprüfung – ohne CO-Messung – und die Überprüfung des senkrechten Teils der Abgasanlage (Schornstein) vorgenommen. Die Überprüfung erfolgt zusammen mit der Emissionsmessung in der üblichen Betriebszeit der Feuerungsanlage (§ 15 Abs. 4 i.V.m. § 14 Abs. 3 1. BImSchV).

Nach der Verordnung über kleine und mittlere Feuerungsanlagen (1.   **28** BImSchV) werden Ölfeuerstätten mit einer Nennwärmeleistung > 11 kW wiederkehrend durch eine Emissionsmessung überwacht. Ausgenommen davon sind Feuerstätten zur Verbrennung von Methanol und Äthanol und bivalente Heizungen. Diese Anlagen sind dann nach den Nummern 2.1–2.3 einzustufen, es sei denn, der Grundstückseigentümer oder Besitzer der Feuerungsanlage lässt eine freiwillige Emissionsmessung durchführen.

Ölbrennwertfeuerstätten sind nach Nr. 2.7 Anlage 1 Muster-KÜO einzu-   **29** stufen (ebenfalls einmalige Überprüfung im Jahr).

Gibt es Zweifel an der Nennwärmeleistung der Feuerstätte, ist nach Anlage   **30** 3 Nr. 16 Muster-KÜO zu verfahren.

Die Abgaswegüberprüfung bei messpflichtigen Ölfeuerstätten ist neu in die   **31** Muster-KÜO 2006 aufgenommen worden. Dafür liegt ein Arbeitsblatt/Arbeitshilfe 104 „Tätigkeiten an Ölfeuerungsanlagen", herausgegeben vom ZIV/ZDS vor. Diese ist als „Stand der Technik" bindend, es sei denn die Länder geben dieser widersprechende Anweisungen durch Verordnungen oder Verwaltungsvorschriften heraus.

Nr. 2.6 der Anlage 1 Muster-KÜO knüpft an die Überwachungspflicht nach   **32** § 15 der 1. BImSchV an. Unterbleibt versehentlich eine Emissionsmessung hat dies keine Auswirkungen auf die Kehrpflicht, da die Überwachungspflicht weiterhin besteht. Die Überwachungspflicht nach § 14 1. BImSchV ist für die Kehrpflicht ohne Bedeutung.

Auch Feuerungsanlagen, die neu errichtet werden, sind nach § 15 1.   **33** BImSchV überwachungspflichtig, auch wenn die erste wiederkehrende Emissionsmessung erst nach einem Jahr erfolgt. Sie werden daher bereits im 1. Jahr unter Beachtung der Nr. 2.6 Anlage 1 Muster-KÜO eingestuft.

9. Nr. 2.6: freiwillige Emissionsmessung

Feuerungsanlagen zur Verbrennung flüssiger Brennstoffe, die zwar nach   **34** § 15 der 1. BImSchV nicht wiederkehrend messpflichtig sind, bei denen jedoch Emissionsmessungen ohne Rechtsverpflichtung durchgeführt werden (freiwillige Emissionsmessungen) sind jährlich einmal zu überprüfen. Dabei wird eine komplette Abgaswegüberprüfung – ohne CO-Messung – und die Überprüfung des senkrechten Teils der Abgasanlage (Schornstein) vorgenommen. Die Überprüfung erfolgt zusammen mit der Emissionsmessung in der üblichen Betriebszeit der Feuerungsanlage (§ 15 Abs. 4 i.V.m. § 14 Abs. 3 1. BImSchV).

35 Die Muster-KÜO misst einer Emissionsmessung nach § 15 1. BImSchV auch
für die Feuersicherheit eine besondere Bedeutung zu. Hält eine messpflichtige Ölfeuerstätte die Grenzwerte der 1. BImSchV ein, wird davon ausgegangen, dass die Gefahr einer gefährlichen Zusetzung des Abgasweges
(Heizgasweg, Schornstein und Verbindungsstücke) geringer ist als bei einer
nicht überwachten Anlage. Deshalb ist es folgerichtig, nicht nur die messpflichtigen Anlagen nach Nr. 2.6 Anlage 1 Muster-KÜO zu bewerten, sondern alle Anlagen, die tatsächlich gemessen werden.

36 Die veränderten Kehr- und Überprüfungspflichten machen sich in geringere
Anlauftermine des BSM und in den Gebühren bemerkbar. Bei einer regelmäßig benutzen Ölfeuerstätte mit 10,9 kW, bei der eine freiwillige Emissionsmessung durchgeführt wird, verringern sich die jährlichen Anlauftermine des BSM von drei auf eins.
Die geringere Anlaufzahl macht sich auch in den Gebühren wie folgt bemerkbar:
Beispiel: Einfamilienhaus, Ölfeuerstätte, 10,9 kW, 1 Schornstein 10 m, 1
Rauchrohr nicht demontierbar 1 m, ganzjährig benutzt:

Gebührentatbestand	Ohne Emissionsmessung	Freiwillige Emissionsmes- sung
Jährliche Anläufe	3	1
Grundwert je Gebäude	27,6 AW	12,9 AW
Arbeitsgebühr Schornstein	9,0 AW	3,0 AW
Rauchrohrkehrung	21,0 AW	–
Abgaswegüberprüfung	–	13,8.AW
Emissionsmessung	–	10,3 AW
Fahrtpauschale	18,6 AW	6,2 AW
Summe AW	76,2 AW	46,2 AW

37 Die Muster-KÜO 2006 eröffnet erstmals den Weg, durch eine freiwillige
Emissionsmessung bei Ölfeuerstätten die Kehrpflicht zu reduzieren. Der
Wortlaut der Nr. 2.6 Anlage 1 Muster-KÜO lässt dies ausdrücklich nur
bei Feuerungsanlagen zur Verbrennung flüssiger Brennstoffe zu, wenn die
1. BImSchV keine wiederkehrende Messpflicht verlangt. Dies sind Ölfeuerungsanlagen mit einer Nennleistung bis 11 kW.

38 Doch Vorsicht ist geboten! Die freiwillige Emissionsmessung bietet nicht
nur Vorteile, sondern auch Nachteile. Das Umweltministerium Baden-
Württemberg hat bei den Sitzungen der Projektgruppe zur Erarbeitung
der KÜO-BW 2000 eindeutig klar gemacht, dass die §§ 8–11 der 1.
BImSchV auch bei freiwilligen Emissionsmessungen gelten. Der Betreiber
dieser Feuerungsanlage ist daher auch verpflichtet, die Anforderungen der 1.
BImSchV einzuhalten. Stellt der Schornsteinfeger bei einer freiwilligen Emissionsmessung Mängel an der Feuerungsanlage fest oder hält diese die Grenzwerte nicht ein, wird diese behandelt wie eine messpflichtige Anlage. Eine
besondere Wartung und die erforderliche Wiederholungsmessung werden
den ursprünglichen Kostenvorteil der freiwilligen Emissionsmessung schnell
aufzehren.

Die Initiative zur freiwilligen Emissionsmessung muss vom Grundstückseigentümer ausgehen. Der Schornsteinfeger ist nicht verpflichtet, ihn ausdrücklich darauf hinzuweisen. Auf eine gezielte Frage muss der Schornsteinfeger jedoch die Vor- und Nachteile einer freiwilligen Emissionsmessung erläutern. Es empfiehlt sich, dass sich der BSM den Wunsch nach einer freiwilligen Emissionsmessung vom Betreiber schriftlich bestätigen lässt, da daran erhebliche Rechtsfolgen geknüpft sein können.   **39**

Die Rechtsfolge einer freiwilligen Emissionsmessung wirkt erst nach deren Durchführung. Erklärt ein Kunde im 2. Quartal, dass er sich einer freiwilligen Emissionsmessung unterziehen werde, so sind an diesem Termin gleichzeitig die Überprüfungsarbeiten am senkrechten Teil der Abgasanlage durchzuführen, auch wenn bereits im 1. Quartal eine Kehrung erfolgte.   **40**

Der Grundstückseigentümer kann auch jederzeit wieder auf die freiwillige Emissionsmessung verzichten. Dann wird z.B. eine regelmäßig benutzte Ölfeuerungsanlage wieder einer dreimaligen Kehrpflicht unterzogen.   **41**

10. Nr. 2.7: Ölbrennwertfeuerstätte

Ölbrennwertfeuerstätten sind jährlich einmal zu überprüfen. Dabei wird eine komplette Abgaswegüberprüfung – ohne CO-Messung – und die Überprüfung der senkrechten Abgasanlage (Schornstein) vorgenommen. Die Überprüfung erfolgt bei Feuerungsanlagen > 11 kW zusammen mit der Emissionsmessung in der üblichen Betriebszeit der Feuerungsanlage (§ 15 Abs. 4 i.V.m. § 14 Abs. 3 1. BImSchV). Bei Anlagen bis 11 kW ist der BSM in der Bestimmung des jährlichen Termins frei.   **42**

Der Begriff „Brennwertgerät" ist in Anlage 3 Nr. 9 Muster-KÜO definiert. Unter Nr. 2.7 Anlage 1 Muster-KÜO fallen nur Brennwertgeräte, die flüssigen Brennstoff nutzen. Die Gerätehersteller haben immer damit argumentiert, dass diese Anlagen im Emissionsverhalten den Gasbrennwertfeuerstätten entsprechen. Dem hat der Bund-Länder-Ausschuss bei der Festlegung der Überprüfungsfristen nicht entsprochen. Raumluftabhängige Gasbrennwertfeuerstätten werden nur alle zwei Jahre überprüft. Der andere Überprüfungsintervall ist gerechtfertigt, weil – im Gegensatz zu den Gasbrennwertgeräten – bei einem Ölbrennwertgerät mit Asche und geringem Rußanfall gerechnet werden muss.   **43**

Abgasleitungen von mit Überdruck betriebenen Feuerungsanlagen sind i.d.R. über die gesamte Länge hinterlüftet. Dies bezieht sich nicht nur auf Gasfeuerstätten, sondern auch auf Ölbrennwertgeräte, die ebenfalls von § 7 Abs. 8 Muster-FeuVO betroffen sind. Die Feuersicherheit ist bei derartigen Geräten nur gewährleistet, wenn keine unzulässige Abgasmenge in die Hinterlüftung dauerhaft eintritt und stets eine ausreichende Hinterlüftung gegeben ist. Die Überprüfung dieser bauordnungsrechtlich vorgeschriebenen Hinterlüftungen ist daher Teil der Abgaswegüberprüfung.   **44**

Zur Überprüfung der Hinterlüftungen s. Erl. 56ff. zu § 1 Abs. 1 Muster-KÜO.   **45**

11. Nr. 2.7: Blockheizkraftwerk, Wärmepumpe, ortsfester Verbrennungsmotor, Brennstoffzellenheizgerät

46 Die überprüfungspflichtigen Anlagen nach § 1 Abs. 1 i.V.m. Abs. 3 Nr. 5 Muster-KÜO von Blockheizkraftwerken, Wärmepumpen, ortsfesten Verbrennungsmotoren und Brennstoffzellenheizgeräten, die mit flüssigen Brennstoffen betrieben werden, sind jährlich einmal zu überprüfen. Dabei wird eine komplette Abgaswegüberprüfung und die Überprüfung der senkrechten Abgasanlage vorgenommen. In der Bestimmung des jährlichen Termins ist der BSM frei.

47 Emissionsmessungen fallen für Blockheizkraftwerke, Wärmepumpen, ortsfeste Verbrennungsmotoren und Brennstoffzellenheizgeräte nicht an, da die 1. BImSchV nur für Feuerungsanlagen mit Kessel, nicht aber für Verbrennungsmotoren gilt. Nach der Systematik der Anlage 1, Kapitel 2 wären diese daher nach den Nummern 2.1–2.3 zu beurteilen. Der Bund-Länder-Ausschuss sah für diese Anlagen jedoch keine Kehrpflicht, sondern lediglich eine Überprüfungspflicht als ausreichend an. Daher waren die Anlagen besonders aufzuführen.

48 Ein Blockheizkraftwerk ist ein modular aufgebautes kleineres Heizkraftwerk. Es besteht aus einem stationären Motor, der nach dem Prinzip der Kraft-Wärme-Kopplung sowohl elektrischen Strom als auch Wärme produziert. Die Effektivität von Blockheizkraftwerken beruht auf der Nutzung der Abwärme, die in anderen Kraftwerken über das Kühlwasser ungenutzt in Flüsse geleitet wird. Der hohe Wirkungsgrad der Blockheizkraftwerke macht beträchtliche Energieeinsparungen möglich. Betrieben werden Blockheizkraftwerke entweder mit Gas, Öl oder Holz (Holzvergasung), aber auch mit Raps-Methyl-Ester (RME). Blockheizkraftwerke arbeiten im Gegensatz zur Solartechnik nicht nur mit regenerativen Energien, spielen aber eine wichtige Rolle im Rahmen der optimalen Nutzung fossiler Brennstoffe und der Energieeinsparung.

49 Eine Wärmepumpe ist eine Maschine, die der Luft, dem Wasser oder dem Erdreich Wärme entzieht, diese (mit Ausnahme von Absorptionswärmepumpen) über elektrisch oder verbrennungsmotorisch angetriebene Kompressoren von einem niedrigen Temperaturniveau auf ein höheres bringt und damit für Heizzwecke und Warmwasserbereitung nutzbar macht. Sie funktioniert wie ein umgekehrter Kühlschrank.

50 Ein Verbrennungsmotor ist eine Wärmekraftmaschine, die durch innere Verbrennung von Treibstoff mechanische Arbeit verrichtet. Bei einem Verbrennungsmotor wird ein Kraftstoff-Luft-Gemisch in einem Zylinder/einer Brennkammer entzündet und verbrannt. Der durch die Entwicklung und temperaturbedingte Expansion der Verbrennungsgase entstehende Druck wirkt auf einen Kolben, der dadurch bewegt wird bzw. auf eine Turbine, deren Schaufeln die Achse in Bewegung setzen.

51 Ein Brennstoffzellenheizgerät ist eine Anlage, das die Wärme aus einer Brennstoffzelle für Heizzwecke nutzt. Die Brennstoffzelle ist eine Vorrichtung zur direkten Umwandlung chemischer Energie in elektrische Energie – analog zur Batterie. Anders als bei galvanischen Zellen oder Batterien entlädt sich eine Brennstoffzelle aber nicht, und sie kann auch nicht aufgeladen werden: Sie arbeitet kontinuierlich, solange von außen Brennstoff und Oxidationsmittel zugeführt werden. Dabei liegt der elektrische Wirkungsgrad heutiger Brennstoffzellen maximal bei etwa 70–85 %, also weitaus höher als der Wirkungsgrad üblicher Kraftwärme-Maschinen wie beispielsweise Dampfturbinen mit 30 oder 35 %; Verbrennungsmotoren bringen es gerade mal auf über 20 Prozent. Eine Brennstoffzelle enthält eine Anode, an der der Brennstoff zuströmt (meist Wasserstoff oder wasserstoffreiche Gase), und eine Kathode, an der das Oxidationsmittel zuströmt, meist Luft oder Sauerstoff. Die beiden Elektroden sind durch einen elektrolytischen Ionenleiter voneinander getrennt. Bei einer klassischen Wasserstoff-Sauerstoff-Zelle lässt ein elektrochemischer Vorgang in der hauchdünnen Membran nur Protonen, also positiv geladene Wasserstoff-Ionen (H+), passieren. Die Elektronen der Wasserstoff-Atome werden beim Durchgang abgelöst und bleiben zurück, während die Wasserstoff-Ionen mit den Sauerstoffteilchen auf der anderen Seite reagieren. Durch den Elektronenüberschuss auf der Wasserstoffseite und Elektronenmangel auf der Sauerstoffseite des Elektrolyts bilden sich Plus- und Minuspol (Kathode/Anode), an denen elektrische Energie entnommen werden kann. Die Energie stammt aus der Reaktion der Wasserstoffteilchen mit den Sauerstoffteilchen. Als Abfallprodukt entsteht an der Anode lediglich unbedenkliches Wasser bzw. Wasserdampf. Ingenieurmäßig muss hier noch für eine kontinuierliche Abführung gesorgt werden, damit die Zelle nicht überflutet wird.

Derzeit werden bereits Brennstoffzellenheizgeräte angeboten, die an das vorhandene Erdgasnetz angeschlossen werden. Ein Reformer im Gerät wandelt das Erdgas zu Kohlendioxid und Wasserstoff um, der in der Brennstoffzelle mit Luftsauerstoff bei einer geräuschlos ablaufenden „kalten Verbrennung" zu reinem Wasser reagiert. Dabei erzeugt die Brennstoffzelle Gleichstrom und Wärme. Beides wird unmittelbar im Gebäude genutzt.

52   Unter die Nr. 2.7 Anlage 1 Muster-KÜO fallen nur Anlagen, die keine geschweißten Abgasanlagen (Auspuff) haben und damit bereits nach § 1 Abs. 3 Nr. 5 Muster-KÜO von der Kehr- oder Überprüfungspflicht ausgenommen sind.

53   Erfolgt die Abgasableitung gebläseunterstützt, ist die Anlage noch unter Nr. 2.7 Anlage 1 Muster-KÜO einzustufen, wenn die Abgasanlage nicht druckdicht geschweißt ist. Eine Flanschverbindung nach DIN 2631 (PN6) ist einer druckdicht geschweißten Anlage gleichzusetzen.

12. Nr. 2.8.: Ölfeuerungsanlage zur Verbrennung von schwefelarmem Heizöl

54   Raumluftunabhängige Ölfeuerungsanlagen und raumluftabhängige Ölbrennwertfeuerungsanlagen an einer Abgasanlage für Überdruck bei Anlagen zur ausschließlichen Verbrennung von schwefelarmem Heizöl nach DIN 51603 sind einmal in zwei Jahren zu überprüfen. Dabei wird eine komplette Abgaswegüberprüfung – ohne CO-Messung – und die Überprüfung des senkrechten Teils der Abgasanlage (Schornstein) vorgenommen. Die Überprüfung erfolgt bei messpflichtigen Anlagen zusammen mit der Emissionsmessung in der üblichen Betriebszeit der Feuerungsanlage (§ 15 Abs. 4

i.V.m. § 14 Abs. 3 1. BImSchV). Bei nicht messpflichtigen Feuerungsanlagen hat der BSM keine zeitlichen Einschränkungen.

55 Raumluftunabhängig ist eine Feuerungsanlage, wenn die notwendige Verbrennungsluft über dichte Leitungen aus dem Freien direkt in die Feuerstätte geführt wird und sie so dicht ist, dass bei einem statischen Überdruck an der Feuerstätte gegenüber dem Aufstellraum kein Abgas in Gefahr drohender Menge in den Aufstellraum austreten kann. Andere Feuerstätten sind raumluftabhängig.

56 Ein Überdruck besteht, wenn der statische Druck innerhalb der Abgasanlage höher ist, als der atmosphärische Druck im Aufstellraum. Ein Überdruck wird mit einem Gebläse oder Ventilator erzeugt.

57 Schwefelarmes Heizöl ist nach DIN 51 603 genormt. Nur wenn dieses ausschließlich zum Einsatz kommt, ist eine von Nr. 2.6 abweichende Überprüfungspflicht gerechtfertigt, weil weniger Asche und Ruß anfällt. Die Feuerungsanlage muss auch so eingerichtet sein, dass ausschließlich schwefelarmes Heizöl eingesetzt wird. Solche Feuerungsanlagen sind an der Kombination folgender Merkmale erkennbar: Der Füllstutzen des Heizöltanks ist mit einer grünen Verschlusskappe gekennzeichnet und der Öl-Kessel mit einem Aufkleber mit der Aufschrift „Dieses Gerät ist nur für den Betrieb mit Heizöl EL schwefelarm geeignet."

13. Nr. 2.9: Ölfeuerungsanlage mit selbstkalibrierender kontinuierlicher Regelung des Verbrennungsprozesses

58 Raumluftunabhängige Ölfeuerungsanlagen und raumluftabhängige Ölbrennwertfeuerungsanlagen an einer Abgasanlage für Überdruck bei Anlagen zur ausschließlichen Verbrennung von schwefelarmem Heizöl nach DIN 51603, die Vorrichtungen zur selbstkalibrierender kontinuierlichen Regelung des Verbrennungsprozesses haben, sind einmal in drei Jahren zu überprüfen. Dabei wird eine komplette Abgaswegüberprüfung – ohne CO-Messung – und die Überprüfung des senkrechten Teils der Abgasanlage (Schornstein) vorgenommen. Die Überprüfung erfolgt bei messpflichtigen Anlagen zusammen mit der Emissionsmessung in der üblichen Betriebszeit der Feuerungsanlage (§ 15 Abs. 4 i.V.m. § 14 Abs. 3 1. BImSchV). Bei nicht messpflichtigen Feuerungsanlagen hat der BSM keine zeitlichen Einschränkungen.

59 Zur Einstufung in die Nr. 2.9 Anlage 1 Muster-KÜO berechtigen nur Anlagen, die sämtliche Bedingungen der Einstufung nach Nr. 2.8 Anlage 1 Muster-KÜO erfüllen und darüber hinaus noch eine Sicherheitseinrichtung haben, die mit einer selbstkalibrierenden kontinuierlichen Regelung des Verbrennungsprozesses ausgestattet ist.

14. Nr. 2.10: Notstromaggregat

60 Die überprüfungspflichtigen Anlagen nach § 1 Abs. 1 i.V.m. Abs. 3 Nr. 5 von Notstromaggregaten sind einmal in drei Jahren zu überprüfen. Dabei wird eine komplette Abgaswegüberprüfung – ohne CO-Messung – und die

Überprüfung des senkrechten Teils der Abgasanlage vorgenommen. In der Bestimmung des Termins ist der BSM frei.

Ein Notstromaggregat ist ein Stromerzeugungsaggregat (auch Ersatzstrom-   **61** aggregat, Stromerzeuger oder Aggregat genannt) und dient als Ersatz für das Stromnetz der Energieversorgungsunternehmen. Es besteht aus einem Verbrennungsmotor und einem Generator. Es gibt kleine Stromerzeuger mit einer Leistung unter 1 Kilowatt bis hin zu großen mit mehreren Megawatt in Industrieanlagen. Kleinere Geräte werden meist mit Benzinmotor angetrieben, während die größeren mit Dieselmotoren angetrieben werden. Neuere Verbrennungsmotoren können als Kraftstoff auch Biodiesel verwenden. In vielen Bauten wie Krankenhäusern oder auch Industriebetrieben werden stationäre Aggregate verwendet, die zuverlässig anspringen müssen, um die reguläre Stromversorgung längerfristig zu ersetzen. Meist werden neben der Notbeleuchtung nur bestimmte Teile des ganzen Komplexes mit Strom versorgt, wie Aufzüge oder andere kritische Anlagen. Für eine Vollversorgung sind diese Anlagen meist zu schwach dimensioniert. Auch die Stromversorgungsunternehmen selbst haben große Aggregate, die sie einsetzen, wenn an Transformatorstationen Reparaturen ausgeführt oder vom Netz abgetrennte Kraftwerke abgefahren werden müssen.

Eine Emissionsmessung fällt für ein Notstromaggregat nicht an, da die 1.   **62** BImSchV nur für Feuerungsanlagen mit Kessel, nicht aber mit Verbrennungsmotoren gilt. Nach der Systematik der Anlage 1, Kapitel 2 wären diese daher nach den Nummern 2.1–2.3 zu beurteilen. Der Bund-Länder-Ausschuss sah für diese Anlagen jedoch keine Kehrpflicht, sondern lediglich eine Überprüfungspflicht als ausreichend an. Im Gegensatz zu den ortsfesten Verbrennungsmotoren nach Nr. 2.7 Anlage 1 Muster-KÜO werden Notstromaggregate nur im Notfall, und daher i.d.R. nur zu Wartungs- oder Übungszwecken betrieben. Eine längere Überwachungsfrist ist daher folgerichtig. Die Notstromaggregate mussten daher besonders aufgeführt werden.

Wie bei den ortsfesten Verbrennungsmotoren nach Nr. 2.7 Anlage 1 Mus-   **63** ter-KÜO fallen auch unter Nr. 1.10 Anlage 1 Muster-KÜO nur Anlagen, die keine geschweißten Abgasanlagen (Auspuff) haben und damit bereits nach § 1 Abs. 3 Nr. 5 Muster-KÜO von der Kehr- oder Überprüfungspflicht ausgenommen sind.

Erfolgt die Abgasableitung des Notstromaggregats gebläseunterstützt, ist   **64** die Anlage noch unter Nr. 2.10 Anlage 1 Muster-KÜO einzustufen, wenn die Abgasanlage nicht druckdicht geschweißt ist. Eine Flanschverbindung nach DIN 2631 (PN6) ist einer druckdicht geschweißten Anlage gleichzusetzen.

IV. Gasförmige Brennstoffe

Verordnungstext Anlage 1, Kapitel 3 Gasförmige Brennstoffe:

Anlagen, Einrichtungen und deren Benutzung	Kehrpflicht	Überprü-fungspflicht
3 **Gasförmige Brennstoffe**		
3.1 raumluftabhängige Feuerstätte		1 x im Jahr
3.2 raumluftunabhängige Feuerstätte		1 x in zwei Jahren
3.3 raumluftabhängige Brennwertfeuerstätte an einer Abgasanlage für Überdruck		1 x in zwei Jahren
3.4 Blockheizkraftwerk, Wärmepumpe, ortsfester Verbrennungsmotor und Brennstoffzellen-heizgerät		1 x in zwei Jahren
3.5 raumluftunabhängige Feuerstätte und raum-luftabhängige Brennwertfeuerstätte an einer Abgasanlage für Überdruck mit selbstkali-brierender kontinuierlicher Regelung des Verbrennungsprozesses		1 x in drei Jahren

Erläuterungen

1. Entstehung 1–5
2. Allgemeines 6–16
3. Gasfeuerstätten 17–22
4. Nr. 3.1: raumluftabhängige Gasfeuerstätte 23–28
5. Nr. 3.2: raumluftunabhängige Gasfeuerstätte 29–37
6. Außenwandgasfeuerstätten 38–43
7. Nr. 3.3: raumluftabhängige Gasbrennwertfeuerstätte an einer Abgasanlage für Überdruck 44–49
8. Nr. 3.4: Blockheizkraftwerk, Wärmepumpe, ortsfester Verbrennungsmotor und Brennstoffzellenheizgerät 50–57
9. Nr. 3.5: Gasfeuerungsanlage mit selbstkalibrierender kontinuierlicher Regelung des Verbrennungsprozesses 58–61
10. Gasfeuerungsanlagen in Wohnwagen und ähnlichen Anlagen 62–64

1. Entstehung

1 Die Überprüfung von Feuerungsanlagen zur Verbrennung gasförmiger Brennstoffe wurde mit der Änderung der Muster-KÜO im Jahr 1997 völlig neu gestaltet und von den Bundesländern nahezu vollständig in den Kehrordnungen umgesetzt. Entsprechend den seinerzeitigen Empfehlungen eines bundesweiten Harmonisierungspapiers wurden Gasfeuerstätten mit Strömungssicherung und ausgelegt für Abgasführung im Unterdruck, einmal im Jahr überprüft und – falls erforderlich – gekehrt. Gasfeuerstätten ohne Strömungssicherung und ausgelegt für Abgasführung mit Unterdruck (Gasgebläsebrenner), sowie raumluftunabhängige Gasfeuerstätten nur noch ein-

mal in zwei Jahren überprüft und – falls erforderlich – gekehrt. Neu vorgeschrieben wurden seinerzeit in vielen Bundesländern Abgaswegüberprüfungen und CO-Messungen für Gasgebläsebrenner, raumluftunabhängige Gasfeuerstätten und Außenwandgasfeuerstätten. Baden-Württemberg war im
Jahr 2000 eines der letzten Bundesländer, das diese Regelung übernommen
hatten. Davor wurde angenommen, dass raumluftunabhängige Gasfeuerstätten und Gasgebläsebrenner so sicher seien, dass eine Abgaswegüberprüfung und eine CO-Messung nicht erforderlich sind. Das Schornsteinfegerhandwerk und der Dachverband des Gas- und Wasserfaches (BGW)
vertraten im „Harmonisierungspapier" eine andere Auffassung. Prof.
Rawe von der Fachhochschule Gelsenkirchen hat in einem Gutachten die
Auffassung des Handwerks eindeutig bestätigt. Damit konnte fachlich belegt werden, dass auch von Gasfeuerstätten, die teilweise oder ganz im
Überdruck betrieben werden, Gefahren für Leib und Leben der Betreiber
ausgehen können.

Unterscheidungsmerkmal zwischen den jährlich zu überprüfenden atmo-   **2**
sphärischen Gasfeuerstätten und den raumluftunabhängigen oder mit Gebläse arbeitenden Gasfeuerstätten war das Vorhandensein einer Strömungssicherung. Gasfeuerstätten mit Strömungssicherung und ausgelegt für
Abgasabführung mit Unterdruck wurden einmal im Jahr überprüft, alle
anderen Gasfeuerungsanlagen einmal in zwei Jahren. Lediglich die senkrechten Teile der Abgasanlagen von Gasgebläsebrenner wurden ebenfalls
jährlich überprüft (in BW alle zwei Jahre).

Die Muster-KÜO 2006 unterscheidet jetzt nur raumluftabhängige Feuer-   **3**
stätten und raumluftunabhängige Feuerstätten. Raumluftabhängige Gasfeuerstätten werden jährlich einmal, raumluftunabhängige Gasfeuerstätten alle
zwei Jahre überprüft. Raumluftabhängige Gasbrennwertfeuerstätten an einer Abgasanlage für Überdruck werden den raumluftunabhängigen Gasfeuerstätten gleichgestellt.

Bereits auf dem Markt sind raumluftunabhängige Gasfeuerungsanlagen mit   **4**
selbstkalibrierender kontinuierlicher Regelung des Verbrennungsprozesses.
Nach Ansicht der Fachleute auf dem technischen Hearing im Januar 2004 in
Stuttgart ist es gerechtfertigt, für diese Anlagen die Überprüfungsintervalle
auf drei Jahre auszudehnen. Nach einem Monitoring, das ca. fünf Jahre
nach Umsetzung der neuen Muster-KÜO in den Ländern stattfinden sollte,
sind auch Überprüfungsintervalle alle fünf Jahre denkbar.

Die Fachleute am technischen Hearing im Januar 2004 in Stuttgart waren   **5**
übereinstimmend der Ansicht, dass es bisher keine sicheren Abgasüberwachungseinrichtungen für Gasfeuerungsanlagen gibt. Anlagen der Ferndiagnose oder temperaturgesteuerte Abgaswächter können bisher nicht die an
eine eigensichere Anlage zu fordernden Eigenschaften erfüllen. Eine Verlängerung der Überwachungsintervalle ist daher nur bei den Anlagen mit
selbstkalibrierender kontinuierlicher Regelung des Verbrennungsprozesses
gerechtfertigt. Eine völlige Befreiung ist aber auch bei diesen Anlagen nicht
verantwortbar.

2. Allgemeines

6 Die Überprüfungspflichten nach Nr. 3.1–3.5 Anlage 1 Muster-KÜO beziehen sich nur auf Anlagen und Einrichtungen, die mit Feuerstätten zur Verbrennung gasförmiger Brennstoffe in Verbindung stehen. Maßgebend ist dabei der Aggregatzustand des Brennstoffes bei der Brennstoffzuführung, nicht bei dessen Lagerung.

7 Zulässige Brennstoffe – mit den Einschränkungen des § 7 1. BImSchV – sind:

- Gase der öffentlichen Gasversorgung, naturbelassenes Erdgas oder Erdölgas mit vergleichbaren Schwefelgehalten sowie Flüssiggas oder Wasserstoff (§ 3 Abs. 1 Nr. 10 1. BImSchV),
- Klärgas mit einem Volumengehalt an Schwefelverbindungen bis zu 1 vom Tausend, angegeben als Schwefel, oder Biogas aus der Landwirtschaft (§ 3 Abs. 1 Nr. 11 1. BImSchV),
- Koksofengas, Grubengas, Stahlgas, Hochofengas, Raffineriegas und Synthesegas mit einem Volumengehalt an Schwefelverbindungen bis zu 1 vom Tausend, angegeben als Schwefel (§ 3 Abs. 1 Nr. 12 1. BImSchV).

8 Aus Gründen der Feuersicherheit kann der BSM auch bei den Anlagen nach der Tabelle Nr. 3.1–3.5 Anlage 1 Muster-KÜO die Zahl der Überprüfung erhöhen (§ 1 Abs. 4 Satz 2 Muster-KÜO) und die untere Verwaltungsbehörde kann bei Anlagen nach § 4 BImSchG abweichende Regelungen treffen (§ 1 Abs. 5 Muster-KÜO).

9 In § 1 Abs. 1 Satz 1 KÜO sind die überprüfungspflichtigen Anlagen und Einrichtungen erfasst, an die Feuerstätten zur Verbrennung gasförmiger Brennstoffe angeschlossen sind. Es handelt sich dabei um den gesamten Weg der Strömungsstrecke der Verbrennungs-/Abgase von der Flamme in der Feuerstätte bis zum Austritt ins Freie am Schornsteinkopf oder der Austrittsmündung einer Abgasanlage. Überprüfungspflichtig sind auch notwendige Lüftungsschornsteine, Lüftungsanlagen und Hinterlüftungen.

10 Die einzelnen Begriffe der Strömungsstrecke: Abgasweg (Heizgasweg + Verbindungsstücke), Abgasleitung, senkrechter Teil einer Abgasanlage, sind in den Begriffsbestimmungen Anlage 3 erläutert.

11 Zusatzeinrichtungen wie z.B. Abgasventilatoren sind nicht ausdrücklich als überprüfungspflichtige Einrichtungen aufgezählt. Sie müssen jedoch ebenfalls überprüft werden, da sie elementarer Bestandteil für die Funktionsfähigkeit der Feuerungsanlagen sind. Der Schornsteinfeger hat sie auch erforderlichenfalls zu reinigen, wenn dies mit einfachen Mitteln (Kehrbesen) möglich ist. Sind sie auch nach Behandlung durch den Schornsteinfeger noch so verschmutzt, dass ihre Funktionsfähigkeit beeinträchtigt ist, oder sind sie funktionsuntüchtig, werden sie vom BSM beanstandet (Mängelbericht nach § 13 Abs. 1 Nr. 3 SchfG).

12 Alle Anlagen und Einrichtungen, die in § 1 Abs. 1 aufgeführt sind, werden im gleichen Arbeitsgang nach den Fristen der Tabelle Kapitel 3, Anlage 1 Muster-KÜO überprüft. So ist gewährleistet, dass die gesamte Feuerungsanlage von der Flammenbildung in der Feuerstätte bis zum Abgasaustritt am Schornsteinkopf oder ab Abgasaustritt der Abgasanlage an einem Termin begutachtet wird. Dadurch kann die Feuerungsanlage insgesamt beurteilt werden.

Überprüfen eines senkrechten Teils einer Abgasanlage (früher: Abgas-   **13** schornstein) eines Abgaswegs, einer Lüftungsanlage oder einer Abgasleitung bedeutet, auf freien Querschnitt zu achten und bestehende oder zu erwartende Funktionsbeeinträchtigungen festzustellen, die die Betriebssicherheit der Anlage beeinträchtigen könnten. Es ist in erster Linie festzustellen, ob die Abgase der Gasfeuerstätten einwandfrei abziehen und die erforderliche Verbrennungsluft in ausreichendem Maß nachströmen kann.

Die in § 1 Abs. 1 Satz 1 Muster-KÜO genannten überprüfungspflichtigen   **14** Anlagen müssen vom Schornsteinfeger gereinigt werden, wenn sie nicht mehr einwandfrei gebrauchsfähig sind. „Einwandfreie Gebrauchsfähigkeit" ist gegeben, wenn die Abgase einer Gasfeuerstätte gefahrlos ins Freie geleitet werden oder/und der Aufstellraum der Feuerstätte ausreichend be- und entlüftet wird. Zweck der Überprüfung ist der Schutz der Menschen vor den Gefahren der Abgase. Treten die Abgase im Aufstellungsraum aus, drohen Gesundheitsschäden oder Tod. Das kann schon bei verringertem Querschnitt der überprüfungspflichtigen Anlage der Fall sein. Der Querschnitt kann sich beispielsweise verringern durch zu weit eingeführte Abgasrohre, Papierpfropfen, Laub, Spinnweben, Stäube, Abplatzen von Mauerwerk, Mörtel, Rückstände infolge unvollständiger Verbrennung, Vogelnester. § 1 Abs. 1 Muster-KÜO ist insoweit eine Schutzbestimmung i.S. von § 823 Abs. 2 BGB.

Kehren bedeutet auch hier: Reinigen des Schornsteins, Kanals, Rohrs oder   **15** der Leitung, damit ein ungehinderter Durchfluss möglich ist.

Verringerung des Querschnitts oder gar Verstopfung desselben durch Bau-   **16** schutt muss und wird der BSM bei der zur bauordnungsrechtlichen Abnahme erforderlichen Überprüfung feststellen und dessen Beseitigung dem Bauherrn aufgeben. Diese Überprüfung ist keine i.S. von Nr. 3.1–3.5 Anlage 1 Muster-KÜO.

3. Gasfeuerstätten

Gasfeuerstätten sind Feuerstätten im Sinne der Begriffsbestimmung in An-   **17** lage 3 Nr. 11 Muster-KÜO zur Verbrennung gasförmiger Brennstoffe. Sie dienen der Wärmeerzeugung durch die Verbrennung gasförmiger Brennstoffe und müssen so konstruiert sein, dass bei bestimmungsgemäßem Betrieb keine Gefahren und unzumutbaren Belästigungen entstehen. Die Abgase der Feuerstätten werden über eine Abgasanlage abgeleitet. Für die einwandfreie Verbrennung in der Feuerstätte und den sicheren Betrieb der Feuerungsanlage müssen folgende Funktionen gewährleistet sein:

– Heranführen des erforderlichen Verbrennungsluftvolumens,
– Überwinden der Strömungswiderstände innerhalb der Feuerstätte,
– sichere Abführung der Abgase durch das Verbindungsstück, den Schornstein oder die Abgasleitung.

18 Bei konventionellen Gasfeuerungsanlagen werden diese Funktionen durch den thermischen Auftrieb im Schornstein gewährleistet. Dabei entsteht in der Feuerungsanlage Unterdruck gegenüber der Umgebungsluft. Moderne Gasfeuerungsanlagen, bei denen konstruktionsbedingt der thermische Auftrieb zur Überwindung der Strömungswiderstände nicht ausreicht, werden mit Gebläsebrenner oder Gebläseunterstützung betrieben. Bei dieser Betriebsweise kann je nach Geräteart in Teilen der Feuerungsanlage Überdruck gegenüber der Umgebungsluft, z.B. im Aufstellraum, entstehen.

19 Die o.g. Anforderungen können nur erfüllt werden, wenn alle Teile der Feuerungsanlage aufeinander abgestimmt sind und sich nicht wesentlich verändern. Veränderungen können z.b. durch Verschmutzungen, Verformungen, abweichende Feuerungswärmeleistung oder nicht fachgerechte Eingriffe hervorgerufen werden.

20 Gasfeuerstätten, in denen die Verdampfungswärme des im Abgas enthaltenen Wasserdampfes konstruktionsbedingt durch Kondensation nutzbar gemacht wird, werden als Brennwertfeuerstätten bezeichnet. Für diese gelten uneingeschränkt die gleichen Randbedingungen und Funktionshinweise für die Betriebs- und Brandsicherheit wie für andere Feuerstätten.

21 Die TRGI verwendet den Sammelbegriff „Gasgerät" für Geräte, deren Abgase über eine Abgasanlage ins Freie geführt werden (Gasfeuerstätten) und Gasgeräte ohne Abgasanlage. Sie werden wie folgt unterschieden (einschließlich ihrer Einstufung in die Überprüfungspflicht):

Art A: Gasgerät ohne Abgasanlage. Die Verbrennungsluft wird dem Aufstellraum entnommen (z.B. Gasherd, Hockerkocher, Laborbrenner, Einbaubackofen)

- A_1 ohne Gebläse,
- A_2 mit Gebläse hinter dem Brenner/Wärmetauscher,
- A_3 mit Gebläse vor dem Brenner.

Art B: Gasgerät mit Abgasanlage, das die Verbrennungsluft dem Aufstellraum entnimmt (raumluftabhängige Gasfeuerstätte)

- B_1 Gasfeuerstätte mit Strömungssicherung,
- B_2: Gasfeuerstätte ohne Strömungssicherung,
- B_3: Gasfeuerstätte ohne Strömungssicherung, bei der alle unter Überdruck stehenden Teile des Abgasweges verbrennungsluftumspült sind.

Art C: Gasgerät mit Abgasanlage, das die Verbrennungsluft über ein geschlossenes System dem Freien entnimmt (raumluftunabhängige Gasfeuerstätte)

- C_1 Gasfeuerstätte mit horizontaler Verbrennungsluftzu- und Abgasabführung durch die Außenwand. Die Mündungen befinden sich nahe beieinander im gleichen Druckbereich,
- C_3 Gasfeuerstätte mit Verbrennungsluftzu- und Abgasabführung senkrecht über Dach. Die Mündungen befinden sich nahe beieinander im gleichen Druckbereich,
- C_4 Gasfeuerstätte mit Verbrennungsluftzu- und Abgasabführung zum Anschluss an ein Luft- Abgas-System (LAS),

- C_5 Gasfeuerstätte mit getrennter Verbrennungsluftzu- und Abgasabführung. Die Mündungen befinden sich in unterschiedlichen Druckbereichen,
- C_6 Gasfeuerstätte, vorgesehen für den Anschluss an eine nicht mit der Gasfeuerstätte geprüfte Verbrennungsluftzu- und Abgasabführung,
- C_8 Gasfeuerstätte mit Abgasanschluss an eine gemeinsame Abgasanlage (Unterdruckbetrieb) und getrennter Verbrennungsluftzuführung aus dem Freien.

Die zweite tiefgestellte Zahl gibt an, ob und wo ein Gebläse angebracht ist: C_{11} ohne Gebläse, C_{12}, C_{32}, C_{42}, C_{52}, C_{62} + C_{82} mit Gebläse hinter dem Wärmetauscher, C_{13}, C_{33}, C_{43}, C_{53}, C_{63} + C_{83} mit Gebläse vor dem Brenner. Als raumluftunabhängig i.S. von Nr. 19, Anlage 3 Muster-KÜO gelten nur Gasfeuerstätten der Art C mit der Zusatzkennzeichung „x".

Gasgeräte werden nach dem Verwendungszweck wie folgt unterschieden: **22**

- Gas-Durchlaufwasserheizer: Gasfeuerstätte, in der durchlaufendes Wasser zur Entnahme erwärmt wird.
- Gas-Vorratswasserheizer (Speicherwassererwärmer): Gasfeuerstätte, in der Wasser auf Vorrat direkt erwärmt wird.
- Gas-Kombiwasserheizer: Gasfeuerstätte, in der durchlaufendes Wasser zur Entnahme und umlaufendes Heizungswasser erwärmt werden.
- Gas-Heizkessel und Gas-Umlaufwasserheizer: Gasfeuerstätten, in denen umlaufendes Heizungswasser erwärmt wird.
- Gas-Raumheizer: Gasfeuerstätte, die die Wärme über Heizflächen unmittelbar an den Raum abgibt.
- Gas-Warmlufterzeuger: Gasfeuerstätte zur Beheizung von Räumen über den Wärmeträger Luft.
- Gas-Heizstrahler: Gasgerät, das die Wärme überwiegend durch Strahlung abgibt.
- Gas-Heizherd: Gasfeuerstätte zum Kochen/Backen und zum unmittelbaren Beheizen des Aufstellraumes über Heizflächen.
- Gasherd, Gaskocher, Gas-Backofen: Gasgerät zum Kochen bzw. Backen.
- Gas-Kühlschrank: Gasgerät zur Kälteerzeugung.
- Gas-Wärmepumpe: Gasgerät zur Beheizung oder Wassererwärmung, das zusätzlich zur Verbrennungswärme aus dem Gas noch andere Wärmequellen nutzbar macht.
- Gas-Brennwertgerät: Gasfeuerstätte zur Beheizung oder Wassererwärmung, in der fühlbare Wärme des Verbrennungsgases und zusätzlich Kondensationswärme des im Verbrennungsgas enthaltenen Wasserdampfes genutzt werden.
- Gasbeheizter Haushalts-Wäschetrockner: Gasgerät mit einer maximalen Wärmebelastung (QNB) von 6 kW zum Trocknen von Wäsche.

4. Nr. 3.1: raumluftabhängige Gasfeuerstätte

Raumluftabhängige Feuerungsanlagen zur Verbrennung gasförmiger Brennstoffe sind jährlich einmal zu überprüfen. Dabei wird eine komplette Abgaswegüberprüfung – einschließlich CO-Messung – und die Überprüfung des senkrechten Teils der Abgasanlage vorgenommen. Die Überprüfung erfolgt bei messpflichtigen Anlagen zusammen mit der Emissionsmessung **23** in der üblichen Betriebszeit der Feuerungsanlage (§ 15 Abs. 4 i.V.m. § 14 Abs. 3 1. BImSchV). Bei nicht messpflichtigen Anlagen gibt es keine jahreszeitlichen Terminvorgaben.

24 Kennzeichnend für raumluftabhängige Gasfeuerstätten mit Strömungssicherung ist eine offene Verbrennungskammer. Das Heranführen der Verbrennungsluft und die Überwindung der Strömungswiderstände in der Feuerungsanlage muss durch den thermischen Auftrieb gewährleistet werden. Die Abgasanlage wird dabei auf ihrer ganzen Länge gegenüber ihrer Umgebung im Unterdruck betrieben. Diese Betriebsweise setzt keine erhöhte Dichtheit der Abgasanlage voraus. Der erforderliche Auftrieb wird durch den Dichteunterschied zwischen den Abgasen und der Umgebungsluft erzeugt. Dazu müssen ausreichend hohe Abgastemperaturen vorhanden sein. Durch die Strömungssicherung wird sichergestellt, dass auch bei unterschiedlichem Schornsteinauftrieb die Funktion der Feuerungsanlage erhalten bleibt. So wird z.B. bei zu starkem Schornsteinauftrieb ein Abreißen der Flammen verhindert. Auch bei Stau oder Rückstrom im Schornstein verhindert die Strömungssicherung Verbrennungsstörungen in der Feuerstätte. Bei diesem Betriebszustand strömen Abgase über die Öffnungen der Strömungssicherung in den Aufstellraum. Kurzzeitiger Abgasrückstrom ist bei bestimmungsgemäßem Betrieb der Feuerstätte – ausreichend großer Aufstellungsraum oder entsprechende Lüftung, saubere Verbrennung – gefahrlos.

Ein typisches Beispiel für eine raumluftabhängige Gasfeuerstätte ist der Gas-   **25**
Raumheizer mit Brenner ohne Gebläse (Einzel- und Mehrraumheizer,
Warmlufterzeuger):

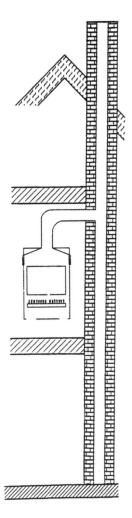

Die möglichen Störeinflüsse auf raumluftabhängige Gasfeuerungsanlagen   **26**
machen eine jährliche Überprüfung erforderlich. Es sind dies:

- Abgasrückstrom an der Strömungssicherung z.b. durch Verschmutzungen oder Verengungen im Abgasweg,
- die Abgasklappe öffnet zu langsam oder gar nicht z.b. durch Verschmutzung,
- Abgasaustritt im Bereich des Brenners z.b. durch Überlastung der Feuerstätte,
- CO-Bildung durch schlechte Verbrennung,
- Verschmutzung der Wärmetauscher mit Verengung der Heizgaszüge,
- Schäden an Feuerraum und Wärmetauscher,

- Schäden an der Ummantelung der Feuerstätte durch thermische Einwirkung,
- Querschnittsverengung der Abgasanlage.

27 Raumluftabhängig ist auch die Gasfeuerstätte ohne Strömungssicherung und ausgelegt für Abgasabführung mit Unterdruck. Diese Gasfeuerungsanlage ist eine Mischform aus moderner Gasfeuerstätte mit Gebläsebrenner oder Gebläseunterstützung und einer konventionellen Abgasanlage, die für Abgasabführung mit Unterdruck ausgelegt ist. Der Bereich der Gasfeuerstätte entspricht dem Sicherheitsniveau von Gasfeuerungsanlagen, die für Abgasabführung unter Überdruck bis ins Freie ausgelegt sind. Dementsprechend wäre hier auch eine Überprüfung alle zwei Jahre als ausreichend anzusehen, wie das bereits in der Muster-KÜO 1997 empfohlen war. Für die senkrechte Abgasanlage hatte bereits die Muster-KÜO 1997 eine jährliche Überprüfung auf freien Querschnitt gefordert, da sich bei Abgasabführung mit Unterdruck Störeinflüsse schneller auf die Funktion der Feuerungsanlage auswirken würden. Diese Differenzierung hat der Bund-Länder-Ausschuss jetzt nicht mehr vorgenommen. Auf Empfehlung der Fachwelt werden die Anlagen jetzt vom Brenner bis zur Mündung der senkrechten Abgasanlage jährlich einmal überprüft.

28 Mögliche Störungseinflüsse bei Gasfeuerstätten ohne Strömungssicherung und ausgelegt für Abgasabführung mit Unterdruck sind:

- Verschmutzung des Feuerraumes und des Wärmetauschers,
- Schäden an Feuerraum, Wärmetauscher und der Ummantelung der Feuerstätte,
- Abgasaustritt an der Feuerstätte durch Undichtheiten,
- Ungleichmäßiges Flammenbild,
- zu hoher CO-Gehalt im Abgas,
- zu hohe Abgastemperatur,
- undichte Abgasleitung,
- Querschnittsverengung der Verbrennungsluftleitung bzw. der Abgasanlage.

5. Nr. 3.2: raumluftunabhängige Gasfeuerstätte

29 Raumluftunabhängige Feuerungsanlagen zur Verbrennung gasförmiger Brennstoffe sind einmal in zwei Jahren zu überprüfen. Dabei wird eine komplette Abgaswegüberprüfung – einschließlich CO-Messung – und die Überprüfung des senkrechten Teils der Abgasanlage vorgenommen. Die Überprüfung erfolgt bei messpflichtigen Anlagen zusammen mit der Emissionsmessung in der üblichen Betriebszeit der Feuerungsanlage (§ 15 Abs. 4 i.V.m. § 14 Abs. 3 1. BImSchV). Bei nicht messpflichtigen Anlagen gibt es keine jahreszeitlichen Terminvorgaben.

30 Raumluftunabhängige Gasfeuerstätten holen ihre notwendige Verbrennungsluft über dichte Leitungen direkt vom Freien und sie müssen so dicht sein, dass bei einem statischen Überdruck in der Feuerstätte gegenüber dem Aufstellraum kein Abgas in Gefahr drohender Menge in den Aufstellraum austreten kann. Die Abgasabführung erfolgt im Überdruck. Bei diesen Gasfeuerstätten handelt es sich im Allgemeinen um moderne, schadstoffarme

Feuerungsanlagen mit hohem Wirkungsgrad (z.T. Brennwertnutzung). Sie
weisen gegenüber raumluftabhängigen Gasfeuerungsanlagen bauartbedingt
eine höhere Sicherheit auf, weil

– die Luftzuführung und Abgasabführung durch Gebläse unterstützt wird,
– die Brennstoff-Luft-Mischung und damit die Verbrennung durch Gebläse
  unterstützt wird,
– abgasführende Teile zum Aufstellraum hin keine planmäßigen Öffnungen (wie Strömungssicherung) haben,
– unter Überdruck stehende abgasführende Teile entweder verbrennungsluftumspült oder besonders dicht ausgeführt sind,
– zusätzliche Überwachungseinrichtungen (Strömungswächter) bei kriti-
  schen Betriebsstörungen den Brenner abschalten,
– die Abgastemperatur und damit auch die Oberflächentemperatur abgas-
  führender Teile relativ niedrig ist,
– die Oberflächentemperatur von verbrennungsluftumspülten abgasführenden Teilen in etwa der Verbrennungslufttemperatur entspricht,
– bei raumluftunabhängiger Betriebsweise die Verschmutzungsgefahr vom
  Brenner sowie von Luft- und Abgaswegen geringer ist.

Dem wird in den neuen Bauordnungen und Feuerungsverordnungen sowie   **31**
den einschlägigen Regeln der Technik Rechnung getragen. So werden geringere Anforderungen gestellt:

– an die Baustoffe für Abgasführungen,
– an die Abstände zu Bauteilen aus brennbaren Baustoffen,
– an die Schächte von Abgasleitungen hinsichtlich des Brandschutzes,
– an die Abgasmündungshöhe über Dach,
– an den Abstand von Abgasausmündungen zu Lüftungsöffnungen und
  Fenstern,
– an den Aufstellraum hinsichtlich Raumgröße und Brandschutz; bei raumluftunabhängiger Betriebsweise werden an die Raumgröße keine Anforderungen gestellt.

32 Ein Beispiel für eine Raumluftunabhängige Gasfeuerstätte ist eine Anlage mit Ventilator und konzentrischer Verbrennungsluftzu- und Abgasabführung (z.B. C_6):

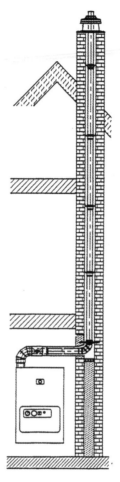

33 Damit ist eine Reihe von Erleichterungen für den Einsatz moderner Gasfeuerungsanlagen gegeben, die jedoch voraussetzen, dass die Feuerungsanlagen auch bestimmungsgemäß betrieben werden. Dazu müssen folgende Anforderungen auf Dauer erfüllt sein:

- Luftzuführung, Brenner und Abgasführung müssen in einwandfreiem Zustand sein.
- Abgasführende Teile müssen ausreichend dicht sein.
- Der Brenner muss richtig eingestellt sein.
- Schächte von Abgasleitungen einschließlich Hinterlüftung müssen in einwandfreiem Zustand sein.

34 Die Betriebs- und Brandsicherheit auch von modernen Gasfeuerungsanlagen ist somit auf Dauer nur durch eine regelmäßige Überprüfung des Betriebszustandes sichergestellt. Im Vergleich zu herkömmlichen Gasfeuerungsanlagen ist bei diesen Gasfeuerungsanlagen das Sicherheitsniveau höher. Anstatt der jährlichen Überprüfung ist deshalb eine alle zwei Jahre stattfindende Überprüfung für diese moderne Gasfeuerungsanlagen ausreichend. Dabei ist der CO-Gehalt i.V.m. dem O_2-Gehalt im Abgas ein sehr guter Indikator für die Beurteilung der Verbrennungsgüte.

Eine Sonderform moderner Gasfeuerungsanlagen wird mit Luft-Abgas-Systemen betrieben, die bautechnisch als Bestandteil der Feuerstätte zugelassen sind. Die Verbrennungsluft wird raumluftunabhängig aus dem Freien zugeführt. Die Abgasabführung erfolgt verbrennungsluftumspült über Dach oder zur Gebäudeaußenwand. Wegen der kompakten Bauweise und dem hohen Sicherheitsstandard ist für die Überprüfung von Abgasanlagen mit konzentrischer Verbrennungsluftzufuhr und Abgasabführung bis 4 m Länge, die bautechnisch als Bestandteil der Feuerstätte zugelassen und für Abgasabführung unter Überdruck bis ins Freie ausgelegt sind, eine einfache Sichtprüfung an einer Sicht- bzw. Prüföffnung ausreichend. Eine regelmäßige Überprüfung auf freien Querschnitt über die ganze Länge der Abgasanlage ist bei diesen Luft-Abgas-Systemen nicht notwendig. **35**

Mögliche Störungseinflüsse bei raumluftunabhängigen Gasfeuerstätten sind: **36**

– Verschmutzung des Feuerraumes und des Wärmetauschers,
– Schäden an Feuerraum, Wärmetauscher und der Ummantelung der Feuerstätte,
– Abgasaustritt an der Feuerstätte durch Undichtheiten,
– ungleichmäßiges Flammenbild,
– zu hoher CO-Gehalt im Abgas,
– zu hohe Abgastemperatur,
– undichte Abgasleitung,
– Querschnittsverengung der Verbrennungsluftleitung bzw. der Abgasanlage.

Baden-Württemberg war das letzte Bundesland, das im Jahr 2000 Abgaswegüberprüfungen für alle raumluftunabhängigen Gasfeuerungsanlagen vorgeschrieben hatte. Vor Einführung der Abgaswegüberprüfung an allen Gasfeuerungsanlagen wurde teilweise angenommen, dass bei raumluftunabhängigen Gasfeuerstätten und Gasgebläsebrenner keine Abgaswegüberprüfungen und CO-Messungen erforderlich sind. Die entgegengesetzte Auffassung des Handwerks und des Dachverbands des Gas- und Wasserfachs wurde in einem Gutachten der Fachhochschule Gelsenkirchen eindeutig bestätigt. Darin wird ausgeführt, dass auch von Gasfeuerstätten, die teilweise oder ganz im Überdruck betrieben werden, Gefahren für Leib und Leben für die Hausbewohner ausgehen können. In eigenen Versuchen und Auswertungen statistischer Unterlagen über die Mängel an korrekt installierten Gasfeuerstätten wurden Störfälle festgestellt. Diese zeigen sich durch Abgasaustritte in den Aufstellungsraum, hohe CO-Gehalte im Abgas, Undichtigkeiten, Korrosionserscheinungen und Querschnittsveränderungen im Luft-Abgasweg und Abgasaustritte in den Ringspalt. Als ein Schwachpunkt hat sich bei Brennwertgeräten der darin befindliche Siphon herausgestellt, wenn dieser trocken wird. Laut Gutachten der Fachhochschule Gelsenkirchen stellen sich die zur Gefährdung führenden Mängel jedoch in der Regel **37** erst über einen längeren Zeitraum ein. Das ermittelte Gefährdungspotential liegt bei regelmäßig vom Schornsteinfeger überprüften Anlagen bei ca. 1–2 %. Bei nicht geprüften Anlagen ist das Gefährdungspotential noch erheblich höher. Das Gutachten hält eine Abgaswegüberprüfung alle 2 Jahre für angemessen, um bei:

- ausreichender Verbrennungsluftzufuhr,
- betriebssicherer und verbrennungstechnisch einwandfreier Funktion der Feuerstätte,
- ungehinderter, sicherer Abführung der Abgase durch die Abgasanlage,

eine sichere Funktion der Gasfeuerungsanlagen zu gewährleisten.

6. Außenwandgasfeuerstätten

38 Außenwandfeuerstätten zur Verbrennung gasförmiger Brennstoffe sind einmal in zwei Jahren zu überprüfen. Dabei wird eine komplette Abgaswegüberprüfung vorgenommen. Die Überprüfung erfolgt bei messpflichtigen Anlagen (nach dem 1.1.1985 errichtete Außenwandgasfeuerstätten > 11 kW) zusammen mit der Emissionsmessung in der üblichen Betriebszeit der Feuerungsanlage (§ 15 Abs. 4 i.V.m. § 14 Abs. 3 1. BImSchV). Bei nicht messpflichtigen Anlagen gibt es keine jahreszeitlichen Terminvorgaben.

39 Gasaußenwandfeuerstätten ohne Gebläse werden konstruktionsbedingt direkt an der Gebäudeaußenwand montiert, entnehmen die Verbrennungsluft aus dem Freien und leiten die Abgase über die Außenwand ins Freie ab. Sie sind damit raumluftunabhängig. Die Verbrennungsluftzufuhr und Abgasabführung werden durch thermischen Auftrieb innerhalb des Abgasschachtes der Feuerstätte bewirkt. Der Abgasaustritt und der Lufteintritt befinden sich im oberen Bereich und der Brenner im unteren Bereich der Feuerstätte. Das heiße und damit spezifisch leichtere Abgas steigt im Abgasschacht nach oben und zieht im Gegenstrom die relativ kalte und damit spezifisch schwerere Verbrennungsluft nach. Dabei gibt das Abgas Wärme an die Heizflächen ab. Innerhalb der Abgas- und Verbrennungsluftzüge der Feuerstätte können zum Teil erheblich höhere statische Drücke herrschen als im Aufstellraum der Feuerstätte. Dies ist besonders dann der Fall, wenn an der Außenwand und damit auch an der Luftein- und Abgasausmündung der Feuerstätte Winddruck „ansteht". Um Abgasaustritt in Gefahr drohender Menge zu vermeiden, müssen diese Feuerstätten deshalb besonders dicht gegenüber dem Aufstellraum sein. Die CO-Messung erfolgt von außen an der Abgasausmündung, so dass keine Messöffnung am Gerät erforderlich ist. Eine CO-Messung entfällt bei Anlagen, deren Ausmündung des Abgasaustritts im Bereich von mehr als 3 m über Erdgleiche liegt und zu Fenstern, Türen und Lüftungsöffnungen einen Abstand von mehr als 1 m hat (§ 1 Abs. 2 Satz 3 Nr. 2 Muster-KÜO).

Ein Beispiel einer Außenwandgasfeuerstätte ist die raumluftunabhängige **40**
Gasfeuerstätte mit Ventilator und konzentrischer Verbrennungsluftzuführung und Abgasabführung durch die Außenwand (C_{11}):

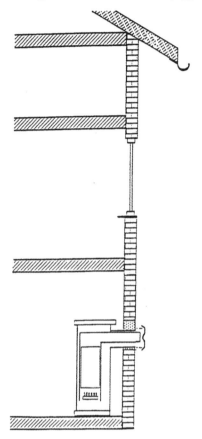

Da die Abgasausmündungen sich häufig in möglichen Aufenthaltsbereichen **41**
von Menschen befinden, müssen an die Verbrennungsqualität dieser Feuerstätten hohe Anforderungen gestellt werden. So fordern die einschlägigen
Regeln der Technik (DVGW-TRGI), dass Außenwand-Raumheizer in der
Nähe von Lüftungsöffnungen und Fenstern, die geöffnet werden können,
sowie Fassadentüren nur eingebaut werden dürfen, wenn bei Nennwärme-
belastung mit dem Prüfgas G 20 der Stickstoffoxidgehalt (NO_x) im Abgas
150 mg/kWh und der Kohlenmonoxidgehalt (CO) 100 mg/kWh (= ca. 92
ppm im luftfreien, trockenen Abgas) nicht überschreiten.

Auch bei Gasaußenwandfeuerstätten ist die Betriebs- und Brandsicherheit **42**
auf Dauer nur durch eine regelmäßige Überprüfung des Zustandes der
Feuerstätte sichergestellt, zumal die Bewohner diese Geräte kaum als Feuerstätte wahrnehmen und relativ sorglos damit umgehen.

43 Mögliche Störeinflüsse an raumlauftunabhängigen Gasfeuerungsanlagen ohne Gebläse mit Verbrennungsluftzufuhr und Abgasabführung durch die Außenwand:

- Schäden an der Ummantelung und am Gehäuse der Feuerstätte sowie am Luft-Abgas-Stutzen,
- Abgasaustritt an der Feuerstätte durch Undichtheiten infolge von Schäden,
- Verschmutzung des Feuerraums und des Wärmetauschers,
- Verschmutzung und Beschädigung der Lufteinmündung oder der Abgasausmündung,
- zu hoher CO-Gehalt im Abgas durch mangelhafte Verbrennungsqualität,
- zu hohe Abgastemperatur,
- zu geringer Abstand zu brennbaren Stoffen, wie z.B. Gardinen bei Feuerstätten unterhalb von Fenstern.

7. Nr. 3.3: raumluftabhängige Gasbrennwertfeuerstätte an einer Abgasanlage für Überdruck

44 Raumluftabhängige Gasbrennwertfeuerungsanlagen sind einmal in zwei Jahren zu überprüfen, wenn die Abgasanlage für Überdruck geeignet ist. Dabei wird eine komplette Abgaswegüberprüfung – einschließlich CO-Messung – und die Überprüfung des senkrechten Teils der Abgasanlage vorgenommen. Für die Überprüfung gibt es keine jahreszeitlichen Terminvorgaben.

Eine typische raumluftabhängige Gasfeuerstätte mit Brenner mit Gebläse   **45** (Heizkessel, Warmlufterzeuger) bei Abgasführung mit Überdruck ist in nachfolgender Abbildung dargestellt:

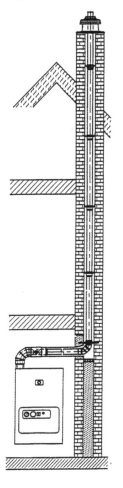

Der Begriff „Brennwertgerät" ist in Anlage 3 Nr. 9 Muster-KÜO definiert.   **46** Unter Nr. 3.3 Anlage 1 Muster-KÜO fallen nur Brennwertgeräte, die gasförmige Brennstoffe benutzen.

Abgasleitungen von mit Überdruck betriebenen Feuerungsanlagen sind   **47** i.d.R. über die gesamte Länge hinterlüftet. Die Feuersicherheit ist bei derartigen Geräten nur gewährleistet, wenn kein Abgas vom Abgasrohr in die Hinterlüftung dauerhaft eintritt und stets eine ausreichende Hinterlüftung gegeben ist. Die Überprüfung dieser bauordnungsrechtlich vorgeschriebenen Hinterlüftungen ist daher Teil der Abgaswegüberprüfung. Zur Überprüfung der Hinterlüftungen s. Erl. 56 ff. zu § 1 Abs. 1 Muster-KÜO.

Nr. 3.3 Anlage 1 Muster-KÜO führt nur die raumluftabhängigen Brenn-   **48** wertfeuerstätten an einer Abgasanlage für Überdruck auf. Die raumluftunabhängigen Gasbrennwertfeuerungsanlagen sind bereits nach Nr. 3.2 Anlage 1 Muster-KÜO mit einem zweijährigen Rhythmus eingestuft. Mit der Nr. 3.3 Anlage 1 Muster-KÜO wollte der Bund-Länder-Ausschuss auch die raumluftabhängigen Gasbrennwertfeuerstätten dem zweijährigen Überprüfungsintervall unterwerfen, die im Überdruck betrieben werden. Ansonsten hätte sie der BSM in Nr. 3.1 Anlage 1 Muster-KÜO einstufen müssen.

49 Unterdruck und Überdruck besteht, wenn im Verhältnis zur Atmosphäre unterschiedliche statische Verhältnisse bestehen. Unterdruck entsteht durch den thermischen Auftrieb, der sich durch heiße Abgase bildet. Die dadurch bewirkte Sog- oder Zugwirkung im Schornsteinschacht entsteht ohne technische Hilfsmittel, wenn die Abgase wärmer sind als die Außenlufttemperatur und ist umso stärker, je heißer die Abgase sind. Der Schornsteinfeger spricht dann vom Schornsteinauftrieb oder Schornsteinzug. Ein Überdruck wird mit einem Gebläse oder Ventilator erzeugt.

8. Nr. 3.4: Blockheizkraftwerk, Wärmepumpe, ortsfester Verbrennungsmotor und Brennstoffzellenheizgerät

50 Die überprüfungspflichtigen Anlagen nach § 1 Abs. 1 i.V.m. Abs. 3 Nr. 5 Muster-KÜO von Blockheizkraftwerken, Wärmepumpen, ortsfesten Verbrennungsmotoren und Brennstoffzellenheizgeräten, die mit gasförmigen Brennstoffen betrieben werden, sind einmal in zwei Jahren zu überprüfen. Dabei wird eine komplette Abgaswegüberprüfung – mit CO-Messung – und die Überprüfung des senkrechten Teils der Abgasanlage vorgenommen. In der Bestimmung des jährlichen Termins ist der BSM frei.

51 Emissionsmessungen fallen für Blockheizkraftwerke, Wärmepumpen, ortsfeste Verbrennungsmotoren und Brennstoffzellenheizgeräte nicht an, da die 1. BImSchV nur für Feuerungsanlagen mit Kessel, nicht aber mit Verbrennungsmotoren gilt. Nach der Systematik der Anlage 1, Kapitel 3 Muster-KÜO wären diese daher nach den Nummern 3.1 oder 3.2 zu beurteilen. Der Bund-Länder-Ausschuss sah für diese Anlagen jedoch eine einheitliche Überprüfungspflicht alle zwei Jahre für ausreichend an. Die Nr. 3.4 dient auch zur Klarstellung, dass die aufgeführten Feuerstätten überprüfungspflichtig sind.

52 Zum Begriff „Blockheizkraftwerk" s. Erl. 48 Anlage 1, Kap. 2 Muster-KÜO.

53 Zum Begriff „Wärmepumpe" s. Erl. 49 Anlage 1, Kap. 2 Muster-KÜO.

54 Zum Begriff „Verbrennungsmotor" s. Erl. 50 Anlage 1, Kap. 2 Muster-KÜO.

55 Zum Begriff „Brennstoffzellenheizgerät" s. Erl. 51 Anlage 1, Kap. 2 Muster-KÜO.

56 Unter die Nr. 3.4 Anlage 1 Muster-KÜO fallen nur Anlagen, die keine geschweißten Abgasanlagen (Auspuff) haben und damit bereits nach § 1 Abs. 3 Nr. 5 Muster-KÜO von der Kehr- oder Überprüfungspflicht ausgenommen sind.

Erfolgt die Abgasableitung gebläseunterstützt, ist die Anlage noch unter   **57**
Nr. 3.4 Anlage 1 Muster-KÜO einzustufen, wenn die Abgasanlage nicht
druckdicht geschweißt ist. Eine Flanschverbindung nach DIN 2631 (PN6)
ist einer druckdicht geschweißten Anlage gleichzusetzen.

9. Nr. 3.5: Gasfeuerungsanlage mit selbstkalibrierender kontinuierlicher Regelung des Verbrennungsprozesses

Raumluftunabhängige Gasfeuerungsanlagen und raumluftabhängige Gas-   **58**
brennwertfeuerungsanlagen an einer Abgasanlage für Überdruck, die Vorrichtungen zur selbstkalibrierenden kontinuierlichen Regelung des Verbrennungsprozesses haben, sind einmal in drei Jahren zu überprüfen. Dabei wird
eine komplette Abgaswegüberprüfung – mit CO-Messung – und die Überprüfung des senkrechten Teils der Abgasanlage vorgenommen. Die Überprüfung erfolgt bei messpflichtigen Anlagen zusammen mit der Emissionsmessung in der üblichen Betriebszeit der Feuerungsanlage (§ 15 Abs. 4
i.V.m. § 14 Abs. 3 1. BImSchV). Bei nicht messpflichtigen Feuerungsanlagen hat der BSM keine zeitlichen Einschränkungen.

Zur Einstufung in die Nr. 3.5 Anlage 1 Muster-KÜO berechtigen nur An-   **59**
lagen, die sämtliche Bedingungen der Einstufung nach Nr. 3.2 oder 3.3
Anlage 1 Muster-KÜO erfüllen und darüber hinaus noch eine Sicherheitseinrichtung haben, die mit einer selbstkalibrierenden kontinuierlichen Regelung des Verbrennungsprozesses ausgestattet ist. Diese Anlagen werden
bereits auf dem Markt angeboten und rechtfertigen eine Verlängerung der
Überprüfungsintervalle auf drei Jahre.

Die Herstellerfirmen beschreiben die dazu notwendige O_2-Regelung als   **60**
dynamische Überwachung der Verbrennungsqualität, die eine gleichbleiben-
de minimale Schadstoffemission sicherstellt. Um die Systemsicherheit zu
gewährleisten, wird die O_2-Regelung in regelmäßigen Intervallen automatisch kalibriert. Sie ist damit in der Lage, sich auf ändernde Bedingungen
einzustellen.

Welche Regelungen den Ansprüchen der Nr. 3.5 entsprechen, liegt bisher   **61**
noch nicht in allen Einzelheiten fest. Das Schornsteinfegerhandwerk wird
über die technischen Anforderungen an solchen Geräten informieren, so-
bald ausreichende technische Unterlagen der Gerätehersteller vorliegen.

10. Gasfeuerungsanlagen in Wohnwagen und ähnlichen Anlagen

Nach der Muster-KÜO werden senkrechte Teile von Abgasanlagen, Abgas-   **62**
wege, notwendige Verbrennungsluft- und Ablufteinrichtungen sowie deren
notwendige Hinterlüftungen von Anlagen und Einrichtungen zur Verbrennung gasförmiger Brennstoffe regelmäßig überprüft. Dabei sind Anlagen
und Einrichtung in Mobilheimen, Campingwohnanhängern oder festen und
erdverbundenen Wohnwagen nicht ausgenommen. In der Regel werden die
Abgase von Wohnanhängern oder Wohnwagen nicht über einen senkrechten Teil einer Abgasanlage, sondern allenfalls über eine sonstige Abgasanlage in Form einer Außenwandgasfeuerstätte abgeleitet. Dann ist eine Abgaswegüberprüfung (einschließlich einer CO-Messung) notwendig.

63 Dies kann sich jedoch nur auf feste und erdverbundene Wohnwagen und Campingwohnanhänger beziehen. Bei mobilen Anlagen fehlt es an der generellen Kehr- und Überprüfungspflicht nach § 1 SchfG, die nur die Eigentümer von Grundstücken und Räumen verpflichten, die kehr- und überprüfungspflichtigen Anlagen fristgerecht reinigen und überprüfen zu lassen. Es würde zu weit führen, diese Vorschrift auch auf mobile Fahrzeuge anzuwenden.

64 Bei mobilen Bau- oder Bürocontainern kann eine Abklärung im Einzelfall mit der Baurechtsbehörde erforderlich sein.

V. Sonstige Anlagen

Verordnungstext Anlage 1, Kapitel 4 Sonstige Anlagen:

Anlagen, Einrichtungen und deren Benutzung	Kehrpflicht	Überprüfungspflicht
4 Sonstige Anlagen		
4.1 Dunstabzugsanlage		1 x im Jahr
4.2 (länderspezifische Regelungen wie Be- und Entlüftungsanlage nach § 59 SchfG)		

Erläuterungen

1. Entstehung 1–4
2. Allgemeines 5, 6
3. Nr. 4.1: Dunstabzugsanlage 7–10
4. Länderspezifische Regelungen 11
5. Be- und Entlüftungsanlage nach § 59 SchfG 12–17

1. Entstehung

1 Unter Kapitel 4 der Anlage 1 Muster-KÜO sind alle Anlagen und Einrichtungen enthalten, die zu den drei Kapiteln vorher nicht passen. Der Bund-Länder-Ausschuss konnte sich nur zu einer Überprüfungspflicht für Dunstabzugsanlage durchringen. Die in den neuen Bundesländern noch nach § 59 SchfG überprüfungspflichtigen Be- und Entlüftungsanlagen wurden lediglich als Beispiel einer länderspezifischen Regelung aufgeführt. Der Grund dafür waren Meinungsunterschiede zwischen den Bundesländern, ob § 59 SchfG auch für Be- und Entlüftungsanlagen gilt, die nach dem Einigungsvertrag errichtet wurden.

2 Beim technischen Hearing im Januar 2004 wurde jedoch nicht nur über die Dunstabzugsanlagen und Hygieneleitungen gesprochen, sondern auch über mögliche Überwachungsaufgaben des BSM bei Brennstoffversorgungseinrichtungen. Es geht dabei um Brennstofflager und Zuleitungen. Fachleute, vor allem aus dem Geräteherstellerbereich und das Schornsteinfegerhandwerk empfahlen, dass die Brennstofflager zumindest alle fünf Jahre bei der Feuerstättenschau einer visuellen Überprüfung unterzogen werden. Das Schornsteinfegerhandwerk empfahl dies auch bei Ölzuleitungen und Gaszuleitungen bei jeder Abgaswegüberprüfung. Der Bund-Länder-Ausschuss konnte sich dazu allerdings nicht durchringen und verabschiedete die Muster-KÜO ohne eine Ausweitung der Überprüfungspflichten auf die Bereiche der Brennstoffversorgung.

Der Bund-Länder-Ausschuss konnte auch keine Ausdehnung der Überprü-   **3** fungspflicht von Be- und Entlüftungsanlagen auf ganz Deutschland befürworten. Auch wenn die Darlegungen im technischen Hearing im Januar 2004 eindeutig für diese Aufgabe sprachen, war allen Beteiligten klar, dass die gesetzliche Grundlage dazu nicht im Schornsteinfegergesetz zu finden ist. Eine derartige Aufgabe kann dem BSM als Pflichtaufgabe (über die Grenzen des § 59 SchfG hinaus) nur übertragen werden, wenn dazu in einem Gesundheitsgesetz eine Rechtsgrundlage geschaffen wird.

Die unter Nr. 4.1 aufgeführte Dunstabzugsanlage war bereits in der Muster-   **4** KÜO 1988 enthalten. Die Fachleute beim technischen Hearing haben keine Empfehlung zur Überprüfungsfrist dieser Anlage abgegeben. Letztlich hat sich der Bund-Länder-Ausschuss für eine einmalige Überprüfung im Jahr ausgesprochen, einem Kompromiss zwischen den Erfahrungen in Bayern und Hamburg mit zweimaliger Überprüfung im Jahr, den Erfahrungen in den Ländern, die nach der Muster-KÜO 1988 einmal jährlich überprüften und den Ländern, die bisher ohne Überprüfung der Dunstabzugsanlagen auskommen.

2. Allgemeines

Unter Kapitel 4 der Anlage 1 Muster-KÜO ist bisher nur die Dunstabzugs-   **5** anlage als bundesweite Pflichtaufgabe des BSM aufgeführt. In den Ländern, in denen nach dem Einigungsvertrag noch Be- und Entlüftungsanlagen als Pflichtaufgabe des BSM durchgeführt werden, müssten diese unter Nr. 4.2 eingesetzt werden. Dazu s. Erl. 70–73 zu § 1 Abs. 1 Muster-KÜO.

Aus Gründen der Feuersicherheit kann der BSM die Zahl der jährlichen   **6** Überprüfungen erhöhen (§ 1 Abs. 4 Satz 2 Muster-KÜO) und die Untere Verwaltungsbehörde kann bei Anlagen nach § 4 BImSchG abweichende Regelungen treffen (§ 1 Abs. 5 Muster-KÜO).

3. Nr. 4.1: Dunstabzugsanlage

Dunstabzugsanlagen, die nicht ausschließlich privat genutzt werden, sind   **7** jährlich einmal zu überprüfen. Dabei wird eine komplette Prüfung der Haube, der Dunstleitung, einschließlich Filter, Ventilator und Sicherheitseinrichtungen vorgenommen. Die Überprüfungstätigkeiten sind im Arbeitsblatt 303, Ausgabe April 2002, herausgegeben vom ZIV genau beschrieben. In der Bestimmung des jährlichen Termins ist der BSM frei.

8   Dunstabzugsanlagen sind ortsfeste Einrichtungen zum Aufnehmen von Koch-, Brat-, Grill-, Dörr- oder Röstdünsten und deren Abführung über Rohre, Kanäle oder Schächte ins Freie. Auf die Erläuterungen in Anlage 3 Nr. 10 Muster-KÜO wird hingewiesen.

9   Anlagen zur Abführung fetthaltiger Abluft (Dunstabzugsanlagen) stellen aufgrund der in ihr zur Ablagerung kommenden Fette und sonstigen Substanzen eine Brandgefahr dar, deren Verhinderung in einem öffentlichen Interesse steht. Ihre Überprüfung ist eine wirksame Maßnahme zur Feuersicherheit i.S. von § 1 Abs. 2 SchfG.

10   Bei Feststellung von gefahrdrohenden Ablagerungen und sonstigen Mängeln ist die Dunstabzugsanlage vom BSM zu bemängeln (§ 13 Abs. 1 Nr. 3 SchfG).

4. Länderspezifische Regelungen

11   Der Bund-Länder-Ausschuss weist in Kapitel 4 der Anlage 1 ausdrücklich auf länderspezifische Regelungen hin. Ausschlaggebend dafür war, dass einzelne Bundesländer die Be- und Entlüftungsanlagen nach § 59 SchfG aufnehmen werden. Es wären jedoch auch andere Anlagen und Einrichtungen unter Kapitel 4 denkbar. So könnten spezielle Aufgaben des BSM bei der Umsetzung der Energieeinsparverordnung (EnEV), im Wasserrecht (Überprüfung von Öllagerstätten in Gebieten mit Überschwemmungsgefahren), des Gesundheitsrechts (Reinigung von asbesthaltigen Rohren und Kanälen, die nicht für Feuerungsanlagen genutzt werden), des Umweltrechts (Prüfung des Feuchtegehalts von festen Brennstoffen) oder des vorbeugenden Brandschutzes (Überprüfung von Rauchmeldern oder Löscheinrichtungen) Aufnahme in die Anlage 1 KÜO finden, wenn die entsprechenden Rechtsgrundlagen dazu landesrechtlich vorliegen.

5. Be- und Entlüftungsanlage nach § 59 SchfG

12   Anlage 1 Nr. 4.2 führt die Be- und Entlüftungsanlagen nach § 59 SchfG nur beispielhaft als Regelung der KÜO auf. Da einzelne neue Bundesländer angekündigt haben, dass sie diese Regelung aufnehmen werden, wird darauf auch im Handbuch eingegangen.

13   In den Erläuterungen zu § 1 Abs. 1 Nr. 6 Muster-KÜO wurde der Vorschlag der Projektgruppe aufgeführt, wie die Be- und Entlüftungsanlagen nach § 59 SchfG in die KÜO eingebunden werden können. In der Anlage 1 wären folgende Ergänzungen vorzunehmen:
Anlage 1 wird durch die Nummern 4.2 und 4.3 wie folgt ergänzt:

Anlagen, Einrichtungen und deren Benutzung	Kehrpflicht	Überprüfungspflicht
4.2 Be- und Entlüftungsanlage mit Filter am Lufteintritt oder mit Filterung der Zuluft		1 x in zwei Jahren
4.3 Be- und Entlüftungsanlage ohne Filter am Lufteintritt		1 x im Jahr

Be- und Entlüftungsanlagen mit Filter am Lufteintritt oder mit Filterung der **14**
Zuluft sind nach dieser Empfehlung einmal in zwei Jahren zu überprüfen.
Dabei wird eine komplette Prüfung der Be- und Entlüftungsanlage, der
Zuluftöffnungen und Überstromdurchlässe einschließlich des Filters an
der Abluftöffnung vorgenommen. Erforderlichenfalls ist eine Reinigung
(einschließlich Filter) durchzuführen. In der Bestimmung des jährlichen
Termins ist der BSM frei. Es wird empfohlen die Überprüfung der Be- und
Entlüftungsanlage zusammen mit anderen überprüfungspflichtigen Arbei-
ten im gleichen Gebäude durchzuführen.

Bei Be- und Entlüftungsanlagen ohne Filter am Lufteintritt ist eine jährliche **15**
Überprüfung vorgesehen.

Die Überprüfungen der Be- und Entlüftungsanlagen sind aus hygienischen **16**
und aus bauphysikalischen Gründen erforderlich, damit die Aufenthaltsräume für Menschen ausreichend be- und entlüftet werden. Fensterlose
Aufenthaltsräume, Küchen oder Kochnischen sowie Bäder und Toiletten
sind nur zulässig, wenn eine wirksame Lüftung gewährleistet ist. Eine Lüf-
tungseinrichtung ist allerdings nur sinnvoll, wenn sie dauerhaft funktioniert.
In der Vergangenheit wurde die mangelhafte Funktion einer Lüftungsanlage
durch die Undichtheit der Fassade, insbesondere der Fenster, weitgehend
kompensiert. Zur Einsparung von Heizenergie werden heute zunehmend
dichte Fenster eingebaut und Fassaden gedämmt. Die ordnungsgemäße
Funktion einer Lüftungsanlage gewinnt daher an Bedeutung. Von den Experten ist auch beim technischen Hearing im Januar 2004 in Stuttgart auf
die Notwendigkeit einer funktionierenden Lüftung hingewiesen worden.
Diese kann letztendlich nur durch eine regelmäßig wiederkehrende Überprüfung und ggf. Reinigung erreicht werden. Das Schornsteinfegerhandwerk hat in den neuen Bundesländern diese Arbeit über den Einigungsvertrag erhalten. Für eine Einführung in den alten Bundesländern müssten dazu
erst noch die gesetzlichen Grundlagen geschaffen werden.

Die Arbeitsschritte für die Überprüfung und ggf. Reinigung der Be- und **17**
Entlüftungsanlagen sind im Arbeitsblatt 301, herausgegeben vom ZIV, genau beschrieben.

I. Die Schornsteinfegergebühren nach der neuen Muster-KÜO

Verordnungstext Anlage 1, Überschrift:

Anlage 2
(zu § 4 Abs. 1)
Schornsteinfegergebührenverzeichnis

Nr.	Ab-kür-zung	Bezeichnung	Rechtsgrundlage der Tätigkeit	AW

Erläuterungen

1. Entstehung 1–5
2. Rechtsvorgaben § 24 Schornsteinfegergesetz 6–10
3. Gebühren allgemein 11–19
4. Arbeitsstudien der Länder 20–22
5. Strukturenvergleich der Schornsteinfegergebühren vor der Muster-KÜO . 23–33
6. Bundeseinheitliche Arbeitszeitstudie nach REFA 34–45
7. Geschäftskosten 46–51
8. Zeitmengengerüst 52–57
9. Bürokosten 58
10. Fahren im Kehrbezirk 59–65
11. Auslastung (Erholungszeiten) 66, 67
12. Rüst- und Verteilzeiten 68–71
13. Schornsteinfegergebührenverzeichnis 72–75
14. Umsetzung des Arbeitszeitgutachtens in den Ländern 76, 77

1. Entstehung

1 § 4 der Muster-KÜO 2006 und das Schornsteinfegergebührenverzeichnis in Anlage 2 zur Muster-KÜO ersetzen die noch in den meisten Ländern vorhandenen Kehr- und Überprüfungsgebührenordnungen (KÜGebO). Die Einarbeitung der völlig neu gefassten Gebührenbestimmungen in die Muster-KÜO geschah nicht nur, um die Zahl der Verordnungen zu verringern, sondern auch zur Verdeutlichung des Zusammenhangs zwischen den einzelnen Kehr- und Überprüfungsarbeiten und den dazu gehörenden Gebührentatbeständen.

2 Es war Aufgabe der vom Bund-Länder-Ausschuss im Jahr 2003 eingesetzten Projektgruppe, eine einheitliche Gebührenstruktur für alle Länder und – wenn möglich – eine Muster-Gebührenordnung zu erarbeiten. Diese Aufgabe hat die Projektgruppe erfüllt (s. Erl. 12 ff. zur Einführung in die Muster-KÜO). Der Bund-Länder-Ausschuss hat die Anlage 2 der Muster-KÜO am 31. Mai 2006 beschlossen.

3 Die Gebührentatbestände werden jetzt einheitlich in Arbeitswerten ausgedrückt. Ein Arbeitswert ist eine Arbeitsminute (100 Hundertstel Minuten =

100 HM). Dabei werden nicht alle Tätigkeiten in Arbeitswerten erfasst, sondern nur die Tätigkeiten vor Ort beim Kunden, die Fahrtzeiten, Grundwegezeiten von Gebäude zu Gebäude (auch für das Anmelden) und Zuschlagszeiten bei verweigerten Terminen, Arbeiten außerhalb der üblichen Arbeitszeiten und für notwendige Mahnungen. Den Arbeitswerten liegen immer Durchschnittswerte zugrunde, die mittels eines arbeitswissenschaftlichen und betriebswirtschaftlichen Gutachtens nach REFA ermittelt wurden.

Der Markenname REFA hat seinen Ursprung in dem 1924 in Berlin gegründeten „Reichsausschuss für Arbeitszeitermittlung". Aufgrund seines Bekanntheitsgrades wurde der Markenname REFA beibehalten. REFA ist jetzt ein eingetragener und als gemeinnützig anerkannter Verein, der in 120 Städten Deutschlands vertreten ist. REFA bietet berufliche Weiterbildung für die Bereiche Produktion sowie Verwaltung und Dienstleistung und ein breit gefächertes Seminarprogramm auf den Gebieten Arbeitsgestaltung, Betriebsorganisation und Unternehmensentwicklung an. **4**

Die Gebühr je Arbeitswert wird in § 4 Abs. 2 der Muster-KÜO bestimmt. Einzelne Länder wie Hamburg, Nordrhein-Westfalen und Baden-Württemberg arbeiten bereits seit Mitte der Achtziger Jahre mit Arbeitswerten. Außer Hessen hat jedes Land mittlerweile die Gebühren nach Arbeitswerten bemessen. Diese Umstellung war gesetzesökonomisch bedingt, änderten sich bis dahin nämlich bei einer Gebührenerhöhung alle Geldbeträge in den einzelnen Gebührenbestimmungen, wird seither nur noch der Gebührensatz je Arbeitswert (§ 4 Abs. 2 Muster-KÜO) geändert. **5**

2. Rechtsvorgaben § 24 Schornsteinfegergesetz

Nach § 24 SchfG sind die Schornsteinfegergebühren nach dem Arbeitsumfang und den dem Bezirksschornsteinfegermeister entstehenden notwendigen Aufwendungen zu bemessen; bei der Bemessung ist davon auszugehen, dass der BSM den Umsatz aus seiner beruflichen Tätigkeit nach den allgemeinen Vorschriften des Umsatzsteuergesetzes versteuert. Bei Bemessung der Gebühren ist auch zu berücksichtigen, dass durch sie die gebührenfreien Tätigkeiten des Bezirksschornsteinfegermeisters abzugelten sind, die nach dem Schornsteinfegergesetz im Interesse des Gebührenschuldners ausgeführt werden. Das VG Freiburg führt dazu im Urteil vom 17.7.2001 – 7K2143/99 ergänzend aus: **6**

„... Dies zeigt, dass die Gebühren nicht etwa darauf beschränkt sind, den Aufwand abzugelten, der unmittelbar bei der Verrichtung der in § 13 Abs. 1 SchfG genannten Arbeiten entsteht (vgl. BVerwG, Urteil vom 12.5.1992, NVwZ-RR 1993, 662). Zu berücksichtigen ist ferner, dass nach § 22 Nr. 3 SchfG die Kehrbezirke so einzuteilen sind, dass die Einnahmen aus den regelmäßig wiederkehrenden Entgelten aus den Aufgaben i.S.d. § 13 SchfG nach Abzug der Versorgungsbeiträge und der notwendigen Geschäftskosten dem Bezirksschornsteinfegermeister ein angemessenes Einkommen sichern. Diese Vorschrift betrifft zwar in erster Linie die Bemessung der Größe der Kehrbezirke, enthält aber zugleich ein Kriterium für die Bemessung der „Entgelte" (Gebühren und Auslagen) in der Kehr- und Überprüfungsgebührenordnung i.S.d. § 24 Abs. 1 SchfG, soweit sie regelmäßig wiederkehren.

Diese Entgelte müssen so bemessen sein, dass sie insgesamt dem Bezirk-schornsteinfegermeister nach Abzug der von ihm zu leistenden Versorgungs-beiträge und der notwendigen Geschäftskosten ein angemessenes Einkommen sichern (vgl. BVerwG, Urteil vom 12.5.1992, a.a.O.). Dem Gebot des § 22 Nr. 3 SchfG entspricht es danach, wenn – worauf der Beklagte hin-weist – bei der Festlegung der Arbeitswerte nicht nur die tatsächliche Zeit vor Ort, sondern z.B. die Zeiten für Bürotätigkeit, allgemeine Verwaltungs-arbeit, Fahr- und allgemeine Wegezeiten, Anmeldung, Beratung und War-tezeiten mitberücksichtigt werden. ...“

7   Die notwendigen Aufwendungen werden auf Antrag der Landesinnungsver-bände des Schornsteinfegerhandwerks von den zuständigen obersten Lan-desbehörden (in NRW vom Regierungspräsidium Arnsberg) – s. Erl. 4 Rechtsgrundlagen – in einer Geschäftskostenaufstellung eines durchschnitt-lichen Kehrbezirks im entsprechenden Bundesland ermittelt. Dabei wird ein bundeseinheitliches Muster verwendet, das die Kosten in bestimmte Posi-tionen aufgliedert (vgl. hierzu Erl. 46).

8   § 24 SchfG bestimmt abschließend, welche gebührenpflichtigen Tatbestän-de in eine Schornsteinfegergebührenordnung aufgenommen werden dürfen. Der Verordnungsgeber darf darüber hinaus keine weiteren Gebühren fest-setzen. § 24 SchfG bezieht sich dabei auf den Aufgabenkatalog des § 13 SchfG. Gebührenpflichtige Tätigkeiten des Bezirksschornsteinfegermeisters sind danach die Arbeitsausführungen für:

– die Ausführung der in der KÜO vorgeschriebenen Arbeiten einschließlich der Zeiten, die der BSM für die Überwachung der Arbeiten seiner Gesel-len und Lehrlinge benötigt,
– Überprüfungsarbeiten nach der Feuerstättenschau,
– die Bearbeitung der vorgefundenen Mängel an Schornsteinen, Feuerstät-ten, Verbindungsstücken, Lüftungsanlagen oder ähnlichen Einrichtungen (nach der Muster-KÜO gebührenfrei),
– die Prüfung und Begutachtung von Schornsteinen, Feuerstätten, Verbin-dungsstücken und Lüftungsanlagen oder ähnlichen Einrichtungen auf ihre Feuersicherheit in Fällen außerhalb der Feuerstättenschau, in denen er Anhaltspunkte für Mängel sieht, die die Feuersicherheit gefährden,
– die Durchführung der nach Landesrecht vorgeschriebenen Bauabnah-men,
– die Überprüfung von Schornsteinen, Feuerstätten und Verbindungsstü-cken oder ähnlichen Einrichtungen nach den Vorschriften auf dem Gebiet des Immissionsschutzes (Emissionsmessung) und zur Erfüllung der ihm in § 46 des Bundesimmissionsschutzgesetzes auferlegten Aufgaben,
– Arbeiten, die ihm nach dem Energieeinsparungsgesetz hinsichtlich der Anforderungen an heizungs- oder raumlufttechnische oder der Versor-gung mit Brauchwasser dienenden Anlagen oder Einrichtungen im Zuge der Feuerstättenschau besonders übertragen wurden,
– die Überwachung von Feuerungsanlagen hinsichtlich der Anforderungen an den Betrieb heizungs- oder raumlufttechnischer oder Versorgung mit Brauchwasser dienenden Anlagen oder Einrichtungen soweit diese ihm nach § 7 Abs. 3 des Energieeinsparungsgesetz übertragen worden ist und
– sonstige Arbeiten, die dem BSM durch Rechtsvorschriften des Bundes zugelassen oder ausdrücklich vom BMWI im Einvernehmen mit dem

BMU mit Zustimmung des Bundesrates nach § 13 Abs. 2 SchfG übertragen wurden.

Unentgeltliche Arbeiten sind: **9**

– die Beratungen in feuerungstechnischen Fragen,
– die Vornahme der Brandverhütungsschau oder Teilnahme an ihr nach Landesrecht,
– die Hilfeleistung bei der Brandbekämpfung auf Anforderung durch die zuständige Behörde in seinem Bezirk und
– die Unterstützung der Aufgaben des Zivilschutzes, soweit sie die Brandverhütung betreffen.

Die Länder dürfen darüber hinaus keine weiteren Gebühren festsetzen.   **10** Neben den Gebühren darf der Bezirksschornsteinfegermeister jedoch Ersatz für seine Auslagen fordern. Dies ist in der Muster-KÜO insoweit eingeschränkt, dass nur solche Auslagen eingefordert werden können, die nicht bereits bei der Berechnung der Geschäftskosten berücksichtigt wurden. Daher bestimmt § 4 Abs. 1 Muster-KÜO, dass nur die Auslagen erhoben werden dürfen, die in Anlage 2 der Muster-KÜO aufgeführt sind.

3. Gebühren allgemein

Die Gebühren des BSM sind keine Gebühren für Amtshandlungen im Sinne   **11** der Landesgebührengesetze, gleichgültig, ob sie erhoben werden für die Tätigkeiten, die dem BSM zur Wahrnehmung öffentlicher Aufgaben anvertraut sind (vgl. § 3 Abs. 2 Satz 2 SchfG) – der Schornsteinfeger ist insoweit ein sog. „beliehener Unternehmer" –, oder für Tätigkeiten des Kehrens und Überprüfens von Schornsteinen, die nicht als öffentliche Aufgaben angesehen werden. Gebühr im Sinne des § 4 Muster-KÜO und des Gebührenverzeichnisses ist das staatlich festzusetzende Entgelt für die Erledigung der dem BSM nach § 13 Abs. 1 Nr. 1, 2, 3, 4, 9, 10, 11, 12 und Abs. 2 SchfG übertragenen Aufgaben. Die in §§ 1 und 2 Muster KÜO festgesetzten Kehr-, Überprüfungs- und Messarbeiten fallen sämtlich unter § 13 Abs. 1 Nr. 1 SchfG.

Die Gebühren fließen dem BSM direkt zu. Er muss davon an die Aufsichts-   **12** behörde keine Anteile (Konzessionen) abgeben.

§ 24 Abs. 1 SchfG verpflichtet nicht zum Erlass von Gebührenvorschriften,   **13** sondern ermächtigt lediglich dazu. Da landeseinheitliche Entgelte im Interesse der Gleichbehandlung aller Grundstückseigentümer erstrebenswert sind, haben alle Bundesländer auch bisher von der Ermächtigung des § 24 Abs. 2 SchfG Gebrauch gemacht.

Die Gebühr ist eine öffentliche Last des Grundstücks und daher vom Grund-   **14** stückseigentümer zu tragen. Diese Aussage des § 25 Abs. 1 Satz 1 SchfG bedeutet, dass das Grundstück mit dem Gebäude für die Gebühr des Schornsteinfegers haftet. Wird die Gebühr trotz Mahnung des BSM nicht entrichtet, hat die untere Aufsichtsbehörde einen beitreibungsfähigen Bescheid zu erlassen und die Gebühr nach den Vorschriften des jeweiligen Landesverwaltungsvollstreckungsgesetzes beizutreiben (§ 25 Abs. 4 Satz 4 SchfG).

Die Zwangsvollstreckung geht letztlich in das Grundstück, auf dem die gebührenpflichtige Tätigkeit ausgeführt wurde.

15 Die Übertragung des Gebühreneinzugs auf Inkassofirmen ist nicht zulässig. Da der BSM an ein fest vorgeschriebenes Beitreibungsverfahren gebunden ist, besteht kein Bedürfnis und keine Notwendigkeit für die Einschaltung von Inkassobüros im Vorfeld behördlicher Beitreibungsmaßnahmen. Das Wirtschaftsministerium BW stützt sich in einem Schreiben vom 19.9.2002 (Az.: 3-1548.2/171) an den Bundesverband Deutscher Inkasso-Unternehmen e.V. auch auf eine Entscheidung des AG Saarbrücken (36C 529/98), das eine Klage eines BSM ablehnte, der die Schornsteinfegergebühren nebst 8 % Zinsen sowie 45 DM Mahngebühren zivilrechtlich erstreiten wollte. Das Gericht verneinte ein Rechtsschutzbedürfnis des BSM, da ihm mit § 25 Abs. 4 Satz 4 SchfG besondere Beitreibungsbestimmungen zur Verfügung stehen. Es sah in der verwaltungsbehördlichen Beitreibung nach diesen Vorschriften für den Kläger den schnelleren und einfacheren Weg, als im Gang zu einem ordentlichen Gericht.

16 Die Fälligkeit der Gebühr ist in § 4 Abs. 3 Muster-KÜO geregelt. Die Gebühren des BSM verjähren nach drei Jahren. Dies ist nunmehr in § 25 Abs. 4 Satz 2 SchfG zweifelsfrei geregelt. Bis zur Gesetzesnovelle zum Schornsteinfegergesetz im Jahr 1994 musste mangels spezialgesetzlicher Verjährungsvorschrift auf das BGB zurückgegriffen werden, das eine zweijährige Verjährungsfrist – wie bei Handwerkern – zuließ. Die Verjährungsfrist beginnt mit dem Ablauf des Tages, an dem die Kehr- und Überprüfungsarbeit vorgenommen worden ist. Im Schrifttum ist jedoch umstritten, ob sich der Beginn der Verjährung, deren Hemmung bzw. Unterbrechung, nach öffentlich-rechtlichen Vorschriften – Gebührengesetzen der Länder/ Abgabenordnung – oder nach dem Privatrecht richten. Musielak-Schira-Manke, Schornsteinfegergesetz, Kommentar 6. Auflage neigt dazu, diese dem Privatrecht zuzuordnen. Dies ist jedoch nur eine rein theoretische Betrachtung, da die Verjährung durch den auf Antrag des BSM bei der zuständigen Verwaltungsbehörde zu erlassenden Leistungsbescheid unterbrochen wird. Die Festsetzung der Gebühren durch die Aufsichtsbehörde hat die Wirkung einer Unterbrechung der Verjährung, so dass nach den insofern im Wesentlichen inhaltlich gleichlautenden Vorschriften der Gebührengesetze der Länder mit dem Ablauf des Kalenderjahres, in dem die Unterbrechung herbeigeführt wurde, eine neue Verjährungsfrist beginnt. Die einschlägigen Vorschriften der Länder lassen inhaltlich gleichregelnd Zahlungsaufschub, Stundung, Aussetzung der Vollziehung, Sicherheitsleistung, Vollstreckungsaufschub, Vollstreckungsmaßnahmen, Anmeldung im Konkurs sowie offizielle Ermittlungen nach dem Wohnsitz oder dem Aufenthalt des Zahlungspflichtigen ebenfalls als verjährungsunterbrechende Maßnahme zu (Musielak-Schira-Manke, Schornsteinfegergesetz, Kommentar 6. Auflage, Erläuterungen 12 a) zu § 25).

17 Bei der Festlegung der Arbeitswerte als Grundlage der Gebühren sind zwei Rechtsprinzipien zu beachten:

– der Gleichheitssatz nach Art. 3 Abs. 1 GG und
– das Äquivalenzprinzip.

Der Gleichheitssatz des Art. 3 Abs. 1 GG verbietet eine willkürlich ungleiche Behandlung (wesentlich) gleicher Sachverhalte. Die Grenze liegt dort, wo ein sachlich einleuchtender Grund für die gesetzliche Differenzierung fehlt. Nur die Einhaltung dieser äußeren Grenzen ist unter dem Gesichtspunkt des Gleichheitssatzes zu prüfen, nicht aber die Frage, ob der Verordnungsgeber im Einzelnen die zweckmäßigste, vernünftigste oder gerechteste Lösung gefunden hat. Dabei ist im Abgabenrecht auf die Typengerechtigkeit abzustellen, die es dem Verordnungsgeber gestattet, zu verallgemeinern und zu pauschalieren, und die damit zulässt, an Regelfälle eines Sachbereichs anzuknüpfen und die sich dem „Typ" entziehenden Umstände von Einzelfällen außer Betracht zu lassen (vgl. BVerwG, Urteil vom 16.9.1981, DVBl. 1982, 76; Urteil vom 20.12.2000, DÖV 2001, 468). Dementsprechend ist es – auch in Anbetracht der meist geringen Höhe der jeweiligen Gebühren – nicht zu beanstanden, wenn in der Kehr- und Überprüfungsordnung aus Gründen der Verwaltungspraktikabilität die Gebühren für Überprüfungsarbeiten und Emissionsmessungen nach durchschnittlichen Arbeitswerten und nicht nach dem Maß der Kostenverursachung durch den einzelnen Gebührenschuldner bemessen werden (vgl. dazu BVerwG, Urteil vom 11.11.1987, DVBl. 1988, 247). Das VG Freiburg kommt daher im Urteil vom 17.7.2001 – 7K2143/99 zum Schluss, dass die Festsetzung durchschnittlicher Arbeitswerte keinen Verstoß gegen den Gleichheitssatz des Art. 3 Abs. 1 GG darstellt. Art. 3 Abs. 1 GG belässt dem Verordnungsgeber – ebenso wie dem Ortsgesetzgeber – eine weitgehende Gestaltungsfreiheit. **18**

Das Äquivalenzprinzip als gebührenrechtliche Ausprägung des Grundsatzes der Verhältnismäßigkeit besagt, dass die Gebühr nicht in einem Missverhältnis zu der von der Verwaltung erbrachten Leistung stehen darf (vgl. BVerwG, Urteil vom 16.9.1981, a.a.O.). Die Gebühr darf wegen ihrer Zweckbestimmung Einnahmen zu erzielen, nicht völlig unabhängig von den tatsächlichen Kosten der gebührenpflichtigen Staatsleistung festgesetzt werden. Von einer Verletzung des Äquivalenzprinzips kann dementsprechend erst dann gesprochen werden, wenn das Verhältnis zwischen Leistung und Gegenleistung nicht mehr „angemessen" ist, wenn das genannte Verhältnis also grob verletzt wird (vgl. VGH Bad.Württ., Normenkontrollbeschluss vom 16.6.1999 – 2S782/98). In Verbindung mit dem Gleichheitssatz fordert das Äquivalenzprinzip nur, dass die Gebühr im Allgemeinen nach dem Umfang der Benutzung bemessen wird, so dass bei etwa gleicher Inanspruchnahme der öffentlichen Einrichtung etwa gleich hohe Gebühren und bei unterschiedlicher Benutzung diesen Unterschieden in etwa entsprechende Gebühren zu zahlen sind (vgl. BVerwG, Urteil vom 16.6.1999, a.a.O.). Auch das Äquivalenzprinzip verlangt mithin keine Bemessung der Gebühr exakt nach dem Maß der durch die jeweilige Benutzung verursachten Kosten. Dass in der Kehr- und Überprüfungsordnung der Gebührenbemessung für Überprüfungsarbeiten und Messungen durchschnittliche Arbeitswerte zugrundegelegt werden, begegnet deshalb auch insoweit keinen Bedenken (VG Freiburg vom 17.7.2001 – 7K2143/99). **19**

4. Arbeitsstudien der Länder

Erstmals haben in den Jahren 1974–1977 in Hamburg und im Jahr 1983 Unternehmensberatungsfirmen im Auftrag des Landes NRW und des Lan- **20** desinnungsverbandes des Schornsteinfegerhandwerks Baden-Württemberg (im Einvernehmen mit dem Innenministerium Baden-Württemberg) umfassende arbeitswissenschaftliche und betriebswirtschaftliche Untersuchungen in Auftrag gegeben. Der Abschlussbericht des Gutachtens in BW, der als Arbeitszeitstudie nach REFA aufgebaut war, brachte seinerzeit folgende Ergebnisse:

- Alle gebührenpflichtigen Arbeiten des BSM können anhand von Zeitstudien erfasst werden. Der Zeit- und Kostenaufwand jeder einzelnen Tätigkeit des BSM ist errechenbar.
- Die Büroarbeit und die Zeiten für die Fahrten im Kehrbezirk sind der einzelnen Tätigkeit des Schornsteinfegers zuordenbar. Eine Jahresgrundgebühr ist daher entbehrlich.
- Erstmals wurde genau errechnet, welchen Aufwand die Feuerstättenschau verursacht.
- Eine unterschiedliche Gebühr für das Kehren eines Schornsteins je nach dem lichten Querschnitt ist nicht gerechtfertigt. Für das Kehren eines Schornsteins wird unabhängig von seiner Querschnittsgröße der gleiche Zeitaufwand benötigt. Ein zusätzlicher Zeitaufwand entsteht nur bei einer Umrüstung des Kehrgeräts.
- Die Zeiten für das Messen von Öl- und Gasfeuerstätten sind erheblich niedriger als vorher angenommen.
- Der Beschäftigungsgrad eines Bezirksschornsteinfegermeisters (Betrieb) übersteigt 100 % und muss daher gesenkt werden.

21   Weitere Arbeitszeitgutachten folgten in den Ländern Bayern und Berlin. Vor Beginn der Arbeiten für eine Muster-KÜO im Jahr 2003 lagen folgende Arbeitszeitstudien vor:

Baden-Württemberg

- Bericht über die arbeitswissenschaftliche und betriebswirtschaftliche Untersuchung im Schornsteinfegerhandwerk des Landes Baden-Württemberg – 1983
- Ergänzungsbericht zur Arbeitsstudie „Art und Umfang der Abgaswegüberprüfung" – März 1984
- Arbeitswissenschaftliche Untersuchung der Abgaswegüberprüfung im Schornsteinfegerhandwerk des Landes Baden-Württemberg – Juni 1987
- Arbeitswissenschaftliche Untersuchung zu den Messungen an feststoffbefeuerten Heizungsanlagen – Mai 1989
- Arbeitswissenschaftliche Untersuchung der Rauchrohrreinigung an Öl- und Feststofffeuerstätten – Mai 1990
- Bericht über die arbeitswissenschaftliche und betriebswirtschaftliche Untersuchung im Schornsteinfegerhandwerk des Landes Baden-Württemberg – Juli 1998

Auftraggeber war in allen Fällen der Landesinnungsverband des Schornsteinfegerhandwerks in Baden-Württemberg unter Mitwirkung des Innenministeriums Baden-Württemberg (bis 1995) und des Wirtschaftsministeriums (seit 1996), die für alle Entscheidungen und Aufträge ein Veto-Recht hatten.

Auftragnehmer war in allen Fällen die spätere BFB-Beratungsgesellschaft für Betriebswirtschaft GmbH, Bad Salzhausen, früher: Unternehmensberatung Winterthur und SAS-Beratungsgesellschaft für Betriebswirtschaft & Informatik GmbH.

Bayern

– Bericht über die arbeitswissenschaftliche und betriebswirtschaftliche Untersuchung im Bayerischen Kaminkehrerhandwerk – Juni 1992

Auftraggeber war das Bayerische Staatsministerium des Innern.
Auftragnehmer war die SAS-Beratungsgesellschaft für Betriebswirtschaft & Informatik GmbH.

Hamburg

– Arbeitswissenschaftliche Untersuchung der Schornsteinfeger-Innung Hamburg – September 1974
– Gutachterliche Stellungnahme über den Zeitaufwand für Messungen an Ölfeuerungsanlagen – 1976
– Gutachten „weiße Arbeit" – Mai 1977

Auftraggeber war in allen drei Fällen der Landesinnungsverband des Schornsteinfegerhandwerks in Hamburg.
Auftragnehmer war Günter Kroll, Hamfelde.

Nordrhein-Westfalen

– Kosten- und Leistungsstruktur im Schornsteinfegerhandwerk Nordrhein-Westfalen – September 1983
– Arbeitswissenschaftliche Ergänzungsuntersuchung über die Kosten- und Leistungsstruktur im Schornsteinfegerhandwerk Nordrhein-Westfalen – Juli 1990

Auftraggeber war in beiden Fällen der Minister für Wirtschaft, Mittelstand und Verkehr des Landes Nordrhein-Westfalen.
Auftragnehmer war im Jahr 1983 das Institut für angewandte Wirtschaftsforschung im Mittelstand IWM in Düsseldorf (Dr.-Ing. C.F. Ritter), im Jahr 1990 die „geminus" Software GmbH in Ratingen.

Berlin

– Gutachten über Arbeitswerte der Kehr- und Überprüfungs-Gebührenordnung – Dezember 1995

Auftraggeber war die Senatsverwaltung für Bau- und Wohnungswesen Berlin.
Auftragnehmer war die BDO Unternehmensberatung GmbH in Berlin.

Aktualität der Zeitaufnahmen im Jahr 2003:   **22**

Baden-Württemberg

Die Arbeitsstudie aus dem Jahr 1998 beinhaltet die neuesten Zeitaufnahmen, die im Schornsteinfegerhandwerk in Deutschland ermittelt wurden. Teilweise wurden die Zeiten aus den Untersuchungen in Bayern 1992 und aus den Studien zur Rauchrohrprüfung im Jahr 1990 übernommen. Die Arbeitsstudie beinhaltet auch Untersuchungen über die Auswirkungen von Zusammenlegungen von Schornsteinfegerarbeiten. Da sich die Mess- und Arbeitstechniken seit 1998 nicht wesentlich geändert haben, kann davon ausgegangen werden, dass die Zeitaufnahmen noch aktuell sind.

Im Gutachten sind die einzelnen Arbeitszeiten nach REFA (Grundzeiten und Verteilzeiten) klar herauslesbar.

Das Wirtschaftsministerium BW hat einzelne Zeiten im Bürobereich aus den Gutachten nicht übernommen und eigene Erfahrungswerte dafür eingesetzt.

Bayern

Die Zeitaufnahmen für die Emissionsmessung, die Abgaswegüberprüfung und CO-Messung sind mittlerweile überholt. Es müssen deshalb die Daten aus dem Gutachten aus BW übernommen oder neue Studien in Auftrag gegeben werden.

Das Bayerische Staatsministerium des Innern hat einzelne Zeiten im Bürobereich aus dem Gutachten nicht übernommen und eigene Erfahrungswerte dafür eingesetzt.

Durch strukturelle Änderungen in den letzten Jahren stimmen viele Werte nicht mehr.

Hamburg

Die Gutachterdaten über die Mess- und Büroarbeiten sind mittlerweile überholt. Wie in Bayern entsprechen viele Werte nicht mehr den strukturellen Änderungen. Die Zeiten für die klassischen Kehrarbeiten dürften jedoch aktuell sein.

Nordrhein-Westfalen

Die Gutachterdaten für die schwarze Arbeit dürften sich nicht wesentlich geändert haben. Allerdings hat das WM NRW seinerzeit nicht alle Daten aus dem Gutachten umgesetzt. Es wurden auch eigene Erfahrungswerte verwandt.

Die ermittelten Zeiten sind aus dem Gutachten nicht eindeutig herauslesbar.

Berlin

Im Gutachten wurden einige Unzulänglichkeiten festgestellt, daher wurden bei der Ermittlung der Schornsteinfegergebühren nicht alle Daten aus dem Gutachten übernommen. Bürozeiten sind im Gutachten nicht enthalten. Berlin benötigt wieder eine neue Datengrundlage.

Die vom Zeitnehmer in BW ermittelten Daten stellten daher eine noch aktuelle Grundlage für die Schornsteinfegergebühren dar. Die Daten aus BW können ohne Probleme auch auf die Berechnungsstruktur in Bayern übertragen werden. Eine Übertragung auf die anderen Länder war nicht ohne Weiteres möglich.

5. Strukturenvergleich der Schornsteinfegergebühren vor der Muster-KÜO

23 Parameter für einen Strukturvergleich bei den Schornsteinfegergebühren sind:

– die anerkannten Geschäftskosten (z.B. mit oder ohne Bürohilfe),
– die Arbeitszeiten (produktive, unproduktive Arbeitszeiten; Erholungszeiten; Fahr- und Wegezeiten, etc.),
– die Zuordnung von Bürozeiten, Rüstzeiten, Verteilzeiten auf Jahresgrundgebühren, Begehungsgebühren oder Einzeltätigkeiten.

Aus einem groben Strukturvergleich von 6 Bundesländern konnten folgende Erkenntnisse gewonnen werden:

– Die durchschnittlich anerkannten Geschäftskosten eines Schornsteinfe-
gerkehrbezirks lagen in Deutschland im Jahr 2002 bei rd. 119.000 €/Jahr
(ohne Bürohilfe). Die Bürohilfe wird in 5 Ländern anerkannt, die durchschnittlichen Kosten betrugen rd. 4.100 €/Jahr.

– Die der Berechnung des Gebührensatzes zugrunde liegenden Jahresar-
beitsminuten differenzieren je nach der Berechnungsmethode (mit oder
ohne Zeiten der Bürohilfe, Fahrzeiten als Verteilzeit oder nicht), Höhe
der Auslastung (Erholungszeit), Höhe der Rüst- und Verteilzeiten (Vorgabezuschlag), die dem BSM auferlegten Bürozeiten und die berücksichtigten Tage für den Urlaub, für Krankheiten und berufliche Fortbildung.

Für die Zurechnung der einzelnen Büro-, Rüst- und Verteilzeiten gibt es   **24**
etliche Variationen. Die Projektgruppe unterschied in:

AZ =   Arbeitszeit vor Ort am Objekt (Grundzeit) ohne Störeinflüsse, keine Verteilzeiten, keine Erholungszeiten, abge-
stoppt vom Zeitnehmer bei idealen Bedingungen;

VZ1 =   Vorgabezeiten für Wege von Gebäude zu Gebäude und
innerhalb des Gebäudes, Anmelden, Arbeitsbuch führen
vor Ort, Rückstände entfernen, bar kassieren, Umrüsten
vor Ort;

VZ2 =   Rüsten und Abrüsten der Arbeitsgeräte, Beratung, Bespre-
chung der Mitarbeiter und sonstige Verteilzeiten (Zeiten
die nicht geplant sind und doch anfallen wie z.B. Leiter
holen, Wartezeiten, Störungen im Arbeitsablauf, defekte
Geräte, Toilettenbesuch, etc.);

BZ (M+G+B) =   Bürozeiten des Meisters, des Gesellen und der Bürokraft;

WZ =   Wegezeiten zum Erreichen der Liegenschaften innerhalb
des Kehrbezirks;

EZ =   Erholungszeit, bisher als Differenz des Auslastungsgrades
in Prozent zu 100 teilweise berücksichtigt.

Die Schornsteinfegergebühren werden in 15 der 16 Bundesländer (Ausnah-   **25**
me Hessen) in Arbeitswerten nach folgender Formel ermittelt:

$$\textit{Gebühr je AW} \quad = \quad \frac{\textit{anerkannte Geschäftskosten eines durchschnittlichen Kehrbezirks}}{\textit{Arbeitszeit des Meisters, Gesellen und ggfl. der Bürokraft}}$$

In den anerkannten Geschäftskosten (K) sind Personalkosten für den Gesellen und die Bürokraft, die Sachkosten des Betriebs und das Reineinkom-
men (Unternehmerlohn) des Meisters enthalten.
Die Arbeitszeit (Z) des Meisters, Gesellen und der Bürokraft setzt sich aus
folgenden Komponenten zusammen:

$$Z = AZ + VZ1 + VZ2 + BZ + WZ + EZ$$

Die länderspezifischen Unterschiede im Jahr 2003 waren:

Baden-Württemberg $AW = \dfrac{K}{AZ + VZ1 + WZ}$

Die gesamten Kosten werden auf die vor Ort benötigte Arbeits- und Vorgabezeit (AZ+VZ1) und die Wegezeit (WZ) umgelegt. VZ2, BZ und EZ

werden damit anteilig linear auf AZ+VZ1+WZ umgelegt. Die Arbeitszeit der Bürokraft fließt damit in keine Kalkulation ein. Sie wird nur als Kostenfaktor, nicht als Zeitfaktor behandelt. Somit muss nicht zwischen der „billigen" Arbeitszeit der Bürokraft und der „teueren" Arbeitszeit des Meisters oder seines Gesellen unterschieden werden.

In BW gibt es keine Jahresgrundgebühr, die Begehungsgebühr (Grundgebühr) deckt den Zeitaufwand von VZ1 ab. Eine neu eingeführte Wegepauschale deckt die Wegezeiten (WZ) ab.

Damit wird erreicht, dass die Arbeitswerte für die einzelnen Tätigkeiten des Schornsteinfegers die Zeit in Minuten ausdrückt, die er vor Ort beim Kunden benötigt (Durchschnittsbetrachtung). Der Zeitaufwand für die einzelne Tätigkeit ist daher direkt ablesbar und damit transparent.

Bayern $\quad AW = \dfrac{K}{AZ + VZ1 + VZ2 + BZ + WZ}$

VZ2 wird als Zuschlagsfaktor linear auf die AZ aufgeschlagen, BZ+WZ werden als Zuschlagsfaktoren aufwandsgerecht den Kehr-, Mess- und Überprüfungsarbeiten hinzugerechnet.

EZ wird als sog. Auslastungsgrad anteilig linear auf alle Zeiten umgelegt.

In Bayern gibt es keine Jahresgrundgebühr, die Begehungsgebühr (Grundgebühr) deckt den Zeitaufwand von VZ1 ab.

Hamburg $\quad AW = \dfrac{K}{AZ + VZ1 + VZ2}$

Die WZ fließen in die Grundgebühr ein.

Die gesamten Kosten werden auf die vor Ort benötigte Arbeitszeit (AZ) und die Vorgabezeit (VZ) umgelegt. BZ und WZ werden damit anteilig linear auf (AZ+VZ) umgelegt.

EZ ist in der Arbeitszeit (Schwarze Arbeit = AZ) des Meisters und seines Gesellen enthalten.

In Hamburg wird keine Bürohilfe berücksichtigt.

Es gibt auch keine Jahresgrundgebühr; die Begehungsgebühr (Grundgebühr) deckt den Zeitaufwand von VZ1 ab.

Nordrhein-Westfalen, Brandenburg $\quad AW = \dfrac{K}{AZ + VZ1 + BZ + WZ}$

Die Bürozeiten und die Zeiten der Feuerstättenschau werden auf die Jahresgrundgebühr/Gebäude umgelegt.

VZ+WZ werden als Begehungsgebühr je Gebäude und je Schornstein verrechnet.

Erholungszeiten und Rüstzeiten sind nicht erkennbar angesetzt.

In Nordrhein-Westfalen und in Brandenburg werden keine Bürokräfte berücksichtigt.

Berlin $\quad AW = \dfrac{K}{AZ + VZ + BZ + WZ}$

Die Bürozeiten werden auf die Jahresgrundgebühr/Gebäude umgelegt.

VZ+WZ werden als Begehungsgebühr verrechnet.

EZ kennt Berlin nicht.

In Berlin wird keine Bürokraft berücksichtigt.

Alle anderen Länder haben sich an diese Vorgaben angelehnt (meist an das Muster NRW).

Alle Kehrordnungen der Bundesländer sind aus der von den Länderreferenten im Schornsteinfegerhandwerk erarbeiteten Muster-KÜO entwickelt worden. Diese beinhaltet jedoch keine Regelungen, wie die Schornsteinfegerarbeiten ausgeführt werden müssen. In einigen Bundesländern wurden jedoch bereits Regelungen getroffen, die sich effektiv auf die Arbeitszeiten auswirken. Genannt sind hier z.B. Zusammenlegungen von Arbeiten, gesonderte Berechnung der Feuerstättenschau, Verbot des Abspiegelns von Abgaskaminen, etc. Eine bundeseinheitliche Gebührenempfehlung konnte nur auf der Grundlage einer einheitlichen Arbeitsstruktur erarbeitet werden. Daher mussten sich die Bundesländer auf eine Muster-KÜO einigen, in der die differenzierten Arbeitsmethoden vorzugeben sind.

26

Aus den Vergleichen der Kehrordnungen ließ sich erkennen, dass die Strukturen in den Bundesländern sehr unterschiedlich sind. Dies hat eine uneinheitliche Berechnungsbasis für die Gebühren zur Folge. Es konnte prognostiziert werden, dass sich die Systeme noch mehr auseinanderdividieren, wenn keine einheitlichen Standards gesetzt werden. Die den Arbeitszeiten vor Ort beim Kunden zugrunde liegenden Durchschnittszeiten sind in den Bundesländern nicht umstritten. Sehr große Vorbehalte gibt es allerdings gegen die in den Arbeitszeitgutachten festgestellten Büro-, Vorgabe-, Wege- und Erholungszeiten (Auslastung). Diese hängen sehr stark auch davon ab, ob Arbeiten einzeln oder zusammengelegt bearbeitet werden. In den Gutachten BW und BY sind diese Zeiten sehr gut zu erkennen; in den Gutachten NRW nicht.

27

Die Projektgruppe schlug vor, dass die Zeitaufwendungen der Schornsteinfegerbetriebe in allen Bundesländern nach einem einheitlichen Modell (Zeitmengengerüst) gegliedert werden. Dies schließt auch weiterhin nicht aus, dass einzelne Länder mit und ohne Jahresgrundgebühren, Fahrt- oder Wegepauschalen und unterschiedlich gewichteten Begehungsgebühren arbeiten. Die Strukturen und die Gewichtungen der Erhol-, Wege-, Büro- und Vorgabezeiten sind jedoch dann direkt herauslesbar und somit transparent und vergleichbar.

28

Die Projektgruppe schlug vor, dass die einfachen Bürotätigkeiten von einer Bürokraft erledigt werden. Dies dient der Kostensenkung und entlastet den BSM von Routinearbeiten im Büro. Sein Anteil an der Arbeit vor Ort erhöht sich dadurch.
Unterschiedliche Auffassungen bestanden in den Bundesländern, die eine Bürokraft in den Geschäftskosten berücksichtigen, hinsichtlich der Einrechnung der Arbeitszeit in das Zeitmengengerüst. In BY wird die Arbeitszeit im Zeitmengengerüst berücksichtigt, in BW jedoch nicht. Die unterschiedliche Berechnungsweise zeigt das Gebührenberechnungsmodell BW mit und ohne Arbeitszeit der Bürokraft:

29

Spalte 1	Spalte 2	Spalte 3	Spalte 4
	Ohne Bürohilfe (BH)	Mit Bürohilfe und mit Anrechnung der Arbeitszeit	Mit Bürohilfe ohne Anrechnung der Arbeitszeit
Formel	$AW = \dfrac{K - BH}{AZ + VZ1 + WZ}$	$AW = \dfrac{K}{AZ + VZ1 + WZ}$	$AW = \dfrac{K}{AZ + VZ1 + WZ}$
Geschäftskosten	122.348,53 €	122.348,53 €	122.348,53 €
+ Bürohilfe	0 €	5.593,70 €	5.593,70 €
= K	122.348,53 €	127.942,23 €	127.942,23 €
Bürohilfe		54 Arbeitstage = 432 Std. = 25.920 Min. à 10,05 €/Std. + Nebenkosten = 12,95 €/Std. = 5.593,70 €	
Arbeitszeit AZ + VZ1 + WZ	135.451 Min. – 25.920 Min. 109.531 Min.	135.451 Min. BH + 25.920 Min. Meister + 21.600 Min. 182.971 Min.	135.451 Min. 0 Min. 135.451 Min.
AW =	1,12 €	0,70 €	0,94 €
Gebührenberechnung für ein Haus mit 100 AW Arbeitszeit vor Ort	112,– €	100 AW + Zuschlagsfaktor 35 % = 135 AW 94,50 €	94,– €

Unterstellt man, wie in dieser Modellrechnung, dass der Meister für die einfachen Bürotätigkeiten eine gleich lange Arbeitszeit benötigt wie die Bürokraft (im Modell: 54 Arbeitstage), dann führt der Einsatz einer Bürokraft zu einer Gebührenermäßigung von bis zu 20 %.

30   Die unterschiedlichen Gebühren nach den Spalten 3 und 4 resultieren aus Rundungsdifferenzen. Bei der Berechnung mit 3 oder mehreren Stellen hinter dem Komma würde eine gleiche Gebühr herauskommen. Das Modell nach Spalte 3 bedingt aber, dass bei allen Arbeitswerten Zuschlagsfaktoren für die Büroarbeit hinzugerechnet werden (s. Modell Bayern). Allerdings geht beim Ansatz von Zuschlagsfaktoren die Transparenz verloren. Der Ansatz von Zuschlagsfaktoren wäre nur gerechtfertigt, wenn diese für einzelne Gebührentatbestände unterschiedlich festgelegt werden würden (z.B. für Kehren, Messen, Feuerstättenschau). Konsequenterweise müsste dann auch noch zwischen Arbeiten mit hohem und alternativ mit geringem Anteil der Bürokraft unterschieden werden. Bei der Zusammenlegung von Arbeiten wird diese Berechnung dann so unübersichtlich, dass damit ein hoher Verwaltungsaufwand verbunden wäre. Die Projektgruppe schlägt daher das Modell in Spalte 4 vor.

31   Die Projektgruppe schlägt vor, dass die Arbeitswerte ohne Zuschlagsfaktoren für Bürotätigkeiten (BZ), Wegezeiten (WZ) und sonstige Vorgabezeiten (VZ2) ermittelt werden. Damit spiegeln die Arbeitswerte die durchschnittlich ermittelten Arbeitszeiten beim Kunden wieder und gewährleisten, dass diese sowohl für den Kunden (er kennt die durchschnittlich angesetzte Arbeitszeit vor Ort) als auch für den Schornsteinfeger (er weiß, wie viel

Zeit ihm durchschnittlich zur Verfügung steht) transparent und nachvollziehbar sind. Auf Grund der Erfahrungen in BW werden diese Kriterien vorbehaltlos erfüllt.

Wegezeiten (WZ) können als besondere Pauschale (Begehungsgebühr) oder   **32** anteilig im Preis berücksichtigt werden. Die Projektgruppe schlägt eine Begehungsgebühr je Liegenschaft oder Wohnung vor. Damit wird dem Verursacherprinzip mehr Rechnung getragen als mit einer anteiligen Umlage im Preis. Verursachungsgerecht verteuern sich damit Arbeiten im Gebäude mit wenig Tätigkeiten in der Liegenschaft; arbeitsintensive Tätigkeiten, wie z.B. die Messung von Feststoffheizungen oder die Kehrarbeiten in Metzgereien, werden kostengünstiger.

Die Projektgruppe empfiehlt für die Feuerstättenschau die Festsetzung sepa-   **33** rater Gebühren. Die anteilige Einrechnung in eine Jahresgrundgebühr, eine Begehungsgebühr oder nur als Kostenfaktor (im Preis enthalten) wird wegen fehlender Transparenz verworfen. Mit der Festsetzung einer besonderen Gebühr für die Feuerstättenschau sollte auch die Ausstellung und Aushändigung einer Bescheinigung über das Ergebnis der Überprüfung verbunden werden. Die Erfahrungen in BW mit dieser Vorgehensweise sind positiv.

6. Bundeseinheitliche Arbeitszeitstudie nach REFA

Ziel des Arbeitszeitgutachtens war die Ermittlung von Zeitwerten als   **34** Grundlage für die Festlegung der Schornsteinfegergebühren. Diese sollten bundeseinheitlich nach gleicher Methode (REFA) ermittelt werden. Notwendig waren dazu Zeitstudien und die Auswertung von statistischen Werten über die zeitliche Beanspruchung bei den verschiedenen Schornsteinfegertätigkeiten. Daraus konnten die notwendigen Arbeitszeiten vor Ort, die Bürozeiten, die Zeiten der Arbeitsvorbereitung, die Wegezeiten und die notwendigen Erholungszeiten zwischen den einzelnen Arbeitsausführungen ermittelt werden.
Die Umsetzung der Arbeitszeiten in eine moderne Gebührenordnung war nicht Aufgabe des Gutachters, dieser hatte nur die Informationsgrundlagen dazu bereitzustellen. Die Projektgruppe hat eine Umsetzungsempfehlung erarbeitet.

Die Arbeitszeitstudie hat die unterschiedlichen Kehrbezirksarten in folgende   **35** Bereiche unterschieden:

- City-Lage
- Stadtrand, große Mittelstädte
- Kleinstädte
- Land

Die tatsächliche Zuordnung der seinerzeit noch 8075 Kehrbezirke in Deutschland wurde durch Erhebungen der Bundesländer ermittelt. Besondere Kehrbezirksstrukturen, wie z.B. die Bezirke mit aufgestockten Kaminen in München, wurden besonders ausgewiesen.

Die Arbeitsstudie 2005 errechnete die Verteilung der Kehrbezirke aufgrund   **36** der Meldungen aus dem Handwerk nach folgender Aufteilung (im Vergleich die Verteilungssätze der Studien Baden-Württemberg 1998 und Bayern 1992):

Lage	Erhebung BL 2005	BW 1998	Bayern 1992
City-Lage	5,7 %	7,4 %	5 %
Stadtrand, große Mittelstädte	35,5 %	41,1 %	45 %
Kleinstädte	18,4 %	–	–
Land	40,4 %	51,5 %	45 %
Gehöfte, Insel-Lage	–	–	5 %

37 Ausreichende Daten waren zu erwarten, wenn direkte Arbeitsstudien in 60 Kehrbezirken und statistische Erhebungen in weiteren 400 Kehrbezirken durchgeführt werden. Die betroffenen Kehrbezirke wurden von den Ländern benannt. Dabei wurden Kehrbezirke von Funktionären der Innungen nicht einbezogen, da die ehrenamtlichen Tätigkeiten zur Vermeidung von Ungenauigkeiten nicht in die Arbeitszeiten einfließen dürfen.

38 Die zu untersuchenden 60 Kehrbezirke verteilten sich wie folgt:

Tabelle 1

Bundesland	Kehr-bezirke	Mindest-zahl	Zu-rechnung	Gesamt-zahl
Baden-Württemberg	932	2	1	3
Bayern	1403	2	5	7
Berlin	263	2	2	4
Brandenburg	286	2	1	3
Bremen	74	2	0	2
Hamburg	119	2	0	2
Hessen	597	2	2	4
Mecklenburg-Vorpommern	181	2	1	3
Niedersachsen	896	2	3	5
Nordrhein-Westfalen	1555	2	7	9
Rheinland-Pfalz	471	2	2	4
Saarland	138	2	0	2
Sachsen	379	2	1	3
Sachsen-Anhalt	274	2	1	3
Schleswig-Holstein	284	2	1	3
Thüringen	223	2	1	3
Deutschland	8075	32	28	60

Aus dem Gutachten Baden-Württemberg 1998 lagen noch viele verwertbare Daten vor. Deshalb reichte die Untersuchung von 3 Kehrbezirken in Baden-

Württemberg aus. Dagegen wurden in Nordrhein-Westfalen 2 Kehrbezirke und in Berlin 1 Kehrbezirk zusätzlich über dem rechnerisch ermittelten Anteil untersucht.

Statistische Erhebungen erfolgten in 400 Kehrbezirken. Die Verteilung wurde nach der Anzahl der Kehrbezirke vorgenommen. Auch hier waren Kehrbezirke von Innungsfunktionären nicht einzubeziehen.   **39**

Tabelle 2

Bundesland	Kehrbezirke	Statistik	gerundet
Baden-Württemberg	932	46,167	46
Bayern	1403	69,498	69
Berlin	263	13,028	13
Brandenburg	286	14,167	14
Bremen	74	3,666	4
Hamburg	119	5,895	6
Hessen	597	29,573	30
Mecklenburg-Vorpommern	181	8,966	9
Niedersachsen	896	44,384	44
Nordrhein-Westfalen	1555	77,028	77
Rheinland-Pfalz	471	23,331	23
Saarland	138	6,836	7
Sachsen	379	18,774	19
Sachsen-Anhalt	274	13,573	14
Schleswig-Holstein	284	14,068	14
Thüringen	223	11,046	11
Deutschland	8075	400,00	400

Der bundeseinheitlichen Arbeitszeitstudie lag die bisher aktuelle Muster-KÜO zugrunde. Landesspezifische Abweichungen sollten im Gutachten besonders dargestellt werden. Die bei den Arbeitsstudien Baden-Württemberg 1998 und Bayern 1992 ermittelten Zeitaufnahmedaten vor Ort sollten ebenfalls in die bundeseinheitliche Studie einbezogen werden. Wenn Vergleichsuntersuchungen keine wesentlichen Abweichungen gebracht haben, wurden die seinerzeit ermittelten Arbeitszeitwerte übernommen, um die Gutachterkosten zu begrenzen. Dies bezog sich insbesondere auf das Kehren, Messen und die Abgaswegüberprüfung. Emissionsmessungen an Feststoffheizungen wurden stichprobenartig überprüft.   **40**

Bestandteil der Arbeitsstudie ist auch eine Kapazitätsberechnung für einen durchschnittlichen Kehrbezirk in Deutschland. Diese weist die durchschnittlichen Anlagenzahlen und die dazu notwendigen Aufwandszeiten aus. Da zu erwarten ist, dass in den verschiedenen Regionen von Deutschland erhebli-   **41** che Unterschiede bei den Anlagenzahlen bestehen, wurden auch noch weitere Kapazitätsberechnungen verlangt. Es stellte sich heraus, dass die Zusammenfassungen einzelner Bundesländer nicht systemgerecht sind. Daher wurde ursprünglich für jedes Bundesland eine Kapazitätsberechnung angefordert. Der Auftragnehmer konnte dies nicht mehr umsetzen, da er vor Beendigung der Arbeiten verstorben ist. Daher liegt nur eine unvollständige Kapazitätsberechnung für Deutschland insgesamt vor, die in den Schlussbericht nicht mehr aufgenommen wurde. Es ist daher nur schwer abschätzbar, wie sich bei einer Übernahme der Muster-KÜO die vorgeschlagenen Änderungen auf das Gebührenniveau insgesamt und die Zahl der Kehrbezirke in den einzelnen Bundesländern auswirken wird.

42 Die Projektgruppe legte folgende Eckpunkte für den Auftrag des ZIV an den Gutachter fest:

a) Es werden Arbeitszeitaufnahmen vor Ort in 60 Kehrbezirken durchgeführt. Die Verteilung auf die Bundesländer ist in der Tabelle zur Erl. 38 beschrieben.

b) Es werden Statistikaufnahmen in 400 Kehrbezirken durchgeführt. Die Verteilung auf die Bundesländer ergibt sich aus Tabelle in Erl. 38.

c) Die konkreten Kehrbezirke werden von den Schornsteinfegerreferenten der Bundesländer bestimmt.

d) Die statistischen Daten werden anhand eines Fragebogens erhoben. Der Fragebogen wurde vom Vorsitzenden der Projektgruppe freigegeben.

e) Von den in die Arbeitsstudie einbezogenen 460 Kehrbezirken wird jeweils auch eine Gesamtstatistik vorgelegt. Diese wurde von je einem Vertreter des ZIV und ZDS auf Plausibilität geprüft.

f) Die Arbeitsstudie muss 5 Kapazitätsberechnungen beinhalten. Dies wurde nicht ausgeführt.

g) Die Auftragssumme darf 30 € je Kehrbezirk nicht wesentlich überschreiten.

h) Der Gutachter muss Zweifelsfragen mit dem Vorsitzenden der Projektgruppe abklären. Er hat unverzüglich zu berichten, wenn einzelne überraschende Ergebnisse zu erwarten sind.

i) Korrekturen in der Arbeitsplanung nach Durchführung des technischen Hearings im Dezember 2004 müssen möglich sein.

j) Der Gutachter erstattet im Frühjahr 2004 einen Zwischenbericht in der Projektgruppe.

k) Das Gesamtgutachten wird spätestens bis 31. März 2005 der Projektgruppe vorgelegt und in einer Sitzung ausführlich erläutert.

l) Der Gutachter steht auch nach Abgabe des Gutachtens für Erläuterungen und Besprechungen der Projektgruppe zur Verfügung.

Die Eckpunkte wurden vertraglich abgesichert.

43 Nach Absprache mit dem Gutachter konnten Mitglieder der Projektgruppe an einzelnen Tagen die Zeitaufnahmen vor Ort mitverfolgen. Sie machten davon keinen Gebrauch, da damit die Zeitaufnahmen beeinträchtigt werden konnten.

44 Auftragnehmer für die gesamte Arbeitszeituntersuchung war die Firma BFB-Betriebsberatung, Dipl.-Betriebswirt Egon Pahl Unternehmensberater

(BDU) Salzgitter. Zeitnehmer war der öffentliche Sachverständige Helmut Dippmann. Die Arbeiten wurden noch im Jahr 2003 begonnen und im Mai 2005 abgeschlossen. Kurz nach Abschluss der Zeitaufnahmen ist der öffentliche Sachverständige Helmut Dippmann am 3. Februar 2005 unerwartet verstorben. Die kompletten Unterlagen konnten von Herrn Dipl.-Betriebswirt Egon Pahl noch aufgenommen und in einem Bericht umgesetzt werden. Mitte Mai 2005 ist auch der Betriebsinhaber Egon Pahl kurz vor der Präsentation seiner Unterlagen beim Auftraggeber verstorben. Der vorgelegte Bericht weist daher noch einige Lücken auf, die bei ordnungsgemäßer Bearbeitung nicht entstanden wären. So fehlten zunächst die vereinbarten Kapazitätsberechnungen der einzelnen Bundesländer sowie einzelne Datenzusammenfassungen im Bezug auf die Zusammenlegung von Kehr- und Überprüfungsarbeiten. Die Datengrundlagen konnten jedoch größtenteils sichergestellt werden. Einzelne Daten wurden vom früheren Mitarbeiter des Zeitnehmers von Herrn Reynolds nachträglich aufbereitet. Der Bericht wurde von ihm auch überarbeitet und neu zusammengestellt. Die Grundlagen für die Berechnung der Fahrzeiten wurden aus den gleichen Datenquellen überarbeitet und neu gewichtet.

Die Projektgruppe hat einzelne Bereiche aus dem Gutachten Baden-Württemberg aus dem Jahr 1998 übernommen und entsprechende Ableitungen vorgenommen, wenn die vom Gutachter ermittelten Daten nicht ausreichend begründet waren. Diese Vorgehensweise verschlechtert zwar den Erkenntniswert des Arbeitszeitgutachtens, mindert jedoch nicht seine Aussagekraft in den wesentlichen Untersuchungsbereichen. Allerdings konnte auf die umfangreichen persönlichen Erfahrungswerte von Herrn Pahl und Herrn Dippmann nicht mehr zurückgegriffen werden. Insoweit musste auf Erfahrungswerte des Landesinnungsmeisters von Baden-Württemberg Hans-Ulrich Gula und des Vorsitzenden der Projektgruppe gesetzt werden, die das Arbeitszeitgutachten Baden-Württemberg aus dem Jahr 1998 erfolgreich umgesetzt haben. **45**

Die Projektgruppe konnte dennoch das auf der Grundlage des Arbeitszeitgutachtens erarbeitete Schornsteinfegergebührenverzeichnis empfehlen, da die einzelnen Werte verfahrenstechnisch nach REFA-Methode ermittelt und dokumentiert sind.

7. Geschäftskosten

Die notwendigen Aufwendungen eines BSM werden in einer Geschäftskostenaufstellung eines durchschnittlichen Kehrbezirks im Land ermittelt. Dabei wird ein bundeseinheitliches Muster verwendet, das die Kosten in einzelne Positionen gliedert. Nach einer Aufstellung aller Geschäftskostenaufstellungen der Länder wurden 2006 folgende Geschäftskosten anerkannt: **46**

Kalkulationsfaktoren	Alte Bundesländer	Neue Bundesländer
1. Gesellenkosten (Lohn, Lohnnebenkosten, Sozialversicherungslasten)	47.205 €	39.759 €
2. Bürohilfe (Aushilfsvergütung mit Nebenkosten)	1.306 €	1.740 €
3. Gewerbesteuer	934 €	1.147 €
4. Beiträge und Versicherungen (Handwerkskammer, landesweite Lehrlingskosten Ausgleichskasse, Berufsgenossenschaft Meister, Berufshaftpflicht, Feuer-, Einbruch-, Diebstahlversicherung, Rentenversorgungsanstalt für Schornsteinfeger, Handwerkerversicherung und Zuschuss zur Krankenversicherung des Meisters)	21.340 €	17.978 €
5. Arbeitsgeräte und Berufskleidung	3.891 €	3.334 €
6. Fahrzeughaltung	6.079 €	6.021 €
7. Büro, Werkstatt und Bad (Miete, Abschreibungen, Reinigung, Energie, Porto, Büromaterial, Telefon, Steuerberater und EDV)	11.373 €	10.160 €
8. Ausgleichsbeträge	397 €	10 €
Geschäftsaufkommen	92.526 €	80.150 €
9. Unternehmerlohn (nach Besoldungsgruppe A 9 mit zwei Kindern)	38.978 €	34.715 €
Gesamtaufwendungen	131.504 €	114.865 €

47   Der Gebühr nach § 4 Abs. 2 KÜO liegen die Gesamtkosten eines Kehrbezirks im Vergleich zu den Arbeitswerten des Schornsteinfegergebührenverzeichnisses zugrunde. Der Gebührensatz nach § 4 Abs. 2 KÜO wäre danach für das Jahr 2006 wie folgt zu berechnen:

$$\textit{Gebühr je AW} = \frac{\textit{anerkannte Geschäftskosten eines durchschnittlichen Kehrbezirks}}{\textit{Arbeitszeit des Meisters und Gesellen}}$$

$$= \frac{131.504 \,€}{134.761} = 0,98 \,€ \textit{ westliche Bundesländer}$$

$$= \frac{114.865 \,€}{134.761} = 0,85 \,€ \textit{ neue Bundesländer}$$

48   Die Zeit für die Bürohilfe ist in diesen 134.761 AW nicht enthalten, weil der Kostenaufwand für eine Minute der Bürohilfe nicht unerheblich unter dem der Kosten für eine Minute für den Meister oder Gesellen liegt. Die Arbeitszeit der Bürohilfe zu berücksichtigen, hätte Korrekturfaktoren bei der Ermittlung der Arbeitswerte bedingt. Siehe dazu auch Erl. 28–33.

49   Die bayerische KÜO hatte 2006 noch verschiedene Zuschlagsfaktoren für die Feuerstättenschau, das Kehren und Messen. Dies erklärte sich aus unterschiedlichen Belastungen des BSM in diesen Bereichen. Die Muster-KÜO berücksichtigt diese Unterschiede nicht mehr. Einmal sind sie vernachlässigbar gering, zum anderen werden nunmehr Kehr-, Mess- und Überprüfungsarbeiten des BSM in vielen Fällen gemeinsam durchgeführt, so dass sich die zeitlichen Unterschiede nicht mehr auswirken. Zuschlagsfaktoren werden daher nicht mehr angewandt.

Ein AW-Wert von 0,98 € entspricht einem Stundenverrechnungssatz von 58,80 €. Werden allerdings die Leistungen des BSM mit einer sog. Minutengebühr abgerechnet (Ziff. 2.2, 2.3.4, 2.5.5.3, 3.6, 3.9, 5.4, 5.5, 6.1, 6.2, 6.3 Schornsteinfegergebührenverzeichnis) beträgt der **Stundenverrechnungssatz 0,8 AW x 60 x 0,98 € = 47,04 €**. Dieser Stundenverrechnungssatz ist für die Handwerkskammern in Baden-Württemberg Grundlage bei Nachprüfungen von Rechnungen des BSM für ausgeführte Arbeiten, die nicht durch eine Verordnung vorgeschrieben sind. **50**

Bei einem Vergleich dieser Werte mit Betriebskostenvergleichen des Fachverbands Sanitär-Heizung-Klima (SHK) ist Vorsicht geboten, da sie nicht mit den Betriebsstundensätzen des Schornsteinfegerhandwerks vergleichbar sind. Der Stundenverrechnungssatz des SHK ist ein externer Verrechnungssatz bei einem Auftrag mit Materialverkauf, dabei fehlen wesentliche Teile der Gemeinkosten. Bei den Kosten (ohne Material) pro produktive Stunde sind keine kalkulatorischen Kosten (Abschreibung, Verzinsung Eigenkapital, Wagnis), kein Unternehmerlohn bei Personalgesellschaften und kein Gewinn enthalten. Die Fahrzeiten werden als Arbeitszeiten gerechnet. Daneben werden die Lehrlinge mit 50 % Arbeitszeit eingerechnet. Rechnet man diese Anteile auf, fallen Kosten von mind. 10 € bis 15 € je Stunde zusätzlich an. **51**

8. Zeitmengengerüst

Der Gebührensatz in § 4 Abs. 2 Muster-KÜO wird ermittelt durch die Differenz der anerkannten Geschäftskosten eines durchschnittlichen Kehrbezirks und der produktiven Arbeitszeit des BSM und seines Gesellen vor Ort einschließlich der Fahrtzeiten, jedoch ohne Zeitaufwand im Büro und Zeitaufwand durch das Rüsten und Abrüsten der eingesetzten Geräte, ohne Beratungszeiten und persönliche Verteilzeiten des BSM und seines Gesellen. Bei den nach REFA ermittelten Zeiten sind auch Erholungszeiten berücksichtigt (Auslastung). **52**

Unterschiedliche Zeitaufwendungen von Bundesland zu Bundesland ergeben sich auch durch unterschiedliche Festlegung der geforderten Arbeitszeit, die sich bisher nach den von den Beamten verlangten Arbeitszeiten richten. Unterschiede gibt es auch in den Fahrtzeiten, die vom BSM und vom Gesellen im Kehrbezirk betrieblich zurückgelegt werden. Hier ist vor allem die Struktur der Kehrbezirke (städtische Bereiche, ländliche Bereiche etc.) entscheidend. Der Gutachter hat hier sehr unterschiedliche Feststellungen getroffen. **53**

Die unterschiedlichen Feiertage, Krankheitstage, beruflichen Fortbildungstage und die unterschiedliche Arbeitszeit des Meisters wurden in den Bundesländern erhoben. Die Fahrzeit im Kehrbezirk wurde anhand des Gut- **54** achtens errechnet. Die dazu notwendige Anzahl der Begehungen wurde von den Ländern ermittelt. Die Höhe der Auslastung wird von der Projektgruppe einheitlich empfohlen, kann jedoch auch länderspezifisch festgelegt werden. Der Vorgabezuschlag wurde aus dem Gutachten ermittelt. Die Bürozeiten des Meisters sind in Erl. 58 beschrieben.

55   Das Zeitmengengerüst KÜO 2006 für einen durchschnittlichen Kehrbezirk in Deutschland ist die Abbildung „Zeitmengengerüst" in Erl. 57. Die einzelnen Zeiten sind als ausgewogenes Mittel berechnet. Die Zeitmengengerüste der einzelnen Bundesländer können individuell nach dem gleichen Schema berechnet werden.

56   Die produktive Arbeitszeit vor Ort mit Fahren, ohne Büro (in Minuten) ist dann die Einteilungssumme für die Kehrbezirke.

57   Abbildung „Zeitmengengerüst"

Deutschland (gewichtetes Mittel)	Geselle	Meister	Summe	%
Werktage (im Durchschnitt 2006–2010)	261	261	247.465	127 %
2006–2010 = 5 Jahre = 1826 Tage –Samstage 260 Tage –Sonntage 260 Tage 1306 Tage = durchschnittlich 261 Tage				
Feiertage	8,79	8,79	8.332	–4 %
Karfreitag, Ostermontag, Christi Himmelfahrt, Pfingstmontag, Fronleichnam etc. fallen durchschnittlich 8,79 x auf einen Wochentag				
Urlaub (§ 10 BTV)	32	32	30.340	–16 %
beim Gesellen nach § 10 BTV. beim Meister analog 32 Tage				
Krankheitstage	9	9	8.533	–4 %
berufliche Fortbildung	6	6	5.625	–3 %
Arbeitstage im Jahr	205	205	194.633	100 %
Arbeitszeit täglich (Minuten)	462	486		
Gesamtarbeitszeit im Jahr in Minuten	94.919	99.714	194.633	100 %
Unproduktive Arbeitszeit des Meisters im Büro		23.220	23.220	12 %
Fahren im Kehrbezirk	15.167	12.222	27.389	14 %
Produktive Arbeitszeit ohne Fahren und Büro	79.753	64.272	144.024	74 %
Auslastung (Leistungsvermögen)	90,0 %	91,5 %	13.438	7 %

Produktive Arbeitszeit ohne Fahren, Büro und Auslastung	71.777	58.809	130.586	67 %
– Vorgabezuschlag 21,62 %	12.760	10.454	23.214	12 %
Produktive Arbeitszeit vor Ort	59.018	48.354	107.372	55 %
Produktive Arbeitszeit vor Ort mit Fahren, ohne Büro (in Minuten)			134.761	69 %

Länderspezifische Daten sind kursiv gedruckt!

9. Bürokosten

Die Projektgruppe hat vorgeschlagen, die Aufwendungen zwischen Meister **58** (evtl. Geselle) und Bürokraft aufzuteilen. Dabei wurde der Aufwand des Meisters auf 23.220 Arbeitsminuten oder 47,2 Arbeitstage als durchschnittliche Zeit ermittelt. Dieser Aufwand liegt dem Zeitmengengerüst zugrunde. Der Aufwand der Bürokraft beträgt 64,9 Arbeitstage im Jahr. Die Projektgruppe empfiehlt, in der Geschäftskostenaufstellung eine Bürokraft für 65 Tage zu berücksichtigen. Die Ermittlung der Büroarbeiten geht aus nachstehender Tabelle hervor. Dabei wurden Aufwandszeiten, die bereits im Zeitmengengerüst enthalten sind, nicht mehr angesetzt. Innungsversammlungen und Besuche von Messen und Herstellerwerke müssen außerhalb der Arbeitszeit erfolgen.

Tätigkeit in (Min./Jahr)	vom Gutachter ermittelt	Meister	Bürokraft	nicht regelmäßige Arbeiten
1. Tägliche Vorbereitung, Datenerfassung (PC hochfahren, Datensicherung, Tagesabrechnung Barzahlung, Änderungsdienst permanent, Stammdaten-Neuanlagen, Anmelden, Messdaten erfassen, Abgaswegdaten erfassen, Kehrdaten, Feuerstättenschaudaten, Eingangszahlungen)	8.265	1.505	6.760	
2. Datenausgaben (Messkarten erstellen, Messbescheinigungen, Abgaswegbescheinigungen, Ausgangsrechnungen, Stammnachweise, Quittungen, Mahnungen, Gebühreneinzug, Mängelmeldungen, Mängelmeldungen nacharbeiten, Kehrbücher drucken, Arbeitsbücher drucken, Bankeinzug mit Rechnung, Statistiken drucken, Lüftungen kehren und messen)	9.223	3.952	5.271	
3. Bauabnahme mit PC-Unterstützung (Bauabnahmen, Gaszustellungen, Querschnittsberechnungen, Planprüfungen)	3.953			3.953

Tätigkeit in (Min./Jahr)	vom Gutachter ermittelt	Meister	Bürokraft	nicht regelmäßige Arbeiten
4. Weitgehend manuelle Arbeiten *berücksichtigt wurden:* Postbearbeitung, lfd. Buchführung, Telefonberatung, Mitarbeiterbesprechung, Wege zu Behörden/Post/Banken, Schickstellen, Überprüfung Messgeräte, Feuerbeschau mit Behörden, Bearbeitung von Zahlungsrückständen ohne Mahnverfahren *teilweise berücksichtigt wurden:* Weiterbildung/Pflichtschulungen, *nicht berücksichtigt wurden:* Feuerstättenschau ohne Mängelbericht, Innungsversammlungen, Werks- und Messebesuche	45.648	16.657	16.217	720
Gesamtsumme 1–4	67.089	22.114	28.248	4.673
Verteilzeit 5 %		1.106	1.412	234
Auslastung Meister 100 %, Bürokraft 95 %			1.483	
Summe Büroarbeiten		23.220	31.143	4.907
Umrechnung auf Tage, Meister 41 Std./ Woche, Bürohilfe 40 Std./Woche		47,2	64,9	10,0

10. Fahren im Kehrbezirk

59   Der Gutachter hat die Zeiten aufgenommen, die vom BSM und Gesellen für Betriebsfahrten im Kehrbezirk zurückgelegt werden. Dazu wurden die gefahrenen Jahreskilometer bei den 460 Untersuchungskehrbezirken ermittelt. Die Kilometer außerhalb des Kehrbezirks mussten abgezogen werden. Der Gutachter hat dann noch die durchschnittliche Geschwindigkeit der Fahrzeuge in km/h ermittelt. Daraus kann dann der notwendige betriebliche Zeitaufwand für den Kehrbezirk ermittelt werden. Sowohl die Anzahl der Jahreskilometer, als auch die Durchschnittsgeschwindigkeiten sind in städtischen und ländlichen Kehrbezirken sehr unterschiedlich. Die Angaben sind Kalkulationsgrundlagen für das Zeitmengengerüst und für das Gebührenverzeichnis.

60   Da die Unterschiede zwischen den Stadtstaaten, den industriell geprägten Ländern und den weiten Flächenländern sehr hoch sind, schlägt die Projektgruppe vor, die Fahrzeiten im Zeitmengengerüst und die AW-Werte Nr. 1.3 (FP1) und 1.4 (FP2) im Schornsteinfegergebührenverzeichnis für jedes Bundesland speziell auszurechnen und damit auch verschieden festzusetzen. Damit wird es in jedem Fall unterschiedliche Gebühren zwischen den einzelnen Bundesländern geben.

Nach der Arbeitszeitstudie 2005 sind zu gewichten: **61**

Lage	Anteil	Geschwindigkeit
City-Lage	10,9 %	18,77 km/h
Stadtrand, große Mittelstädte	20,9 %	31,13 km/h
Kleinstädte	26,8 %	38,07 km/h
Land, Gehöfte, Insel-Lage	41,3 %	45,96 km/h
Deutschland gewichtet	100,0 %	36,47 km/h

Dieser Zusammenfassung liegt nachfolgendes Erhebungsergebnis über die Kehrbezirke in den Bundesländern zugrunde:

Bundesland	Anzahl Kehrbezirke					
	Gesamt	City	Stadt- rand	Klein- städte	Land	Gehöft
Baden-Württemberg	932	61	141	304	416	10
Bayern	1.403	118	225	323	713	24
Berlin	250	150	100	0	0	0
Brandenburg	278	23	26	83	146	0
Bremen	75	33	42	0	0	0
Hamburg	119	27	87	5	0	0
Hessen	597	54	106	144	293	0
Mecklenburg-Vorpommern	181	16	48	62	55	0
Niedersachsen	895	66	123	223	466	17
Nordrhein-Westfalen	1.554	228	522	431	328	45
Rheinland-Pfalz	485	24	75	101	285	0
Saarland	137	5	35	42	55	0
Sachsen	370	32	63	96	179	0
Sachsen-Anhalt	270	22	47	93	108	0
Schleswig-Holstein	284	10	37	108	124	5
Thüringen	219	9	8	144	58	0
Deutschland	**8.049**	**878**	**1.685**	**2.159**	**3.226**	**101**

62 Daraus errechnet sich das Ergebnis der Arbeitszeitstudie 2005:

Bundesland	Anteil der Kehrbezirksarten = Wichtungsfaktoren				
	Gesamt	City	Stadt-rand	Klein-städte	Land + Gehöft
Baden-Württemberg	100 %	6,55 %	15,13 %	32,62 %	45,71 %
Bayern	100 %	8,41 %	16,04 %	23,02 %	52,53 %
Berlin	100 %	60,00 %	40,00 %	0,00 %	0,00 %
Brandenburg	100 %	8,27 %	9,35 %	29,86 %	52,52 %
Bremen	100 %	44,00 %	56,00 %	0,00 %	0,00 %
Hamburg	100 %	22,69 %	73,11 %	4,20 %	0,00 %
Hessen	100 %	9,05 %	17,76 %	24,12 %	49,08 %
Mecklenburg-Vorpommern	100 %	8,84 %	26,52 %	34,25 %	30,39 %
Niedersachsen	100 %	7,37 %	13,74 %	24,92 %	53,97 %
Nordrhein-Westfalen	100 %	14,67 %	33,59 %	27,73 %	24,00 %
Rheinland-Pfalz	100 %	4,95 %	15,46 %	20,82 %	58,76 %
Saarland	100 %	3,65 %	25,55 %	30,66 %	40,15 %
Sachsen	100 %	8,65 %	17,03 %	25,95 %	48,38 %
Sachsen-Anhalt	100 %	8,15 %	17,41 %	34,44 %	40,00 %
Schleswig-Holstein	100 %	3,52 %	13,03 %	38,03 %	45,42 %
Thüringen	100 %	4,11 %	3,65 %	65,75 %	26,48 %
Deutschland	100 %	10,91 %	20,93 %	26,82 %	41,33 %

Formel:

$$\textit{Wichtungsfaktor der Kbz-Art} = \frac{\textit{Anzahl der Kehrbezirke der Kbz-Art}}{\textit{Gesamtzahl der Kehrbezirke}}$$

63 Der Gutachter ermittelte, dass in jedem Kehrbezirk durchschnittlich im Jahr 20.809 km für Betriebsfahrten im Kehrbezirk anfallen. Davon werden abgezogen:

Jahresfahrleistung aller Fahrzeuge	20.809 km
– nicht regelmäßige Arbeit 5 %	1.040 km
– Nebentätigkeit 5 %	1.040 km
– Ersparnis durch Zusammenlegung 10 %	2.081 km
Jahresfahrleistung im Zeitmengengerüst	16.648 km

64 Für das Zeitmengengerüst werden daher zugrunde gelegt:

$$\textit{Fahren im Kehrbezirk} = \frac{\textit{durchschnittliche Fahrtkilometer} \times 60}{km/h}$$

$$\textit{Fahren im Kehrbezirk} = \frac{16648 \times 60}{36,47} = 27389 \textit{ Min.}$$

Für die Berechnung der Fahrzeiten wurde nach folgenden Tabellen gewich- **65**
tet:

Zeitaufnahme (Arbeitszeitgutachten)

Kehrbezirksart	bei Aufnahme gefahrene km	Aufnahmezeit (HM)	Ø km/h
City	36,70	11.731	18,7708
Stadtrand	237,50	45.772	31,1326
Kleinstädte	100,10	15.777	38,0681
Land	648,86	84.714	45,9565

Hochrechnung (mit „Ø je Kehrbezirk gefahrenen km" aus Arbeitszeitgutachten)

Kehrbezirksart	Ø je Kehrbezirk gefahrene km	Ø Fahrzeit je Kehrbezirk (HM)	Ø km/h
City	16.142	5.159.722	18,7708
Stadtrand	17.733	3.417.578	31,1326
Kleinstädte	19.714	3.107.171	38,0681
Land + Gehöft	24.310	3.173.870	45,9565

Formeln:

$$\text{Ø km/h in der Kbz-Art} = \frac{\text{Bei der Aufnahme in der Kbz-Art gefahrene km} \times 6000 \text{ HM/h}}{\text{Aufnahmezeit in der Kbz-Art}}$$

$$\text{Ø Fahrzeit je Kehrbezirk der Kbz-Art} = \frac{\text{Ø je Kehrbezirk in der Kbz-Art gefahrene km} \times 6000 \text{ HM/h}}{\text{Ø km/h in der Kbz-Art}}$$

Durchschnittswerte für den Fahraufwand in den Bundesländern, Berechnung der Fahrtpauschale FP1 und Kilometerpauschale FP2:

Bundesland	Ø je Kehrbezirk gefahrene km	Ø Fahrzeit je Kehrbezirk (HM)	Ø km/h	FP1	FP2
Baden-Württemberg	21.281	3.318.959	38,47	6,0	1,6
Bayern	21.510	3.364.619	38,36	6,0	1,6
Berlin	16.778	4.462.865	22,56	8,0	2,7
Brandenburg	21.647	3.341.046	38,87	6,0	1,5
Bremen	17.033	4.184.122	24,43	7,5	2,5
Hamburg	17.455	3.799.812	27,56	6,8	2,2
Hessen	21.295	3.380.678	37,79	6,1	1,6
Mecklenburg-Vorpommern	20.269	3.391.198	35,86	6,1	1,7
Niedersachsen	21.659	3.337.187	38,94	6,0	1,5
Nordrhein-Westfalen	19.628	3.528.595	33,37	6,3	1,8
Rheinland-Pfalz	21.932	3.295.936	39,92	5,9	1,5
Saarland	20.923	3.288.160	38,18	5,9	1,6

Bundesland	Ø je Kehr- bezirk ge- fahrene km	Ø Fahrzeit je Kehrbe- zirk (HM)	Ø km/h	FP1	FP2
Sachsen	21.291	3.369.810	37,91	6,1	1,6
Sachsen-Anhalt	20.917	3.355.129	37,41	6,0	1,6
Schleswig-Holstein	21.418	3.250.181	39,54	5,8	1,5
Thüringen	20.712	3.220.526	38,59	5,8	1,6
Deutschland	20.809	3.423.618	36,47	6,2	1,6

Formeln:

> *Ø je Kehrbezirk in der City gefahrene km*   × *Wichtungsfaktor City*
> \+ *Ø je Kehrbezirk am Stadtrand gefahrene km*   × *Wichtungsfaktor Stadtrand*
> \+ *Ø je Kehrbezirk in Kleinstädten gefahrene km* × *Wichtungsfaktor Kleinstädte*
> \+ *Ø je Kehrbezirk auf dem Land gefahrene km* × *Wichtungsfaktor Land*
> _____
> = *Ø je Kehrbezirk gefahrene km im Bundesland bzw. in Deutschland*

> *Ø Fahrzeit je Kehrbezirk in der City*   × *Wichtungsfaktor City*
> \+ *Ø Fahrzeit je Kehrbezirk am Stadtrand*   × *Wichtungsfaktor Stadtrand*
> \+ *Ø Fahrzeit je Kehrbezirk in Kleinstädten* × *Wichtungsfaktor Kleinstädte*
> \+ *Ø Fahrzeit je Kehrbezirk auf dem Land*   × *Wichtungsfaktor Land*
> _____
> = *Ø Fahrzeit je Kehrbezirk im Bundesland bzw. in Deutschland*

> $$\frac{Ø\ je\ Kehrbezirk\ gefahrene\ km\ im\ Bundesland\ bzw.\ in\ Deutschland × 6000\ HM/h}{Fahrzeit\ je\ Kehrbezirk\ im\ Bundesland\ bzw.\ in\ Deutschland}$$

Diese Tabellen können auch den Länderberechnungen für die Fahrtpauschale zugrunde gelegt werden (s. Erl. 21 zu Kap. 1, Anlage 2 Muster-KÜO).

11. Auslastung (Erholungszeiten)

66 Die Auslastung drückt den Anteil am Arbeitsvolumen aus, der bei der Zeitaufnahme nach Abzug der Erholungszeit verbleibt. Die Erholungszeiten bestehen bei Arbeitszeituntersuchungen aus Sollzeiten für das infolge der Tätigkeit notwendige Erholen des Menschen. Ihr Anteil an den Vorgabezeiten hängt von Höhe und Dauer der Beanspruchung des Menschen durch die Arbeit ab.

67 Die Gutachter der Arbeitsstudie BW 1983 sahen einen Auslastungsgrad für den Meister mit 95 % und für den Gesellen mit 85 % als vertretbar an. In den nachfolgenden Arbeitszeitgutachten BY 1992 und BW 1998 wurden keine neuen Aussagen getroffen. Der Gutachter bezog sich stets auf die Werte nach der KÜO BW. Die Werte dazu wurden mehrfach verändert, je nach den Spielräumen in der Gebührenkalkulation. Mit der Kehrbezirks-neueinteilung zum 1.1.2006 und der Änderungs-KÜO 2006 wurde der Wert in BW auf 90 % für den Gesellen und 91,5 % für den Meister festgesetzt. Dieser Wert wird auch von der Projektgruppe als vertretbar angesehen. Er ist Bestandteil des Zeitmengengerüsts.

12. Rüst- und Verteilzeiten

Die Rüst- und Verteilzeiten ergeben sich aus der Aufstellung „Allgemeine **68**
Vorgabezeiten" in Erl. 69. Dabei handelt es sich um die prozentualen Zuschläge für das Rüsten der Arbeits- und Messgeräte, die Beratung, Bespre-
chung der Mitarbeiter und sonstige Verteilzeiten (Liegenschaftsbewohner
nicht angetroffen, Wartezeiten beim Klingeln, Schlüssel und Leiter besorgen,
Eimer holen, klemmende Kamintür öffnen – Vereisung, Verwitterung, Verrostung – Leine ordnen, persönliche Verteilzeiten). Sie beziehen sich auf die
produktive Arbeitszeit vor Ort ohne Fahren, Büro und Erholungszeiten. Die
Daten der Gutachter waren teilweise so widersprüchlich, dass sie nicht
verwertbar waren. Die Projektgruppe schlug deshalb vor, die in Baden-
Württemberg im Jahre 1998 ermittelten Zeiten zugrunde zu legen. Es werden daher 21,62 % Rüst- und Verteilzeiten eingerechnet.

Berechnungstabelle für die Rüst- und Verteilzeiten: **69**

Rüst- und Verteilzeiten	Kehren	AGWÜ, Messen und Feuerstättenschau
Rüsten je Woche		0,70 %
Rüsten je Tag	2,29 %	1,20 %
Abrüsten je Tag	6,23 %	0,80 %
Rüsten je Gebäude	1,72 %	
Beratung	1,92 %	3,40 %
Besprechung Mitarbeiter	2,08 %	
Verteilzeit	8,67 %	15,00 %
Summe Vorgabezuschlag	22,91 %	21,10 %
Anteile an der Arbeit	28,8 %	29,4 % + 35,8 % + 6,0 %
Vorgabezuschläge vermittelt in %	6,60 %	6,20 % +7,55 % + 1,27 %
		= gemittelt **21,62 %**

Der Vorgabezuschlag von 21,62 % gilt für alle vom Gutachter festgestellten **70**
Arbeitszeiten und wurde im Zeitmengengerüst entsprechend berücksichtigt
(s. Erl. 57).

Unter dem Begriff „Verteilzeit" wurden alle Zeiten erfasst, die nicht geplant **71**
sind und dennoch anfielen:

a) allgemeine Verteilzeiten:
   – Liegenschaftsbesitzer wurde nicht angetroffen (Schornsteinfeger
     kommt am gleichen Tag nochmals),
   – Wartezeiten (Klingeln),
   – Schlüssel besorgen,
   – Leiter holen bei Überhöhe,
   – persönliche Verteilzeiten (z.B. Toilette);
b) besondere Verteilzeiten Kehren:
   – kleine Störungen im Arbeitsablauf,
   – Eimer holen,

- klemmende Kamin-Klappe öffnen (Vereisung, Verwitterung, Verrostung),
- Leine ordnen;
c) besondere Verteilzeiten Messen, AGWÜ und Feuerstättenschau:
- kleine Störungen im Arbeitsablauf,
- Ausfall von Geräten/Geräteteilen,
- Filterwechsel,
- Geräte/Messzellen spülen,
- für Wärmeabnahme sorgen (Heizkörper aufdrehen),
- Messgeräte temperieren,
- Warten auf Brennerstart und Kesseltemperatur,
- Messöffnung bohren,
- Rußpumpe vom Kondensat befreien,
- Zündflamme herstellen,
- Kontrollmessung durchführen.

13. Schornsteinfegergebührenverzeichnis

72   Das Schornsteinfegergebührenverzeichnis weist fünf Spalten auf:

Spalte 1   gliedert die einzelnen Gebührentatbestände in Nummern. Damit kann jede Gebühr genau bezeichnet werden.

Spalte 2   enthält die auch bisher gebräuchlichen Abkürzungen. Zur genauen Beschreibung wären sie nicht notwendig gewesen, der Verordnungsgeber hat sie jedoch weitergeführt, weil die PC-Programme der BSM vielfach mit den Abkürzungen arbeiten. Diese finden sich auch im Kehrbuch wieder.

Spalte 3   ist der eigentliche Gebührentatbestand. Er bezeichnet und beschreibt die einzelnen Kehr-, Mess- und Überprüfungsarbeiten, die gebührenpflichtig sind.

Spalte 4   gibt für jeden Gebührentatbestand die entsprechende Rechtsgrundlage für die einzelne Tätigkeit an. Ist die Rechtsgrundlage bei einer Überschrift angegeben, gilt diese auch für die untergegliederten Tatbestände.

Spalte 5   gibt den Arbeitswert (AW) an. 1 AW = 1 Minute durchschnittliche Tätigkeit vor Ort. Dieser ist – abgesehen von Teilen der Grundgebühr und der Wegepauschale – für den Kunden wahrnehmbar und kann damit auch (mit der Stoppuhr) nachgeprüft werden.

73   Das Schornsteinfegergebührenverzeichnis gliedert die einzelnen Schornsteinfegergebühren in 6 Bereiche:

1. Grundgebühr für jede Begehung (Begehungsgebühr),
2. Arbeitsgebühr je Kehrung,
3. Arbeitsgebühr je Überprüfung einschließlich des Entfernens der Rückstände, Feuerstättenschau,
4. Arbeitsgebühr je Messung,
5. Arbeitsgebühren für Bauabnahmen,
6. Sonstige Arbeitsgebühren.

74   Eine spezifizierte Rechnung nach § 25 SchfG verlangt die Darstellung sämtlicher Gebührenbestandteile mit dem jeweiligen Arbeitswert. Die Summe der Arbeitswerte multipliziert mit dem Gebührensatz nach § 4 Abs. 2 Muster-KÜO ergibt dann die Nettogebühr, der noch die Mehrwertsteuer von 19 % (ab 2007) zugeschlagen wird.

Bei jedem Schornsteinfegertermin vor Ort fällt ein Grundwert je Gebäude   **75** und eine Fahrtpauschale je begangene Wohnung an. Der Grundwert je Gebäude deckt die Wege von Gebäude zu Gebäude, die Wege im Gebäude, das Anmelden, das Führen eines Arbeitsbuches, die Arbeitsplanung, die Entfernung der Rückstände, das Kassieren und das Umrüsten der Kehr- und Überprüfungsgeräte ab. Bei Kehr- und Überprüfungsarbeiten am Schornstein oder an der Abgasleitung fallen künftig 9,2 AW an. Werden Emissionsmessungen, Abgaswegüberprüfungen und Feuerstättenschau ohne Kehr- und Überprüfungsarbeiten am Schornstein durchgeführt, reduziert sich der Grundwert auf 3,5 AW. Werden Kehr- und Überprüfungsarbeiten am Schornstein und Emissionsmessungen bei messpflichtigen Ölfeuerungsanlagen in einem Arbeitsgang durchgeführt, ist ein höherer Aufwand an Wegezeiten im Gebäude erforderlich. Der Grundwert erhöht sich dabei auf 12,9 AW.

14. Umsetzung des Arbeitszeitgutachtens in den Ländern

Die Umsetzung der Muster-KÜO in den einzelnen Ländern macht besondere   **76** Berechnungen notwendig, um die landesspezifischen Daten einzubeziehen. Anzupassen sind die Geschäftskosten, das Zeitmengengerüst, die Fahrtkostenpauschale und die Einsetzung landesspezifischer Anlagen und Einrichtungen in das Schornsteinfegergebührenverzeichnis.

Dabei wurde folgendes Schema vorgeschlagen: **77**

Umsetzung des Arbeitszeitgutachtens in den Ländern

1. Gebührenformel

$$Geb\ddot{u}hr\_je\_AW = \frac{anerkannte\_Gesch\ddot{a}ftskosten\_eines\_durchschnittlichen\_Kehrbezirks}{Arbeitszeit\_Meisters\_und\_Gesellen\_im\_Jahr\_vor\_Ort\_einschl.\_Fahren}$$

2. Anerkannte Geschäftskosten
Geschäftskosten für das Jahr 2006 .... €
+/– Kosten für Fahrzeuge, wenn die Kilometer-
leistung angepasst werden muss .... €
+ Kosten Bürohilfe, soweit noch nicht enthalten .... €
= anerkannte Geschäftskosten .... €

3. Zeitmengengerüst (s. Anlage)
Für das Zeitmengengerüst müssen folgende von Land zu Land variable Daten bekannt sein:

– Anzahl der Feiertage, die nicht auf einen Samstag
  oder Sonntag fallen   ....
– durchschnittliche Krankheitstage im Land (Mo–Fr)   ....
– Fortbildungstage Geselle (gesetzlich + tarifvertraglich)   ....
– Fortbildungstage Meister   ....
– tägliche Arbeitszeit des Meisters   ....
– unproduktive Arbeitszeit des Meisters im Büro,
  die vom bundesweiten Vorschlag abweichen   ....

- durchschnittliche Fahrtkilometer Meister + Geselle
  (Gutachten – Zusammenlegungen)   ....
- Anzahl der durchschnittlichen Begehungen im Jahr   ....
- Höhe der Auslastung (Arbeitszeit – Erholungszeit)
  für den Gesellen   ....
  für den Meister   ....

4. Fahrtkosten

Die Fahrtpauschale (früher Wegepauschale) für An- und Abfahrt unter Beachtung der Zusammenlegungsvorschriften errechnet sich nach der Formel:

$$FP1 = \frac{durchschnittliche\_Fahrtkilometer \times 60}{Anzahl\_Begehungen \times km/h} = ... \, AW$$

Die Fahrtpauschale je Kilometer errechnet sich nach folgender Formel:

$$FP2 = \frac{1 \times 60}{km/h} = ... AW$$

Dazu werden die durchschnittlichen Fahrtkilometer aus dem Gutachten und die Anzahl der Begehungen benötigt. Bei erstmaliger Einführung der Zusammenlegungsvorschriften müssen die Zahlen verändert werden:
Fahrtkilometer je Kehrbezirk   ....

- Anteil für nicht regelmäßige Arbeiten   ....
- Anteil für Nebenarbeiten   ....
- Einsparungen bei Zusammenlegungen   ....
+ Zusatzkilometer für Wunschtermine   ....
= durchschnittliche Fahrkilometer   ....

Anzahl der Begehungen bisher   ....

- Einsparungen bei Zusammenlegungen   ....
= Anzahl der Begehungen   ....

5. Länderspezifische Anlagen und Einrichtungen

Unter den Ziffern 2.8, 3.11, 4.7, 5.6 und 6.7 des Schornsteinfegergebührenverzeichnisses können Gebühren für die Kehrung oder Überprüfung länderspezifischer Anlagen und Einrichtungen aufgeführt werden.
Die AW werden wie folgt festgesetzt:

$$AW = \frac{durchschnittliche\_Arbeitszeit\_vor\_Ort\_in\_HM}{100}$$

Nicht mitgerechnet werden Rüstzeiten, Verteilzeiten, Bürozeiten, Erholzeiten etc. Fallen keine Rüst- und Verteilzeiten an, ist folgende Formel einzusetzen:

$$AW = \frac{durchschnittliche\_Arbeitszeit\_vor\_Ort\_in\_HM}{100 \times 121,62\%}$$

Bei einer Zeitgebühr je Minuten ist das

$$AW = \frac{1}{121,62\%} = 0,8$$

6. Besonderheiten der Länder

Weitere Besonderheiten in den Ländern sind noch zu berücksichtigen.
Beispiele:

- Abweichende Zusammenlegungsvorschriften (s. oben zu 3.+4.).
- Jahresgrundgebühr (muss besonders berechnet werden und hat Einfluss auf das Zeitmengengerüst und die Grundgebühren).
- Feuerstättenschau ohne Gebührenberechnung (hat Einfluss auf das Zeitmengengerüst und/oder die Grundgebühren).
- Verzicht auf eine Bürokraft (hat Einfluss auf das Zeitmengengerüst und die Geschäftskostenaufstellung).

In diesen Fällen sind individuelle Berechnungen erforderlich, die hier nicht dargestellt sind.

II. Grundgebühr (Begehungsgebühr)

Verordnungstext Anlage 2, Kapitel 1:

Nr.	Ab-kür-zung	Bezeichnung	Rechtsgrundlage der Tätigkeit	AW
1		**Grundgebühr für jede Begehung (Begehungsgebühr)**		
1.1	GG	Grundwert je Gebäude bei Kehrungen, Überprüfungen, Emissionsmessungen, Abgaswegeüberprüfungen und Feuerstättenschauen	§ 1 KÜO, §§ 14 und 15 1. BImSchV, § 13 Abs. 1 Nr. 2 SchfG	
1.1.1	GG1	– für Kehr- und Überprüfungsarbeiten, die an senkrechten Teilen von Abgasanlagen durchgeführt werden		9,2
1.1.2	GG2	– für Emissionsmessungen, Abgaswegeüberprüfungen und Feuerstättenschauen, wenn keine Kehr- und Überprüfungsarbeiten an senkrechten Teilen von Abgasanlagen durchgeführt werden		3,5
1.1.3	GG3	– Werden Überprüfungs- und Messarbeiten nach § 3 Abs. 3 Nr. 2 KÜO in einem Arbeitsgang durchgeführt, erhöht sich die Gebühr nach Nr. 1.1.1 auf		12,9
1.2	BZG	Grundwert je Gebäude bei einer Bauzustandsbesichtigung, Bauabnahme (Endabnahme), örtlichen Prüfung der Mängelbeseitigung vor einer Endabnahme	§ .... Landesbauordnung (LBO)	7,5[16]

---

[16] BZG entfällt, wenn die Arbeitsgebühr für Bauabnahmen nach Nr. 5 als Zeitgebühr erhoben wird.

Nr.	Ab-kür-zung	Bezeichnung	Rechtsgrundlage der Tätigkeit	AW
1.3	FP1	Fahrtpauschale für die An- und Abfahrt – unter Beachtung von § 3 Abs. 3 KÜO – für jeden notwendigen Arbeitsgang je Nutzungseinheit, in der Arbeiten nach den Nummern 1.1 bis 4.7 durchgeführt werden	§ 1 KÜO, §§ 14 und 15 1. BImSchV, § 13 Abs. 1 Nr. 2 SchfG	$6,2^{17}$
		Für Arbeiten nach Nr. 3.10 kann die Fahrtpauschale höchstens für drei Arbeitsgänge in einem Gebäude berechnet werden.		
1.4	FP2	Werden bei Arbeiten nach den Nummern 5 und 6 besondere Fahrten erforderlich, kann für jeden im Kehrbezirk zusätzlich zurückgelegten Kilometer ein besonderes Entgelt erhoben werden	KÜO, SchfG,1. BImSchV, LBO	$1,6^{18}$
		Werden Arbeiten nach den Nummern 5 und 6 miteinander verbunden, so sind die Arbeitswerte anteilig umzulegen.		
		Anstelle des besonderen Entgeltes kann auch die Fahrtpauschale nach Nr. 1.3 berechnet werden.		

Erläuterungen

1. Allgemeines 1–3
2. Grundwert je Gebäude 4–14
3. Grundwert Bauzustandsbesichtigung 15–20
4. Fahrtpauschale 21–33
5. Kilometergeld 34–48

1. Allgemeines

1 Für alle anfallenden Wege von Gebäude zu Gebäude, Wege im Gebäude, für das Anmelden, Arbeitsbuch führen, für die Arbeitsplanung, für die Entfernung der Rückstände, das Kassieren und für das Umrüsten von Kehreinlagen wird eine Begehungsgebühr (GG1, GG2 oder GG3) vorgeschlagen. Die Projektgruppe hat die Grundgebühren aus Baden-Württembergs Gutachten 1998 übernommen, da sämtliche vom Gutachter ermittelten Werte so widersprüchlich waren, dass sie nicht zu verwerten waren.

2 Ein Grundwert fällt auch noch bei der Bauzustandsbesichtigung an, wenn der BSM eine örtliche Besichtigung vornimmt. Dieser Grundwert ist jedoch nur in das Schornsteinfegergebührenverzeichnis aufzunehmen, wenn das Gebührenschema BW übernommen wird (s. Erl. 1 zu Kap. 5, Anlage 2).

3 Auch die Fahrtpauschale (früher Wegepauschale) ist eine Grundgebühr, die für jeden Arbeitsgang je Gebäude erhoben wird. Die Projektgruppe emp-

---

[17] Wird länderspezifisch festgelegt, durch die unterschiedlichen Begehungen und km/h.
[18] Wird länderspezifisch festgelegt, durch die unterschiedlichen Begehungen und km/h.

fiehlt, dass diese in jedem Land gesondert berechnet wird, da die Verkehrswege sehr unterschiedlich sind (s. Erl. 21 ff.). Die Gewichtung kann nach
den Tabellen Erl. 65 zur Einführung in die Anlage 2 Muster-KÜO vorgenommen werden.

2. Grundwert je Gebäude

Bei jedem Arbeitsgang je Gebäude, in dem Arbeiten nach § 1 Abs. 1 und 2   **4**
Muster-KÜO, §§ 14 und 15 1. BImSchV oder § 13 Abs. 1 Nr. 2 SchfG
durchgeführt werden, wird ein Grundwert erhoben. Dabei wird entweder
GG1, GG2 oder GG3 angesetzt. Für einen Arbeitsgang dürfen keine zwei
oder mehrere Grundgebühren je Gebäude angesetzt werden. Dies gilt auch
dann, wenn der BSM für die Arbeiten zwei Personen einsetzt. Bei freiwilligen Zusammenlegungen von Kehr- und Überprüfungsarbeiten (s. Erl. 6 zu
§ 3 Abs. 3 Muster-KÜO) an senkrechten Teilen der Abgasanlagen mit Schornsteinfegerarbeiten, die nicht die senkrechten Teile der Abgasanlage einbezie-
hen (z.B. Emissionsmessung), werden ebenfalls keine zwei Grundwerte (GG1
+ GG2), sondern nur der Grundwert GG3 angesetzt. In der Gebührenhöhe
ergibt dies nur einen kleinen Unterschied von 0,2 AW.

Der Begriff „Gebäude" wird in Anlage 3 Nr. 12 Muster-KÜO wie folgt   **5**
beschrieben: „Jedes selbständig nutzbares Bauwerk, einschließlich der unmittelbar angrenzenden unbewohnten Nebengebäude, wie z.B. Waschküchen, Garagen, Futterküchen oder Stallungen." Siehe hierzu Erl. 3–8 zu
Anlage 3 Nr. 12 Muster-KÜO. Entscheidend ist damit vor allem die Nutzung als Gebäude, nicht die ursprünglich vorgesehene Zweckbestimmung.

Der Grundwert je Gebäude ist der Teil der Arbeitsleistung des BSM, der   **6**
unabhängig von der Anzahl und Höhe der Schornsteine anfällt. Er soll die
Vorgabezeit je Gebäude abdecken, beinhaltet also nicht das eigentliche
Kehren. Der Grundwert fällt bei jedem Kehr- und Überprüfungstermin
einmal an. Er ist nicht zu verwechseln mit dem früheren Begriff „Jahresgrundgebühr", der nicht mehr verwendet wird. Die allgemeinen Vorgabezeiten je Gebühr wurden wie folgt aus dem Gutachten BW 1998 entwickelt:

Allgemeine Vorgabezeiten je Gebäude	GG1 (HM)	GG2 (HM)	GG3 (HM)	**7**
Wege von Gebäude zu Gebäude	149	157	149	
Wege im Gebäude	375		750	
Anmelden	59	82	59	
Arbeitsbuch führen	112		112	
Arbeitsplanung		40		
Rückstände entfernen	73		73	
Kassieren (57 %)	68	68	68	
Umrüsten (267 HM x 29,5 %)	79		79	
Summe allg. Vorgabezeiten	**915**	**347**	**1290**	
Vorgabezeiten in AW	**9,2 AW**	**3,5 AW**	**12,9 AW**	

HM = Hundertstel Minute (149 HM sind 1 Minute 49 Hundertstel = 1 Minute und 29
Sekunden)
Die Wegezeiten im Gebäude für GG2 sind in den Arbeitsgebühren enthalten.

8 Aus der Übersicht in Erl. 7 wurden die Arbeitswerte für GG1 und GG2 entwickelt:

$$GG1 = \frac{(149+375+59+112+73+68+79)HM}{100} = \frac{915HM}{100} = 9,2\,AW$$

$$GG2 = \frac{(157+82+40+68)HM}{100} = \frac{347HM}{100} = 3,5\,AW$$

9 Die Grundgebühr GG3 wurde vom Gutachter in BW 1998 nicht untersucht. Die Projektgruppe hat die Wegezeit im Gebäude von 375 HM doppelt angesetzt:

$$GG3 = \frac{(149+375+375+59+112+73+68+79)HM}{100} = \frac{1290HM}{100} = 12,9\,AW$$

Damit werden alle zusätzlichen Wege im Gebäude und vom Fahrzeug zum Gebäude abgegolten, die bei einem Arbeitsgang mit Kehren und Messen zusätzlich anfallen. Berücksichtigt wurde dabei auch, dass sich die Schornsteinfeger bei dieser Arbeit i.d.R. auch die Hände waschen müssen.

10 GG1, GG2 und GG3 unterscheiden sich wie folgt:

- GG3 kommt immer zum Ansatz, wenn Überprüfungsarbeiten am senkrechten Teil der Abgasanlage und Überprüfungs- und Messarbeiten bei Ölfeuerstätten an einem Termin stattfinden (Zusammenlegung nach § 3 Abs. 3 Nr. 2 Muster-KÜO). Dies gilt nicht bei Gasfeuerungsanlagen, auch wenn der senkrechte Teil der Abgasanlage (erforderlichenfalls) zu kehren ist.
- GG1 kommt in allen übrigen Fällen zum Ansatz, bei denen ein oder mehrere senkrechte(r) Teil(e) einer Abgasanlage gekehrt oder überprüft (mit dem Kehrbesen) werden müssen.
- GG2 kommt zum Ansatz, wenn die Feuerstättenschau, die Emissionsmessung und/oder Abgaswegüberprüfung ohne Kehren oder Überprüfen eines senkrechten Teils der Abgasanlage durchgeführt wird.

Zur Verdeutlichung wird hier auf die Übersicht auf Seite 101 hingewiesen.

11 Die Zweckmäßigkeitserwägungen nach § 3 Abs. 3 Nr. 2, 2. Spiegelstrich und Nr. 3, 2. Spiegelstrich können zu unterschiedlichen Gebührenansätzen führen. Dies darf den BSM aber nicht dazu verleiten, die Termine nach Gebührengesichtspunkten festzulegen. Es ist ausschließlich nach Zweckmäßigkeitsüberlegungen zu entscheiden. In Zweifelsfällen wird die für den Gebührenschuldner billigere Variante zu wählen sein.

12 Die Gebührenkalkulation für GG1 geht davon aus, dass der Schornsteinfeger beim Kehren und beim Überprüfen den Kehrbesen benutzt und Arbeiten sowohl an der unteren Reinigungsöffnung, als auch an der oberen Reinigungsöffnung bzw. vom Dach aus verrichtet. Wird der senkrechte Teil der Abgasanlage in begründeten Einzelfällen visuell überprüft (s. hierzu Erl. 45 zu § 1 Abs. 1 Muster-KÜO) und dadurch der Weg zur oberen Reinigungsöffnung (Dach) eingespart, wäre eine so hohe Gebühr nicht gerechtfertigt, so dass lediglich GG2 angesetzt werden kann.

Wird eine Haspel von unten eingesetzt, wird der dadurch entstandene **13** Zeitgewinn (Wege im Gebäude) dadurch aufgebraucht, dass der Haspeleinsatz zeitaufwendiger ist, als der Einsatz eines Leinenbesens oder Stangenbesens. Der Gebührensatz von 9,2 AW erscheint in diesem Fall gerechtfertigt.

Werden Schornsteinfegertätigkeiten über die Regelung in § 3 Abs. 3 Mus- **14** ter-KÜO hinaus (außerplanmäßig) zusammengelegt, verbleibt es auch bei dem Grundsatz, dass es für einen Arbeitsgang in einem Gebäude nur ein GG (GG1 oder GG2 oder GG3) geben darf.

3. Grundwert Bauzustandsbesichtigung

Nr. 1.2 Geb.Verz. wird nur in die KÜO aufgenommen, wenn das Land das **15** Gebührenberechnungsschema BW übernimmt (s. Erl. 2+7 zu Kap. 5, Anlage 2). BZG kommt für alle örtlichen Besichtigungen zum Ansatz, die zur Prüfung von Bauvorhaben notwendig sind. Dies können sein:

– Bauzustandsbesichtigungen bei Umbauvorhaben (wenn notwendig),
– Ortsbesichtigungen des Rohbaus (baurechtlich vorgeschrieben oder auf Wunsch),
– örtliche Prüfungen der Mängelbeseitigung vor Endabnahmen (baurechtlich vorgeschrieben oder auf Wunsch),
– Endabnahmen.

Die Gebühr gliedert sich in eine Grundgebühr je Gebäude (Kap. 1, Anlage 2) und einen Zuschlag, der von der Anzahl der Schornsteine und der Schornsteinhöhe abhängig ist (Kap. 5, Anlage 2).

Gebäude i.S. der Nr. 5.2.1 Geb.Verz. ist das Gebäude nach Nr. 12 Anlage 3 **16** Muster-KÜO (s. Erl. 1–8 zu Anlage 3 Nr. 12 Muster-KÜO)

Mit den Grundgebühren nach Nr. 1.2 Anlage 2 Muster-KÜO sind die Zeit- **17** aufwendungen für die Anmeldung, die Wege im Gebäude und Dokumentierung der Anlage abgegolten. Eine allgemeine Grundgebühr (GG1, GG2 oder GG3) wird nicht erhoben. Ebenso keine Fahrtpauschale (FP1) nach Nr. 1.3 Geb.Verz. Der BSM erhebt dafür jedoch ein Kilometergeld (FP2) nach Nr. 1.4 Geb.Verz.

Eine allgemeine Grundgebühr (GG1, GG2 oder GG3) wird auch dann nicht **18** erhoben, wenn gleichzeitig mit der Bauabnahme eine Abgaswegüberprüfung und/oder eine Emissionsmessung durchgeführt wird.

Beispiel raumluftabhängige Gasfeuerstätte: Die Abnahme umfasst eine Überprüfung des senkrechten Teils der Abgasanlage mittels Gerät, eine Abgaswegüberprüfung (einschl. CO-Messung und Ringspaltmessung), eine Emissionsmessung und die Ausstellung der Bescheinigung über die Brandsicherheit und die sichere Abführung der Verbrennungsgase.

Gebührenberechnung: $AW = BZG + FP2 + BP + BZ2 + BAB + A11 + MG1$

Beispiel Ölfeuerstätte: Die Abnahme umfasst eine Überprüfung des senkrechten Teils der Abgasanlage mittels Gerät, eine Emissionsmessung und die Ausstellung der Bescheinigung über die Brandsicherheit und die sichere Abführung der Verbrennungsgase.

Gebührenberechnung: $AW = BZG + FP2 + BP + BZ2 + BAB + A\ddot{O}1 + M1$

19 Die Gebühr wird nach Vornahme der örtlichen Besichtigung/Abnahme zur Zahlung fällig. Dabei ist unerheblich, ob der BSM dabei Mängel feststellt oder nicht.

20 Berechnung der Arbeitswerte:

$$BZG = \frac{(724 + 777)HM}{2 \times 100} = 7{,}5\,AW$$

Die im Zähler gemittelten Werte 724 HM und 777 HM sind vom Arbeitszeitgutachter ermittelte Grundwerte für eine Bauzustandsbesichtigung und eine Endabnahme. Da die Beträge nicht weit auseinander liegen, hat die Projektgruppe diese auf 750 HM gemittelt.

4. Fahrtpauschale

21 Zur Einführung der Fahrtpauschale s. Erl. 59 ff., Anlage 2, Einführung Muster-KÜO. Die in vielen Ländern bisher praktizierte Berechnungsweise mit einem prozentualen Aufschlag auf jeden Arbeitswert (offen aufgeführt oder verdeckt erhoben) benachteiligte vor allem Eigentümer von Gebäuden, in denen sehr zeitintensive Arbeiten durchzuführen sind (Metzgereien, Mehrfamilienhäuser, Feuerungsanlagen mit Feststoffmessungen, etc.). Die Projektgruppe hatte wohl zurecht Bedenken, dass diese Methode bei einer Nachprüfung durch ein Verwaltungsgericht keinen Bestand haben wird. Daher wurde eine Pauschale eingeführt, in der – unabhängig von der Tätigkeit im Gebäude – die gleiche Gebühr je Anfahrt pro Wohnung erhoben wird. Ein Vergleich der bisherigen und der neuen Gebühr zeigt die Unterschiede auf:

Fahrtpauschale im Jahr 2006:

Alt: Arbeitswertanteil ca. 15 % (im Hundert)

Neu: Pauschale 6,2 AW = 6,08 €/Wohneinheit (Gebühr je AW 0,98 € – westliche Bundesländer = 5,27 €/Wohneinheit (Gebühr je AW 0,85 € – neue Bundesländer)

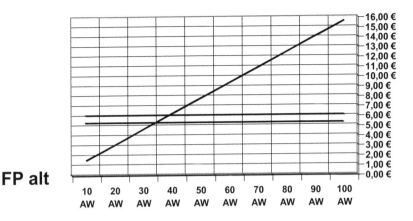

FP alt

Die Fahrtpauschale wird für jeden notwendigen Arbeitsgang erhoben. Notwendig ist ein Arbeitsgang, wenn er unter Beachtung von § 3 Abs. 3 Muster-KÜO (s. Erl. 8 zu § 3 Abs. 3 Muster-KÜO) durchzuführen ist. **22**

Legt der BSM im Einvernehmen mit dem Eigentümer des Grundstücks oder der Räume weiter zusammen, als § 3 Abs. 3 Muster-KÜO vorgibt (s. Erl. 6 zu § 3 Abs. 3 Muster-KÜO), kann pro Arbeitsgang ebenfalls nur 1 Fahrtpauschale erhoben werden. Dies folgt dem Grundsatz, dass je Arbeitsgang immer nur 1 Fahrtpauschale erhoben werden kann. Eine „entgangene Fahrtpauschale" kann nicht als Kompensation mit der Argumentation erhoben werden, der BSM hätte ja zwei Arbeitsgänge vornehmen können. Dies wird zwar dazu führen, dass die BSM mit freiwilligen Zusammenlegungen sehr zurückhaltend sein werden, da ihnen – bis zur nächsten Kehrbezirkseinteilung – Kehrbezirksvolumen verloren geht, ist jedoch im Bezug auf den Arbeitsaufwand konsequent. **23**

Die Fahrtpauschale wird je Nutzungseinheit erhoben. Der Begriff „Nutzungseinheit" ist in Anlage 3 Nr. 17 Muster-KÜO (s. Erl. 3 zu Anlage 3, Nr. 17 Muster-KÜO) definiert. Dabei ist unerheblich, ob im gleichen Gebäude noch weitere Nutzungseinheiten bearbeitet werden oder nicht. Die Fahrtpauschale ist keine Pauschale, die die Entfernung von Nutzungseinheit zu Nutzungseinheit (Wohnung zu Wohnung) abdeckt, sondern eine Pauschale, die von der Jahreskilometerleistung abgeleitet wird (s. Erl. 63+64 Einführung Anlage 2 Muster-KÜO). Der dafür notwendige Arbeitszeitaufwand wurde durch die durchschnittliche Anzahl der Nutzungseinheiten in einem Kehrbezirk geteilt und ergibt dann den festgesetzten Arbeitswert je Nutzungseinheit als Fahrtpauschale. Dies ist gerechtfertigt, da der BSM in der Regel in jeder Nutzungseinheit (Wohnung) mit einem anderen „Kunden" die Kehr- und Überprüfungstermine vereinbaren muss. Bei der Fahrtpauschale handelt es sich um einen Durchschnittssatz, der auch berücksichtigt, dass in Mehrfamilienhäusern mehrere Nutzungseinheiten an einem Tag bearbeitet werden können. Eine Fahrtpauschale unter Einzelbetrachtung jeder einzelnen Nutzungseinheit (Wohnung) ohne Zusammenlegungseffekte würde weitaus höher liegen, als die festgesetzte Fahrtpauschale von bundesweit durchschnittlichen 6,2 Arbeitswerten (6 Min. 12 Sekunden). **24**

25 Die Festlegung einer Gebührenpauschale einheitlich je Nutzungseinheit (Wohnung) ist zulässig, um eine gleichmäßige Aufteilung der Kostenaufwendungen zu erreichen. Damit wird jedoch nicht der Weg zwischen den einzelnen Nutzungseinheiten (Wohneinheiten) vergütet, sondern der gesamte Aufwand, der mit dem Erreichen des Gebäudes zusammenhängt.

26 Der Begriff „Nutzungseinheit" in Nr. 17, Anlage 3 Muster-KÜO setzt nicht zwingend voraus, dass die Gebäude oder Gebäudeteile über eigene Feuerungsanlagen verfügen. Es müssen in der Nutzungseinheit nur Arbeiten des BSM durchgeführt werden. Dies kann zu Meinungsverschiedenheiten mit dem Gebührenschuldner führen, wenn sich in den Nutzungseinheiten nur Teile einer Feuerungsanlage befinden (Reinigungsöffnung eines Schornsteins, Regler, Abdeckmöglichkeiten). In Nutzungseinheiten (Wohnungen) ohne Feuerstätten ist eine Fahrtpauschale anzusetzen, wenn der Schornsteinfeger darin Arbeiten zur

– Rußentnahme,
– Reinigung des senkrechten Teils der Abgasanlage (Schornsteins),
– zur Verstellung von Reglern (Raumthermostat),
– zur Abdeckung von Rohren,

durchführen muss, damit die Schornsteinfegerarbeiten ordnungsgemäß ausgeführt werden oder die Feuerstätte in Betrieb geht.

27 Die Fahrtpauschale wird nur bei Arbeiten nach den Ziffern 1.1–4.7 Geb. Verz. erhoben, also für die wiederkehrenden Arbeiten. Für die Bauabnahme und sonstige Arbeiten wird ein Kilometergeld (FP2) nach der tatsächlichen Wegstrecke erhoben. Nr. 1.4 Anlage 2 Muster-KÜO eröffnet aber wieder die Möglichkeit, anstatt eines Kilometergeldes die Fahrtpauschale nach Nr. 1.3 Anlage 2 Muster-KÜO zu erheben.

28 Bei der Feuerstättenschau (Nr. 3.10 Anlage 2 Muster-KÜO) ist die Fahrtpauschale jedoch für max. 3 Nutzungseinheiten zu erheben, wenn die Nutzungseinheiten nur zum Zweck der Feuerstättenschau begangen werden müssen. Die Projektgruppe hatte hier wohl Hochhäuser mit 20 Stockwerken und 40 berührten Nutzungseinheiten (Wohnungen) im Blickfeld, bei denen allein die Fahrtpauschale 250,– € und mehr gekostet hätte. Dies wäre tatsächlich nicht vertretbar gewesen. Satz 2 zu Nr. 1.3 Anlage 3 Muster-KÜO ist jedoch nur anwendbar für Nutzungseinheiten, in denen nur die Feuerstättenschau durchzuführen ist. Nutzungseinheiten, in denen daneben Abgaswegüberprüfungen durchzuführen sind, werden in jedem Fall gezählt.

29 Die Fahrtpauschale (in BW früher Wegepauschale) für An- und Abfahrt unter Beachtung der Zusammenlegungsvorschriften errechnet sich wie folgt:

$$FP1 = \frac{durchschnittliche\ Fahrtkilometer \times 60}{Anzahl\_Begehungen \times km/h}$$

Die durchschnittlichen Fahrtkilometer ergeben sich aus dem Arbeitszeitgutachten. Sie können in jedem Bundesland unterschiedlich sein. FP1 kann daher für jedes Bundesland getrennt berechnet und angesetzt werden. Die Anzahl der Begehungen ist aus dem Gutachten leider nicht zu entnehmen.

Der Auftraggeber hat dies zwar verlangt, der Gutachter jedoch nicht umgesetzt. Die Umfrage der Projektgruppe bei den einzelnen Bundesländern ergab keine gesicherten Werte. Vergleichsweise wurden in Baden-Württemberg im Jahr 2005 bei der Kehrbezirkseinteilung durchschnittlich 4.488 Begehungen je Kehrbezirk amtlich ermittelt. Nach vorsichtiger Schätzung geht die Projektgruppe bundesdurchschnittlich von 4.450 Begehungen/ Kehrbezirk im Jahr aus.

Dem bundesweiten durchschnittlichen Ansatz liegt folgende Formel zugrunde:

$$FP\ 1 = \frac{16.648\ km \times 60}{4450\ Begehungen \times 36,47\ km/h} = 6,2\ AW$$

Die eingesetzten Parameter werden in den einzelnen Bundesländern sehr unterschiedlich sein und sollten daher individuell festgesetzt werden. Sind die Werte nicht zu ermitteln, sollten die bundesweit ermittelten Durchschnittswerte übernommen werden. Der Durchschnittsfahraufwand je Begehung beträgt daher 3,74 km.

$$km/Arbeitsgang = \frac{16.648\_km}{4.450\_Begehungen} = 3,74\_km$$

36,47 km/h ist die durchschnittliche Fahrtgeschwindigkeit eines bundesdeutschen Schornsteinfegers. Die Fahrzeugkosten sind in den Geschäftskosten je Arbeitswert enthalten.

In den berücksichtigten Fahrtkilometern sind auch Anteile enthalten, um **30** individuelle Kundenwünsche zu erfüllen. Der BSM kann daher keine Kundenterminwünsche mit dem Hinweis ablehnen, er habe dadurch zusätzliche Kosten. Diese sind im Umfang auch nicht begrenzt, da sämtliche Kalkulationsgrößen für die Schornsteinfegergebühren Durchschnittsbetrachtungen sind. Dies muss der BSM als systembedingten Nachteil hinnehmen. Andererseits hat er auch den Vorteil, wenn nur wenige Kundenwünsche an ihn herangetragen werden.

Sonderfälle   **31**

Verweigerte Kehrung   **31a**
Wird die Schornsteinfegerarbeit ohne triftigen Grund verweigert, obwohl sie rechtzeitig angekündigt wurde, wird eine Fahrtpauschale fällig. Der Schornsteinfeger muss in diesem Fall jedoch den Weg gegangen und unverrichteter Dinge wieder abgezogen sein. Dann war der Arbeitsgang notwendig i.S. der KÜO. Dass sich im Nachhinein herausgestellt hat, dass er nicht erforderlich war, kann nicht zum Nachteil des BSM und damit insgesamt zum Nachteil aller Gebührenzahler ausgelegt werden. Die zusätzliche Fahrtpauschale ist dann in der Gebührenrechnung besonders auszuweisen.

Schornsteinfegerarbeit wird unterbrochen   **31b**
Übersteigt die Schornsteinfegerarbeit in einer Nutzungseinheit (Wohnung) ein Tagewerk, so darf für die zweite Anfahrt am folgenden Arbeitstag eine zusätzliche Fahrtpauschale berechnet werden. Auch diese ist dann notwendig i.S. der Ziff. 1.3 Anlage 2 Muster-KÜO.

Muss die Arbeit jedoch aus anderen Gründen unterbrochen werden, ist entscheidend, in welchem Einflussbereich der Unterbrechungsgrund liegt. Im Einflussbereich des Schornsteinfegers liegen z.b.:

- gesundheitliche Gründe des Schornsteinfegers,
- ein funktionsuntüchtiges Mess- oder Arbeitsgerät oder
- ein wichtiger Behördentermin.

Im Einflussbereich des Grundstückeigentümers liegen z.b.:

- die Feuerungsanlage ist defekt,
- der Grundstückseigentümer oder Beauftragte muss zu einem persönlichen Termin,
- ein Haustier des Grundstückeigentümers oder des Beauftragten macht das Messgerät unbrauchbar oder
- Räume können nicht begangen werden, obwohl das erforderlich ist.

Liegt der Unterbrechungsgrund im Einflussbereich des Schornsteinfegers, kann keine 2. Fahrtpauschale für den zusätzlichen Arbeitstermin verlangt werden. Liegt der Unterbrechungsgrund im Einflussbereich des Kunden, wird eine zusätzliche Fahrtpauschale fällig. Liegt der Unterbrechungsgrund weder im Einflussbereich des Schornsteinfegers, noch im Einflussbereich des Kunden (einschließlich Beauftragten), z.b. wegen allgemeinem Stromausfall, kann nach dem Wortlaut der Ziff. 1.3 Geb.Verz. eine zusätzliche Fahrtpauschale festgesetzt werden, weil objektiv ein zweiter Arbeitsgang notwendig wird. Die Gefahr liegt beim Kunden, der nach § 1 Abs. 1 SchfG auch kehren und überprüfen lassen muss. Bei der Emissionsmessung sieht die Rolle des Kunden anders aus. Hier ist der BSM verpflichtet, zu messen, nicht der Kunde messen zu lassen. Aber auch in diesem Fall ist bei allgemeinem Stromausfall objektiv ein weiterer Arbeitsgang notwendig. Dies reicht aus, um den Gebührentatbestand der Nr. 1.3 Geb.Verz. zu erfüllen. Der BSM ist jedoch gut beraten, wenn er in einem solch seltenen Fall auf die Fahrtpauschale des zusätzlichen Arbeitsgangs verzichtet, da die Akzeptanz beim Kunden, der ja auch nichts für einen allgemeinen Stromausfall kann, nicht vorhanden sein dürfte.

31c Schornsteinfegerarbeiten im Keller und in den Wohnungen

Bei einer Zentralheizung und dezentralen Durchlaufwasserheizern taucht oft die Frage auf, ob der Keller als eigene Nutzungseinheit gewertet wird. Dies ist i.d.R. nicht der Fall, da in einem Gebäude nicht mehr Fahrtpauschalen abgerechnet werden dürfen, als Nutzungseinheiten (Wohnungen) vorhanden sind.

Beispiel: Gebäude mit 2 Wohnungen, Gaszentralheizung im Keller und in jeder Wohnung 1 Durchlaufwasserheizer. Bei der jährlichen Überprüfung durch den Schornsteinfeger dürfen nur zwei Fahrtpauschalen abgerechnet werden. Dies folgt der Überlegung, dass die Feuerungsanlage im Keller in jedem Fall an einem Termin mit einer Nutzungseinheit (Wohnung) überprüft werden kann. Eine dritte Fahrtpauschale wäre in diesem Fall nicht gerechtfertigt.

Wird in einer Wohnanlage z.B. die Heizungsanlage durch eine Wärmelieferungsfirma betreut und ist eine separate Terminabsprache mit dieser erforderlich, kann eine zusätzliche Fahrtpauschale für eine abgeschlossene Nutzungseinheit im Keller angesetzt werden.

BSM und Geselle arbeiten im gleichen Haus (getrennte Tätigkeit)   **31d**
Arbeiten der BSM und der Geselle zufällig oder auf Wunsch des Betreibers der Feuerungsanlage im gleichen Gebäude an Tätigkeiten, die nicht zusammenzulegen sind (§ 3 Abs. 3 Muster-KÜO), fallen i.d.R. zwei Fahrtpauschalen an. Dies gilt jedoch nur, wenn die zweite Arbeitskraft selbstständig arbeitet. Nimmt der BSM oder der Geselle lediglich einen Auszubildenden mit, um z.b. die Kehrarbeiten durchzuführen, kann nur eine Fahrtpauschale erhoben werden. Die Arbeiten werden dann wie zusammengelegte Arbeiten behandelt.

Die Wohnungen im Erdgeschoss und im Dachgeschoss gehören dem glei-   **31e**
chen Nutzer:
Nr. 1.3 Anlage 2 Muster-KÜO hat die Nutzungseinheit (Wohnung) als Beitragsmaßstab, unabhängig von den jeweiligen Eigentumsverhältnissen. Müssen z.b. sowohl im Erdgeschoss, als auch im Dachgeschoss Arbeiten ausgeführt werden und erfüllen die Gebäudeteile im Erdgeschoss und im Dachgeschoss jeweils den Nutzungsbegriff nach Nr. 17 Anlage 3 Muster-KÜO, sind zwei Fahrtpauschalen zu berechnen. Wenn der BSM lediglich durch das unbewohnte Dachgeschoss durchgehen muss, um in den Dachraum zu gelangen, fällt keine zusätzliche Fahrtpauschale an. Es zählt nur die Nutzungseinheit, in der der BSM Arbeiten ausführen muss:

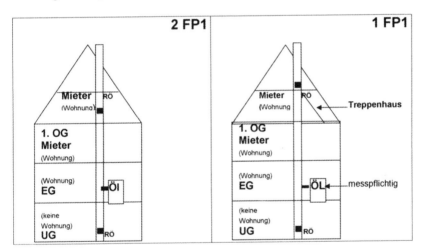

Die Heizung befindet sich im Keller, die Reinigungsöffnung am Schornstein   **31f**
befindet sich im vermieteten Dachgeschoss:
Da sich die Feuerstätte im Keller befindet, muss der BSM nur in einer Wohnung Arbeiten nach Nr. 1.1–4.7 Geb.Verz. ausführen. Es fällt daher auch nur eine Fahrtpauschale an.

In einem Mehrfamilienhaus befinden sich drei Schornsteine, an denen eine   **31g**
Ölzentralheizung und zwei Kachelöfen (KO) mit festen Brennstoffen angeschlossen sind:

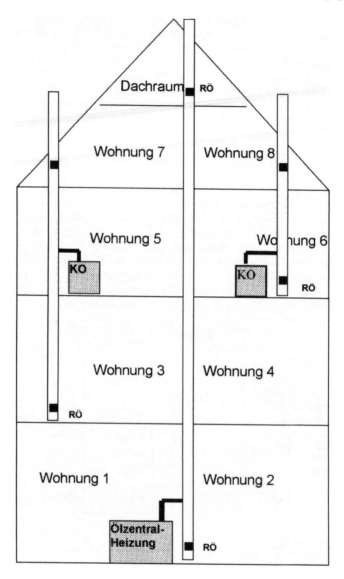

Es fallen Fahrtpauschalen für die Wohnungen Nr. 1 (Zentralheizung + Dachraum), Nr. 3 (Rußentnahme), Nr. 6 (Rußentnahme), Nr. 7 (nur wenn Reinigung von oberer Reinigungsöffnung erfolgt) und Nr. 8 (nur wenn Reinigung von oberer Reinigungsöffnung erfolgt) an.

32 Mit der Gebühr nach Nr. 1.3 werden alle Zeitaufwendungen abgegolten, die der BSM oder sein Geselle für die Fahrten innerhalb des Kehrbezirks für die wiederkehrenden Arbeiten nach Nr. 1.1.–4.7 Schornsteinfegergebühren-verzeichnis benötigt. Für besondere Fahrten gilt Nr. 1.4 des Schornsteinfe-gergebührenverzeichnisses. Wohnt der BSM oder sein Geselle außerhalb des Kehrbezirks, werden ihm die Fahrten bis zum Erreichen des Kehrbezirks nicht vergütet.

Abfrageschema für eine Fahrtpauschale nach Nr. 1.3 Schornsteinfegerge-   **33**
bührenverzeichnis:

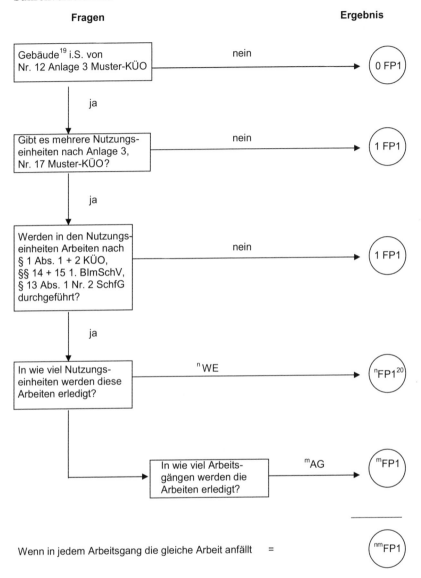

Fragen   Ergebnis

Gebäude[19] i.S. von Nr. 12 Anlage 3 Muster-KÜO   nein   →   0 FP1

ja

Gibt es mehrere Nutzungseinheiten nach Anlage 3, Nr. 17 Muster-KÜO?   nein   →   1 FP1

ja

Werden in den Nutzungseinheiten Arbeiten nach § 1 Abs. 1 + 2 KÜO, §§ 14 + 15 1. BImSchV, § 13 Abs. 1 Nr. 2 SchfG durchgeführt?   nein   →   1 FP1

ja

In wie viel Nutzungseinheiten werden diese Arbeiten erledigt? ^{n}WE   → ^{n}FP1[20]

In wie viel Arbeitsgängen werden die Arbeiten erledigt? ^{m}AG   → ^{m}FP1

Wenn in jedem Arbeitsgang die gleiche Arbeit anfällt   = ^{nm}FP1

---

[19] In denen Kehrungen, Überprüfungen, Emissionsmessungen, Abgaswegeüberprüfungen und Feuerstättenschauen durchzuführen sind.
[20] Werden **nur** Feuerstättenschauen durchgeführt max. 3 FP1.

5. Kilometergeld

34 Nr. 1.4 Geb.Verz. erlaubt dem BSM, für eine besondere Fahrt eine zusätzliche Gebühr zu erheben. Zur Unterscheidung von der Fahrtpauschale in Nr. 1.3 Geb.Verz. wird diese besondere Gebühr als „Kilometergeld" bezeichnet.

35 Das Kilometergeld nach Nr. 1.4 Geb.Verz. kann verlangt werden, wenn für die Arbeiten nach den Nr. 5.1–6.5 besondere Fahrten notwendig sind. Arbeiten nach diesen Nummern können sein:

- Bauzustandsbesichtigungen, Rohbauabnahmen, örtliche Prüfung der Mängelbeseitigung vor einer Endabnahme, Endabnahmen (Nr. 5.2 Geb.Verz.),
- Ausbrennen, Ausschlagen, chemisch Reinigen (Nr. 6.1 Geb.Verz.),
- Kehr- und Überprüfungsarbeiten, für die keine bestimmten Arbeitswerte festgesetzt werden (Nr. 6.2 Geb.Verz.),
- Reinigung asbesthaltiger Abgas- und Lüftungsanlagen, Verbrennungsluft- und Ablufteinrichtungen (Nr. 6.3 Geb.Verz.),
- Arbeiten außerhalb des üblichen Arbeitsgangs, die ohne triftigen Grund verhindert wurden (Nr. 6.4 Geb.Verz.),
- Arbeiten auf besonderen Wunsch außerhalb der üblichen Arbeitszeit (Nr. 6.5 Geb.Verz.).

Diese Aufzählung ist abschließend. Wiederholungsüberprüfungen (Nr. 3.7 Geb.Verz.) und Wiederholungsmessungen (Nr. 4.6 Geb.Verz.) werden zwar zu besonderen Arbeitsterminen führen, fallen aber nicht unter die Kap. 5 und 6 des Schornsteinfegergebührenverzeichnisses. Dafür darf dann nur die Fahrtpauschale nach Nr. 1.3 Geb.Verz. verlangt werden.

36 Eine besondere Fahrt liegt vor, wenn sie eigens für die einzelnen Arbeiten nach Kap. 5 und 6 Geb.Verz. durchgeführt wird. Fahrten zu Arbeiten nach den Kap. 1–4 Geb.Verz. werden nur unter den Voraussetzungen der Nr. 1.4 Geb.Verz. zur besonderen Fahrt. Nur der zusätzliche Fahrtaufwand kann als „besondere Fahrt" geltend gemacht werden.

37 Für die Fahrten zu den Bauabnahmen, für die in Kap. 5 Geb.Verz. Arbeitswerte festgesetzt sind, darf allerdings nicht mehr automatisch Kilometergeld verlangt werden. Dies ist nur noch für „besondere" Fahrten zulässig. Fahrten zu Bauabnahmen sind nur dann „besondere," wenn die Voraussetzungen der Nr. 1.4 Geb.Verz. vorliegen. Denn die Fahrzeit und der KFZ-Aufwand zu Bauabnahmen, die während des üblichen Arbeitsablaufs und während der regelmäßigen Arbeitszeit unternommen werden (z.B. zusammen mit der Abgaswegüberprüfung oder der Emissionsmessung), werden mit den Arbeitswerten der Nr. 1.3 Geb.Verz. abgegolten.

38 Erforderlich ist die besondere Fahrt ferner nur dann, wenn die Arbeiten vor Ort erforderlich sind.

39 Die Höhe des Kilometergeldes (AW je km) wird in den Ländern verschieden sein. Die Projektgruppe hat empfohlen diese länderspezifisch zu ermitteln (s. Erl. 65 Einführung Anlage 2 Muster-KÜO).

Berechnet werden 1,6 AW (oder ein anderer länderspezifischer Wert) je km   **40**
Hin- und Rückfahrt. Wohnt der BSM oder auch sein Geselle außerhalb des
Kehrbezirks, darf die außerhalb des Kehrbezirks zurückgelegte Wegstrecke
der Arbeitswertberechnung nicht zugrunde gelegt werden. Besteht der Kehrbezirk entgegen § 22 Abs. 1 Nr. 4 SchfG nicht aus einem zusammenhängenden Bezirk, darf die zwischen dem Kehrbezirk und seiner „Exklave"
zurückgelegte Strecke ebenfalls nicht eingerechnet werden. Liegt der Start
der besonderen Fahrt im Kehrbezirk und führt der kürzeste Weg über den
benachbarten und ein weiterer Weg über den eigenen Kehrbezirk, darf nur
die kürzeste Strecke berechnet werden.

Zulässig dürfte es sein, für die Rückfahrt die gleiche Zeit wie für die Hin-   **41**
fahrt zu berechnen, wenn der gleiche Weg benutzt wird. Die Fahrstrecken
dürfen auf volle Kilometer ab- und aufgerundet werden.

Die Fahrzeit ist Arbeitszeit und daher zu vergüten. In den Arbeitswerten der   **42**
Nr. 1.3 Geb.Verz. stecken nur die anteiligen Fahrzeiten während eines 8-
Stunden-Arbeitstags. Für besondere Fahrten fällt ein zusätzlicher Zeitauf-
wand an. Berechnet werden 1,6 AW je km für die Hin- und Rückfahrt, dies
sind 1 Minute und 36 Sekunden. Anstelle von FP2 kann aber auch die
Fahrtpauschale FP1 angesetzt werden.

Mit der Gebühr nach Nr. 1.4 Geb.Verz. werden alle Zeitaufwendungen für   **43**
die zusätzlichen und besonderen Fahrten einschließlich der Kfz-Kosten abgedeckt. Zusätzliche Reisekosten für Verpflegung etc. dürfen nicht erhoben
werden.

Berechnung der Arbeitswerte: **44**

$$FP2 = \frac{1 \times 60\,Min.}{36,47\,km} = 1,6\,AW$$

Werden bei einer besonderen Fahrt Arbeiten in mehreren Gebäuden ausge-   **45**
führt, sind die Arbeitswerte anteilig umzulegen. Wegstrecken, die für mehrere Zuschlagspflichtige gleichzeitig zurückzulegen waren, z.B. mehrere an
einem Ort, sind dabei durch die Anzahl der Gebäude zu teilen. Wegstrecken,
die wegen eines Zuschlagspflichtigen zusätzlich zurückgelegt werden müssen, sind diesem zuzuordnen.

Aus Gründen der Verwaltungsvereinfachung ist es für den Gebührenschuld-   **46**
ner hinnehmbar, wenn die Fahrzeiten im Verhältnis der Kilometerberech-
nung umgelegt werden. Dazu folgendes Beispiel:

Kunde	besondere Wegstrecke bei Einzelbetrachtung	tatsächliche Wegstrecke	Berechung der AW
A	15 km		$FP2(A) = 15 \times \dfrac{30}{46} \times 1,6\,AW = 15,7\,AW$
B	18 km	30 km	$FP2(B) = 18 \times \dfrac{30}{46} \times 1,6\,AW = 18,8\,AW$
C	10 km		$FP2(C) = 10 \times \dfrac{30}{46} \times 1,6\,AW = 10,4\,AW$
D	3 km		$FP2(D) = 3 \times \dfrac{30}{46} \times 1,6\,AW = 3,1\,AW$
Summe	46 km	30 km	48 AW

47   Die Projektgruppe hat jedoch auch gesehen, dass diese Zuordnungsregel für den BSM ein besonderer Aufwand bedeutet. Auch kann er oftmals beim ersten Kunden der besonderen Fahrt nicht genau errechnen, wie viel Kilometer er tatsächlich am Tag noch zurücklegen wird. Es wurde daher zugelassen, anstelle des Kilometergeldes nach Nr. 1.4 Geb.Verz. auch bei besonderen Fahrten die Fahrtpauschale nach Nr. 1.3. Geb.Verz. zu berechnen. Dann wird jede besondere Fahrt mit 6,2 AW belastet.

48   Da die Berechnung nach Nr. 1.3 Geb.Verz. i.d.R. für den BSM oft ungünstiger ist, wird er diese nur ansetzen, wenn er verwaltungsmäßige Vorteile hat. Er darf von der Regelung im letzten Satz Nr. 1.4 Geb.Verz. nicht willkürlich Gebrauch machen. Nicht zulässig wäre es, wenn der BSM z.B. generell für alle Fahrten unter 4 km die Fahrtpauschale, für alle Fahrten ab 4 km das Kilometergeld oder bei mehreren gemeinsamen Fahrten für einzelne Kunden die Fahrtpauschale und für andere Kunden das Kilometergeld ansetzen würde. Es spricht jedoch nichts dagegen, wenn der BSM generell für seinen Betrieb entscheidet, nur die Fahrtpauschale nach Nr. 1.3 Geb.Verz. anzusetzen.

III. Arbeitsgebühr je Kehrung

Verordnungstext Anlage 2, Kapitel 2:

Nr.	Ab-kür-zung	Bezeichnung	Rechtsgrundlage der Tätigkeit	AW
2		**Arbeitsgebühr je Kehrung**		
2.1	S	Kehrarbeiten an Schornsteinen und sonstigen senkrechten Teilen von Abgasanlagen je Schornstein/Abgasleitung bzw. Schacht, für jeden vollen und angefangenen Meter	§ 1 Abs. 1 Nr. 1 KÜO	0,3
2.2	SB	Muss der Schornstein zum Kehren innen bestiegen werden, wird abweichend von Nr. 2.1 je Arbeitsminute berechnet	§ 1 Abs. 1 Nr. 1 KÜO	0,8
2.3	RK	Räucherkammer für jeden vollen und angefangenen Quadratmeter zu kehrende Fläche	§ 1 Abs. 1 Nr. 3 KÜO	
2.3.1	RK1	– bei privat genutzten Anlagen		0,7
2.3.2	RK2	– bei gewerblich genutzten Anlagen		3,3
2.3.3	RK3	Rauchwagen		6,7
2.3.4	RK4	Raucherzeuger, je Arbeitsminute		0,8
2.4	K	Abgaskanal für jeden vollen und angefangenen Meter	§ 1 Abs. 1 Nr. 1 KÜO	
2.4.1	K1	– bis 500 cm^2 Querschnitt		1,5
2.4.2	K2	– über 500 cm^2 bis 2500 cm^2 Querschnitt		2,4
2.4.3	K3	– über 2500 cm^2 Querschnitt		6,0
2.5	AR	Abgasrohr	§ 1 Abs. 1 Nr. 1 KÜO	
2.5.1	AR1	– für den ersten Meter (einschließlich Reinigungsöffnung und einer Richtungsänderung)		7,0
2.5.2	AR2	– je weiteren vollen und angefangenen Meter		1,0
2.5.3	AR3	– je weitere Richtungsänderung		3,0
2.5.4	AR4	– Zuschlag je Rohr bei staubfreier Kehrung mittels Staubsauger	(nur auf Wunsch des Kunden)	4,1
2.5.5		– Zuschläge für Abgasrohre, die nicht ausschließlich privat genutzt werden	§ 1 Abs. 1 Nr. 1 KÜO	
2.5.5.1	AR5	– je wärmegedämmte Reinigungsöffnung		6,7
2.5.5.2	AR6	– je Abgasrohr über Durchgangshöhe (2,5m)		4,9

Nr.	Ab-kür-zung	Bezeichnung	Rechtsgrundlage der Tätigkeit	AW
2.5.5.3	AR7	– Schalldämpfer oder Zyklon je Arbeitsminute		0,8
2.6	OK	Rauchfang vom offenen Kamin	§ 1 Abs. 1 Nr. 2 i.V.m. Abs. 3 Nr. 4 KÜO	1,3
2.7		Länderspezifische Anlagen und Einrichtungen	§ 1 Abs. 1 Nr. 6 KÜO	
		(z.B. Rauchfänge, Rußkästen, Abschlussklappen, Vorschornsteine, Heizgaszüge aller Backöfen mit Ausnahme der Dampfbacköfen)		

Erläuterungen

1. Allgemeines 1–3
2. Kehrarbeiten an senkrechten Teilen von Abgasanlagen............... 4–8
3. Bestiegene Schornsteine 9–11
4. Räucherkammern, Räucheranlagen 12–20
5. Kehrpflichtiger Abgaskanal 21–24
6. Kehrpflichtiges Abgasrohr 25–42
7. Rauchfang vom offenen Kamin................................... 43, 44
8. Länderspezifische Anlagen und Einrichtungen 45–51

1. Allgemeines

1 Kapitel 2 des Schornsteinfegergebührenverzeichnisses umfasst alle Arbeitsgebühren, die im Zusammenhang mit der Kehrung von Anlagen und Einrichtungen nach Anlage 1 i.V.m. mit § 1 Abs. 1 Muster-KÜO anfallen. Die Abkürzung „S" kommt von „Schornstein". S1 ist ein Schornstein, der einmal im Jahr gekehrt wird, S2 ist ein Schornstein, der zweimal im Jahr gekehrt wird usw.

2 Eine Arbeitsgebühr kann nur angesetzt werden, wenn für die jeweilige Anlage oder Einrichtung eine Arbeit verrichtet wurde. Konnte – aus irgendeinem Grund – z.B. ein offener Kamin nicht gereinigt werden, darf dafür auch keine Gebühr verlangt werden. Auch dann nicht, wenn der Hinderungsgrund vom Grundstückseigentümer zu vertreten ist.

3 Die Arbeitsgebühr fällt je Kehrung an. Muss z.B. an einem senkrechten Teil einer Abgasanlage (Schornstein), der dreimal im Jahr gekehrt werden muss (S3), eine Abschlussklappe gekehrt werden (landesspezifische Regelung), so ist diese Schornsteinfegerarbeit dreimal im Jahr vorzunehmen und dementsprechend auch dreimal im Jahr zu berechnen.

2. Kehrarbeiten an senkrechten Teilen von Abgasanlagen

Die Gebühr nach Nr. 2.1 Anlage 2 Muster-KÜO ist der Anteil für das   **4**
eigentliche Kehren. Er ist abhängig von der Höhe des Schornsteins. Die
festgeschriebenen Arbeitswerte beinhalten den eigentlichen Kehrvorgang
(Durchfahren mit dem Kehrbesen). Die Arbeitsstudie bestätigt, dass der
Arbeitsaufwand beim Kehren von der Höhe des senkrechten Teils der Abgasanlage (Schornstein) abhängt. Die Differenzierung nach der Höhe des
senkrechten Teils der Abgasanlage (Schornstein) ist daher sachlich berechtigt. Die fixen Zeitwerte, die auch bei den Kehrarbeiten festzustellen sind,
fallen nicht ins Gewicht. Die Projektgruppe hat diese mit einem Durchschnittswert in die Gebühr je Meter eingerechnet. Dadurch war kein
„Grundwert je Schornstein" erforderlich.

Die Gebühr nach Nr. 2.1 Anlage 2 Muster-KÜO wird für alle Kehrarbeiten   **5**
an Schornsteinen und sonstigen senkrechten Teilen von Abgasanlagen berechnet. Zu den Begriffen s. Erl. zur Anlage 3 Nr. 1, 20 und 21 Muster-
KÜO. Die Arbeitsgruppe empfiehlt, dass künftig die Kehrarbeiten in
Schornsteinen und sonstigen senkrechten Teilen von Abgasanlagen nach
Meter abgerechnet werden. Die entsprechende Kehrformel F(X) = a + b x
X hat sich seit dem Arbeitszeitgutachten BW 1983 nicht verändert. Die
darin enthaltene Grundzeit von 83,5 HM wurde umgerechnet auf die Meter,
wobei von einer durchschnittlichen Höhe der Schornsteine von 7,0 m ausgegangen wird, (Arbeitszeitgutachter: 2,8 Stockwerke x 2,5 m = 7,0 m).

Berechnung des Arbeitswertes: **6**

$$S = \frac{83,5HM}{7,0} + 21,5HM = 33,4HM = 0,3AW$$

Schächte nach Nr. 2.1 Anlage 2 Muster-KÜO sind Ablufteinrichtungen   **7**
nach Anlage 3 Nr. 7 Muster-KÜO (s. Erl. 3 Anlage 3, Nr. 7 Muster-KÜO).

In vielen Ländern werden derzeit die Kehrgebühren für die Reinigung des   **8**
Schornsteins nach Stockwerken berechnet. In diesen Ländern müssen die
BSM die Kehrbuchunterlagen umstellen. Die Projektgruppe sieht es als
zulässig an, für eine Übergangszeit bis zu fünf Jahren die Umrechnung mit
2,50 m je Stockwerk anzusetzen. Zur Rechtssicherheit sollte dies in den
Übergangsbestimmungen für eine neue KÜO ausdrücklich vermerkt sein.
Der Gebührenzahler hat allerdings einen Anspruch auf eine korrekte Berechnung dann, wenn der BSM im Gebäude eine Feuerstättenschau macht,
da dieser dabei verpflichtet ist, die Belegungspläne zu berichtigen. Eine
kürzere Übergangszeit würde es erforderlich machen, dass der BSM gesonderte Erhebungen macht. Dieser zeitliche und personelle Aufwand ist nicht
gerechtfertigt und würde nur zu einer Erhöhung der Geschäftskosten und
damit zu höheren Gebühren führen.

3. Bestiegene Schornsteine

Bei Schornsteinen, die innen bestiegen und von innen gekehrt werden müs-   **9**
sen, können die Arbeitswerte nach Nr. 2.1 Anlage 2 Muster-KÜO den

Zeitbedarf nicht abdecken. Für diese, in Deutschland nur noch selten vorkommenden Großschornsteine konnte sich die Projektgruppe auch nicht auf ein pauschales Zeitmaß einigen, da darüber keine Untersuchungen vorlagen. Deshalb wurde eine Gebühr je Arbeitsminute angesetzt.

10   Es ist dabei die direkt benötigte Arbeitszeit zu ermitteln. Diese wird mit 0,8 AW angesetzt (1 Min. – 21,62 % Verteilzeit). Der Gebührenwert nach Nr. 2.2 Anlage 2 Muster-KÜO fällt nicht zusätzlich zu den Arbeitswerten nach Nr. 2.1 Anlage 2 Muster-KÜO an, sondern ersetzt diesen. Die Zeit darf lediglich für den eigentlichen Besteigungs- und Reinigungsvorgang gemessen werden, nicht für die Wege im Gebäude, die Beratung und das Kassieren. Dafür werden der Grundwert nach Nr. 1.1.1 und die Fahrtpauschale nach Nr. 1.3 Anlage 2 Muster-KÜO verlangt.
Beispiel: In einem Gebäude muss ein Schornstein mit 8 m Höhe innen bestiegen werden. Die Arbeitswerte je Kehrung betragen dann

GG1 –	Grundwert je Gebäude	9,2 AW
FP1 –	Fahrtpauschale	6,2 AW
SB –	Zeitgebühr besteigbare Schornsteine für 20 Min. à 0,8 AW	<u>16,0 AW</u>
zusammen		31,4 AW

11   Berechnung der Arbeitswerte:

$$B = \frac{1,0\,AW}{100\% + 21,62\%} = 0,8\,AW$$

4. Räucherkammern, Räucheranlagen

12   Zu den Begriffen „Räucherkammer, Räucheranlage, Rauchwagen und Raucherzeuger" s. Erl. 3, 9, 12, 14 zu Nr. 18 Anlage 3 Muster-KÜO.

13   Mit den Arbeitsgebühren nach Nr. 2.3 sind abgegolten:

RK1	Zeitaufwand für die Reinigung der Decke, Wände, Boden, Türen der Räucher-
RK2	kammer oder des Räucherschrankes
RK3	Zeitaufwand für die Reinigung eines Rauchwagens als Bestandteil der Räucherkammer oder des Räucherschrankes
RK4	Zeitaufwand für die Reinigung des Raucherzeugers

Berechnung der Arbeitswerte: **14**

$$RK1 = \frac{70HM}{100} = 0,7\,AW$$

$$RK2 = \frac{330HM}{100} = 3,3\,AW$$

$$RK3 = \frac{668HM}{100} = 6,7\,AW$$

$$RK4 = \frac{1,0\,AW}{100\% + 21,62\%} = 0,8\,AW$$

Die Arbeitswerte sind nach der zu kehrenden Fläche zu bemessen. Boden, **15**
Wände, Türen und Decken sind, sofern sie zu kehren sind, zu vermessen.
Muss der Boden nur gereinigt werden, um die herabfallenden Kehrrück-
stände zu entfernen, darf die Bodenfläche nicht berücksichtigt werden. Bei
der Festlegung der Zahl der Quadratmeter ist eine Rundung auf volle
Quadratmeter zulässig (1,49 = 1, 1,50 = 2).

Die Muster-KÜO 2006 macht, gestützt auf die Arbeitszeitstudie BW 1983, **16**
einen deutlichen Unterschied zwischen privaten und gewerblich genutzten
Anlagen. Die Arbeitszeitstudie BW 1983 bestätigte auch, dass die Berechnung nach m^2 sachgerecht ist.

Räucherkammern sind gewerblich genutzt, wenn Waren in größerem Um- **17**
fang geräuchert werden und diese der ständigen Einnahmenerzielung dienen.

Rauchwagen sind Einrichtungen für den Transport des Räuchergutes, die in **18**
die Räucherkammern geschoben werden. Der Gebührenansatz erfolgt je
Rauchwagen, unabhängig von seiner Größe. Es wird also nicht – wie der
Wortlaut vermuten lässt – die Oberfläche des Rauchwagens berechnet.

Für den Raucherzeuger gibt es keine gesicherten Werte zur Festlegung eines **19**
Arbeitswertes. Der Verordnungsgeber hat daher die Zeitgebühr wie Nr. 6.2
des Schornsteinfegergebührenverzeichnisses auch für den Raucherzeuger
festgesetzt.

Koch- und Garschränke sind nicht kehrpflichtig, s. Erl. 23 zu § 1 Abs. 1 **20**
Muster-KÜO.

5. Kehrpflichtiger Abgaskanal

Zum Begriff „Abgaskanäle" s. Erl. 3 zur Anlage 3 Nr. 4 Muster-KÜO. Sie **21**
sind als Verbindungsstücke nach Anlage 1 Nr. 1.1–1.8 und Nr. 2.1–2.3
i.V.m. § 1 Abs. 1 Muster-KÜO kehrpflichtig. Mit der Arbeitsgebühr nach
Nr. 2.4 sind die Zeitaufwendungen für die Reinigung der Kanäle auf ihrer
ganzen Länge abgegolten.

22 Berechnung der Arbeitswerte:

$$K1 = \frac{148 HM}{100} = 1,5 AW$$

$$K2 = \frac{243 HM}{100} = 2,4 AW$$

$$K3 = \frac{602 HM}{100} = 6,0 AW$$

23 Die Arbeitswerte werden nach der Länge und der senkrechten Schnittfläche (lichter Querschnitt) berechnet. Die unterschiedlichen Gebührensätze nach den Querschnitten (bis 500 cm², bis 2500 cm², über 2500 cm²) entsprechen den Regelungen aus BW. Auch die Arbeitsstudien BW 1983 und BW 1998 sahen diese Berechnungsabstufung bereits als sachgerecht an. Die bundeseinheitliche Arbeitszeitstudie 2005 sah keinen Änderungsbedarf.

24 Die in den Nummern. 2.3.1–2.3.3 vorgenommenen Abstufungen nach dem Querschnitt entsprechen bei den möglichen drei Kanalformen folgenden Maßen:

cm²	Kreisform (Durchmesser) cm	quadratische Form (Seitenlänge) cm	rechteckige Form (Seitenlängen) gängige Beispiele cm
bis 500	25,2	22,4 x 22,4	25 x 20
bis 2500	56,4	50 x 50	62,5 x 40
über 2500	56,4	50 x 50	62,5 x 40

6. Kehrpflichtiges Abgasrohr

25 Spätestens zu Beginn der 90er Jahre des letzten Jahrhunderts wurden die Rauch führenden Abgasrohre generell kehrpflichtig – mit Ausnahme der Ofenrohre. Zum Begriff „Abgasrohre" s. Erl. 3 zur Anlage 3 Nr. 5 Muster-KÜO. Sie sind als Verbindungsstücke nach Anlage 1 Nr. 1.1–1.8 und Nr. 2.1–2.3 i.V.m. § 1 Abs. 1 Muster-KÜO kehrpflichtig. Mit der Arbeitsgebühr nach Nr. 2.5 sind die Zeitaufwendungen für die Reinigung der Rohre auf ihrer ganzen Länge abgegolten.

26 Es wird eine einheitliche Gebühr in Abhängigkeit von der Länge des Abgasrohres verlangt. Der Durchmesser des Rohres hat für die Gebührenberechnung keine Bedeutung. Zuschläge werden, bei Benutzung eines Staubsaugers, bei gewerblich benutzten Abgasrohren mit wärmegedämmter Reinigungsöffnung, Abgasrohren über Durchgangshöhe und bei Schalldämpfer oder Zyklonen verlangt.

27 Abgasrohre von messpflichtigen Ölfeuersteuerstätten sind im Rahmen der Abgaswegüberprüfung zu überprüfen und werden nach Nr. 3.2 Anlage 2 Muster-KÜO behandelt.

28 Unter Nr. 2.5 fallen auch keine Ofenrohre nach § 1 Abs. 2 Nr. 3 Muster-KÜO (s. Erl. 16 ff. zu § 1 Abs. 3 Nr. 3 Muster-KÜO).

Bei der Kehrung von Abgasrohren verweist der Gutachter auf ein Arbeits-   **29**
zeitgutachten aus Baden-Württemberg aus dem Jahr 1990 und passt einzelne Zeiten an. Überprüft wurden Abgasrohre bis zu 10 m. Daraus errechnete
sich für ein 1 m langes Abgasrohr:

- Rüsten (80 HM), Abrüsten vor Ort (84 HM),
  Boden reinigen (49 HM), Zuschlag für
  Zugregler (37 HM), anteiliges Einsprühen (16 HM)   266,00 HM
- Reinigungsöffnung öffnen (75 HM) und
  schließen (90 HM), Rauchsammler
  auf (20 HM) und zu (18 HM)   203,00 HM
- Richtungsänderung (131,07 HM + 0,23989 : 2)   131,19 HM
- Kehren (0,953746629 HM/cm)   95,37 HM

Summe   695,56 HM

    = 7,0 AW/m

Für jedes Abgasrohr wird ein einheitlicher Grundbetrag von 7.0 AW für den   **30**
ersten Längenmeter erhoben. Darin einbezogen sind auch der Aufwand für
das Öffnen und Schließen einer Reinigungsöffnung und der besondere Aufwand für die Reinigung bei einer Richtungsänderung. Sollte am kehrpflichtigen Abgasrohr keine Richtungsänderung gegeben sein, werden allerdings
keine Abschläge gemacht. Gerechtfertigt wird das dadurch, dass derartige –
seltene – Abgasrohre schwer zugänglich sind. Dadurch sind besondere Zeitaufwendungen erforderlich.

Bei der Berechnung der Länge wird jeder angefangene Meter als voller   **31**
Meter gerechnet (Beispiel 3,10 m = 4 m).

Eine Richtungsänderung wird nur gerechnet, wenn ein Bogen von mindes-   **32**
tens 90° in eine andere Richtung vorhanden ist. Dies kann auch durch
mehrere Bogen erreicht werden. Beispiel: Ein Rauchrohr ist 1 m lang und
hat 3 Bogen von je 45°. Dafür fällt die Gebühr für den ersten Meter (einschl.
eine Reinigungsöffnung und eine Richtungsänderung) von 7,0 AW nach
Nr. 2.5.1 an. Ein Zuschlag nach Nr. 2.5.3 (3 x 45° = 135° = 1 Richtungsänderung von mindestens 90°) fällt nicht an.

Der Gebührenbetrag erhöht sich um 4,1 AW, wenn eine staubfreie Kehrung   **33**
mittels Staubsauger erfolgt. Der Zuschlag bei Benutzung eines Staubsaugers
(RR4) wurde aus der KÜO Baden-Württemberg übernommen. Aus dem
Arbeitszeitgutachten sind die Zeiten nicht herauslesbar.

Bei der Festlegung der Arbeitswerte für das Gebührenverzeichnis wurde   **34**
davon ausgegangen, dass der BSM an der Reinigungsöffnung mit Besen
und Kehrschaufel arbeitet. Der Staubsauger ist in den meisten Bundesländern auch nicht in der Geräteliste für die Geschäftskostenaufstellung enthalten, da die Arbeit mit dem Staubsauger auch nicht in der Praxis die
übliche Reinigungsmethode ist. Der Kunde kann daher die Benutzung des
Staubsaugers nicht verlangen. Wenn er diesen Service will, muss er dazu
einen besonderen Auftrag erteilen. Es handelt sich dann aber nicht um eine
Nebenarbeit, sondern um eine nicht regelmäßige Arbeit, da die Muster-

KÜO diese Arbeit im Schornsteinfegergebührenverzeichnis besonders vorsieht.

35 Die Muster-KÜO geht davon aus, dass eine Kehrung mit Staubsauger nur auf Wunsch des Kunden oder dessen Einverständnis vorgenommen werden darf. Der BSM kann darüber im Einzelfall nicht gegen den Gebäudeeigentümer entscheiden. In jedem Fall ist dem BSM anzuraten, vor der Arbeitsleistung auf den Zuschlag aufmerksam zu machen. Der vergleichsweise hohe Arbeitswert erklärt sich aus dem Zeitbedarf einer Kehrung mittels Staubsauger, bei der erheblicher Schmutz anfällt. Bei der Kehrung mit Staubsauger fallen i.d.R. auch erhöhte Wegezeiten im Gebäude an.

36 Der Verordnungsgeber behandelt Rauchrohre in Gewerbe- und Industriebetrieben oder Anlagen in größeren Heizzentralen nicht anders als häusliche Abgasrohre. Die Arbeitszeituntersuchungen in diesen Bereichen bestätigte allerdings, dass erhöhte Zeitaufwendungen anfallen, wenn die Anlagen wärmegedämmte Reinigungsöffnungen haben, die Abgasrohre über Durchgangshöhe angebracht sind oder Schalldämpfer bzw. Zyklone eingebaut sind.

37 Die Projektgruppe hat daher empfohlen, bei allen Abgasrohren, die nicht ausschließlich privat genutzt werden, in diesen Fällen Zuschläge zu erheben. Nicht ausschließlich privat im Sinne dieser Vorschrift ist öffentlich, gewerblich (auf Gewinnerzielung gerichtete und selbstständige Tätigkeit), Urproduktion (Land- und Forstwirtschaft, Fischerei, Bergbau) und freie Berufe. Dabei kommt es nicht auf die gewerbliche oder öffentliche Nutzung des Gebäudes, sondern des Abgasrohres selbst an. So werden z.B. die Abgasrohre eines vermieteten Mehrfamilienhauses privat genutzt und fallen nicht unter Nr. 2.5.5 Anlage 2 Muster-KÜO. Die Abgasrohre eines Kiosks, der in einem festen Gebäude Ware anbietet, ist jedoch nicht mehr als privat, sondern als gewerblich anzusehen und wird daher von Nr. 2.5.5 Anlage 2 Muster-KÜO grundsätzlich erfasst. Von Nr. 2.5.5 Anlage 2 Muster-KÜO erfasst werden auch Abgasrohre in Altenpflegeheimen, Rathäusern, Schulen oder Kinderhorten, da sie entweder gewerblich oder öffentlich, aber nicht privat, genutzt werden.

38 Im gewerblichen Bereich wird durchschnittlich eine erheblich größere Isolierung der Rauchrohre verwendet, als im häuslichen Bereich. Dadurch sind die oberen Abdeckplatten mit vielen Schrauben bzw. Muttern befestigt. Der Zuschlag nach Nr. 2.5.5.1 Geb.Verz. berücksichtigt die zusätzlich notwendige Zeit für das Öffnen und Schließen des Deckels und für die Entnahme und das wieder Einbringen der Isolierschicht. Der Zuschlag fällt nur an, wenn eine wärmegedämmte Reinigungsöffnung vorhanden ist.

39 Eine Reinigung über Durchgangshöhe ist wesentlich zeitaufwendiger, als eine Reinigung auf normaler Standhöhe. Daher sieht Nr. 2.5.5.2 Geb.Verz. einen Zuschlag vor. Der Zuschlag ist – wie bei allen anderen Zuschlägen in Nr. 2.5.5 Geb.Verz. – nur bei Abgasrohren die nicht ausschließlich privat genutzt werden, zu berechnen. Durchgangshöhe ist mit 2,50 m definiert. Der Zuschlag fällt daher an, wenn das Abgasrohr auf einer Höhe über 2,50 m, gemessen von der Aufstellfläche, angebracht ist. Dieses kann i.d.R. nur unter Einsatz einer Leiter überprüft werden. Damit sind besondere Zeitaufwendungen zu erwarten.

Ein Schalldämpfer dient der Reduzierung des von der Feuerungsanlage **40** ausgehenden Lärms.

Ein Zyklon ist eine Vorrichtung zur Abtrennung von Feststoffteilchen aus **41** dem Rauchgas mit Hilfe der Fliehkraft.

Berechnung der Arbeitswerte: **42**

2.5.1
$$AR1 = (80+84+49+37+16) + (75+90+38) + \left(131,07 + \frac{0,239}{2}\right) + (0,9537 \times 100) = 695,6 HM = 7,0 AW$$

2.5.2 $\quad AR2 = 0,9537 \times 100 = 95,4 HM = 1,0 AW$

2.5.3 $\quad AR3 = \left(131,07 + \frac{0,239}{2}\right) + (75+90) = 296 HM = 3,0 AW$

2.5.4 $\quad AR4 = 407 HM = 4,1 AW$

2.5.5.1 $\quad AR5 = 665 HM = 6,7 AW$

2.5.5.2 $\quad AR6 = (438 + 240 + 20 + 37) - (80 + 84 + 49 + 37) = 485 HM = 4,9 AW$

2.5.5.3 $\quad AR7 = \dfrac{1,0 AW}{100\% + 21,62\%} = 0,8 AW$

7. Rauchfang vom offenen Kamin

Zum Begriff „Offener Kamin" s. Erl. 38+39 zu § 1 Abs. 1 Muster-KÜO. **43** Mit der Arbeitsgebühr nach Nr. 2.6 Anlage 2 Muster-KÜO ist der Zeitaufwand für die Kehrung des Rauchfangs und der Absperrklappe (wenn vorhanden) abgegolten. Das Verbindungsstück wird nach Nr. 2.4 Anlage 2 Muster-KÜO berechnet, wenn es sich um einen Kanal (Fuchs) handelt oder nach Nr. 2.5, wenn die Verbindung zum Schornstein durch ein Abgasrohr hergestellt ist.

Berechnung des Arbeitswertes: **44**

2.5 $\quad OK = \dfrac{127 HM}{100} = 1,3 AW$

8. Länderspezifische Anlagen und Einrichtungen

Als länderspezifische Anlagen und Einrichtungen wurden beispielhaft **45**

– Rauchfänge,
– Rußkästen,
– Abschlussklappen,

– Vorschornsteine,
– Heizgaszüge aller Backöfen mit Ausnahme der Dampfbacköfen

aufgezählt. Diese werden nachstehend beschrieben. Weitere Anlagen und Einrichtungen sind vorstellbar.

46 Die Länder müssen dann allerdings selbst den anzusetzenden Arbeitswert bestimmen. Dabei werden die durchschnittlichen Arbeitszeiten vor Ort mit der Stoppuhr in HM ermittelt. Nicht mitgerechnet werden Rüstzeiten, Verteilzeiten, Bürozeiten, Erholzeiten.

47 Ein Rauchfang ist eine Anlage, die Rauch einer offenen Feuerstätte sammelt, um ihn dem Schornstein zuzuführen. Ein Rauchfang oder Rauchsammler ist in jedem offenen Kamin enthalten. Da der offene Kamin unter Nr. 2.6 Anlage 2 Muster-KÜO besonders aufgeführt ist, umfasst der Begriff „Rauchfang" noch weitere Anlagen, wie z.B. die Rauchsammler eines Essefeuers, eines Backhauses oder eines Grillofens. Baden-Württemberg hat für die Kehrung eines Rauchfangs bisher keinen Arbeitswert festgesetzt.

48 Ein Rußkasten ist – wie eine Abschlussklappe – der Verschluss eines auf das Kellergeschoss oder auf bzw. zwischen das Gebälk gesetzten Schornsteins am unteren Ende. Er kann auch eine gemauerte kanalähnliche Vorrichtung mit einer Länge von mehr als 50 cm ohne Rauchführung zur Entnahme des Rußes aus der Schornsteinsohle sein. Baden-Württemberg hat für die Kehrung eines Rußkastens bisher 1,6 AW festgesetzt.

49 Abschlussklappen verschließen wie Rußkästen – und zum gleichen Zweck – den Schornstein am unteren Ende. Andere Verschlüsse von bauordnungsrechtlich zugelassenen Öffnungen im Schornstein sind keine Abschlussklappen i.S. der Muster-KÜO. Baden-Württemberg hat für die Kehrung einer Abschlussklappe bisher 3,5 AW festgesetzt.

50 Der Vorschornstein ist eine dem Schornstein vorgeschaltete gemauerte schornsteinähnliche Einrichtung zur Sammlung und Weiterleitung der Rauchgase mehrerer Feuerstätten. Der Vorschornstein ist eine Besonderheit. Er ist besonders aufzuführen, wenn für seine Kehrung eine besondere Gebühr festgesetzt werden soll. Baden-Württemberg hat für die Kehrung eines Vorschornsteins bisher 2,3 AW festgesetzt. Mit dieser Gebühr ist der Zeitaufwand für die Reinigung des Vorschornsteins auf seiner ganzen Länge abgegolten. Auf die Größe des Vorschornsteins (Länge und Durchmesser) kommt es nicht an.

51 Rauchgaszüge von Backöfen sind rauchführende Kanäle (Züge) innerhalb eines Backofens, die sich jedoch außerhalb des Feuerraums befinden. Die Züge innerhalb von Dampfbacköfen sind Bestandteil des Wärmetauschers und fallen daher nicht darunter. Ihre Reinigung obliegt auch in Baden-Württemberg dem Betreiber.

IV. Arbeitsgebühr je Überprüfung

Verordnungstext Anlage 2, Kapitel 3:

Nr.	Ab-kür-zung	Bezeichnung	Rechtsgrundlage der Tätigkeit	AW
3		Arbeitsgebühr je Überprüfung einschließlich einer ggf. erforderlichen Kehrung, Feuerstättenschau		
3.1	SÜ	Überprüfungsarbeiten an senkrechten Teilen von Abgasanlagen je Schornstein/ Abgasleitung bzw. Schacht, für jeden vollen und angefangenen Meter	§ 1 Abs. 1 Nr. 1 KÜO	0,3
3.2		Abgaswegeüberprüfung für Feuerstätten mit flüssigen Brennstoffen[21]	§ 1 Abs. 1 Nr. 1 und 2 KÜO	
3.2.1	AÖ1	– für die erste Prüfstelle in der Nutzungseinheit		13,8
3.2.2	AÖ2	– für jede weitere Prüfstelle im selben Aufstellungsraum		7,3
3.2.3	AÖ3	– für jede weitere Prüfstelle in einem anderen Aufstellungsraum der selben Nutzungseinheit		8,3
3.3		Abgaswegeüberprüfung für raumluftabhängige Gasfeuerstätten[22]	§ 1 Abs. 1 Nr. 1 und 2 KÜO	
3.3.1	A11	– für die erste Prüfstelle in der Nutzungseinheit		15,5
3.3.2	A12	– für jede weitere Prüfstelle im selben Aufstellungsraum		8,7
3.3.3	A13	– für jede weitere Prüfstelle in einem anderen Aufstellungsraum der selben Nutzungseinheit		9,7
3.4		Abgaswegeüberprüfung für raumluftunabhängige Gasfeuerstätten[23]	§ 1 Abs. 1 Nr. 1 und 2 KÜO	
3.4.1	A21	– für die erste Prüfstelle in der Nutzungseinheit		18,9
3.4.2	A22	– für jede weitere Prüfstelle im selben Aufstellungsraum		11,7

---

[21] Die Abgaswegeüberprüfung schließt die Überprüfung der Verbrennungslufteinrichtungen und die Ausstellung der Bescheinigung mit ein.

[22] Die Abgaswegeüberprüfung schließt die CO-Messung, die Überprüfung der Verbrennungslufteinrichtungen und die Ausstellung der Bescheinigung mit ein.

[23] Die Abgaswegeüberprüfung schließt die CO-Messung, die Überprüfung der Verbrennungslufteinrichtungen, die Ausstellung der Bescheinigung und die Ringspaltmessung mit ein.

Nr.	Ab-kür-zung	Bezeichnung	Rechtsgrundlage der Tätigkeit	AW
3.4.3	A23	– für jede weitere Prüfstelle in einem anderen Aufstellungsraum der selben Nutzungseinheit		12,2
3.5		Abgaswegeüberprüfung für Gasfeuerstätten ohne Gebläse mit Verbrennungsluftzufuhr und Abgasabführung durch die Außenwand[24]	§ 1 Abs. 1 Nr. 1 und 2 KÜO	
3.5.1	A31	– für die erste Prüfstelle in der Nutzungseinheit		16,0
3.5.2	A32	– für jede weitere Prüfstelle im selben Aufstellungsraum		8,9
3.5.3	A33	– für jede weitere Prüfstelle in einem anderen Aufstellungsraum der selben Nutzungseinheit		9,3
3.6	RS	Müssen im Ringspalt Reinigungsarbeiten durchgeführt werden, wird eine zusätzliche Gebühr erhoben, je Arbeitsminute	§ 1 Abs. 1 Nr. 1 KÜO	0,8
3.7	WÜ	Wiederholungsüberprüfungen nach § 1 Abs. 2 KÜO	§ 1 Abs. 2 KÜO	10,0
3.8	LL	Verbrennungsluft- und Ablufteinrichtungen nach Anlage 1 Nr. 1.9 und 2.4	§ 1 Abs. 1 Nr. 4 KÜO	
3.8.1	LL1	Leitungen je vollen und angefangenen Meter		1,0
3.8.2	LL2	Nicht leitungsgebundene notwendige Öffnungen ins Freie		0,5
3.9	DA	Dunstabzugsanlage, je Arbeitsminute	§ 1 Abs. 1 Nr. 5 KÜO	0,8
3.10		Feuerstättenschau	§ 13 Abs. 1 Nr. 2 SchfG	
3.10.1	FS1	Für jeden vollen und angefangenen Meter von senkrechten Teilen von Abgasanlagen und Gruppen von Abgasanlagen[25, 26]		1,0
3.10.2	FS2	Zuschlag je Feuerstätte zur Verbrennung flüssiger und fester Brennstoffe, die keiner Emissionsmessung nach Nr. 4 unterliegen		1,7
3.11		Länderspezifische Anlagen und Einrichtungen (z.B. Be- und Entlüftungsanlagen nach § 59 SchfG)	§ 1 Abs. 1 Nr. 6 KÜO	

---

[24] Die Abgaswegeüberprüfung schließt die CO-Messung, die Überprüfung der Verbrennungslufteinrichtungen, die Ausstellung der Bescheinigung und die Ringspaltmessung mit ein.

[25] Nicht berechnet werden: Längen von Abgasanlagen in Aufstellungsräumen, in denen gleichzeitig eine Abgaswegeüberprüfung durchgeführt wird.

[26] Bei Abgasanlagen außerhalb von Gebäuden werden maximal 3 Meter berechnet.

Erläuterungen

1. Allgemeines 1, 2
2. Überprüfungsarbeiten an senkrechten Teilen von Abgasanlagen 3–8
3. Überprüfung bei einer betriebsbereiten, aber dauernd unbenutzten Feuerstätte 9, 10
4. Abgaswegüberprüfungen 11–28
5. Reinigungsarbeiten im Ringspalt 29–31
6. Wiederholungsprüfungen... 32–37
7. Verbrennungsluft- und Ablufteinrichtungen 38–41
8. Dunstabzugsanlagen... 42–46
9. Feuerstättenschau.. 47–66
10. Be- und Entlüftungsanlagen nach § 59 SchfG 67–75
11. Sonstige länderspezifische Anlagen und Einrichtungen............... 76

1. Allgemeines

Kapitel 3 des Schornsteinfegergebührenverzeichnisses umfasst alle Arbeits- **1**
gebühren, die im Zusammenhang mit Überprüfungsarbeiten nach Anlage 1
Nr. 1.9, 1.10, 2.4–2.10, 3.1–3.5 und 4.1 und 4.2 i.V.m. § 1 Abs. 1 Muster-
KÜO vorgeschrieben sind. Es handelt sich um die Überprüfung der senkrechten Abgasleitungen, Abgaswege (AGWÜ), der Verbrennungsluft- und
Ablufteinrichtungen und der Dunstabzugsanlagen, sowie der Feuerstättenschau. Als länderspezifische Anlage sind die Be- und Entlüftungsanlagen
nach § 59 SchfG (Einigungsvertrag) aufgeführt.

Die Arbeitsgebühr fällt je Überprüfung an. Dabei ist auch eine Kehrung – **2**
wenn erforderlich – inbegriffen. Ausnahme davon ist die Reinigung des
Ringspalts einer notwendigen Hinterlüftung (s. Erl. 28 ff.) und die Reinigung des Heizgasweges (Strömungsstrecke innerhalb der Feuerstätte). Der
Gutachter der Arbeitszeitstudie 2005 hat die Durchschnittszeiten einschließlich der notwendigen Kehraufwendungen ermittelt. Bei der gutachterlichen Untersuchung in Baden-Württemberg im Jahre 1998 mussten
12 % der Abgasrohre gereinigt werden.

2. Überprüfungsarbeiten an senkrechten Teilen von Abgasanlagen

Die Gebühr nach Nr. 3.1 Anlage 2 Muster-KÜO ist der Anteil für das **3**
Überprüfen eines senkrechten Teils der Abgasanlage (z.B. Schornstein) mit
einem Kehrbesen. Die Arbeit unterscheidet sich in der Technik nicht von den
Kehrarbeiten. Daher werden auch die gleichen Gebühren wie nach Nr. 2.1
Anlage 2 Muster-KÜO festgesetzt. Sie sind abhängig von der Höhe der zu
überprüfenden senkrechten Abgasanlage. Die festgeschriebenen Arbeitswer-
te beinhalten den eigentlichen Überprüfungsvorgang (Durchfahren mit dem
Kehrbesen). Die Arbeitsstudie bestätigt, dass der Arbeitsaufwand beim
Überprüfen mit dem Kehrbesen von der Höhe der senkrechten Abgasanlage
(Schornstein) abhängt. Die fixen Zeitwerte, die auch bei den Überprüfungsarbeiten festzustellen sind, fallen nicht ins Gewicht. Die Projektgruppe hat
diese mit einem Durchschnittswert in die Gebühr je Meter eingerechnet.
Ansonsten wäre ein „Grundwert je Schornstein" festzusetzen gewesen. Dies
wollte sich die Projektgruppe sparen.

4 Die Gebühr nach Nr. 3.1 Anlage 2 Muster-KÜO wird für alle Überprüfungsarbeiten an senkrechten Teilen von Abgasanlagen berechnet. Zu den Begriffen s. Erl. 4 zur Anlage 3 Nr. 1, Erl. 3 zu Nr. 20 und Erl. 3 zu Nr. 21 Muster-KÜO.

5 Die Arbeitsgruppe empfiehlt, dass künftig auch die Überprüfungsarbeiten mit dem Kehrbesen nach Meter abgerechnet werden. Die entsprechende Kehrformel F(X) = a + b x X hat sich seit dem Arbeitszeitgutachten Baden-Württemberg 1983 nicht verändert. Die darin enthaltene Grundzeit von 83,5 HM wurde umgerechnet auf die Meter, wobei von einer durchschnittlichen Höhe der Schornsteine von 7,0 m ausgegangen wird (Arbeitszeitgutachter: 2,8 Stockwerke x 2,5 m = 7,0 m).

6 Berechnung des Arbeitswertes:

$$S\ddot{U} = \frac{83,5HM}{7,0} + 21,5HM = 33,4HM = 0,3AW$$

7 Schächte nach Nr. 3.1 Anlage 2 Muster-KÜO sind Ablufteinrichtungen nach Anlage 3 Nr. 7 Muster-KÜO (s. Erl. 3 Anlage 3, Nr. 7 Muster-KÜO).

8 In vielen Ländern werden derzeit die Überprüfungsgebühren von senkrechten Abgasanlagen – wie bei der Reinigung – nach Stockwerken berechnet. In diesen Ländern müssen die BSM die Kehrbuchunterlagen umstellen. Die Projektgruppe sieht es als zulässig an, für eine Übergangszeit bis zu fünf Jahren die Umrechnung mit 2,50 m je Stockwerk anzusetzen. Zur Rechtssicherheit sollte dies in den Übergangsbestimmungen für eine neue KÜO in den Ländern ausdrücklich vermerkt sein. Der Gebührenzahler hat allerdings einen Anspruch auf eine genaue Berechnung, wenn der BSM im Gebäude eine Feuerstättenschau macht, da dieser dabei verpflichtet ist, die Belegungspläne zu berichtigen. Eine kürzere Übergangszeit würde es erforderlich machen, dass der BSM gesonderte Erhebungen macht. Dieser zeitliche und personelle Aufwand ist nicht gerechtfertigt und würde nur zu einer Erhöhung der Geschäftskosten führen. Dies sollte jedoch vermieden werden.

3. Überprüfung bei einer betriebsbereiten, aber dauernd unbenutzten Feuerstätte

9 Die Projektgruppe hat für die nach Anlage 1 Nr. 1.10 und 2.5 Muster-KÜO vorgesehenen jährlichen Überprüfung einer betriebsbereiten, aber dauernd unbenutzten Feuerstätte keine eigene Gebühr empfohlen. Zu der Überprüfungspflicht von betriebsbereiten, aber dauernd unbenutzten Anlagen allgemein s. Erl. 5 ff. zu § 1 Abs. 1 Satz 3 und zu den Nummern 1.10 und 2.5 Anlage 1 Muster-KÜO.

10 Der Schornsteinfeger überprüft dabei die senkrechten Teile der Abgasanlage und evtl. noch vorhandene Einrichtungen wie Rauchfänge, Rußkästen und Abschlussklappen. Da der Schornstein und die sonstigen senkrechten Abgasanlagen mit dem Kehrgerät überprüft werden, ist es gerechtfertigt, die Gebühr nach Nr. 3.1 Anlage 2 Muster-KÜO anzusetzen. Nimmt der BSM z.B. einen offenen Kamin lediglich in Augenschein, kann **dafür** keine Gebühr angesetzt werden.

4. Abgaswegüberprüfungen

Der Abgasweg ist die Strömungsstrecke der Verbrennungs- bzw. Abgase der **11** Feuerstätte vom Brenner bis zum Eintritt in den senkrechten Teil der Abgasanlage (Schornstein). Siehe hierzu Erl. 42 zu § 1 Abs. 1 und Erl. 3–5 zu Nr. 6 Anlage 3 Muster-KÜO. Die Muster-KÜO sieht Abgaswegüberprüfungen (AGWÜ) bei messpflichtigen Feuerstätten mit flüssigen Brennstoffen und bei allen Gasfeuerstätten vor (Nr. 3.2–3.5 Anlage 3 Muster-KÜO). Stellt der Schornsteinfeger Verschmutzungen im Abgasweg fest, sind diese zu entfernen. Nicht gereinigt wird der Heizgasweg (s. Erl. 3 zu Anlage 3 Nr. 13 Muster-KÜO).

Auf die Überprüfung eines Abgasweges einer Gasfeuerstätte oder einzelner **12** Teile kann grundsätzlich nicht verzichtet werden. Sind die Überprüfungs- oder Reinigungsarbeiten aufgrund der örtlichen Gegebenheiten nicht durchführbar, sind der Betreiber und die Baurechtsbehörde in diesem Fall davon schriftlich zu unterrichten (Mängelmeldung nach § 13 Abs. 1 Nr. 3 SchfG).

Die Anforderungen an die AGWÜ ist in den Arbeitsblättern 102 „Abgas- **13** überprüfung ab Brenner und Bestimmung des CO-Gehalts im Abgas", 103 „Abgaswegüberprüfung an Gasfeuerstätten ohne Strömungssicherung und Überprüfung von Abgasanlagen" und 104 „Tätigkeiten an Ölfeuerungsanlagen" beschrieben.

Die CO-Messung ist – anders als in Baden-Württemberg – in den Arbeits- **14** werten der Abgaswegüberprüfung für Gasfeuerstätten enthalten. Bei Ölfeuerungsanlagen wird eine Bewertung des CO-Gehalts nicht vorgenommen.

Werden in einer Nutzungseinheit (Wohnung) oder im Aufstellraum mehrere **15** Abgaswegüberprüfungen durchgeführt, gibt es wesentliche Zeiteinsparungen bei der zweiten und jeder weiteren Anlage. Das Schornsteinfegergebührenverzeichnis weist daher unterschiedliche Gebühren für Überprüfungen der ersten und jeder weiteren Prüfstelle aus. Die Nutzungseinheit ist in Anlage 3 Nr. 17 Muster-KÜO (s. Erl. 3 Anlage 3, Nr. 17 Muster-KÜO) beschrieben. Der Begriff „Nutzungseinheit" wird auch bei der Fahrtpauschale nach Nr. 1.3 Geb.Verz. verwendet.

Der Begriff „Aufstellraum" wurde benutzt, weil es innerhalb der Nutzungs- **16** einheit mehrere Aufstellräume mit Feuerstätten geben kann. Sind z.B. im Keller eines Gebäudes (eine Nutzungseinheit) zwei Gasfeuerstätten in verschiedenen Räumen aufgestellt, so wird einmal die Gebühr nach Nr. 3.2.1/3.3.1/3.4.1/3.5.1 und einmal die Gebühr nach Nr. 3.2.3/3.3.3/3.4.3/3.5.3 angesetzt. In Zweifelsfällen ist entscheidend, ob die Messgeräte in den Messkoffer wieder eingepackt werden müssen oder nicht. Ist eine parallele Überprüfung der beiden Feuerstätten möglich, ist immer Nr. 3.2.2/3.3.2/3.4.2/3.5.2 für die zweite Anlage anzusetzen.

Den unterschiedlichen Gebührenfestlegungen in Kap. 3, Anlage 2 Muster- **17** KÜO liegen Arbeitszeituntersuchungen von 9 unterschiedlichen Gasfeuerstätten zugrunde:

1. Raumluftabhängige Gas-Raumheizer mit Brenner ohne Gebläse (Einzel- und Mehrraumheizer, Warmlufterzeuger)
2. Raumluftabhängiger Gas-Durchlauf-, Umlauf- und Kombiwasserheizer mit Brenner ohne Gebläse
3. Raumluftabhängiger Gasheizkessel mit Brenner ohne Gebläse
4. Raumluftabhängige Gasfeuerstätte mit Brenner mit Gebläse (Heizkessel, Warmlufterzeuger) bei Abgasführung mit thermischem Auftrieb
5. Raumluftabhängige Gasfeuerstätte mit Brenner mit Gebläse oder mit Ventilator bei Abgasabführung unter Überdruck durch eine andere Abgasanlage oder unter Überdruck bis zur Abgaseinführung in den Schornstein
6. Raumluftunabhängige Gasfeuerstätte mit Ventilator und getrennter Verbrennungsluftzuführung und Abgasführung unter Überdruck durch eine Abgasanlage oder unter Überdruck bis zur Abgaseinführung in den Schornstein
7. Raumluftunabhängige Gasfeuerstätte mit Ventilator und konzentrischer Verbrennungsluftzu- und Abgasabführung (z.B. C_6 außer C_{11})
8. Raumluftunabhängige Gasfeuerstätte mit Ventilator und konzentrischer Verbrennungsluftzu- und Abgasabführung (z.B. C_3)
9. Raumluftunabhängige Gasfeuerstätte mit Ventilator und konzentrischer Verbrennungsluftzu- und Abgasabführung durch die Außenwand (C_{11})

Den Gebührenfestlegungen liegen zugrunde:

Nr. 3.2:   Gasfeuerstätte Nr. 4, da diese den Abgaswegüberprüfungen für Ölfeuerstätten sehr nahe kommt. Der Wert für die CO-Messung wurde herausgenommen.

Nr. 3.3:   Mittelwert der Gasfeuerstätten 1–5, da diese allesamt raumluftabhängig sind.

Nr. 3.4:   Mittelwert der Gasfeuerstätten 6–8, da diese allesamt raumluftunabhängig sind.

Nr. 3.5:   Gasfeuerstätte Nr. 9, da es sich dabei um die typische Außenwandgasfeuerstätte handelt.

18 In Nr. 3.2 Anlage 2 Muster-KÜO ist die neu eingeführte Abgaswegüberprüfung bei Ölfeuerstätten enthalten. Sie umfasst auch die bisherige Rauchrohrprüfung bei messpflichtigen Ölfeuerungsanlagen. Im Technischen Hearing im Januar 2004 wurde empfohlen über eine CO-Messung bei Ölfeuerungsanlagen im Rahmen der anstehenden Novelle der 1. BImSchV zu entscheiden. Arbeitszeiten wurden aus der Synopse 4 der Gasfeuerungsanlagen (Raumluftabhängige Gasfeuerstätte mit Brenner mit Gebläse – Heizkessel, Warmlufterzeuger – bei Abgasabführung mit thermischem Auftrieb) übernommen, da diese Feuerungsanlage mit den Ölfeuerungsanlagen vergleichbar ist. Dieser „Referenzkessel für Öl" ist im Arbeitszeitgutachten detailliert beschrieben. Die Zeiten für die CO-Messung wurden herausgenommen. Rüst-, Verteil- und Beratungszeiten sind im Zeitmengengerüst bereits enthalten und werden hier ebenfalls herausgenommen (s. Erl. 52 ff. Einführung zu Anlage 2 Muster-KÜO).

Berechnung der Arbeitswerte: **19**

3.2.1 $A\ddot{O}1 = 1542 - 161 = 1381 \; HM = 13,8 \; AW$

3.2.2 $A\ddot{O}1 = 886 - 161 = 725 \; HM = 7,3 \; AW$

3.2.3 $A\ddot{O}1 = 993 - 161 = 832 \; HM = 8,3 \; AW$

In Nr. 3.3 Anlage 2 Muster-KÜO ist die Abgaswegüberprüfung bei raum- **20**
luftabhängigen Gasfeuerstätten enthalten. Diese Gasfeuerstätten werden
i.d.R. jährlich einmal vom Schornsteinfeger überprüft. Siehe hierzu auch
die Erläuterungen zu Kap. 3, Anlage 1 Muster-KÜO. Der Arbeitszeitgutachter hat den Mittelwert verschiedener raumluftabhängiger Gasfeuerstätten ermittelt (siehe Erl. 17 Anlage 2, Kap. 3 Muster-KÜO). Zum Begriff der
„raumluftabhängigen Gasfeuerstätte" s. auch Erl. 3 zu Nr. 19 Anlage 3
Muster-KÜO (Umkehrschluss). Rüst-, Verteil- und Beratungszeiten sind
im Zeitmengengerüst bereits enthalten und werden hier herausgenommen
(s. Erl. 52 ff. Einführung zu Anlage 2 Muster-KÜO).

Berechnung der Arbeitswerte: **21**

3.3.1 $A11 = 1550 \; HM = 15,5 \; AW$

3.3.2 $A12 = 873 \; HM = 8,7 \; AW$

3.3.3 $A13 = 968 \; HM = 9,7 \; AW$

In Nr. 3.4 Anlage 2 Muster-KÜO ist die Abgaswegüberprüfung bei raum- **22**
luftunabhängigen Gasfeuerstätten enthalten. Diese Gasfeuerstätten werden
i.d.R. in zweijährigem Abstand vom Schornsteinfeger überprüft. Siehe hierzu auch die Erläuterungen zu Kap. 3, Anlage 1 Muster-KÜO. Der Arbeitszeitgutachter hat den Mittelwert verschiedener raumluftabhängiger Gasfe-
erstätten ermittelt und der Synopse 13 zugrunde gelegt. Zum Begriff der
„raumluftunabhängigen Gasfeuerstätte" s. auch Erl. 3–9 zu Nr. 19 Anlage 3
Muster-KÜO. Rüst-, Verteil- und Beratungszeiten sind im Zeitmengengerüst
bereits enthalten und werden hier herausgenommen (s. Erl. 52 ff. Einführung zu Anlage 2 Muster-KÜO).

Berechnung der Arbeitswerte: **23**

3.4.1 $A21 = 1891 \; HM = 18,9 \; AW$

3.4.2 $A22 = 1173 \; HM = 11,7 \; AW$

3.4.3 $A23 = 1218 \; HM = 12,2 \; AW$

In Nr. 3.5 Anlage 2 Muster-KÜO ist die Abgaswegüberprüfung für Gasfeu- **24**
erstätten ohne Gebläse mit Verbrennungsluftzufuhr und Abgasabführung
durch die Außenwand (Außenwandgasfeuerstätten) enthalten. Diese Gasfeuerstätten werden i.d.R. in zweijährigem Abstand vom Schornsteinfeger
überprüft. Siehe hierzu auch die Erläuterungen zu Kap. 3, Anlage 1 Muster-
KÜO. Der Arbeitszeitgutachter hat den Zeitaufwand des Schornsteinfegers
in der Synopse 9 ermittelt. Zum Begriff der „Außenwandgasfeuerstätte" s.
auch Erl. 38 zu Anlage 1, Kap. 3 Muster-KÜO. Rüst-, Verteil- und Beratungszeiten sind im Zeitmengengerüst bereits enthalten und werden hier
herausgenommen (s. Erl. 52 ff. Einführung zu Anlage 2 Muster-KÜO).

25 Berechnung der Arbeitswerte:
3.5.1 *A31* = 1604 *HM* = 16,0 *AW*
3.5.2 *A32* = 886 *HM* = 8,9 *AW*
3.5.3 *A33* = 931 *HM* = 9,3 *AW*

26 Sonderfall: Abgaswegüberprüfung im Keller und im Bad eines Einfamilien-
hauses (eine Wohnung) und eines Mehrfamilienhauses
Stehen die Feuerstätten in verschiedenen Stockwerken eines Einfamilienhau-
ses, werden bei der AGWÜ für die Feuerstätte im Keller die Gebühren nach
Nr. 3.2.1/3.3.1/3.4.1/3.5.1 und für die Feuerstätte im Bad die Gebühren nach
Nr. 3.2.3/3.3.3/3.4.3/3.5.3 angesetzt. Es handelt sich um die gleiche Nutzungseinheit, aber um verschiedene Aufstellräume. Dies ist nach der klaren
Formulierung in Kap. 3, Anlage 2 Muster-KÜO kein Sonderfall mehr, auch
wenn dies in einzelnen Bundesländern bisher anders gehandhabt wurde.
Handelt es sich dagegen um ein Mehrfamilienhaus mit mehreren Nutzungseinheiten, werden für beide Feuerstätten die Gebühren nach Nr. 3.2.1/3.3.1/
3.4.1/3.5.1 berechnet. Der Keller kann nicht automatisch einer Nutzungseinheit zugerechnet werden. Im Gegensatz dazu wird bei der Berechnung der
Fahrtpauschale der Keller stets einer Nutzungseinheit zugerechnet.

27 Sonderfall: Wechselseitiger Betrieb Öl + Gas
Befindet sich in einem Aufstellungsraum ein Wechselbrandkessel (Heizkessel mit zwei Gebläsebrennern, die wechselseitig mit Öl – messpflichtig – und
Gas betrieben werden), wären unterschiedliche Abgaswegüberprüfungen
erforderlich. Grundsätzlich gilt: Wird gleichzeitig eine AGWÜ für Öl- und
für Gasfeuerstätten erforderlich, hat die AGWÜ für Gasfeuerstätten Vorrang, da diese eine CO-Messung beinhaltet. Auf die AGWÜ für die Ölfeuerstätte kann dann verzichtet werden, wenn die Abgase über die gleichen
Abgaswege abgeleitet werden. Bei der Ölfeuerstätte ist lediglich der Heizgasweg zu überprüfen. Dafür kann jedoch keine Gebühr angesetzt werden.
Gebührenberechnung: GG3, FP1, SÜ, A11, M1, MG1
(wenn Anlage umschaltbar ist)

28 Sonderfall: Unterschiedliche Anlagenarten im selben Aufstellraum oder in
anderen Aufstellräumen der selben Nutzungseinheit
Bei Aufstellräumen oder Nutzungseinheiten mit verschiedenen Feuerstätten-
arten ergeben sich abhängig von Reihenfolge der Anlagenzuordnung nach
Anlage 2, Kap. 3 der Muster-KÜO (Schornsteinfegergebührenverzeichnis)
unterschiedliche Gebühren für die Abgaswegüberprüfung. Der Grund liegt
im unterschiedlichen Aufwand für die Überprüfung des Abzugs der Abgase
bei gleichzeitigem Betrieb der Feuerstätten.
Aus diesem Grund wird folgende Reihenfolge der Gebührenzuordnung nach
Anlage 2, Kap. 3 der Muster-KÜO vorgeschlagen:

1. Raumluftabhängige Gasfeuerstätte/n (A11 und ggf. A13)
2. Ölfeuerstätte/n (AÖ1, wenn A11 nicht vorhanden, und/oder ggf. AÖ3)
3. Raumluftunabhängige Gasfeuerstätte/n ohne Art C11 (A21, wenn A11
   und AÖ1 nicht vorhanden, und/oder ggf. A23)
4. Raumluftunabhängige Gasfeuerstätte/n der Art C11

Beispiele:
Befinden sich eine messpflichtige Ölfeuerstätte und zwei raumluftabhängige
Gasfeuerstätten in einem Aufstellraum, so ergibt sich A11+A12+AÖ2. Be-

findet sich eine der Gasfeuerstätten in einem anderen Raum derselben Nutzungseinheit, gilt: A11+A13+AÖ2.

Befinden sich eine messpflichtige Ölfeuerstätte, eine raumluftabhängige und eine raumluftunabhängige Gasfeuerstätte in einem Aufstellraum, so ergibt sich A11+AÖ2+A22. Befinden sich die Öl- und die raumluftunabhängige Gasfeuerstätte in einem anderen Raum derselben Nutzungseinheit, gilt: A11+AÖ3+A22.

Befinden sich eine messpflichtige Ölfeuerstätte sowie jeweils eine raumluftunabhängige Gasfeuerstätte z.B. der Art C32 und der Art C11 in einem Aufstellraum, so ergibt sich AÖ1+A22+A32. Befinden sich die beiden raumluftunabhängigen Gasfeuerstätten in einem anderen Raum derselben Nutzungseinheit, gilt: AÖ1+A23+A32.

5. Reinigungsarbeiten im Ringspalt

Die Überprüfung der notwendigen Hinterlüftungen von Abgasleitungen (s.   **29** Erl. 48 ff. zu § 1 Abs. 1 Muster-KÜO) erfolgt im Rahmen der AGWÜ. Die dafür notwendige Arbeitszeit ist in den Arbeitswerten der Nummern 3.2–3.5 Anlage 2 Muster-KÜO enthalten. Abgegolten sind dabei – im Rahmen der CO-Messungen bei Volllast – O_2-Messungen, Überprüfungen der Luftvolumenströmung mit einem Rauchröhrchen und die Bestimmung des Luftvolumenstromes. Die Arbeiten sind im Arbeitsblatt des ZIV 103 „Abgaswegüberprüfung an Gasfeuerstätten ohne Strömungssicherung und Überprüfung von Abgasanlagen" beschrieben.

Ergibt die Ringspaltüberprüfung, dass die Hinterlüftung gereinigt werden   **30** muss, ist dies eine zeitaufwendige Arbeit. Der BSM erhebt dafür eine besondere Gebühr nach Nr. 3.6 Geb.Verz. (0,8 AW je Arbeitsminute). Die Minutengebühr wurde angesetzt, da die Reinigungszeiten von Gerät zu Gerät sehr unterschiedlich sind. Ein Auslagenersatz für die Rauchröhrchen erfolgt nicht (s. Erl. 12 ff. zu § 4 Muster-KÜO).

Bestimmung der Arbeitswerte: **31**

$$RS = \frac{1,0\,AW}{100\% + 21,62\%} = 0,8\,AW$$

Bei den unterschiedlichen LAS-Systemen werden die Gebühren wie folgt angesetzt:

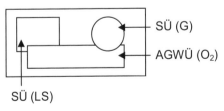

SÜ (G)

AGWÜ (O_2)

SÜ (LS)

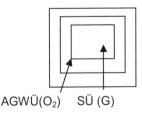

AGWÜ(O_2)   SÜ (G)

6. Wiederholungsüberprüfungen

32 § 1 Abs. 2 Satz 2 Muster-KÜO schreibt eine Wiederholungsüberprüfung vor, wenn die in § 1 Abs. 2 Satz 1 Muster-KÜO vorgeschriebenen Grenzwerte von 1.000 ppm CO (bei Blockheizkraftwerken, Wärmepumpen und ortsfesten Verbrennungsmotoren 1.500 ppm) überschritten werden. Siehe hierzu Erl. 15–17 zu § 1 Abs. 2 Muster-KÜO.

33 Da CO-Messungen nur bei der AGWÜ von Gasfeuerungsanlagen vorgeschrieben sind, können nur bei Gasfeuerstätten Wiederholungsüberprüfungen stattfinden. Bei Ölfeuerungsanlagen gibt es keine Wiederholungsüberprüfung, auch wenn eine Abgaswegüberprüfung Mängel erkennen lässt. Diese sind dann in einen Mängelbericht nach § 13 Abs. 1 Nr. 3 SchfG aufzunehmen.

34 Die Wiederholungsüberprüfungen nach § 1 Abs. 2 Muster-KÜO sind nicht zu verwechseln mit den Wiederholungsmessungen nach § 14 Abs. 4 i.V.m. § 15 Abs. 4 1. BImSchV. Es gibt allerdings keine Bedenken und würde auch ökonomisch einen Sinn machen, eine gleichzeitig notwendige Wiederholungsmessung und eine Wiederholungsüberprüfung am gleichen Termin durchzuführen. Dies wäre z.B. geboten, wenn beim ersten Termin kein ungestörter Dauerbetriebszustand der Anlage vorhanden war (s. Erl. 14 zu § 1 Abs. 2 Muster-KÜO). Der Gebührenschuldner spart dann einmal die Grundgebühren GG2 und FP1.

35 Die Wiederholungsüberprüfung umfasst nur den Teil der AGWÜ, der für die CO-Messung notwendig ist. Es wird daher keine komplette AGWÜ, sondern eine CO-Messung und Teile der AGWÜ durchgeführt. Die Projektgruppe hat daher nicht die vollständige Gebühr für eine AGWÜ angesetzt, sondern nur eine Pauschalgebühr von 10,0 AW. Dieser Wert ist nicht vom Arbeitszeitgutachter ermittelt, sondern von der Projektgruppe geschätzt worden.

36 Berechnung der Arbeitsgebühren:

$$W\ddot{U} = 1.000 \ HM = 10,0 \ AW$$

37 Da Wiederholungsüberprüfungen i.d.R. an besonderen Terminen stattfinden, können für einen solchen Arbeitstermin folgende Gebühren abgerechnet werden:

$$AW = GG2 + FP1 + W\ddot{U} = 3,5 + 6,2 + 10,0 = 19,7$$

Erfolgt die Wiederholungsüberprüfung zusammen mit anderen Kehr-, Überprüfungs- und Messarbeiten (z.B. zusammen mit der Wiederholungsmessung nach § 14 Abs. 4 i.V.m. § 15 Abs. 4 1. BImSchV) in der gleichen Nutzungseinheit, entfallen die Grundgebühren (GG2 + FP1). Die Kilometergebühr FP2 darf nicht angesetzt werden, auch wenn eine besondere Fahrt nur zu diesem Objekt notwendig wird. FP2 darf nur für besondere Fahrten bei Arbeiten nach den Kapiteln 5 (Bauabnahme) und 6 (ZE, ZA, ZW) berechnet werden.

7. Verbrennungsluft- und Ablufteinrichtungen

Verbrennungsluft- und Ablufteinrichtungen sind nach Anlage 1 Nr. 1.9 und **38**
2.4 Muster-KÜO einmal im Jahr zu überprüfen. Siehe hierzu Erl. 52–54 zu
§ 1 Abs. 1, Erl. 52 ff. zu Kap. 1, Anlage 1 und Erl. 21–23 zu Kap. 2, Anlage
1 Muster-KÜO. Die Begriffe „Verbrennungslufteinrichtungen" und „Ablufteinrichtungen" sind in Nr. 7 und Nr. 23 Anlage 3 Muster-KÜO erläutert.

Es handelt sich dabei um leitungsgebundenen Be- und Entlüftungseinrich- **39**
tungen (Schächte, Rohre, Kanäle, sonstige Leitungen, notwendige Öffnungen).

Mit der Arbeitsgebühr nach Nr. 3.8 Geb.Verz. ist der Zeitbedarf für die **40**
Überprüfung der Leitungen auf der ganzen Länge einschließlich vorhande-
ner Lüftungsöffnungen abgegolten. Die tatsächliche Länge ist auch bei den
Lüftungsanlagen auf den vollen Meter aufzurunden. Der Querschnitt der
Lüftungsleitung spielt keine Rolle.

Berechnung des Arbeitswertes: **41**

3.8.1 $LL1 = 98\ HM = 1{,}0\ AW$

3.8.2 $LL2 = 50\ HM = 0{,}5\ AW$

8. Dunstabzugsanlagen

Dunstabzugsanlagen, die nicht ausschließlich privat genutzt werden, sind **42**
nach Nr. 4.1 Anlage 1 i.V.m. § 1 Abs. 1 Nr. 5 Muster-KÜO einmal im Jahr
überprüfungspflichtig. Siehe hierzu Erl. 66 ff. zu § 1 Abs. 1 und Erl. 7–10
zu Kap. 4, Anlage 1 Muster-KÜO. Der Begriff „Dunstabzugsanlage" ist in
Nr. 10 zu Anlage 3 Muster-KÜO definiert.

Da die Reinigung von Dunstabzugsanlagen zeitlich sehr unterschiedlich ist, **43**
empfiehlt die Projektgruppe eine Zeitgebühr von 0,8 AW je Arbeitsminute.
Die Zeitmessung beginnt, soweit die Arbeiten mit anderen Kehr- oder Überprüfungsarbeiten nicht verbunden werden, mit dem Betreten des Gebäudes,
in der die Dunstabzugsanlage liegt und endet mit dem Verlassen des Gebäudes nach Beendigung der Arbeiten. Ein Grundwert ist in diesem Fall
nicht anzusetzen, da Nr. 1.1.2 Geb.Verz. (GG2) die Überprüfungen von
Dunstabzugsanlagen nicht aufzählt.

Bestimmung der Arbeitswerte: **44**

$$DA = \frac{1{,}0\,AW}{100\% + 21{,}62\%} = 0{,}8\,AW$$

Musterberechnung bei einem Arbeitsaufwand von 30 Min. für die Reini- **45**
gung der Dunstabzugsanlage:

$AW = FP1 + (DA \times \text{ermittelte Arbeitszeit}) = 6{,}2 + (0{,}8 \times 30) = 33{,}7$

Werden Dunstabzugsanlagen zusammen mit anderen Überprüfungsarbeiten **46**
(AGWÜ) durchgeführt, beginnt die Zeitmessung nach Abschluss dieser Arbeiten.

9. Feuerstättenschau

47 Nach § 13 Abs. 1 Nr. 2 SchfG (Bundesrecht) hat der Bezirksschornsteinfegermeister die Aufgabe, sämtliche Schornsteine, Feuerstätten, Verbindungsstücke und Lüftungsanlagen oder ähnliche Einrichtungen auf ihre Feuersicherheit in den Gebäuden zu überprüfen, in denen er Arbeiten nach der Kehr- und Überprüfungsordnung, der Verordnung über kleine und mittlere Feuerungsanlagen oder den landesrechtlichen Bauordnungen auszuführen hat, durch persönliche Besichtigung innerhalb von 5 Jahren und zwar jährlich in einem Fünftel seines Bezirks (Feuerstättenschau). Die Feuerstättenschau ist als ergänzende Maßnahme zu den Arbeiten zu verstehen, die in der Kehr- und Überprüfungsordnung vorgeschrieben sind. Zwar dienen sowohl die nach der Kehr- und Überprüfungsordnung auszuführenden Arbeiten, als auch die Feuerstättenschau der Betriebs- und Brandsicherheit, der Inhalt der Arbeiten ist jedoch unterschiedlich, wie es sich allein schon aus der unterschiedlichen Periodizität ergibt. Die Feuerstättenschau ist eine alle 5 Jahre stattfindende Gesamtbegutachtung der in einem Gebäude befindlichen Schornsteine, sonstigen senkrechten Teilen von Abgasanlagen, Feuerstätten, Verbindungsstücken und Lüftungsanlagen. Dabei werden senkrechte Teile von Abgasanlagen (Schornsteine) daraufhin überprüft, ob die Belegungspläne noch aktuell sind. Das bedingt das Betreten aller Wohnungen und Räume durch die eine senkrechte Abgasanlage (Schornstein) fährt. Der angetroffene Ist-Zustand ist mit den Unterlagen des Bezirksschornsteinfegermeisters zu vergleichen und ggf. zu korrigieren. Die Feuerstätten und Verbindungsstücke, die regelmäßig geprüft bzw. gereinigt werden, bedürfen im Rahmen der Feuerstättenschau ebenfalls einer Begutachtung, diese ist jedoch von untergeordneter Bedeutung. Eine gesteigerte Aufmerksamkeit ist den Feuerstätten und Verbindungsstücken zu widmen, die jährlich weder überprüft noch gereinigt werden. Stellt der Bezirksschornsteinfegermeister bei der Feuerstättenschau Mängel an den Feuerungsanlagen, Schornsteinen, sonstigen senkrechten Teilen von Abgasanlagen, Verbindungsstücken und Lüftungsanlagen fest, so hat er diese umgehend dem Grundstückseigentümer mitzuteilen (s. auch Musielak-Schira-Manke, Kommentar zum Schornsteinfegergesetz, 6. Auflage, S. 214/215).

48 Die Feuerstättenschau stellt eine wichtige Säule der nach dem Schornsteinfegergesetz anzustrebenden Feuersicherheit (Betriebs- und Brandsicherheit) dar. Der Bundesgesetzgeber hat daher bestimmt, dass die Feuerstättenschau vom Bezirksschornsteinfegermeister persönlich durchzuführen ist, er kann mit dieser Arbeit weder seinen Gesellen, noch seinen Auszubildenden betrauen.

49 Eine Feuerstättenschau beinhaltet nicht:

– Die Überprüfung unbenutzter Schornsteine und Abgasanlagen.
– Die Überprüfung des Schornsteinzuges, Druckproben.
– Die Überprüfung nach Zungendurchbrüchen.
– Das Auseinandernehmen von Feuerstätten und Verbindungsstücken.
– Das Herausnehmen und Überprüfen von Drosselklappen, Abgasklappen und Absperrvorrichtungen.
– Das Anstemmen bzw. Öffnen von Schornsteinen, Zwischendecken und anderen Bauteilen.

Einige Länder haben den BSM beauftragt, im Rahmen der Feuerstätten- **50**
schau bestimmte Überprüfungsaufgaben im Rahmen der Energieeinsparverordnung (EnEV) vorzunehmen. Der dafür notwendige Zeitaufwand ist mit
den Gebühren nach Nr. 3.10 Geb.Verz. nicht abgegolten.

Nach § 3 Abs. 4 Muster-KÜO wird über das Ergebnis der Feuerstätten- **51**
schau eine Bescheinigung ausgestellt. Werden Mängel festgestellt ist eine
Mängelmeldung nach § 13 Abs. 1 Nr. 3 SchfG auszustellen. Werden keine
Mängel festgestellt, ist dies eine Positivbescheinigung nach § 3 Abs. 4 Muster-KÜO.

Da die Feuerstättenschau nur alle fünf Jahre durchzuführen ist (so § 13 **52**
Abs. 1 Nr. 2 SchfG), fällt die Gebühr nur alle fünf Jahre an. Eine anteilige
Aufteilung der Arbeitswerte auf die einzelnen Jahre wäre rechtlich proble-
matisch gewesen, weil sie dazu geführt hätte, dass entweder der Gebäudeeigentümer „im Voraus" eine Gebühr hätte bezahlen müssen, für die erst im
fünften Jahr eine Leistung erbracht wird, oder der BSM eine Leistung
erbringen müsste, die er unter Umständen erst nach Ablauf von bis zu
fünf Jahren voll vergütet erhielte. Der Gebührenschuldner kann mit der
vollen Berechnung der Arbeitswerte nach der Arbeitsdurchführung auch
besser erkennen, für welche Tätigkeiten der BSM Gebühren verlangt.

Bei einem Neubau ist die erste Feuerstättenschau spätestens 5 Jahre nach der **53**
ersten Ausstellung der Bescheinigung über die Tauglichkeit und sicheren
Benutzbarkeit der Abgasanlagen (baurechtliche Schlussabnahme) im überprüfungspflichtigen Gebäude vorzunehmen.

Was der BSM bei der Feuerstättenschau prüfen muss, ist in § 13 SchfG nur **54**
grob umschrieben. Danach muss er sämtliche Abgasanlagen (Schornsteine,
Verbindungsstücke und Abgasleitungen) und Feuerstätten auf ihre Feuersi-
cherheit durch persönliche Besichtigung (Inaugenscheinnahme) überprüfen.
Den gutachterlichen Überprüfungen lag die nachfolgende Checkliste für die
Feuerstättenschau zugrunde:

Feuerstättenschau	
A	**Vorbereitung für die Feuerstättenschau**
1.0	**Arbeitsvorbereitung: Gebäude auswählen in denen die Feuerstät-tenschau nach dem Jahresplan durchgeführt werden soll**
1.1	Ankündigung der Feuerstättenschau beim Eigentümer, Verwalter und Mieter
1.2	Notwendige Aufzeichnungen vorbereiten, z.B. Arbeitsbücher, Karteikarten, Belegungspläne, Mängelformulare und Abnahme-bescheinigungen
2.0	**Eigentümer und Mieter über den Beginn der Feuerstättenschau informieren**
2.1	Vergleich der Aufzeichnungen mit den Grundstücksdaten

2.2   Notwendige Schlüssel besorgen

B   Checkliste für die Feuerstättenschau

1.0   Mit der Feuerstättenschau von oben nach unten beginnen

1.1   Inaugenscheinnahme der Schornsteinköpfe, Schächte und Abgasleistungen über Dach

1.2   Sicherheitseinrichtungen auf einwandfreien Zustand überprüfen

1.3   Vorhandene Mängel über Dach erfassen

1.4   Inaugenscheinnahme der Schornsteine, Schächte und Abgasleitungen im Dachraum

1.5   Reinigungs- und Prüfverschlüsse von Schornsteinen oder Abgasleitungen sowie deren Querschnitt überprüfen

1.6   Vorhandene Mängel im Dachraum erfassen

2.0   Begehung der Wohnungen, durch die Schornsteine, Schächte und Abgasleitungen führen

2.1   Überprüfen der Schornsteine, Schächte, Abgasleitungen, Verbindungsstücke und Feuerstätten

2.2   Feuerstättenanschlüsse überprüfen

2.3   Überprüfung der ausreichenden Verbrennungsluftversorgung der Feuerstätten

2.4   Vorhandene Ventilatoren beachten, z.b. Ablufthauben, Wäschetrockner und Entlüftungen

2.5   Überprüfung der ausreichenden Zuluft bei Abluftanlagen

2.6   Vorhandene Mängel in den Wohnräumen erfassen

3.0   Begehung der Kellerräume

3.1   Reinigungs- und Prüfverschlüsse, Schornsteine, Schächte und Abgasleitungen überprüfen

3.2   Inaugenscheinnahme von Aufstell- und Heizräumen einschließlich der Brennstoffversorgung

3.3   Überprüfen der Verbrennungsluftversorgung

3.4   Vorhandene Mängel erfassen

4.0   Abschlussarbeiten

4.1   Arbeitsunterlagen vor Ort vervollständigen

4.2   Festgestellte Mängel mit dem Eigentümer, Verwalter oder Mieter besprechen, Vorschläge für die Behebung der Mängel erarbeiten

4.3   Ausstellung der Bescheinigung über die mängelfreie Feuerstätten-
       schau bzw. der schriftlichen Mängelmeldung an den Grundstücks-,
       Wohnungseigentümer oder Verwalter mit einer angemessenen
       Fristsetzung

4.4   Datum der Feuerstättenschau ins Kehrbuch eintragen

4.5   Vergleich der Arbeitsunterlagen, ob sich bei den Feuerungs- und
       Lüftungsanlagen etwas geändert hat

5.0   **Behebung der Mängel**

5.1   Nach Ablauf der gesetzten Frist für die Mängelbehebung ohne
       Rückmeldung nochmalige Aufforderung an den Eigentümer/Ver-
       walter

5.2   Weiterleitung der Mängelmeldung an die zuständige Behörde

5.3   Erfassung der Mängel für die Jahresstatistik

Diese Liste ist weder vom Bundeswirtschaftsministerium noch von einzelnen
Ländern offiziell eingeführt worden, sie dient daher lediglich als Hinweis.

Der BSM kann mit der Feuerstättenschau keinen Mitarbeiter – ausgenom-   **55**
men Vertretung nach § 20 SchfG – beauftragen. Führt der BSM die Feuerstättenschau zusammen mit seinem Gesellen durch, erhöht sich dadurch die
Gebühr nicht.

§ 3 Abs. 3 Muster-KÜO bestimmt, dass die Feuerstättenschau i.d.R. zu-   **56**
sammen mit anderen Mess-, Kehr- und Überprüfungstätigkeiten in der
gleichen Nutzungseinheit durchzuführen ist. Ein eigener Grundwert fällt
dann nicht an. Werden Feuerstättenschauen noch separat durchgeführt (s.
Tabelle Erl. 8 zu § 3 Abs. 3 Muster-KÜO) werden die Grundwerte nach
Nr. 1.1.2 (GG2) und die Fahrtpauschale nach Nr. 1.3 (FP1) berechnet.

Auch für die Feuerstättenschau wird von der Höhe des Schornsteins oder   **57**
sonstigen senkrechten Teile einer Abgasanlage in Meter ausgegangen. Der
Gutachter differenziert zwischen der Begutachtung des Dachraumes, der Nutzungseinheit mit Gasfeuerstätte, der Nutzungseinheit ohne Feuerstätte, der
Nutzungseinheit mit Feuerstätte für feste und flüssige Brennstoffe, der Begutachtung des Kellers und des Schornsteinkopfes. Die Angaben der Gutachter
2005 waren auch hier sehr widersprüchlich. Da die noch notwendigen Fragen
an die Zeitnehmer nicht mehr gestellt werden konnten, hat die Projektgruppe
die Werte aus dem Arbeitszeitgutachten Baden-Württemberg 1998 übernommen, die Strukturzahlen allerdings aus dem neuen Gutachten eingesetzt.

Berechnung der Arbeitswerte:

	Absolutsglied	Steigerungs-faktor	Anzahl Schornsteine	Durchschnittl. Arbeitszeit
Schornsteinkopf		53	2	106 HM
Dachraum (Bühne)	63,7	101,5	2	267 HM
Keller	121,5	76,58	2	275 HM
NE Gas	19,0	83,9	2	187 HM
NE ohne Feuerstätte	77,5	73,1	2	224 HM
Summe (bei ca. 11 m)				1059 HM
Entspricht dann je Meter				1,0 AW
NE Öl + Fest	228,4	81,31	2	391 HM
Erhöhter Aufwand bei einer Feuerstätte zur Verbrennung flüssiger und fester Brennstoffe, die nicht gemessen wird (391 HM – 224 HM = 167 HM)				1,7 AW

NE = Nutzungseinheit

Um nicht eine Reihe von Gebührentatbeständen ausweisen zu müssen, hat der Verordnungsgeber die Aufwendungen je Meter zusammengefasst. Die Zeitaufwendungen an den Feuerstätten zur Verbrennung von flüssigen und festen Brennstoffen, die keiner Emissionsmessung unterliegen, wurden besonders ausgewiesen.

58 Berechnung der Arbeitswerte:

$$FS1 = \frac{\left(\dfrac{106 + 267 + 275 + 187 + 224}{4}\right)HM}{100} = \frac{105{,}9 HM}{100} = 1{,}0 AW$$

Der Endbetrag wurde abgerundet.

$FS2 = 391\ HM - 224\ HM = 167\ HM = 1{,}7\ AW$

59 Die Gebühr nach Nr. 3.10.1 Anlage 2 Muster-KÜO wird je Meter Höhe des Schornsteines oder des sonstigen senkrechten Teils der Abgasanlage erhoben. Gruppen von Abgasanlagen werden wie eine Abgasanlage gerechnet. Es handelt sich dabei um eine Aneinanderreihung von Schächten, Kaminen, Schornsteinen und anderen senkrechten Abgasleitungen. Für die Berechnung als Gruppe genügt es auch, wenn die Abgasanlagen durch denselben Raum in der Nutzungseinheit führen.

60 Grundsätzlich gilt aber, dass nicht mehr Arbeitswerte angesetzt werden dürfen, als der senkrechte Teil der Abgasanlage oder die Gruppe der Abgasanlagen hoch sind.

Beispiele   **61**

a) 4 Nutzungseinheiten (NE 1, NE 2, NE 3, NE 4), 2 senkrechte Teile einer Abgasanlage (3,0 m) in NE 1 und ein senkrechter Teil einer Abgasanlage (3,0 m) in NE 2 in der Gruppe:

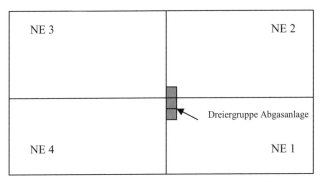

Berechnung: 1 FS für die Feuerstättenschau in allen 4 Nutzungseinheiten = 3,0 AW

b) 4 Nutzungseinheiten (NE 1, NE 2, NE 3, NE 4), 2 senkrechte Teile einer Abgasanlage (3,0 m) in NE 1 und ein senkrechter Teil einer Abgasanlage (3,0 m) in NE 2 in der Gruppe, dazu noch 1 senkrechter Teil einer Abgasanlage (3,0 m) in NE 3 und 1 senkrechter Teil einer Abgasanlage (3,0 m) in NE 4:

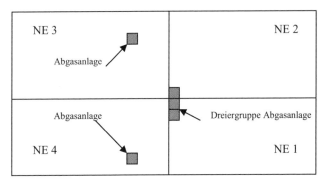

Berechnung: 3 FS für die Feuerstättenschau in allen 4 Nutzungseinheiten = 9,0 AW (NE 2 bleibt unberücksichtigt).

Der Begriff „senkrechte Teile von Abgasanlagen" ist in Nr. 21 Anlage 3 **62** Muster-KÜO definiert (s. Erl. 9 zu Nr. 21 Anlage 3 Muster-KÜO).

Nach der Fußnote 9 zur Muster-KÜO werden Längen von Abgasanlagen in **63** Aufstellungsräumen, in denen gleichzeitig eine Abgaswegüberprüfung durchgeführt wird, nicht mitgerechnet. Dies betrifft alle Räume mit Gasfeuerstätten und messpflichtigen Ölfeuerungsanlagen. Dies folgt aus der Logik, dass bei der AGWÜ bereits alle Abgasanlagen im Raum in Augenschein genommen werden.

64 Nach der Fußnote 10 zur Muster-KÜO werden bei Abgasanlagen außerhalb von Gebäuden für FS1 maximal drei Meter berechnet (= max. 3 AW). Der Aufwand für die Feuerstättenschau ist für diese Anlagen nicht höher, auch wenn die Abgasanlagen höher als 3 m sind.

65 Der Zuschlag nach Nr. 3.10.2 (FS2) ist für jede Feuerstätte angesetzt, an der der Schornsteinfeger keine regelmäßigen Überprüfungs- oder Messarbeiten durchführt. Das sind alle Feuerstätten zur Verbrennung flüssiger oder fester Brennstoffe, die keiner Emissionsmessung nach § 15 1. BImSchV unterliegen. Werden die Feuerstätten nach Nr. 2.6 Anlage 1 Muster-KÜO freiwillig gemessen, fällt ebenfalls kein Zuschlag nach Nr. 3.10.2 Geb.Verz. an.

66 Bei der Feuerstättenschau werden alle Schornsteine im Gebäude überprüft, an die Feuerstätten angeschlossen sind. Unbenutzte Schornsteine (vgl. § 1 Abs. 3 Nr. 1 Muster-KÜO) unterliegen nicht der Feuerstättenschau. Zur Duldung der Feuerstättenschau ist der Grundstückseigentümer in diesem Falle nicht verpflichtet (vgl. § 1 Abs. 1 SchfG). Die Meinung im Kommentar zum Schornsteinfegergesetz „Musielak-Schira-Manke", 6. Auflage, Erl. 5a zu § 13 (S. 214) wird nicht geteilt.

10. Be- und Entlüftungsanlagen nach § 59 SchfG

67 Die Muster-KÜO hat die nach dem Einigungsvertrag in den neuen Bundesländern weitergeführten Überprüfungen der Be- und Entlüftungsanlagen nicht in die Musterempfehlung aufgenommen, sondern lediglich als länderspezifische Anlage und Einrichtung beispielhaft aufgeführt. Siehe hierzu Erl. 70 ff. zu § 1 Abs. 1 Muster-KÜO. Die Projektgruppe hatte bis zur abschließenden Sitzung des Bund-Länder-Ausschusses am 31. Mai 2006 auch einen Vorschlag zur Ergänzung des Schornsteinfegergebührenverzeichnisses vorgelegt, der aber dann aus grundsätzlichen Gründen nicht in den Mustertext aufgenommen wurde.

68 Sie hatte folgenden Text vorgeschlagen:

Nr.	Ab-kür-zung	Bezeichnung	Rechtsgrundlage der Tätigkeit	AW
1.1.2	GG 2	... sowie Überprüfungsarbeiten an Be- und Entlüftungsanlagen	§ 59 SchfG	
3		**Arbeitsgebühr je Überprüfung einschließlich einer ggf. erforderlichen Kehrung, Feuerstättenschau**		
...				
3.12	L	Prüfung der Funktionsfähigkeit gewerblicher und privater Be- und Entlüftungsanlagen	§ 59 SchfG	
3.12.1	LA	Arbeiten außerhalb der Nutzungseinheit	Arbeitszeitstudie[27]	

---

[27] Die Verweise auf die Arbeitsstudie müssten bei Aufnahme in die KÜO entfallen.

Nr.	Ab-kür-zung	Bezeichnung	Rechtsgrundlage der Tätigkeit	AW
3.12.1.1	LA1	Überprüfungsarbeiten an Lüftungs-hauptschächten von Verbundanlagen oder Lüftungshauptleitungen, für jeden angefangenen und vollen Meter	Seite 31 für 5/10 Ge-schosse (80+173+ 285)/5/2,5 = 43 HM (160+403+285)/10/ 2,5=34 HM	0,4
3.12.1.2	LA2	– Zuschlag für jeden Nebenschacht von Verbundanlagen	Seite 33 für 5/10 Ge-schosse (203+435)/ 5=128 HM (203+870)/ 10=107 HM	1,2
3.12.1.3	LA3	– Zuschlag für jeden Mündungsaufsatz	Seite 31 für Meidinger Scheibe: 79+90=169 HM	1,7
3.12.1.4	LA4	– Zuschlag für jeden Zentrallüfter	Seite 32a 354+510= 864 HM	8,6
3.12.1.5	LA5	– Zuschlag für jeden Lüftungskanal oder jede waagerechter Lüftungsleitung in Räumen bis 1,2 m Raumhöhe	Seite 25 + 26: 82+852=934 HM (DIN 18160-5: 1,2 m)	9,3
3.12.1.6	LA6	– Zuschlag für jeden Lüftungskanal oder jede waagerechter Lüftungsleitung in Räumen über 1,2 m Raumhöhe	Seite 22 + 23: 22+243=265 HM	2,7
3.12.1.7	LA7	– Zuschlag für jede Reinigungsöffnung in Lüftungskanälen oder waagerech-ten Lüftungsleitungen in Räumen bis 1,2 m Raumhöhe	Seite 25: 232 HM	2,3
3.12.1.8	LA8	– Zuschlag für jede Reinigungsöffnung in Lüftungskanälen oder waagerech-ten Lüftungsleitungen in Räumen über 1,2 m Raumhöhe	Seite 22: 110 HM	1,1
3.12.1.9	LA9	Luftvolumenstrommessungen bei Gitter-netz- oder Kanalmessung je Arbeitsmi-nute	(KÜGO Brandenburg: 42,05 AW)	0,8
3.12.2	LN	Arbeiten innerhalb der Nutzungseinheit		
3.12.2.1	LN1	für die erste Lüftungsöffnung	Seite 54: 917-79=838 HM	8,4
3.12.2.2	LN2	für jede weitere Lüftungsöffnung	Seite 58 und 64: Mit-telwert (653+538)/ 2=595,5 HM	6,0
3.12.2.3	LN3	Zuschlag für jede Küchenablufthaube	Seite 54 und 56: 1238-917 HM	3,2

Berechnung der Arbeitswerte: **69**

Grundlage:
„Bericht über die arbeitswissenschaftliche Untersuchung der Lüftungsanla-gen im Schornsteinfegerhandwerk" (Arbeitszeitstudie) von BFB – Bera-tungsgesellschaft für Betriebswirtschaft GmbH, September 1995

Grundwert GG2

Der Text in Nr. 1.1.2 des Schornsteinfegergebührenverzeichnisses wird entsprechend erweitert. GG1 wäre nicht gerechtfertigt, da die Wege zu den senkrechten Lüftungsabschnitten bereits in den Arbeitswerten zu LA enthalten sind.

LA1 Überprüfungsarbeiten an Lüftungshauptschächten von Verbundanlagen oder Lüftungshauptleitungen, für jeden angefangenen und vollen Meter:

Das Arbeitszeitgutachten weist Zeitaufnahmen für Arbeiten an Hauptschächten viereckig und rund aus:

– Für 5 Geschosse:	Weg Dach auf – ab:	80 HM
	Hauptschacht reinigen:	173 H
	MZwischensumme Keller:	285 HM
	Summe:	538 HM/5
	/2,5 =	43 HM
– Für 10 Geschosse:	Weg Dach auf – ab:	160 HM
	Hauptschacht reinigen:	404 H
	MZwischensumme Keller:	285 HM
	Summe:	849 HM/10
	/2,5 =	34 HM

– Mittelwert: $\dfrac{43+34}{2} = 39\ HM \approx 0{,}4\ AW$

LA2 Zuschlag für jeden Nebenschacht von Verbundanlagen:

Das Arbeitszeitgutachten weist Zeitaufnahmen für Arbeiten an Einfach-, Sammelschacht- und Verbundschachtanlagen aus:

– Für 5 Geschosse (= 5 Nebenschächte):		
	Umrüsten auf Nebenschächte:	203 HM
	Nebenschacht reinigen:	435 HM
	Summe:	638 HM/5
	=	128 HM
– Für 10 Geschosse (= 10 Nebenschächte):		
	Umrüsten auf Nebenschächte:	203 HM
	Nebenschacht reinigen:	870 HM
	Summe:	1.073 HM
	/10 =	107 HM

– Mittelwert: $\dfrac{128+107}{2} = 118\ HM \approx 1{,}2\ AW$

LA31 Zuschlag für jeden Mündungsaufsatz:

Das Arbeitszeitgutachten weist Zeitaufnahmen für Arbeiten an Hauptschächten viereckig und rund aus:

– Für Meidinger Scheibe etc. öffnen:	79 HM
Reinigung, schließen:	90 HM
Summe	169 HM ≈ 1,7 AW

LA4   Zuschlag für jeden Zentrallüfter:

Das Arbeitszeitgutachten weist Zeitaufnahmen für Arbeiten an Hauptschächten viereckig und rund mit Zentrallüfter aus:

– Für Zentrallüfter etc. öffnen incl. abschalten:		354 HM
Reinigung, schließen:		510 HM
Summe	864 HM	≈ 8,6 AW

LA5   Zuschlag für jeden Lüftungskanal oder jede waagerechter Lüftungsleitung in Räumen bis 1,2 m Raumhöhe:

Das Arbeitszeitgutachten weist Zeitaufnahmen für Reinigungsarbeiten am Kanal im niedrigen Drempel aus:

– Grundzeiten, die stets anfallen		82 HM
Auf- und abrüsten incl. Luken auf		852 HM
Summe	934 HM	≈ 9,3 AW

– Nach DIN 18160-5 „Abgasanlagen – Teil 5: Einrichtungen für Schornsteinfegerarbeiten – Anforderungen, Planung und Ausführung" Definition „niedriger Drempel": 1998-5 Abschn. 5.5 „Lichtraumprofil" gilt:

„Verkehrswege müssen ein Lichtraumprofil von mindestens 50 cm Breite und 1,80 m Höhe, Standflächen ein Lichtraumprofil von mindestens 60 cm Breite und 1,80 m Höhe haben. In Verkehrswege ragende Bauteile, z.B. Balken oder Unterzüge, dürfen die Höhe bis auf 1,60 m einschränken. Bei Verkehrswegen und Standflächen der Klassen B und D innerhalb von Gebäuden darf die Höhe auf einer Länge von maximal 1,50 m auf 1,20 m beschränkt werden."
Damit dürfte eine Raumhöhe bis 1,2 m Raumhöhe als „niedrig" gelten.

LA6   Zuschlag für jeden Lüftungskanal oder jede waagerechter Lüftungsleitung in Räumen über 1,2 m Raumhöhe:

Das Arbeitszeitgutachten weist Zeitaufnahmen für Reinigungsarbeiten an Kanälen im hohen Drempel aus:

– Grundzeiten, die stets anfallen		22 HM
Auf- und abrüsten incl. Luken auf		243 HM
Summe	265 HM	≈ 2,7 AW

LA7   Zuschlag für jede Reinigungsöffnung in Lüftungskanälen oder jede waagerechter Lüftungsleitungen in Räumen bis 1,2 m Raumhöhe:

Das Arbeitszeitgutachten weist Zeitaufnahmen für Reinigungsarbeiten an Kanälen im niedrigen Drempel aus:

– Steigungsfaktor	232 HM	≈ 2,3 AW

LA8   Zuschlag für jede Reinigungsöffnung in Lüftungskanälen oder jede waagerechter Lüftungsleitungen in Räumen über 1,2 m Raumhöhe:

Das Arbeitszeitgutachten weist Zeitaufnahmen für Reinigungsarbeiten an Kanälen im niedrigen Drempel aus:

– Steigungsfaktor	110 HM	≈ 1,1 AW

LA9 **Luftvolumenstrommessungen bei Gitternetz- oder Kanalmessung je Arbeitsminute:**

In Arbeitszeitstudie nicht erfasst → Zeitgebühr je Minute: 0,8 AW
(Zum Vergleich: KÜGO Brandenburg: 42,05 AW)

LN1 **Arbeiten innerhalb der Nutzungseinheit für die erste Lüftungsöffnung:**

Das Arbeitszeitgutachten weist Zeitaufnahmen für Arbeiten an einem einfachen Sammelschacht- und Verbundschachtanlage, ohne Ablufthaube in der Küche aus:

– Aufwand	917 HM
abzüglich Anmeldung	
(in Grundwert enthalten):	– 79 HM
Rest	838 HM ≈ 8,4 AW

LN2 **für jeden weitere Lüftungsöffnung:**

Das Arbeitszeitgutachten weist Zeitaufnahmen für Arbeiten an Doppel Sammelschacht- und Verbundschachtanlage ohne Ablufthaube in der Küche und Einzellentlüftungsanlage mit eigener Abluftleitung mit Ventilator, mit Filter, zwei Anschlüsse aus:

– Doppelanlage für 2. Anschluss und jede weitere: 653 HM

– Einzellenanlage für 2. Anschluss und jede weitere: 538 HM

– Mittelwert: $\dfrac{653+538}{2} = 595,5\,HM \approx 6,0\,AW$

LN3 **zuzüglich für jede Küchenablufthaube:**

Das Arbeitszeitgutachten weist Zeitaufnahmen für Arbeiten an Einfach-, Sammelschacht- und Verbundschachtanlage, ohne Ablufthaube in der Küche und mit Ablufthaube in der Küche aus:

– Zeitaufwand	1.238 HM
abzüglich Aufwand LN1	– 917 HM
Differenz	321 HM ≈ 3,2 AW

70 Im Arbeitszeitgutachten 2005 sind keine Untersuchungsergebnisse für die Überprüfung von Be- und Entlüftungsanlagen nach § 59 SchfG enthalten. Es wurde daher auf eine spezielle Arbeitszeituntersuchung zurückgegriffen, die der ZIV im Jahre 1995 beim Gutachter der Arbeitszeitstudien BW1983, BY1990, BW1998 und dem bundesweiten Arbeitszeitgutachten 2005 in Auftrag gegeben hatte.

71 Zum Begriff der Be- und Entlüftungsanlagen s. Erl. 4 zu Nr. 24 Anlage 3 Muster-KÜO.

72 Geprüft wird die Funktionsfähigkeit der Be- und Entlüftungsanlagen. Einbezogen sind gewerblich und privat genutzte Anlagen. Privat ist lt. „Brockhaus" persönlich, vertraulich, nicht offiziell, familiär. Gewerbe ist eine auf Dauer angelegte Wirtschaftstätigkeit mit Ausnahme der Urproduktion (Land- und Forstwirtschaft, Fischerei, Bergbau) der freien Berufe, der rein künstlerischen und wissenschaftlichen Betätigung und der Tätigkeiten in öffentlichen oder gemeinnützigen Betrieben. Dabei kommt es nicht auf die private oder gewerbliche Nutzung des Gebäudes, sondern der Be- und Entlüftungsanlagen selbst an.

Bei strenger Auslegung der Begriffe „privat" und „gewerblich" werden daher **73** nicht alle Be- und Entlüftungsanlagen überprüft. Ausgeschlossen sind zumindest die Anlagen in öffentlichen Gebäuden, Gebäude der Land- und Forstwirtschaft, der Fischerei, des Bergbaus, Gebäude, in denen ausschließlich Rechtsanwälte, Steuerberater etc. tätig sind, Museen und Galerien und Gebäude von gemeinnützigen Betrieben (DRK, DLRG etc.). Es darf allerdings bezweifelt werden, ob eine solche Auslese in der Muster-KÜO gewünscht war. Daher wird empfohlen, die Worte „...gewerblicher und privater ..." im Verordnungstext nicht zu benutzen. Im Zweifelsfall schränken diese den Anwendungsbereich zu sehr ein. Inwieweit der Einigungsvertrag hier zur Aufklärung beitragen kann, können wohl nur die Gerichte klären.

Die Überprüfungstätigkeit ist im Arbeitsblatt 301 des ZIV beschrieben **74** (Stand der Technik). Darin sind auch die verschiedenen Lüftungsanlagen und Begriffe der Lüftungstechnik aufgeführt.

Verwendete Begriffe: **75**
Abluft = Die durch eine Raumlufttechnische Anlage (RLT) oder ein freies Lüftungssystem aus dem Raum abgezogene Luft (vom Raum aus betrachtet).
Ablufthaube = Abdeckung des Abluftschachtes an der Mündung ist Freie mit Einrichtungen zum Abzug der Abluft.
Drempel = Nach „Duden" der über die Decke des obersten Geschosses hinausreichende Teil der Außenmauer eines Gebäudes zur Vergrößerung des Dachraumes. In diesem Fall handelt es sich offensichtlich um den Dachraum im Bereich der Lüftungsanlage.
Einzellüftungsanlage = ein eigens über Dach führender Abluftschacht für jeden zu lüftenden Raum.
Gitternetzmessung = Luftvolumenstrommessung am Raumeintrittsgitter.
Hauptschacht = ein Schacht, der ins Freie mündet, von dem aus noch Nebenschächte ausgehen. Er ist Teil der Verbundschachtanlage.
Kanalmessung = Luftvolumenstrommessung im Lüftungskanal.
Lüftungshauptleitung = Eine Lüftungsleitung, in die noch weitere Lüftungsleitungen einmünden.
Lüftungshauptschacht = siehe Hauptschacht
Lüftungskanal = Eine waagrecht geführte Lüftungsleitung.
Lüftungsleitung = Entlüftungseinrichtungen (Schächte, Rohre, Kanäle und sonstige Leitungen), die den Austausch von Raumluft gegen Außenluft gewährleisten.
Luftvolumenstrommessung = Die Messung des geförderten Luftvolumens auf Zeit (Quotient). Sie erfolgt mit Anemometer und Messtrichter.
Meidinger Scheibe = Platte bzw. Scheibe aus nichtbrennbarem Stoff wie Stahlblech oder Faserzement, die über Abluftschächten zur besseren und wirbelfreien Abführung der Abluft und zum Schutz gegen Niederschläge eingebaut wird.
Motorische Lüftungsanlage = Anlage mit Lüftungsfunktion, ohne bzw. mit einer thermodynamischen Luftbehandlungsfunktion, die mit Gebläse funktioniert.

Mündungsaufsatz = Ist ein baulicher Aufsatz an der Mündung der Lüftungsleitung oder des Lüftungsschachtes zur Außenluft.

Nebenschacht = Schacht, der nicht ins Freie, sondern in einen Hauptschacht mündet.

Nutzungseinheit = Nutzungseinheit i.S.v. Nr. 17 Anlage 3 Muster-KÜO.

Sammelschachtanlage = eine RLT-Anlage in der Abluft aus mehreren Schächten zusammen abgeführt wird. Die diese Anlage beschreibende DIN 18017 Teil 2 ist außer Kraft und somit keine anerkannte Regel der Technik mehr.

Schacht = Vertikaler Luftkanal für die Luftabführung aus einem Raum.

Verbundschachtanlage = Ein Schachtsystem zur Luftabführung aus mehreren übereinander angeordneten Räumen mehrgeschossiger Gebäude. Der Verbundschacht besteht aus einem durchgehenden Hauptschacht und je Geschoss aus einem Nebenschacht. Die Abluft strömt aus dem zu lüftenden Raum in den Nebenschacht und aus diesem über den Hauptschacht ins Freie.

Zentrallüfter = Lüftungsanlage mit gemeinsamen Ventilatoren für Zu- und/ oder Abluft für mehrere Wohnungen.

Wohnung = Eine Nutzungseinheit.

Weitere Begriffsbestimmungen sind aus dem Arbeitsblatt 301 „Lüftungsanlagen" zu entnehmen.

11. Sonstige länderspezifische Anlagen und Einrichtungen

76 In Nr. 3.11 und weiter können noch weitere Anlagen und Einrichtungen eingesetzt werden, die nur länderspezifisch Aufgabe des BSM sind. Möglich wären Überprüfungsarbeiten nach der EnEV, nach dem Landesbaurecht oder anderen Bereichen, die durch § 13 SchfG abgedeckt sind. Voraussetzung dazu wäre allerdings stets eine Länderverordnung, die die Rechtsgrundlage dazu bietet.

V. Arbeitsgebühr je Emissionsmessung

Verordnungstext Anlage 2, Kapitel 4:

Nr.	Ab-kür-zung	Bezeichnung	Rechtsgrundlage der Tätigkeit	AW
4		Arbeitsgebühr je Emissionsmessung		
4.1		Feuerungsanlagen für flüssige Brennstoffe in der Nutzungseinheit	§§ 14 und 15 1. BlmSchV	
4.1.1	M1	zusammen mit Tätigkeiten nach den Nummern 3.2		10,3
4.1.2	M2	nicht zusammen mit Tätigkeiten nach den Nummern 3.2 für die erste Messstelle		19,1
4.1.3	M3	nicht zusammen mit Tätigkeiten nach den Nummern 3.2 für jede weitere Messstelle		17,2
4.1.4	M4	Zuschlag bei Messstellen über Durchgangshöhe (2,5m)		5,8
4.2		Feuerungsanlagen für gasförmige Brennstoffe je Messstelle in der Nutzungseinheit	§§ 14 und 15 1. BlmSchV	
4.2.1	MG1	zusammen mit Tätigkeiten nach den Nummern 3.3–3.5		6,5
4.2.2	MG2	nicht zusammen mit Tätigkeiten nach den Nummern 3.3–3.5 für die erste Messstelle		15,3
4.2.3	MG3	nicht zusammen mit Tätigkeiten nach den Nummern 3.3–3.5 für jede weitere Messstelle		13,5
4.2.4	MG4	Zuschlag bei Messstellen über Durchgangshöhe (2,5m)		5,8
4.3		Feuerungsanlagen für feste Brennstoffe nach § 3 Abs. 1 Nr. 1 bis 3 1. BlmSchV in der Nutzungseinheit	§§ 14 und 15 1. BlmSchV	
4.3.1	MF1	für die erste Messstelle		62,3
4.3.2	MF2	für jede weitere Messstelle		57,7
4.4		Feuerungsanlagen für feste Brennstoffen nach § 3 Abs. 1 Nr. 4 bis 8 1. BlmSchV in der Nutzungseinheit	§§ 14 und 15 1. BlmSchV	
4.4.1	MF3	für die erste Messstelle		75,7
4.4.2	MF4	für jede weitere Messstelle		70,0
4.5	MA	Die Kosten für die Auswertung der Messung staubförmiger Emissionen werden als Auslagen berechnet.	§§ 14 Abs. 4 und 15 Abs. 4 1. BlmSchV	

Nr.	Ab-kür-zung	Bezeichnung	Rechtsgrundlage der Tätigkeit	AW
4.6	MW	Bei Wiederholungsmessungen werden die Gebühren wie bei einer Emissions-messung (Nr. 1 und 4.1 bis 4.5) erhoben	§§ 14 Abs. 4 und 15 Abs. 4 1. BImSchV	
4.7		Länderspezifische Anlagen und Einrich-tungen	§ 1 Abs. 1 Nr. 6 KÜO	

Erläuterungen

1. Allgemeines 1–9
2. Feuerungsanlagen für flüssige Brennstoffe......................... 10–13
3. Feuerungsanlagen für gasförmige Brennstoffe...................... 14–17
4. Feuerungsanlagen zur Verbrennung von Kohle und Koks............. 18, 19
5. Feuerungsanlagen zur Verbrennung von Holz und Stroh 20–22
6. Messstellen über Durchgangshöhe 23–26
7. Auslagenersatz... 27, 28
8. Wiederholungsmessungen.. 29, 30
9. Sonderfälle 31

1. Allgemeines

1 Kapitel 4 des Schornsteinfegergebührenverzeichnisses umfasst alle Arbeits-gebühren, die im Zusammenhang mit den Emissionsmessungen nach den §§ 14 und 15 1. BImSchV anfallen. Den Arbeitswerten nach Kapitel 4 Geb.Verz. liegt der Zeitaufwand für die einzelne Messung der Feuerungs-anlagen zugrunde.

2 Das Schornsteinfegergebührenverzeichnis findet keine Anwendung auf die Emissionsmessungen aus besonderem Anlass nach § 26 BImSchG (vgl. hier-zu § 19 1. BImSchV). Der BSM führt diese als Beauftragter der unteren Verwaltungsbehörde oder des Gewerbeaufsichtsamts aus und setzt sein Entgelt durch Vereinbarung mit der Behörde, in deren Auftrag er tätig wird, selbst fest. Die Sätze im Kapitel 4 und Nr. 1.4 des Schornsteinfeger-gebührenverzeichnisses sollte er hierbei nicht überschreiten.

3 Das Bundesumweltministerium hat in einem Schreiben vom 23.3.2006 (IGI1-50111-1) klargestellt, dass die §§ 30 und 52 BImSchG auf die Ge-bührenerhebung durch BSM keine Anwendung finden. Die Rechtsverpflich-tung zu den Emissionsmessungen sind in den §§ 14 Abs. 1 und 15 Abs. 1 Satz 1 der 1. BImSchV unmittelbar enthalten. Entsprechende Anordnungen durch Verwaltungsakte sind nicht erforderlich. Die §§ 30 und 52 Abs. 4 Satz 3 BImSchG, die die Kostenpflicht der Betreiber von Anlagen bei Mes-sungen durch Dritte einschränken, betreffen andere Sachverhalte. Bei § 30 BImSchG sind das Anordnungen von Messungen im Einzelfall, wenn An-haltspunkte für die Verursachung von schädlichen Umwelteinwirkungen durch eine Anlage bestehen. Wenn sich der Gefahrenverdacht nicht bestä-tigt, befreit § 30 Satz 2 BImSchG die Betreiber von der Kostenpflicht für diese Ermittlungen. In § 52 Abs. 4 Satz 3 BImSchG geht es um Anlagen

außerhalb des Anwendungsbereichs der 12. BImSchV bei Überwachungs-
maßnahmen. Auch hier geht es um individuelle Ermittlungen bzw. Messungen. Insoweit wurde festgestellt, dass es im BImSchG keine Anhaltspunkte
gibt, die die Kostenpflicht für Emissionsmessungen des BSM nach der 1.
BImSchV einschränken würden.

Für die Messung einer Feuerungsanlage mit festen Brennstoffen liegen keine   **4**
Untersuchungsergebnisse in den Arbeitsstudien 2005 und BW 1998 vor. Die
bisherigen Arbeitswerte wurden in einer Arbeitszeitstudie des ZIV aus dem
Jahr 1998 nahezu bestätigt. Die Auslagen für die Auswertung der Rauch-
gasmessung sind nach § 4 Abs. 3 Muster-KÜO erstattungspflichtig (s.
Erl. 12–15 zu § 4 Muster-KÜO).

Der Begriff „Emissionsmessung" umfasst sowohl die einmalige Messung   **5**
nach § 14 1. BImSchV als auch die wiederkehrende Messung nach § 15 1.
BImSchV.

Die Arbeitswerte nach Kapitel 4 des Schornsteinfegergebührenverzeichnis-   **6**
ses fallen für eine Messstelle an. Messstelle ist die Messöffnung im Verbindungsstück i.S. der Anlage II, 1. BImSchV.

Zum Begriff „Aufstellungsraum" gelten die Erl. 15 und 16 zu Kapitel 3 des   **7**
Schornsteinfegergebührenverzeichnis auch hier.

Gebühren für sog. „Einstufungsmessungen" sind nicht ausgewiesen, da der   **8**
Gesetzgeber derzeit keine derartigen Messarbeiten vorschreibt.

Berechnung der Arbeitswerte: **9**
Der Arbeitszeitgutachter hat folgende durchschnittlichen Aufwandszeiten
für die Emissionsmessungen an Öl- und Gasfeuerstätten festgestellt:

Arbeitsschritte	Ölfeuerstätten				Gasfeuerstätten			
	M1	M2	M3	M4	MG1	MG2	MG3	MG4
Rüsten vor Ort + Datenvergleich		385		442		385		442
Abrüsten vor Ort + Karteikarte		397	397	139		397	397	139
Umrüsten Mehr-fachmessung			294				294	
Wege Gebäude/Ge-bäude								
Wege im Gebäude		98				98		
Messung komplett	920	920	920		543	543	543	
Ausstellung Be-scheinigung vor Ort	112	112	112		111	111	111	
Summe	1.032	1.912	1.723	581	654	1.534	1.345	581

Alle Werte sind HM = Hundertstel Minute (40 HM = 0,4 Min. = 24 Sekunden)

2. Feuerungsanlagen für flüssige Brennstoffe

10 Flüssige Brennstoffe sind Heizöl EL nach DIN 51 603 Teil 1, Methanol, Äthanol, naturbelassene Pflanzenöle oder Pflanzenölmethylester. Andere flüssige Brennstoffe dürfen nicht in Feuerungsanlagen zu Heizzwecken verbrannt werden (vgl. § 3 1. BImSchV).

11 Zur Messpflicht von Feuerungsanlagen zur Verbrennung von flüssigen Brennstoffen s. Erl. 27 ff. Kap. 2, Anlage 1 Muster-KÜO. Mit den Arbeitsgebühren Nr. 4.1.1, 4.1.2, 4.1.3 und 4.1.4 sind sämtliche Zeitaufwendungen für Messarbeiten nach Anlage III der 1. BImSchV und die Ausstellung der Bescheinigung nach Anlage IV 1. BImSchV einschließlich der anteiligen Gerätekosten, Filterpapiere etc. abgegolten.

12 Der Verordnungsgeber unterscheidet im Zeitaufwand:

– Feuerungsanlagen bei denen die Emissionsmessungen und Abgaswegüberprüfungen zusammenfallen (z.B. messpflichtige Ölfeuerstätten, raumluftabhängig) und

– Feuerungsanlagen, bei denen auch Emissionsmessungen ohne Abgaswegüberprüfungen durchgeführt werden (z.B. messpflichtige Ölfeuerstätten raumluftunabhängig zur Verbrennung von schwefelarmem Heizöl alle 2 Jahre oder messpflichtige Ölfeuerstätten, bei denen die Emissionsmessung wegen Abgasrückstrom oder anderer Störfaktoren nicht durchgeführt werden konnte).

Dabei kommt es auf die tatsächliche Arbeitsausführung an.

13 Berechnung der Arbeitswerte auf der Grundlage der Tabelle Erl. 9:

$$4.1.1 \quad M1 = 920 + \frac{136}{121,62\%} = 1032HM = 10,3AW$$

$$4.1.2 \quad M2 = 1957 - 157 + \frac{136}{121,62\%} = 1912HM = 19,1AW$$

$$4.1.3 \quad M3 = 1611 + \frac{136}{121,62\%} = 1723HM = 17,2AW$$

$$4.1.4 \quad M4 = 2538 - 1957 = 581HM = 5,8AW$$

3. Feuerungsanlagen für gasförmige Brennstoffe

14 Gasförmige Brennstoffe sind Gase der öffentlichen Gasversorgung, naturbelassenes Erdgas oder Erdölgas mit vergleichbaren Schwefelgehalten, Flüssiggas oder Wasserstoff sowie Gase nach Nr. 11 und 12 § 3 Abs. 1 1. BImSchV. Andere gasförmige Brennstoffe dürfen nicht in Feuerungsanlagen zu Heizzwecken verbrannt werden (vgl. § 3 1. BImSchV).

15 Zur Messpflicht von Feuerungsanlagen zur Verbrennung von gasförmigen Brennstoffen s. §§ 14 und 15 1. BImSchV. Mit den Arbeitsgebühren Nr. 4.2.1, 4.2.2, 4.2.3 und 4.2.4 sind sämtliche Zeitaufwendungen für Messarbeiten nach Anlage III der 1. BImSchV und die Ausstellung der

Bescheinigung nach Anlage IV 1. BImSchV einschließlich der anteiligen Gerätekosten abgegolten.

Der Verordnungsgeber unterscheidet im Zeitaufwand: **16**

– Feuerungsanlagen bei denen die Emissionsmessungen und Abgasweg-überprüfungen zusammenfallen (messpflichtige Gasfeuerstätten raum-luftabhängig) und
– Feuerungsanlagen, bei denen auch Emissionsmessungen ohne Abgasweg-überprüfungen durchgeführt werden (z.b. messpflichtige Gasfeuerstätten raumluftunabhängig alle 2 Jahre oder messpflichtige Gasfeuerstätten, bei denen die Emissionsmessung wegen Abgasrückstrom oder anderer Stör-faktoren nicht durchgeführt werden konnte).

Dabei kommt es auf die tatsächliche Arbeitsausführung an.

Berechnung der Arbeitswerte auf der Grundlage der Tabelle Erl. 9:   **17**

4.2.1 $MG1 = 543 + \dfrac{136}{122,58\%} = 653,95 HM = 6,5 AW$

4.2.2 $MG2 = 1957 - 157 - 920 + 543 + \dfrac{136}{121,62\%} = 1534,8 HM = 15,3 AW$

4.2.3 $MG3 = 1611 - 920 + 543 + \dfrac{136}{121,62\%} = 1346 HM = 13,5 AW$

4.2.4 $MG4 = 2538 - 1957 = 581 HM = 5,8 AW$

4. Feuerungsanlagen zur Verbrennung von Kohle und Koks

Feste Brennstoffe nach § 3 Abs. 1 Nr. 1 bis 3 1. BImSchV sind Kohle, Koks   **18**
und Briketts. Mit den Arbeitsgebühren Nr. 4.3.1 und 4.3.2 sind sämtliche Zeitaufwendungen für Messarbeiten nach Anlage III der 1. BImSchV und die Ausstellung der Bescheinigung nach Anlage V 1. BImSchV einschließlich der anteiligen Gerätekosten abgegolten. Nicht abgegolten sind damit die Aufwendungen für die Auswertung der Messung (s. hierzu § 4 Abs. 3 Mus-ter-KÜO).

Berechnung der Arbeitswerte: **19**

$MF1 = \dfrac{6232 HM}{100} = 62,3 AW$

$MF2 = \dfrac{5765 HM}{100} = 57,7 AW$

Die Arbeitszeiten sind aus der KÜO BW 1985 übernommen worden.

5. Feuerungsanlagen zur Verbrennung von Holz und Stroh

Feste Brennstoffe nach § 3 Abs. 1 Nr. 4 bis 8 1. BImSchV sind Holz, Press-   **20**
linge aus Holz, Holzplatten, Stroh und ähnliche pflanzliche Stoffe. Die Arbeitsstudien haben Feststoffmessungen – wegen der geringen Anzahl –

nicht erfasst. Die festgesetzten Arbeitswerte entsprechen der Arbeitszeit, die der KÜO BW seit 1985 zugrunde liegt. Den Rationalisierungseffekt, der bei der Messung von Öl- und Gasfeuerstätten festgestellt werden konnte, wollte der Verordnungsgeber offensichtlich „mangels Masse" nicht ohne Weiteres unterstellen. Auch die Arbeitszeitstudie BW 1998 sah keine gutachterliche Überprüfung von Feststoffheizungen vor.

21   Mit den Arbeitsgebühren Nr. 4.4.1 und 4.4.2 sind sämtliche Zeitaufwendungen für Messarbeiten nach Anlage III der 1. BImSchV und die Ausstellung der Bescheinigung nach Anlage V 1. BImSchV einschließlich der anteiligen Gerätekosten abgegolten. Nicht abgegolten sind damit die Aufwendungen für die Auswertung der Messung (s. hierzu § 4 Abs. 3 Muster-KÜO).

22   Berechnung der Arbeitswerte:

$$MF\,3 = \frac{7570\,HM}{100} = 75{,}7\,AW$$

$$MF\,4 = \frac{7002\,HM}{100} = 70{,}0\,AW$$

Die Arbeitszeiten sind aus der KÜO BW 1985 übernommen worden.

6. Messstellen über Durchgangshöhe

23   Bereits die Arbeitsstudie BW 1983 hat bestätigt, dass Feuerungsanlagen über Durchgangshöhe mit einem höheren Zeitaufwand zu bearbeiten sind, als andere Feuerungsanlagen.

24   Die Durchgangshöhe ist in der Muster-KÜO mit 2,50 m angegeben. Der Zuschlag fällt an, wenn die Feuerstätte so angebracht ist, dass sie nur unter Benutzung einer Leiter überprüft werden kann. Der Zuschlag ist daher nur gerechtfertigt, wenn die Messstelle höher als 2,50 m über dem Boden des Aufstellraumes angebracht ist. Mit den Arbeitsgebühren nach Nr. 4.1.4 und 42.4 sind die zusätzlichen Zeitaufwendungen abgegolten, die für Messarbeiten über Durchgangshöhe erforderlich sind (Leiter anstellen, auf- und absteigen um Arbeits- und Messgeräte zu holen).

25   Berechnung des Arbeitswertes:

$$M\ddot{U} = \frac{(827 - 385) + (536 - 397)HM}{100} = \frac{581\,HM}{100} = 5{,}8\,AW$$

26   Nr. 4.1.4 Geb.Verz. gilt für alle Messstellen, die nach den Nummern 4.1.1–4.1.3, die Nr. 4.2.4 für alle Messstellen, die nach den Nummern 4.2.1–4.2.3 erfasst sind, wenn die Bedingungen erfüllt sind (Messstelle über Durchgangshöhe von 2,5 m).

7. Auslagenersatz

Nr. 4.5 Geb.Verz. bestimmt ausdrücklich, dass die Kosten für die Auswer-   **27**
tung der Messung staubförmiger Emissionen als Auslagen berechnet werden. Diese fallen bei den Emissionsmessungen für feste Brennstoffe an.

Zum Auslagenersatz s. auch Erl. 12 zu § 4 Muster-KÜO.   **28**

8. Wiederholungsmessungen

Auch die Wiederholungsmessung nach § 14 Abs. 4 1. BImSchV ist eine   **29**
Emissionsmessung i.S. dieser Bestimmungen, wenn die erste Messung ergibt, dass die Anforderungen nicht erfüllt sind. Der Verordnungsgeber hat
dies mit Nr. 4.6 des Schornsteinfegergebührenverzeichnisses nunmehr eindeutig klargestellt. Die Wiederholungsmessung ist innerhalb von 6 Wochen
nach der ersten Messung durchzuführen (vgl. § 14 Abs. 4 und § 15 Abs. 4
1. BImSchV). Da der Arbeitsaufwand für den Schornsteinfeger der gleiche
wie bei der Erstmessung ist, fällt auch die gleiche Gebühr an. Der gesamte
Zeitaufwand dürfte im Regelfall sogar noch höher sein, wenn die Arbeiten
außerhalb des üblichen Arbeitsganges erledigt werden müssen. Ein besonderer Zuschlag wird dafür jedoch nicht gewährt.

Der BSM legt die Gebühren wie bei der Erstmessung fest: **30**

– Grundwert (i.d.R. GG2),
– Fahrtpauschale (FP1),
– Emissionsmessung nach Kapitel 4 (Nr. 4.1–4.4),
– Zuschlag nach Nr. 4.5 (wenn Bedingung erfüllt ist).

Da in der Regel die Abgaswegüberprüfung bei der Wiederholungsmessung
nicht wiederholt werden muss, fällt die Gebühr nach Ziff. 4.1.2 bzw. 4.2.2
und ggf. 4.1.4 bzw. 4.2.4 an.

9. Sonderfälle

Sind in einem Aufstellungsraum Öl- **und** Gasfeuerstätten vorhanden, stellt   **31**
sich die Frage, welche Anlage ist die erste, welche die zweite Messstelle. Je
nach Reihenfolge ergibt dies eine unterschiedliche Gebühr. Die Projektgruppe empfiehlt als Reihenfolge Öl vor Gas. Sonst wäre der höhere Aufwand
bei der Emissionsmessung für Ölfeuerungsanlagen nicht abgedeckt.

VI. Arbeitsgebühren für Bauabnahmen

Verordnungstext Anlage 2, Kapitel 5:

Nr.	Ab-kür-zung	Bezeichnung	Rechtsgrundlage der Tätigkeit	AW
5		**Arbeitsgebühren für Bauabnahmen**[28]	§ .... Landesbauordnung (LBO)	
5.1	BP	Planprüfung		30,0
5.2	BZ	Bauzustandsbesichtigung, Endabnahme, örtliche Prüfung der Mängelbeseitigung vor einer Endabnahme für jeden vollen und angefangenen Meter von Schornsteinen und sonstigen senkrechten Teilen von Abgasanlagen bis zu zwei Schächten		
		Für Reserveschornsteine kann ein Zuschlag nur berechnet werden, wenn eine Feuerstätte angeschlossen ist		
5.2.1	BZ1	a) bei einer Bauzustandsbesichtigung, Rohbaubesichtigung, örtlichen Prüfung der Mängelbeseitigung vor einer Endabnahme		0,9
5.2.2	BZ2	b) bei einer Endabnahme		1,8
5.2.3	BZ3	Zuschlag je Feuerstätte mit Außenwandanschluss		4,4
5.3	BAB	Ausstellung der Bescheinigung über die Brandsicherheit und die sichere Abführung der Verbrennungsgase von Feuerungsanlagen		10,0
		Dies gilt auch, wenn lediglich ein Mängelbericht ausgestellt werden kann.		
5.4	BAL	Setzt die Ausstellung der Bescheinigung nach Nr. 5.3 eine rechnerische Überprüfung zur Sicherstellung der Zufuhr der notwendigen Verbrennungsluft für die Feuerstätten voraus, wird ein Zuschlag je Arbeitsminute berechnet		0,8
5.5	BAD	Setzt die Ausstellung der Bescheinigung nach Nr. 5.3 eine Dichtheitsprüfung bei mit Überdruck betriebenen Abgasleitungen voraus, wird ein Zuschlag je Arbeitsminute berechnet		0,8
5.6		Länderspezifische Anlagen und Einrichtungen		

---

[28] In Ländern mit abweichenden Verfahren wird eine Zeitgebühr nach 6.1 empfohlen.

Erläuterungen

1. Allgemeines 1–10
2. Prüfung des Vordrucks „Technische Angaben über
   Feuerungsanlagen (TAF)" 11–15
3. Bauabnahmen 16–25
4. Bescheinigung über die Brandsicherheit und sichere
   Abführung der Verbrennungsgase 26–33
5. Prüfung des Verbrennungsluftverbundes 34–37
6. Dichtigkeitsprüfung 38–42
7. Ankündigung von Bauabnahmen 43–47

1. Allgemeines

Der Arbeitszeitgutachter für das bundesweite Gutachten 2005 hat die Werte   **1**
aus BW übernommen, da er offensichtlich nicht in der Lage war, die unterschiedlichen Anforderungen nach den Bauordnungen der Länder zu bewerten. Die Projektgruppe hat daher in Kap. 5 nur den Text der KÜO Baden-
Württemberg 2000 als Beispiel vorgeschlagen. Diesen können die Länder
übernehmen, deren bauordnungsrechtliche Bestimmungen denen von BW
entsprechen. Ansonsten sind die Bestimmungen individuell abzuändern. Die
Kommentierung bezieht sich daher nur auf die Bestimmungen von BW.

Der Verordnungsgeber in BW hat die Arbeitsgebühren für die baurechtlich   **2**
vorgeschriebenen Überprüfungen und Abnahmen des BSM in den 90er
Jahren neu gestaltet. Gebühren werden fällig für:

– die Prüfung des Vordrucks „Technische Angaben über Feuerungsanlagen
  (TAF)",
– eine Bauzustandsbesichtigung,
– eine Endabnahme,
– die Ausstellung der Bescheinigung über die Brandsicherheit und die sichere Abführung der Verbrennungsgase von Feuerungsanlagen,
– die Berechnung des Verbrennungsluftverbundes und
– eine Dichtigkeitsprüfung.

Die Arbeitswerte entsprechen den vom Gutachter der Arbeitsstudie BW
1998 durchschnittlich ermittelten Arbeitszeiten.

Rechtsgrundlage der Schornsteinfegerarbeiten sind § 67 Abs. 5 LBO BW   **3**
und Nr. 19 Anlage zu § 50 Abs. 1 LBO BW. Danach hat der BSM bei jeder
Errichtung oder wesentlichen Änderung von Feuerungsanlagen den Vordruck „Technische Angaben über Feuerungsanlagen (TAF)" (Anlage 6 zur
VwV-LBO) zu prüfen und nach einer Bauabnahme vor Ort die Brandsicherheit und sichere Abführung der Verbrennungsgase zu bescheinigen. Bei
bestehenden Anlagen kann vor dem Einbau bzw. wesentlichen Änderung
der Feuerungsanlage eine Bauzustandsbesichtigung notwendig werden. Auf
Wunsch des Bauherrn erfolgt auch eine Bauzustandsbesichtigung (früher
war in BW eine Rohbauabnahme Pflicht).

Eine Querschnittsberechnung ist bei der Prüfung des Vordrucks „Technische   **4**
Angaben über Feuerungsanlagen" (TAF) erforderlich, wenn diese nicht aus
den Unterlagen des Herstellers (Diagramme) hervorgeht.

5 Die Beurteilung der TAF/Anmeldung einer Gasanlage (Gasantrag) ist keine bauordnungsrechtliche Forderung, sondern ergibt sich aus den Lieferbedingungen des Energieversorgungsunternehmens. Die KÜO kann dafür keine Gebühren festsetzen, da § 24 Abs. 1 SchfG dazu nicht die Ermächtigung gibt.

6 Wird eine rechnerische Überprüfung des Luftverbundes und eine Dichtigkeitsprüfung erforderlich, wird diese bei der Bauabnahme durchgeführt.

7 Die Gebührengestaltung geht von folgendem Arbeitsschema für die Tätigkeiten des BSM bei Bauabnahmen aus:

Bauabnahme je Vordruck

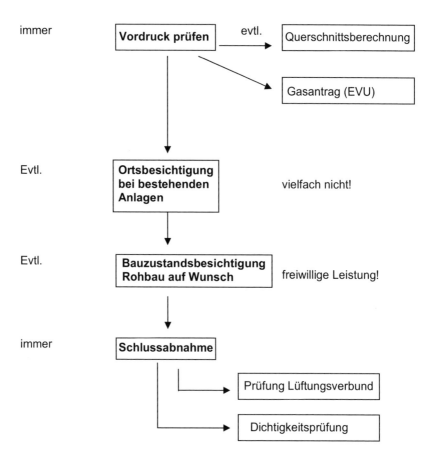

8 Die Arbeitsgebühren für Bauabnahmen aus Kapitel 5 des Schornsteinfegergebührenverzeichnisses fallen an, wenn die jeweilige Tätigkeit durchgeführt ist. Dabei ist unerheblich, ob die Bauausführung verwirklicht wird oder nicht. Auch wenn der Bauantrag nachträglich zurückgezogen oder wesentlich geändert wird, muss eine festgesetzte Gebühr nach Kapitel 5 des Schornsteinfegergebührenverzeichnisses nicht zurückgezahlt werden.

Kapitel 5 des Schornsteinfegergebührenverzeichnisses findet seine gesetzli-   **9**
che Ermächtigung zur Gebührenerhebung in § 24 Abs. 1 SchfG. Nach dem
Wortlaut von § 24 Abs. 1 i.V.m. § 13 Abs. 1 Nr. 9 SchfG dürfen Gebühren
nur für die „Ausstellung der Bescheinigung zu Rohbau- und Schlussabnahmen nach Landesrecht" festgesetzt werden. Den Begriff „Bauabnahmen"
verwendet die LBO BW nur in § 67 – und den BSM in dessen Abs. 5 –; und
doch kann kein Zweifel daran bestehen, dass auch die Erhebung von Gebühren für die Bescheinigung des BSM nach § 67 Abs. 5 und Nr. 19 Anhang
zu § 50 Abs. 1 LBO BW eine Bauabnahme i.S. von § 24 Abs. 1 SchfG ist.
Die gesetzliche Ermächtigung für die Gebühr nach Kapitel 5 Geb.Verz. ist
indes nicht ganz zweifelsfrei. Erhält der BSM von der Baurechtsbehörde den
Vordruck „Technische Angaben über Feuerungsanlagen (TAF)", muss dieser
ihn prüfen und erforderlichenfalls eine Stellungnahme dazu abgeben. Wird
das Bauvorhaben baurechtlich genehmigt und dann errichtet, war die Prüfung des Vordrucks durch den BSM in der Tat Voraussetzung für die Bauabnahme und damit Teil derselben. Dann ist die Gebühr durch § 24 Abs. 1,
§ 25 Abs. 1 SchfG gedeckt. Wird die Baugenehmigung abgelehnt oder von
der erteilten Genehmigung kein Gebrauch gemacht, kommt es zu keinen
Bauabnahmen. In diesem Falle dürfte es an einer gesetzlichen Ermächtigung
zur Gebührenfestsetzung fehlen. Damit stünde der BSM jedoch nicht ohne
Entgelt da. Dann wäre er als Sachverständiger von der Baurechtsbehörde zu
entschädigen. Es ist davon auszugehen, dass er als Entschädigung die Gebühr nach Kapitel 5 Geb.Verz. erhalten wird.

Die Gebühreneinnahmen nach dem Kapitel 5 Geb.Verz. sind vom BSM in   **10**
das Kehrbuch für vorgeschriebene, nicht regelmäßig wiederkehrende Arbeiten einzutragen.

2. Prüfung des Vordrucks „Technische Angaben über Feuerungsanlagen (TAF)"

Der Vordruck „Technische Angaben über Feuerungsanlagen" (TAF) nach   **11**
Anlage 6 VwV-LBO BW ist die zentrale Informationsquelle für den BSM bei
neuen oder wesentlich geänderten Feuerungsanlagen (neue Feuerstätte,
Querschnittsverminderung). Mit den Arbeitsgebühren nach Nr. 5.1 sind
die Zeitaufwendungen für die Prüfung des Vordrucks im Büro des BSM
einschließlich der beiliegenden Querschnittsberechnungen/Diagramme und
einschließlich der erforderlichen Stellungnahmen abgegolten.

Müssen in einem Ein- oder Zweifamilienhaus in einem baurechtlichen Ver-   **12**
fahren mehrere TAF's bearbeitet werden, darf nur einmal die Gebühr nach
Nr. 5.1 Geb.Verz. erhoben werden. Ist im weiteren Baufortschritt eine erneute Prüfung einer TAF erforderlich, fällt erneut die Gebühr nach Nr. 5.1
Geb.Verz. an.

Ermittlung der Arbeitswerte: **13**

5.1   *BP = 3000 HM = 30,0 AW*

Der Zeitaufwand von 30 Min. stellt eine Durchschnittsbetrachtung des   **14**
Gutachtens dar. Dabei wurden auch Vorhaben einbezogen, bei denen mehrere Stellungnahmen notwendig sind. Daher sind alle Aufwendungen im

Zusammenhang mit der Vordruckprüfung einbezogen. Der BSM darf daher keine Stellungnahmen an die Baurechtsbehörden im Zusammenhang mit dem Vordruck „Technische Angaben über Feuerungsanlagen" mit dem Hinweis ablehnen, dass dies die Gebühr nach Nr. 5.1 Geb.Verz. nicht mehr beinhaltet.

15 Wird das „TAF-Blatt" nach Abschluss der Prüfungen durch den BSM vom Bauherrn oder von Baubeteiligten in seinem Namen so geändert, dass dies Auswirkungen auf die Art und Bemessung der Feuerungsanlage hat, kann eine zweite Gebühr anfallen, wenn der Zeitaufwand für die erneute Prüfung des Vordrucks erheblich ist (Schreiben des WM BW vom 23.9.2002, Az. 3-1548.0/91). Dabei sollte vom BSM ein großzügiger Beurteilungsmaßstab angelegt werden. Vor allem bei geringfügigen Änderungen wäre eine zweite Gebühr nicht gerechtfertigt.

3. Bauabnahmen

16 Nr. 5.2 Geb.Verz. beinhaltet die Gebühren für alle örtlichen Besichtigungen, die zur Prüfung von Bauvorhaben notwendig sind. Dies können sein:

- Bauzustandsbesichtigungen bei Umbauvorhaben (wenn notwendig),
- Ortsbesichtigungen des Rohbaus (auf Wunsch),
- örtliche Prüfungen der Mängelbeseitigung vor Endabnahmen (auf Wunsch),
- Endabnahmen.

Die Gebühr gliedert sich in eine Grundgebühr je Gebäude und einen Zuschlag, der von der Anzahl der Schornsteine und der Stockwerke abhängig ist.

17 Gebäude i.S. der Nr. 5.2.1 Geb.Verz. ist das Gebäude nach § 2 Abs. 2 LBO BW.

18 Der Zuschlag fällt je Schornstein oder sonstigen senkrechten Teilen einer Abgasanlage mit bis zu zwei Schächten an. Zum Begriff „Schornstein" s. Anlage 3 Nr. 20 Muster-KÜO, zum Begriff „senkrechter Teil der Abgasanlage" s. Anlage 3 Nr. 21 Muster-KÜO. Bei einem Schornstein mit 3 Schächten fällt der Zuschlag zweimal an. Sind im Gebäude zwei Schornsteine mit jeweils einem Schacht nebeneinander errichtet, fällt der Zuschlag ebenfalls zweimal an. Nur der formstabile Schornstein mit zwei Schächten zählt als Einheit nach Nr. 5.2. Geb.Verz.

19 Die Gebühr fällt nach der Höhe der Schornsteine oder sonstigen senkrechten Teile der Abgasanlage an. Dabei werden alle vollen und angefangenen Meter berechnet, wie bei der Schornsteinreinigung nach Nr. 2.1 Geb.Verz.

20 Ein Reserveschornstein wird bei der Gebührenermittlung nicht mitgerechnet, es sei denn, eine Feuerstätte ist daran bereits angeschlossen.

21 Feuerstätten mit Außenwandanschluss haben keine senkrechten Teile von Abgasanlagen. Für die örtliche Prüfung dieser Anlagen wurde daher eine eigene Gebühr ausgewiesen (Nr. 5.2.3 Geb.Verz.).

Mit den Arbeitsgebühren nach Nr. 5.2.1, 5.2.2 und 5.2.3 sind die Zeitauf- **22**
wendungen für die Anmeldung, die Prüfung am und im Gebäude, Wege im
Gebäude, das Kassieren, die übliche Beratung, die Mängelfeststellung und
Dokumentierung der Mängel abgegolten.

Dazu kommt noch eine Grundgebühr nach Nr. 1.2 Schornsteinfegergebüh- **23**
renverzeichnis (BZG). Für die Fahrtzeiten wird ein Kilometergeld nach
Nr. 1.4 des Schornsteinfegergebührenverzeichnisses (FP2) verlangt (s. Erläuterungen zu Anlage 2, Kap. 6 Muster-KÜO).
Eine Grundgebühr nach Nr. 1.1 Anlage 2 Muster-KÜO (GG1, GG2 oder
GG3) wird auch dann nicht erhoben, wenn gleichzeitig mit der Bauabnahme
eine Abgaswegüberprüfung und/oder eine Emissionsmessung durchgeführt
wird.

Beispiel raumluftabhängige Gasfeuerstätte: Die Abnahme umfasst eine
Überprüfung des Schornsteins mittels Gerät, eine Abgaswegüberprüfung,
eine CO-Messung, eine Ringspaltmessung, eine Emissionsmessung und die
Ausstellung der Bescheinigung über die Brandsicherheit und die sichere
Abführung der Verbrennungsgase.

Gebührenberechnung: BZG, BZR, A11, MG1, BAB, BF

Beispiel messpflichtige Ölfeuerstätte: Die Abnahme umfasst eine Überprüfung des Schornsteins mittels Gerät, eine Emissionsmessung und die Ausstellung der Bescheinigung über die Brandsicherheit und die sichere Abführung der Verbrennungsgase.

Gebührenberechnung: BZG, BZR, AÖ1, M1, BAB, BF

Die Gebühr wird nach Vornahme der örtlichen Besichtigung/Abnahme zur **24**
Zahlung fällig. Dabei ist unerheblich, ob der BSM dabei Mängel feststellt
oder nicht.

Berechnung der Arbeitswerte: **25**

5.2.1 $BZ1 = \dfrac{215,58}{2,50} = 86,23 HM = 0,9 AW$

5.2.2 $BZ2 = \dfrac{440}{2,50} = 176 HM = 1,8 AW$

5.2.3 $BZ3 = 440 HM = 4,4 AW$

Für die Prüfung einer Außenwandfeuerstätte hat der Gutachter keinen
Zeitaufwand ermittelt. Der Verordnungsgeber hat daher die Gebühr einer
Endabnahme für einen Schornstein mit einem Stockwerk angesetzt.

4. Bescheinigung über die Brandsicherheit und sichere Abführung der Verbrennungsgase

Die LBO BW verlangt in § 67 Abs. 5 und Nr. 19 Anhang zu § 50 Abs. 1, **26**
dass bei der Errichtung und wesentlichen Änderung von Feuerungsanlagen
vor Inbetriebnahme vom BSM die Brandsicherheit und die sichere Abführung der Verbrennungsgase bescheinigt werden. Der BSM stellt die Beschei-

nigung aus, wenn er bei der Prüfung des Vordrucks „Technische Angaben über Feuerungsanlagen (TAF)" und bei der Endabnahme keine Mängel vorfindet bzw. wenn die festgestellten Mängel behoben sind. Mit der Arbeitsgebühr nach Nr. 5.3 Geb.Verz. sind alle Zeitaufwendungen abgegolten, die mit der Behandlung des Bauantrags entstanden und nicht von den Nr. 5.1, 5.2, 5.4 und 5.5 Geb.Verz. betroffen sind. Dies sind insbesondere der notwendige Schriftverkehr mit dem Bauherrn und der Baurechtsbehörde bei Mängelfeststellungen, die dazu notwendige Beratung, die besonderen Arbeiten damit im Büro und die Ausstellung der Bescheinigung selbst.

27 Nicht abgegolten sind die Zeitaufwendungen für eine Abgaswegüberprüfung, die zur Beurteilung der Brandsicherheit und sicheren Abführung der Verbrennungsgase erforderlich ist. Für diese Arbeiten hat der BSM die Gebühren nach Kap. 3 Geb.Verz. festzulegen. Die Muster-KÜO hat dazu zwar keine besonderen Festlegungen getroffen, diese ergeben sich jedoch aus der Arbeitsstudie BW 1998.

28 Gebühren für Kehrarbeiten können zusätzlich zur Gebühr für die Bauabnahme nicht berechnet werden, auch wenn gekehrt wird (s. hierzu Beispiele in Erl. 23).

29 Die Gebühr nach Nr. 5.3 Geb.Verz. wird nach Abschluss aller Prüfungen und Abnahmen fällig. Dies kann auch vor der eigentlichen Ausstellung der Bescheinigung über die Brandsicherheit und sichere Abführung der Verbrennungsgase sein, wenn schwerwiegende Mängel vorhanden sind. Der Bauherr kann die Gebührenzahlung nicht dadurch hinauszögern, indem er die Mängel nicht behebt. Dies ist jetzt aus dem Wortlaut der Ziff. 5.3 Schornsteinfegergebührenverzeichnis der Muster-KÜO eindeutig herauszulesen.

30 Sämtliche Gebühren werden nach Vornahme der Arbeiten fällig. Dies ist bei der Ausstellung der „Bescheinigung über die Brandsicherheit und sichere Abführung der Verbrennungsgase" der Tag, an dem die Entscheidung darüber fällt, ob diese erteilt wird oder nicht. Dies gilt auch dann, wenn lediglich ein Mängelbericht ausgestellt werden kann. Damit hat der Verordnungsgeber klargestellt, dass der BSM bereits bei Ausstellung des Mängelberichts die Gebühr nach Nr. 5.3 Geb.Verz. erlangen kann.

31 Der BSM kann die Gebühr nach Nr. 5.3 jedoch nicht zweimal erheben, auch wenn zwischen der Entscheidung über Nichtausstellung (Mängelmeldung) und der tatsächlichen Ausstellung der Bescheinigung Jahre vergangen sind. Für eine besondere Rohbau-Bescheinigung und für eine Mängelmeldung können keine zusätzlichen Gebühren erhoben werden. Diese Aufwendungen sind in den Gebühren nach Nr. 5.2+5.3 Geb.Verz. enthalten.

32 Die Gebühr wird auch fällig und braucht nicht zurückgezahlt werden, wenn die „Bescheinigung über die Brandsicherheit und sichere Abführung der Verbrennungsgase" am Ende ganz verweigert wird. Der BSM soll frei in seiner Entscheidung im baurechtlichen Verfahren sein und soll daher auch nicht dadurch beeinflusst werden, ob er nun eine Gebühr erhält oder nicht.

Berechnung der Arbeitswerte: **33**

$$BAB = \frac{1865HM}{135\% \times 122\% \times 100} = 11,3\,AW,\ gerundet = 10,0\ AW$$

Der Verordnungsgeber hat den vom Gutachter ermittelten Wert auf 10 Min.
= 10,0 AW herabgesetzt, da es sich lediglich um einen groben Schätzwert des
Gutachters handelte. Dabei sollten auch die Gebühren begrenzt werden.

5. Prüfung des Verbrennungsluftverbundes

Der BSM darf bei der Überprüfung der sicheren Benutzbarkeit des Schorn-   **34**
steins und der Schornsteinanschlüsse die Bescheinigung nur ausstellen, wenn
die Verbrennungsluftversorgung der Feuerstätten sichergestellt ist und die
Abgase bei geschlossenen Fenstern und Türen, zumindest nach einer bestimmten Anlaufzeit, einwandfrei abziehen (= Überprüfung des Lüftungs-
verbunds).

Die Arbeitswerte nach Nr. 5.4 Geb.Verz. dürfen nur berechnet werden,   **35**
wenn bei der Prüfung gerechnet werden muss, d.h. wenn das Prüfungsergebnis nicht offensichtlich ist. Die rechnerische Überprüfung ist auf der
Baustelle vorzunehmen. Die „Berechnungszeit" beginnt mit dem Nehmen
des Aufmaßes. Die rechnerische Überprüfung ist schriftlich zu machen. Ein
bloßes Überschlagen der planmäßigen Daten ohne schriftliche Aufzeich-
nung ist keine „rechnerische Überprüfung" i.S. von Nr. 5.4 Geb.Verz.

Die Arbeitswerte nach Nr. 5.4 Geb.Verz. berechnen sich nach dem tatsäch-   **36**
lichen Zeitaufwand, der für die rechnerische Überprüfung des Lüftungsver-
bunds erforderlich ist. Damit werden die Zeitaufwendungen für die gesamte
Berechnungszeit abgegolten.

Berechnung der Arbeitswerte: **37**

$$BAL = \frac{1,0\,AW}{100\% + 21,62\%} = 0,8\,AW$$

6. Dichtigkeitsprüfung

Bei raumluftunabhängigen Gasfeuerstätten wird die Dichtigkeit der Abgas-   **38**
leitung durch eine O_2-Messung im Ringspalt festgestellt (Gebühr in AGWÜ
enthalten). Bei raumluftabhängigen Gasfeuerungsanlagen wird eine Dichtigkeitsprüfung durch den BSM durchgeführt.

Zur Druckprobe wird mit einem Dichtheitsprüfgerät in die oben und unten   **39**
abgedichtete Abgasleitung Luft eingebracht, bis sich ein Druck von 200 Pa
einstellt. Unter Beibehaltung des Druckes wird festgestellt, welche Luftmen-
ge über Undichtheiten entweicht. Bis zu einer Leckrate von 0,36 l/(min · m²)
gilt die Abgasleitung als ausreichend dicht. Ältere Abgasleitungen, die bei
einer Nachprüfung die o.g. Werte nicht mehr einhalten, können unter folgenden Bedingungen weiter betrieben werden:

1. Es ist festzustellen, bei welchem Druck die zugelassene Leckrate eingehalten wird.

2. Es ist sicherzustellen, dass der höchste Betriebsdruck der Feuerstätte (Herstellerangabe) den unter 1. ermittelten Druckwert nicht übersteigt.

40 Die Arbeitswerte nach Nr. 5.5 Geb.Verz. berechnen sich nach dem tatsächlichen Zeitaufwand der Prüfungstätigkeit. Sie beginnt mit dem Bereitlegen der Prüfungsgeräte und endet mit der Dokumentation des Prüfungsergebnisses und/oder dem Zusammenpacken des Prüfgeräts.

41 Mit der Arbeitsgebühr nach Nr. 5.5 Geb.Verz. werden die Zeitaufwendungen für den Einsatz des Prüfungsgeräts, den Prüfungsvorgang selbst, die Dokumentation, das Zusammenpacken des Prüfgeräts und evtl. notwendige Beratungszeiten abgegolten.

42 Berechnung der Arbeitswerte:

$$BAD = \frac{1,0\,AW}{100\% + 21,62\%} = 0,8\,AW$$

7. Ankündigung von Bauabnahmen

43 Bei genehmigungspflichtigen und bei kenntnisgabepflichtigen baurechtlichen Vorhaben dürfen die Feuerungsanlagen erst in Betrieb genommen werden, wenn der Bezirksschornsteinfegermeister die Brandsicherheit und die sichere Abführung der Verbrennungsgase bescheinigt hat (§ 67 Abs. 5 LBO BW). Bei verfahrensfreien Vorhaben sind dem Bezirksschornsteinfegermeister mindestens 10 Tage vor Beginn der Ausführung die erforderlichen technischen Angaben vorzulegen. Vor Inbetriebnahme hat der Bezirksschornsteinfegermeister die Brandsicherheiten und die sichere Abführung der Verbrennungsgase zu bescheinigen (Nr. 19 Anhang zu § 50 Abs. 1 LBO BW). In allen Fällen dürfen daher Feuerungsanlagen erst in Betrieb genommen werden, wenn eine Bescheinigung über die Brandsicherheit und die sichere Abführung der Verbrennungsgase vom Bezirksschornsteinfegermeister ausgestellt worden ist. Dazu ist in der Regel eine örtliche Prüfung der fertig installierten und betriebsbereiten Feuerungsanlage notwendig (Endabnahme).

44 In der LBO ist nicht geregelt, wie und in welcher Form dieser Abnahmetermin anzukündigen ist. In der Regel ist davon auszugehen, dass der Bauherr an einem möglichst zeitnahen Termin interessiert ist, da er nur nach Ausstellung der Bescheinigung durch den Bezirksschornsteinfegermeister die Feuerungsanlage in Betrieb nehmen darf. Insoweit wird die Initiative für den Abnahmetermin vom Bauherrn ausgehen.

45 Der Termin ist zwischen dem Bauherrn und dem Bezirksschornsteinfegermeister zu vereinbaren; dies setzt die Einwilligung beider Beteiligten voraus. Eine einseitige Festsetzung durch den Bezirksschornsteinfegermeister ist weder vorgesehen, noch notwendig im Sinne der baurechtlichen Vorschriften (§ 67 Abs. 5 und Nr. 19 Anhang zu § 50 Abs. 1 LBO BW).

46 Ist zwischen dem Bauherrn und dem Bezirksschornsteinfegemeister ein Abnahmetermin vereinbart, bei dem der Bauherr nicht angetroffen wird, können die für den Termin im Kehrbezirk zusätzlich zurückgelegten Fahrtkilometer nach Ziff. 1.4 Geb.Verz. abgerechnet werden. Ersatzweise kann anstelle des Kilometergeldes auch die Fahrtpauschale nach Nr. 1.3 Geb.Verz. berechnet werden. Die Berechnung eines Zuschlags nach Nr. 6.4 des Gebührenverzeichnisses ist nicht zulässig, da dieser beschränkt ist auf Arbeiten nach der KÜO, dem Schornsteinfegergesetz und der 1. BImSchV.

Wird die Feuerungsanlage vom Bauherrn in Betrieb genommen, bevor die   **47** Bescheinigung des Bezirksschornsteinfegermeisters über die sichere Abführung der Verbrennungsgase ausgestellt ist, handelt dieser ordnungswidrig und kann mit einer Geldbuße belegt werden. Wird der Abnahmetermin durch den Bauherrn ohne triftigen Grund verhindert, hat der Bezirkschornsteinfegermeister die Baurechtsbehörde zu benachrichtigen, wenn die Feuerungsanlage bereits betrieben wird.

VII. Sonstige Arbeitsgebühren

Verordnungstext Anlage 2, Kapitel 6:

Nr.	Ab-kür-zung	Bezeichnung	Rechtsgrundlage der Tätigkeit	AW
6		**Sonstige Arbeitsgebühren**		
6.1	ZE1	Ausbrennen, Ausschlagen oder chemische Reinigung von kehrpflichtigen Anlagen und Einrichtungen je Arbeitsminute	§ 2 Abs. 1 KÜO	0,8
		Verbrauchsmaterialien für diese Arbeiten können als Auslagen in Rechnung gestellt werden.		
6.2	ZE2	Kehr- und Überprüfungsarbeiten, für die keine bestimmten Arbeitswerte festgesetzt wurden, je ArbeitsminuteKÜO		0,8
6.3	ZE3	Reinigung asbesthaltiger Schornsteine und Verbindungsstücke je Arbeitsminute	§ 2 Abs. 2 KÜO	0,8
6.4	ZA	Zuschlag für Arbeiten nach der KÜO, dem Schornsteinfegergesetz und der 1. BImSchV, wenn die Arbeiten außerhalb des üblichen Arbeitsganges ausgeführt werden müssen, weil sie trotz rechtzeitiger Ankündigung ohne triftigen Grund verhindert wurden	KÜO, SchfG 1. BImSchV	10,0
6.5	ZW	Zuschlag zu den angefallenen Arbeitswerten nach den Nummern 1 bis 6 bei Arbeiten, die auf besonderen Wunsch ausgeführt werden	KÜO, SchfG, 1. BImSchV	

Nr.	Ab-kür-zung	Bezeichnung	Rechtsgrundlage der Tätigkeit	AW
6.5.1	ZW1	von Montag – Freitag vor 6.00 Uhr oder nach 18.00 Uhr oder am Samstag		50 v.H.
6.5.2	ZW2	an Sonn- und gesetzlichen Feiertagen		100 v.H.
6.6	MA	Für eine notwendige Mahnung, wenn eine rückständige Gebühr innerhalb eines Monats nach Zustellung der Gebührenrechnung nicht bezahlt wird (Mahngebühr)	KÜO	5,0
6.7		Länderspezifische Anlagen und Einrichtungen	§ 1 Abs. 1 Nr. 6 KÜO	

Erläuterungen

1. Allgemeines 1–4
2. Ausbrennen, Ausschlagen, chemisch Reinigen 5–11
3. Kehr- und Überprüfungsarbeiten, für die keine Arbeitswerte festgesetzt wurden... 12–15
4. Asbesthaltige Schornsteine....................................... 16–21
5. Arbeiten außerhalb des üblichen Arbeitsganges 22–33
6. Arbeiten auf besonderen Wunsch 34–42
7. Mahngebühr.. 43–51

1. Allgemeines

1   Kapitel 6 des Schornsteinfegergebührenverzeichnisses umfasst alle unregelmäßigen Arbeitsgebühren, die neben den Wiederholungsüberprüfungen (Nr. 3.7 Geb.Verz.), Wiederholungsmessungen (Nr. 4.6 Geb.Verz.) und den Bauabnahmen (Kap. 5 Geb.Verz.) anfallen können. Dabei stellt Nr. 6.2 Geb.Verz. einen sog. Auffangtatbestand für Kehr- und Überprüfungsarbeiten dar, für die keine bestimmten Arbeitswerte festgesetzt wurden.

2   Die Reinigung asbesthaltiger Schornsteine und Verbindungsstücke (ZE3) könnte allerdings eine regelmäßige Arbeit sein, wenn eine Inaugenscheinnahme nicht möglich ist (s. Erl. 12 zu § 2 Abs. 2 Muster-KÜO). Dennoch ist die Gebührenfestsetzung unter Kap. 6, Anlage 2 Muster-KÜO richtig, weil erst vor Ort von Termin zu Termin die Arbeitsleistung festgelegt werden kann.

3   Neben den Gebühren für Arbeitsaufwendungen (Nr. 6.1–6.3 Geb.Verz.) sind in Kap. 6 auch Zuschläge für Arbeiten zu ungünstigen Zeiten (Nr. 6.4+6.5 Geb.Verz.) und die Mahngebühren (Nr. 6.6 Geb.Verz.) enthalten. Das Kilometergeld (FP2) für die Fahrten zu diesen unregelmäßigen Arbeiten ist in Kap. 1 Nr. 1.4 enthalten.

4   Die Gebühreneinnahmen nach den Nrn. 6.1–6.6 Geb.Verz. sind in das Kehrbuch für vorgeschriebene, nicht regelmäßig wiederkehrende Arbeiten einzutragen. Fallen bei der Kehrung asbesthaltiger Abgasanlagen regelmäßig die gleichen Gebührensätze an, sind diese als regelmäßig anzusehen und in das normale Kehrbuch einzutragen.

2. Ausbrennen, Ausschlagen, chemisch Reinigen

Das Ausbrennen, Ausschlagen und chemisch Reinigen von kehrpflichtigen   **5** Anlagen ist in § 2 Abs. 1 Muster-KÜO geregelt (s. Erl. 3 ff. zu § 2 Abs. 1 Muster-KÜO). Mit den Arbeitsgebühren nach Nr. 6.1 Geb.Verz. sind die Zeitaufwendungen für die Anmeldung, die Benachrichtigungen der Hausbewohner, der Feuerwehrleitstelle, die Ausbrennarbeiten/Ausschlagarbeiten/chem. Reinigungsarbeiten selbst, die Beseitigung der Verbrennungsrückstände, die Nachkontrolle, das Kassieren und die übliche Beratung abgegolten. Grundwerte oder Fahrtpauschalen nach Kap. 1 Geb.Verz. fallen nicht an, jedoch ein besonderes Kilometergeld nach Nr. 1.4 Geb.Verz.

Die Zeitmessung beginnt mit dem Betreten des Grundstücks bis zum Ver-   **6** lassen des Grundstücks. Werden mit dem Ausbrennen auf dem gleichen Grundstück noch zusätzliche Kehr- und Überprüfungsarbeiten durchgeführt, sind die dafür notwendigen Zeiten ebenfalls einzubeziehen (Zeitaufwand x 0,8 AW). Im Kehrbuch sind die normalen Kehr- und Überprüfungsgebühren einzutragen; im Kehrbuch für vorgeschriebene, nicht wiederkehrende Arbeiten die Differenz zwischen dem Gesamtbetrag und der Kehr- und Überprüfungsgebühr, die im normalen Kehrbuch eingetragen wird.

Sind für das Ausbrennen, Ausschlagen, chemisch Reinigen mehrere Perso-   **7** nen notwendig, werden die geleisteten Arbeitsminuten des Schornsteinfegermeisters und der beteiligten Fachkräfte (Gesellen oder Meister) berechnet. Für das Entfernen der Verbrennungsrückstände fällt keine Kehrgebühr nach Nr. 2.1 Geb.Verz. an; diese Tätigkeit zählt vielmehr zum Ausbrennen, Ausschlagen, chemisch Reinigen.

Berechnung des Arbeitswerts: **8**

$$ZE1 = \frac{1{,}0\,AW}{100\% + 21{,}62\%} = 0{,}8\,AW$$

In Nr. 6.1 Geb.Verz. ist noch vermerkt, dass die für das Ausbrennen, Aus-   **9** schlagen oder chemische Reinigung benötigten Verbrauchsmaterialien in Rechnung gestellt werden können. Damit wird klar gestellt, dass die Aufwendungen für Verbrauchsmaterialien für diese Arbeit als Auslagen berechnet werden können.

Der BSM muss diesen Auslagenersatz nicht verlangen, er kann. Die Pro-   **10** jektgruppe wollte damit zulassen, dass die Verbrauchsmaterialien auch vom Gebäudeeigentümer oder Mieter gestellt werden können. Der BSM kann darauf auch aus Gründen des guten Services verzichten.

Verbrauchsmaterialien sind z.B. Diesel, Gas für das Ausbrenngerät, Chemi-   **11** kalien oder Wachselemente. Nicht jedoch das Ausbrenngerät selbst, das

Ausschlaggerät oder die Chemikalienspritze. Auch Verschleißteile dieser Geräte fallen nicht darunter, wenn sie für mehrere Arbeitseinsätze benutzt werden können.

3. Kehr- und Überprüfungsarbeiten, für die keine Arbeitswerte festgesetzt wurden

12 Nr. 6.2 Geb.Verz. ist der Auffangtatbestand, wenn Kehr- und Überprüfungsarbeiten anfallen, für die in den Kapiteln 1–5 keine Arbeitswerte festgesetzt sind. Dies können Kehr- und Überprüfungsarbeiten sein, die die untere Verwaltungsbehörde im Einzelfall nach § 1 Abs. 5 Muster-KÜO festgesetzt hat. Aber auch Einzelfallentscheidungen bei besonderen Anlagen (Industrie, Museen, Messen, „fliegenden Bauten" etc.) können zu Gebührenentscheidungen nach der Nr. 6.2 Geb.Verz. führen.

13 Nr. 6.2 Geb.Verz. wird jedoch auch bei vielen Arbeiten angewandt, die der BSM auf besonderen Wunsch des Hauseigentümers oder der Aufsichtsbehörde wahrnimmt, zu der er jedoch nicht verpflichtet ist. Der Bezug auf Nr. 6.2 Geb.Verz. ist jedoch in diesen Fällen nicht zwangsläufig, er muss besonders vereinbart werden.

14 Mit den Arbeitsgebühren nach Nr. 6.2 Geb.Verz. sind die Zeitaufwendungen für die jeweils festgesetzte oder vereinbarte Arbeit vom Betreten des Grundstücks bis zu dessen Verlassen abgegolten. Grundwerte oder Fahrtpauschalen nach Kap. 1 Geb.Verz. fallen nicht an, jedoch ein besonderes Kilometergeld nach Nr. 1.4 Geb.Verz.

15 Berechnung des Arbeitswertes:

$$ZE2 = \frac{1,0\,AW}{100\% + 21,62\%} = 0,8\,AW$$

4. Asbesthaltige Schornsteine

16 Die Reinigung asbesthaltiger Feuerungsanlagen ist in § 2 Abs. 2 Muster-KÜO besonders geregelt. Dabei werden besondere Arbeitsverfahren nach dem Arbeitsblatt 702 des Bundesverbandes des Schornsteinfegerhandwerks (ZIV) vorgegeben. Die Anwendung dieser Arbeitsverfahren ist sehr zeitintensiv und benötigt einen sehr gewissenhaften Arbeitseinsatz.

17 Der Gutachter BW 1998 hat mehrere Arbeiten an asbesthaltigen Abgas- und Lüftungsanlagen untersucht und folgende Durchschnittzeitaufwendungen festgestellt:

f(x) = (1234,87 HM + 90,65 HM x Stockwerke pro Schornstein) x 2 Personen

Er hat dabei das gebräuchliche Nassverfahren untersucht, bei dem zwei Personen benötigt werden. Der Grundaufwand beträgt dabei rd. 12 Minuten (1.234,87 HM), der Arbeitsaufwand je Stockwerk und Schornstein rd. 1 Minute (90,65 HM). Bei einer sechsstöckigen senkrechten Abgasanlage ergäbe sich dann folgende Berechung (ohne Grundwerte und Fahrtpauschale):

$f(x) = (12{,}3\ AW + (0{,}9\ AW\ x\ 6))\ x\ 2 = 35{,}4\ AW$

Bei einer normalen Kehrung würden vergleichsweise 4,5 AW (15 m) für die eigentlichen Kehrarbeiten anfallen.

Die Projektgruppe hat sich jedoch nicht für eine Durchschnittsgebühr ent- **18** schieden, da die Arbeitsaufwendungen sehr unterschiedlich sein können. Es wurde daher, wie bei den Nr. 6.1 und 6.2 Geb.Verz. eine Zeitgebühr festgesetzt.

Werden im Gebäude des Kehr- und Überprüfungspflichtigen nur asbesthal- **19** tige Anlagen gekehrt, sind mit den Arbeitsgebühren nach Nr. 6.3 Geb.Verz. die Zeitaufwendungen für die jeweils festgesetzte oder vereinbarte Arbeit vom Betreten des Grundstücks bis zu dessen Verlassen abgegolten. Grundwerte oder Fahrtpauschalen nach Kap. 1 Geb.Verz. fallen nicht an, jedoch ein besonderes Kilometergeld nach Nr. 1.4 Geb.Verz.

Werden in einem Arbeitsgang noch andere Tätigkeiten bearbeitet, die nach **20** den Kap. 1–4 gebührenpflichtig sind, beginnt die Zeitmessung mit dem Bereitlegen der notwendigen Arbeitsgeräte für die Kehrung der asbesthaltigen Anlagen und endet mit dem Zusammenpacken dieser Geräte nach Beendigung der Reinigungsarbeiten.

Berechnung des Arbeitswertes: **21**

$$ZE3 = \frac{1{,}0\,AW}{100\% + 21{,}62\%} = 0{,}8\,AW$$

5. Arbeiten außerhalb des üblichen Arbeitsganges

Der Text der Nr. 6.4 Geb.Verz. wurde fast wortgleich aus der KÜO BW **22** übernommen. Die Projektgruppe hat die Zuschlagswerte nicht ermitteln lassen, da diese eher der Abschreckung dienen sollen, als zur Abgeltung konkreter Zeitaufwendungen. Es ist jedoch unbestritten, dass bei verhinderten Kehr- und Überprüfungsterminen ein erhöhter Zeitaufwand entsteht. Dieser kann jedoch sehr unterschiedlich sein. Daher ist auch die Festsetzung einer Gebühr für diesen Tatbestand mit § 24 Abs. 1 SchfG vereinbar.

Der Zuschlag nach Nr. 6.4 Geb.Verz. darf nur für Arbeiten des Schornstein- **23** fegers erhoben werden, für die in den Nrn. 1.1–4.7, 6.1–6.3 Geb.Verz. Arbeitswerte festgesetzt sind, nicht also für die Abnahmetätigkeit nach der Landesbauordnung (vgl. Erl. 46 zu Kap. 5, Anlage 2 Muster-KÜO).

Grund des Zuschlags ist der vom Gebührenschuldner wissentlich verursach- **24** te Zeitmehraufwand des Schornsteinfegers. Dies wird in einer Gebührenpauschale abgegolten. Der Zuschlag verfolgt keine weiteren Ziele; er ist insbes. kein „Bußgeld".

25 Neben der Entrichtung des Zuschlags muss der Gebührenschuldner noch die Fahrtkosten tragen (Kilometergeld nach Nr. 1.4 Geb.Verz.).

26 „Außerhalb des üblichen Arbeitsgangs" führt der Schornsteinfeger seine Arbeit aus, wenn er „außer der Reihe" kommt, d.h. für die einzelne Arbeit einen besonderen Gang machen muss. Üblich im Schornsteinfegerhandwerk ist das Kehren, Überprüfen, Messen einer Anlage von „Haus zu Haus". Üblich ist, wie in den anderen vergleichbaren Handwerksbetrieben, nur der Gang während der normalen Arbeitszeit.

27 Der Bezirksschornsteinfegermeister sollte, wenn er die Arbeitswerte nach Nr. 6.4 Geb.Verz. erheben will, zur Rechtssicherheit die Gründe darlegen, weshalb die Arbeit nicht innerhalb des üblichen Arbeitsgangs ausgeführt werden kann bzw. konnte.

28 Weitere Tatbestandsvoraussetzungen der Zuschlagsgebühr nach der Nr. 6.4 Geb.Verz. ist, dass die Arbeit „trotz rechtzeitiger Ankündigung ohne triftigen Grund verhindert wurde". Die Pflicht zur rechtzeitigen Ankündigung besteht nur im Rahmen von § 3 Abs. 1 Muster-KÜO (vgl. Erl. 3 ff. zu § 3 Abs. 1 Muster-KÜO). Die Arbeiten nach § 15 1. BImSchV müssen mindestens 6 Wochen vorher angekündigt werden (§ 15 Abs. 3 1. BImSchV). Das Risiko, vor verschlossener Tür zu stehen und auch der Wortlaut in Nr. 6.4 Geb.Verz. wird den Bezirksschornsteinfegermeister anhalten, sich rechtzeitig genug anzukündigen.

29 Die Auslegung der Worte „ohne triftigen Grund" (ein unbestimmter Rechtsbegriff) wird vom Einzelfall her bestimmt. Allgemein gesehen wird ein triftiger Grund im Sinne der Nr. 6.4 Geb.Verz. dann vorliegen, wenn es dem Gebührenschuldner nicht möglich oder zumutbar ist, den Schornsteinfeger zu der angegebenen Zeit die Arbeit ausführen zu lassen. Ist es dem Gebührenschuldner möglich, den Grund der Verhinderung (z.B. Krankheit, Gerichtstermin, Beerdigung) dem Schornsteinfeger noch rechtzeitig vorher mitzuteilen, verhindert er die Arbeit ohne triftigen Grund im Sinne von Nr. 6.4 Geb.Verz., wenn er die Mitteilung unterlässt.

30 Der Zuschlag wird jedem Gebührenschuldner berechnet, bei dem die Voraussetzungen der Nr. 6.4 Geb.Verz. gegeben sind. Bei einem Mehrfamilienhaus mit mehreren Nutzungseinheiten (Nr. 17 Anlage 3 Muster-KÜO) kann der Zuschlag daher auch von mehreren „Nutzern" verlangt werden.

31 Der Zuschlag von 10,0 AW fällt nur bei der Arbeitsausführung vor Ort an und kann daher je Nutzungseinheit nur einmal berechnet werden. Unberührt hiervon bleibt die Berechnung der besonderen Fahrten nach 1.4 Geb.Verz. Der Zuschlag wird also nicht – im Gegensatz zu den Fahrtkosten nach Nr. 1.4 Geb. Verz. – anteilig umgelegt, wenn bei einem nicht üblichen Arbeitsgang mehrere Arbeiten ohne triftigen Grund verhindert wurden.

32 Mit den Gebühren nach Nr. 6.4 Geb.Verz. sind alle Zeitaufwendungen und Nebenkosten abgegolten, die der verhinderte Arbeitsgang zusätzlich verursachte.

Berechnung der Arbeitswerte: **33**

$ZA = 1000 HM = 10,0 AW$ (ohne Berechnung festgesetzt)

6. Arbeiten auf besonderen Wunsch

Ein besonderes Ziel der Muster-KÜO 2006 ist die Erhöhung der Servicebe-   **34**
reitschaft des BSM. Dies drückt sich insbesondere in der Flexibilität bei der
Gestaltung der Anlauftermine aus. Nach der Muster-KÜO 2006 soll jeder
Kunde seinen Wunschtermin erhalten, wenn er dies rechtzeitig mit dem
BSM vereinbart. Bei der Berechnung der Fahrtpauschale hat die Projekt-
gruppe diesen Mehraufwand für den BSM berücksichtigt. Da es sich dabei
jedoch um eine Durchschnittsbetrachtung handelt, muss der BSM sämtliche
Kundenwünsche erfüllen.

Liegen die Wunschtermine innerhalb der üblichen Arbeitszeit des BSM,   **35**
fallen keine Zuschläge nach Nr. 6.5 Geb.Verz. an. Erst bei Arbeiten in
den genau beschriebenen Zeiten können die Gebührenzuschläge der
Nr. 6.5.1 und 6.5.2 Geb.Verz. angesetzt werden.

Der Zuschlag fällt bei allen Arbeiten an, die im Schornsteinfegergebühren-   **36**
verzeichnis aufgeführt sind, auch bei den Bauabnahmen nach Kap. 5.

Der Wunsch des Gebührenschuldners ist dann ein „besonderer'", wenn   **37**
dieser weiß, dass die Gebühr sich um 50 % bzw. 100 % erhöhen oder
verdoppeln kann und er trotzdem den Schornsteinfeger außerhalb der üblichen Arbeitszeit kommen lassen will. D.h. der Gebührenschuldner ist im
Zweifelsfall auf den erheblichen Zuschlag aufmerksam zu machen. Ein
Rechtsanspruch auf Erfüllung des „besonderen Wunsches" besteht nicht.

Die früher als „übliche Arbeitszeit" bezeichnete Arbeitszeit des BSM wird   **38**
durch die tarifliche Wochenarbeitszeit des Schornsteinfegergesellen (Montag bis Freitag) bestimmt. Sie liegt zwischen 6.^{00} Uhr und 18.^{00} Uhr. Die
individuelle Arbeitseinteilung des BSM spielt hier keine Rolle.

Mit den Gebühren nach Nr. 6.5.1 und 6.5.2 werden die zusätzlichen Ar-   **39**
beitskosten des BSM und die Arbeit zu ungünstigen Zeiten abgegolten.
Dabei handelt es sich um einen Zuschlag, der zu den normalen Arbeitskosten nach Nr. 1.1.1–6.3 zusätzlich erhoben wird.

Berechnung der Arbeitswerte: **40**

$ZW1 = +50 \%$ (nach § 4 Bundestarifvertrag)

$ZW2 = +100 \%$ (nach § 4 Bundestarifvertrag)

Eine Höchstgrenze für den Zuschlag gibt es nicht. Es wurde auch ein ein-   **41**
heitlich klarer Zuschlag gewählt, der keine Spielräume nach oben oder
unten zulässt.

Wird der Arbeitsgang auf Wunsch des BSM außerhalb der üblichen Arbeits-   **42**
zeit ausgeführt, kann kein Zuschlag nach Nr. 6.5.1 oder 6.5.2 Geb.Verz.
erhoben werden.

7. Mahngebühr

43   Nr. 6.6 Schornsteinfegergebührenverzeichnis wurde aus der KÜO BW übernommen. Der Gebührensatz wurde auf 5,0 AW (ca. 5,– €) angehoben.

44   Eine Gebühr ist zur Zahlung fällig, wenn die Fälligkeit eingetreten ist. Siehe hierzu § 4 Abs. 3 Satz 1 Muster-KÜO (Erl. 20+21 § 4 Abs. 3 Muster-KÜO).

45   Die Erhebung des Auslagenbetrags nach Nr. 6.6 Geb.Verz. setzt eine wirksame Mahnung voraus. Diese wird schriftlich vom BSM an den Gebührenschuldner übersandt. Der Einsatz einer Inkassofirma ist nicht zugelassen (Schreiben des WM BW vom 19.9.2002 auf eine entsprechende Anfrage einer unteren Landesbehörde). Eine besondere Zustellungsart wird nicht vorgegeben. Beweispflichtig für den Zeitpunkt der Zustellung ist der BSM. Die schriftliche Mahnung ist wiederum Voraussetzung für die Beitreibung der Gebühr und der Mahnkosten durch die zuständige Verwaltungsbehörde (vgl. § 25 Abs. 4 Satz 2 SchfG).

46   Vor einer Mahnung muss dem Gebührenschuldner eine schriftliche Rechnung zugegangen und seit der Zustellung der Rechnung ein voller Monat vergangen sein. Erst dann ist eine Mahnung „notwendig" im Sinne von Nr. 6.6 Geb.Verz. Die Gebührenrechnung muss allerdings einige Formalien erfüllen, da der BSM nach § 14 Abs. 2 Satz 2 Nr. 2 UStG der Rechnungserteilungspflicht unterliegt (Schreiben des Bundsfinanzministeriums vom 21.1.2005 Nr. IVA5-S7280a-10/05 an den ZIV). Siehe hierzu auch Erl. 23+24 zu § 4 Abs. 3 Satz 2 Muster-KÜO.

47   Die Gebührenrechnung darf auch **nicht** als Empfangsbescheinigung bezeichnet werden, sondern muss klar als Gebührenrechnung erkennbar sein.

48   Die Mahnkosten können nur einmal anfallen, da nur eine Mahnung „notwendig" ist.

49   Auf die Mahngebühr nach Nr. 6.6 Geb.Verz. darf der BSM keine Mehrwertsteuer zuschlagen, da diese nicht umsatzsteuerpflichtig ist. Der BSM muss diese Betriebseinnahmen in der Buchführung auch gesondert ausweisen.

50   Mit der Gebühr nach Nr. 6.6 Geb.Verz. sind alle zusätzlichen Zeitaufwendungen und Materialkosten abgegolten, die für eine Mahnung erforderlich sind.

51   Berechnung der Arbeitswerte:

$$MA = 5000\,HM = 5,0\,AW \quad \text{(ohne Berechnung festgelegt)}$$

VIII. Musterhäuser

Zum besseren Verständnis der Gebührenberechung im Schornsteinfeger-handwerk werden 14 Musterhäuser erläutert:

Musterhaus 1:   Einfamilienhaus, Ölzentralheizung (18 kW) im Keller, 1 senkrechtes Teil einer Abgasanlage, 10 m

Musterhaus 2:   Einfamilienhaus, Ölzentralheizung oder Warmluftheizung im Keller (10,9 kW), 1 senkrechtes Teil einer Abgasanlage, in der üblichen Heizperiode benutzt, 10 m

Musterhaus 3:   Einfamilienhaus, atmosphärische Gaszentralheizung im Keller (13 kW), 1 senkrechtes Teil einer Abgasanlage, 10 m

Musterhaus 4:   Achtfamilienhaus, Gaszentralheizung im Keller (35 kW), je Wohnung 1 Gasdurchlaufwasserheizer (22,7 kW), 2 senkrechte Teile einer Abgasanlage, 15 m

Musterhaus 5:   Mehrfamilienhaus, mechanisch beschickte Holzpelletshei-zung im Keller (35 kW), 1 Schornstein, ganzjährig benutzt, 10 m

Musterhaus 6:   Einfamilienhaus, Holzheizung im Keller (25 kW), 1 Schornstein, in der üblichen Heizperiode benutzt, 10 m

Musterhaus 7:   Einfamilienhaus, Ölzentralheizung im Keller (24 kW), Ka-chelofen als Zusatzheizung in der Wohnung (Holz), 2 senkrechte Teile einer Abgasanlage (S2, S1), 10 m

Musterhaus 8:   Einfamilienhaus, atmosphärische Gaszentralheizung im Keller (13 kW), offener Kamin, 2 senkrechte Teile einer Abgasanlage, 10 m

Musterhaus 9:   Einfamilienhaus mit 3 Öleinzelöfen unter 11 kW, 1 senk-rechtes Teil einer Abgasanlage, in der üblichen Heizperio-de benutzt, 10 m

Musterhaus 10:   Einfamilienhaus, raumluftunabhängige Gaszentralhei-zung (Überdruck) im Keller (18 kW), 1 senkrechtes Teil einer Abgasanlage, notwendige Hinterlüftung, 10 m

Musterhaus 11:   Einfamilienhaus, Gasgebläsebrenner ohne Strömungssi-cherung (Unterdruck) im Keller (13 kW), 1 senkrechtes Teil einer Abgasanlage, 10 m

Musterhaus 12:   Einfamilienhaus, Gasbrennwertfeuerstätte als Dachheiz-zentrale, 15 kW

Musterhaus 13:   Einfamilienhaus, atmosphärische Gaszentralheizung im Keller (18 kW), dazu einen Standspeicher (8 kW), 1 senk-rechtes Teil einer Abgasanlage, 10 m

Musterhaus 14:   Wohnhaus mit 4 Wohnungen, 2 Gruppen von jeweils 2 senkrechten Teilen von Abgasanlagen, je 10 m, mit ver-schiedenen Feuerstätten zur Verbrennung gasförmiger und fester Brennstoffe

Den Gebührenberechnungen liegt eine AW-Gebühr von 0,99 Euro und ein Mehrwertsteuersatz von 19 % zugrunde.

Musterhaus 1: Einfamilienhaus, Ölzentralheizung (18 kW) im Keller, 1 senkrechtes Teil einer Abgasanlage, 10 m

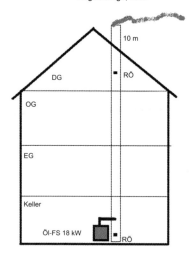

Gebührenberechnung 2007			AW/€
GG3	Grundwert-Ölfeuerstätte		
	(Kehren und Messen)		12,9
FP1	Fahrtpauschale		6,2
SÜ	Überprüfungsarbeiten im		
	Schornstein		3,0
AÖ1	Abgaswegeüberprüfung Öl -		
	erste Prüfstelle		13,8
M1	Emissionsmessung Öl -		
	erste Messstelle		10,3
	Summe Arbeitswerte		**46,2**
	Preis je AW	0,99 €	45,74 €
	Mehrwertsteuer	19%	8,69 €
	Gebühr mit		
	Mehrwertsteuer		**54,43 €**

Feuerstättenschau alle 5 Jahre:
FS1   Feuerstättenschau
Schornsteingruppe   8,0

Gebühr mit Mehrwertsteuer	9,42 €
Gebühr alle 5 Jahre	**63,85 €**

Musterhaus 2: Einfamilienhaus, Ölzentralheizung oder Warmluftheizung im Keller (10,9 kW), 1 senkrechtes Teil einer Abgasanlage, in der üblichen Heizperiode benutzt, 10 m

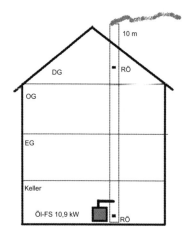

Gebührenberechnung 2007

			AW/€	bei freiw. Emissions- messung AW/€
GG3	Grundwert-Ölfeuerstätte			
	(Kehren und Messen)		27,6	12,9
FP1	Fahrtpauschale		18,6	6,2
S	Kehrarbeiten am Schornstein		9,0	
AR1	Abgasrohr für den ersten Meter		21,0	
SÜ	Überprüfungsarbeiten im			
	Schornstein		3,0	
AÖ1	Abgaswegeüberprüfung Öl -			
	erste Prüfstelle		13,8	
M1	Emissionsmessung Öl -			
	erste Messstelle			10,3
	Summe Arbeitswerte		**76,2**	**46,2**
	Preis je AW	0,99 €	75,44 €	45,74 €
	Mehrwertsteuer	19%	14,33 €	8,69 €
	Gebühr mit			
	Mehrwertsteuer		**89,77 €**	**54,43 €**

Feuerstättenschau alle 5 Jahre:

FS1	Feuerstättenschau		
	Schornsteingruppe	10,0	8,0
FS2	Zuschlag Feuerstätte	1,7	
GG2	Grundwert ohne Arbeiten		
	am Schornstein	3,5	
FP1	Fahrtpauschale	6,2	

Gebühr mit Mehrwertsteuer	25,21 €	9,42 €
Gebühr alle 5 Jahre	**114,98 €**	**63,85 €**

270

Musterhaus 3: Einfamilienhaus, atmosphärische Gaszentralheizung im Keller (13 kW), 1 senkrechtes Teil einer Abgasanlage, 10 m

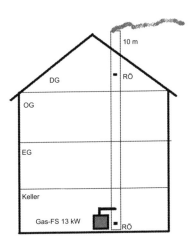

Gebührenberechnung 2007		AW/€
GG1	Grundwert mit Arbeiten am Schornstein	9,2
FP1	Fahrtpauschale	6,2
SÜ	Überprüfungsarbeiten im Schornstein	3,0
A11	Abgaswegeüberprüfung raumluftabhängige Gasfeuerstätte - erste Prüfstelle	15,5
MG1	Emissionsmessung Gas - mit Abgaswegeüberprüfung	6,5
	Summe Arbeitswerte	**40,4**
	Preis je AW	0,99 € 40,00 €
	Mehrwertsteuer	19% 7,60 €
	Gebühr mit Mehrwertsteuer	**47,60 €**

Feuerstättenschau alle 5 Jahre:		
FS1	Feuerstättenschau Schornsteingruppe	8,0
	Gebühr mit Mehrwertsteuer	9,42 €
	Gebühr alle 5 Jahre	**57,02 €**

Musterhaus 4: Achtfamilienhaus, Gaszentralheizung im Keller (35 kW), je Wohnung 1 Gasdurchlaufwasserheizer (22,7 kW), 2 senkrechte Teile einer Abgasanlage, 15 m

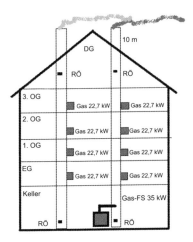

Gebührenberechnung 2007		AW/€
GG1	Grundwert mit Arbeiten am Schornstein	9,2
FP1	Fahrtpauschale	49,6
SÜ	Überprüfungsarbeiten im Schornstein	9,0
A11	Abgaswegeüberprüfung raumluftabhängige Gasfeuerstätte - erste Prüfstelle	139,5
MG1	Emissionsmessung Gas - mit Abgaswegeüberprüfung	6,5
	Summe Arbeitswerte	**213,8**
	Preis je AW	0,99 € 211,66 €
	Mehrwertsteuer	19% 40,22 €
	Gebühr mit Mehrwertsteuer	**251,88 €**

Feuerstättenschau alle 5 Jahre:		
FS1	Feuerstättenschau Schornsteingruppe	8,0
	Gebühr mit Mehrwertsteuer	9,42 €
	Gebühr alle 5 Jahre	**261,30 €**

Musterhaus 5: Mehrfamilienhaus, mechanisch beschickte Holzpelletsheizung im Keller (35 kW),
1 Schornstein, ganzjährig benutzt, 10 m

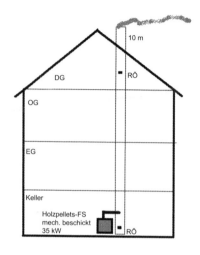

Gebührenberechnung 2007			AW/€
GG1	Grundwert Gebäude - mit Arbeiten am Schornstein		18,4
GG2	Grundwert Gebäude - ohne Arbeiten am Schornstein		3,5
FP1	Fahrtpauschale		18,6
S	Kehrarbeiten im Schornstein		6,0
AR1	Abgasrohr - für den ersten Meter		14,0
MF3	Emissionsmessung Holz - erste Messstelle		75,7
	Summe Arbeitswerte		**136,2**
	Preis je AW	0,99 €	134,84 €
	Mehrwertsteuer	19%	25,62 €
	Gebühr mit Mehrwertsteuer		**160,46 €**

Feuerstättenschau alle 5 Jahre:		
FS1	Feuerstättenschau Schornsteingruppe	10,0
	Gebühr mit Mehrwertsteuer	11,78 €
	Gebühr alle 5 Jahre	**172,24 €**

Musterhaus 6: Einfamilienhaus, Holzheizung im Keller (25 kW), 1 Schornstein, in der üblichen Heizperiode
benutzt, 10 m

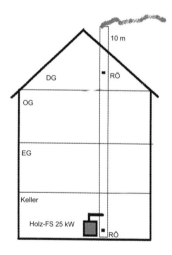

Gebührenberechnung 2007			AW/€
GG1	Grundwert Gebäude - mit Arbeiten am Schornstein		27,6
FP1	Fahrtpauschale		18,6
S	Kehrarbeiten im Schornstein		9,0
AR1	Abgasrohr - für den ersten Meter		21,0
	Summe Arbeitswerte		**76,2**
	Preis je AW	0,99 €	75,44 €
	Mehrwertsteuer	19%	14,33 €
	Gebühr mit Mehrwertsteuer		**89,77 €**

Feuerstättenschau alle 5 Jahre:		
FS1	Feuerstättenschau Schornsteingruppe	10,0
FS2	Zuschlag Feuerstätte	1,7
GG2	Grundwert Gebäude - ohne Arbeiten im Schornstein	3,5
FP1	Fahrtpauschale	6,2
	Gebühr mit Mehrwertsteuer	25,21 €
	Gebühr alle 5 Jahre	**114,98 €**

Musterhaus 7: Einfamilienhaus, Ölzentralheizung im Keller (24 kW), Kachelofen als Zusatzheizung in der Wohnung (Holz), 2 senkrechte Teile einer Abgasanlage (S2, S1), 10 m

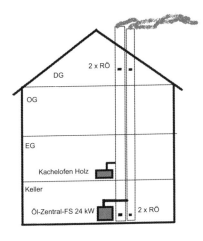

Gebührenberechnung 2007		AW/€
GG1	Grundwert Gebäude - mit Arbeiten am Schornstein	18,4
GG2	Grundwert Gebäude - ohne Arbeiten am Schornstein	3,5
FP1	Fahrtpauschale	18,6
S	Kehrarbeiten im Schornstein	6,0
SÜ	Überprüfungsarbeiten im Schornstein	3,0
AÖ1	Abgaswegeüberprüfung Öl - erste Prüfstelle	13,8
M1	Emissionsmessung Öl - mit Abgaswegeüberprüfung	10,3
	Summe Arbeitswerte	73,6
	Preis je AW	0,99 €	72,86 €
	Mehrwertsteuer	19%	13,84 €
	Gebühr mit Mehrwertsteuer		**86,71 €**

Feuerstättenschau alle 5 Jahre:		
FS1	Feuerstättenschau Schornsteingruppe	8,0
FS2	Zuschlag Feuerstätte	1,7
	Gebühr mit Mehrwertsteuer	11,43 €
	Gebühr alle 5 Jahre	**98,14 €**

Musterhaus 8: Einfamilienhaus, atmosphärische Gaszentralheizung im Keller (13 kW), offener Kamin, 2 senkrechte Teile einer Abgasanlage, 10 m

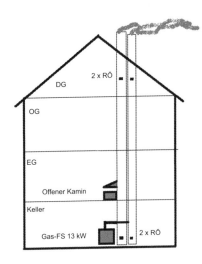

Gebührenberechnung 2007		AW/€
GG1	Grundwert Gebäude - mit Arbeiten am Schornstein	9,2
GG2	Grundwert Gebäude - ohne Arbeiten am Schornstein	3,5
FP1	Fahrtpauschale	12,4
S	Kehrarbeiten im Schornstein	3,0
SÜ	Überprüfungsarbeiten im Schornstein	3,0
OK	Rauchfang vom offenen Kamin	1,3
K1	Abgaskanal - bis 500 cm^2 Querschnitt	1,5
A11	Abgaswegeüberprüfung raumluftabhängige Gasfeuerstätte - erste Prüfstelle	15,5
MG1	Emissionsmessung Gas - mit Abgaswegeüberprüfung	6,5
	Summe Arbeitswerte	55,9
	Preis je AW	0,99 €	55,34 €
	Mehrwertsteuer	19%	10,51 €
	Gebühr mit Mehrwertsteuer		**65,86 €**

Feuerstättenschau alle 5 Jahre:		
FS1	Feuerstättenschau Schornsteingruppe	8,0
FS2	Zuschlag Feuerstätte	1,7
	Gebühr mit Mehrwertsteuer	11,43 €
	Gebühr alle 5 Jahre	**77,28 €**

Musterhaus 9: Einfamilienhaus mit 3 Öleinzelöfen unter 11 kW, 1 senkrechtes Teil einer Abgasanlage, in der üblichen Heizperiode benutzt, 10 m

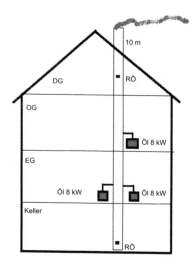

Gebührenberechnung 2007		AW/€
GG1	Grundwert Gebäude - mit	
	Arbeiten am Schornstein	27,6
FP1	Fahrtpauschale	18,6
S	Kehrarbeiten im Schornstein	9,0
	Summe Arbeitswerte	**55,2**
	Preis je AW	0,99 € 54,65 €
	Mehrwertsteuer	19% 10,38 €
	Gebühr mit Mehrwertsteuer	**65,03 €**

Feuerstättenschau alle 5 Jahre:		
FS1	Feuerstättenschau	
	Schornsteingruppe	10,0
FS2	Zuschlag Feuerstätte	5,1
GG2	Grundwert Gebäude - ohne	
	Arbeiten im Schornstein	3,5
FP1	Fahrtpauschale	6,2
	Gebühr mit Mehrwertsteuer	29,22 €
	Gebühr alle 5 Jahre	**94,25 €**

Musterhaus 10: Einfamilienhaus, raumluftunabhängige zentrale Gaszentralheizung (Überdruck) im Keller (18 kW), 1 senkrechtes Teil einer Abgasanlage, notwendige Hinterlüftung, 10 m

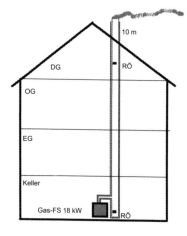

Gebührenberechnung 2007			1. Jahr AW/€	2. Jahr AW/€
GG1	Grundwert Gebäude - mit			
	Arbeiten an der Abgasanlage		9,2	
GG2	Grundwert Gebäude - ohne			
	Arbeiten an der Abgasanlage			3,5
FP1	Fahrtpauschale		6,2	6,2
SÜ	Überprüfungsarbeiten am			
	Schornstein		3,0	
A21	Abgaswegeüberprüfung			
	raumluftunabhängige			
	Gasfeuerstätte - erste Prüfstelle		18,9	
MG1	Emissionsmessung Gas - mit			
	Abgaswegeüberprüfung		6,5	
MG2	Emissionsmessung Gas - 1.			
	Messstelle ohne			
	Abgaswegeüberprüfung			15,3
	Summe Arbeitswerte		**43,8**	**25,0**
	Preis je AW	0,99 €	43,36 €	24,75 €
	Mehrwertsteuer	19%	8,24 €	4,70 €
	Gebühr mit Mehrwertsteuer		**51,60 €**	**29,45 €**

Feuerstättenschau alle 5 Jahre:			
FS1	Feuerstättenschau		
	Schornsteingruppe	8,0	8,0
	Gebühr mit Mehrwertsteuer	9,42 €	9,42 €
	Gebühr alle 5 Jahre	**61,03 €**	**38,88 €**

Anlage 2 **Muster-KÜO**

Musterhaus 11: Einfamilienhaus, Gasgebläsebrenner ohne Strömungssicherung (Unterdruck) im Keller
(13 kW), 1 senkrechtes Teil einer Abgasanlage, 10 m

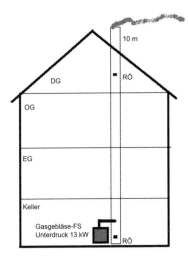

Gebührenberechnung 2007		AW/€
GG1	Grundwert mit Arbeiten am Schornstein	9,2
FP1	Fahrtpauschale	6,2
SÜ	Überprüfungsarbeiten im Schornstein	3,0
A11	Abgaswegeüberprüfung raumluftabhängige Gasfeuerstätte - erste Prüfstelle	15,5
MG1	Emissionsmessung Gas - mit Abgaswegeüberprüfung	6,5
Summe Arbeitswerte		**40,4**
Preis je AW	0,99 €	40,00 €
Mehrwertsteuer	19%	7,60 €
Gebühr mit Mehrwertsteuer		**47,60 €**

Feuerstättenschau alle 5 Jahre:		
FS1	Feuerstättenschau Schornsteingruppe	8,0
	Gebühr mit Mehrwertsteuer	9,42 €
	Gebühr alle 5 Jahre	**57,02 €**

Musterhaus 12: Einfamilienhaus, Gasbrennwertfeuerstätte als Dachheizzentrale, 15 kW

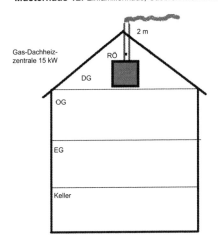

Gebührenberechnung 2007	(alle 2 Jahre)	AW/€
GG1	Grundwert mit Arbeiten am Schornstein	9,2
FP1	Fahrtpauschale	6,2
SÜ	Überprüfungsarbeiten im Schornstein	0,6
A21	Abgaswegeüberprüfung raumluftunabhängige Gasfeuerstätte - erste Prüfstelle	18,9
Summe Arbeitswerte		**34,9**
Preis je AW	0,99 €	34,55 €
Mehrwertsteuer	19%	6,56 €
Gebühr mit Mehrwertsteuer		**41,12 €**

Feuerstättenschau alle 5 Jahre:		
FS1	Feuerstättenschau Schornsteingruppe	1,0
	Gebühr mit Mehrwertsteuer	1,18 €
	Gebühr alle 5 Jahre	**42,29 €**

Musterhaus 13: Einfamilienhaus, atmosphärische Gaszentralheizung im Keller (18 kW), dazu einen Standspeicher (8 kW), 1 senkrechtes Teil einer Abgasanlage, 10 m

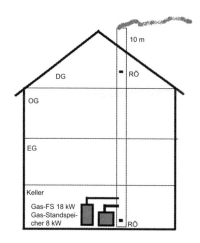

Gebührenberechnung 2007		AW/€
GG1	Grundwert mit Arbeiten am Schornstein	9,2
FP1	Fahrtpauschale	6,2
SÜ	Überprüfungsarbeiten im Schornstein	3,0
A11	Abgaswegeüberprüfung raumluftabhängige Gasfeuerstätte - erste Prüfstelle	15,5
A 12	Abgaswegeüberprüfung raumluftabhängige Gasfeuerstätte - weitere Prüfstelle im Aufstellraum	8,7
MG1	Emissionsmessung Gas - mit Abgaswegeüberprüfung	6,5
Summe Arbeitswerte		**49,1**
Preis je AW	0,99 €	48,61 €
Mehrwertsteuer	19%	9,24 €
Gebühr mit Mehrwertsteuer		**57,84 €**

Feuerstättenschau alle 5 Jahre:

FS1	Feuerstättenschau Schornsteingruppe	8,0
Gebühr mit Mehrwertsteuer		9,42 €
Gebühr alle 5 Jahre		**67,27 €**

Musterhaus 14:

Beispiel zur Gebührenberechnung
Wohnhaus mit 4 Wohnungen

- beide Schornsteingruppen jeweils = 10 m,
- die Wohnungen sind im Gebäude symmetrisch angeordnet,
- die Kohleherde in den Wohnungen Erdgeschoss und 2. Stock werden ganzjährig genutzt
- die anderen Kohleraumheizer werden in der üblichen Heizperiode genutzt
- die Schornsteingruppen befinden sich in allen Wohnungen nicht allseitig im Aufstellraum von mess-bzw. überprüfungspflichtigen Feuerstätten
- in den Wohnungen im 1. Obergeschoss links und rechts befinden sich die Gasfeuerstätten in einem Aufstellraum, die Räume haben ein Volumen $\leq$ 20 m³

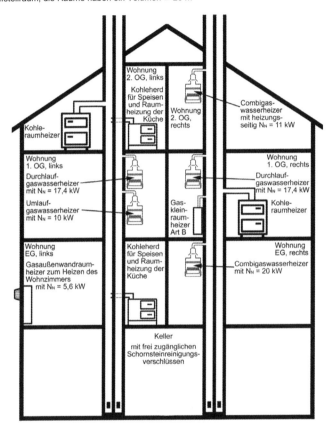

Arbeitswertberechnung Musterhaus 14:

Bezeichnung	Bezug	Kurz-zeichen	An-zahl	Län-gen	AW	Häu-fig-keit/Jahr	Σ AW	Anmerkung
Grundwert je Gebäude	1.1.1	GG1	1		9,2	4	36,8	
	1.1.2	GG2	1		3,5	1	3,5	
Fahrtpauschale	1.3	FP1	1		6,2	9	55,8	im nächsten Jahr 8 FP
Kehrung Schornstein	2.1	S	1	10	0,3	4	12,0	
Kehrung Schornstein	2.1	S	1	10	0,3	3	9,0	
Überprüfung Abgasanl.	3.1	SÜ	2	10	0,3	1	6,0	
Abgaswegprüfung 1. FS	3.3.1	A11	4		15,5	1	62,0	
Abgaswegprüfung 2. FS	3.3.2	A12	2		8,7	1	17,4	
AWÜ RA-FS ohne Gebläse	3.5.1	A31	1		16,0	(0,5)	16,0	entfällt im nächst. Jahr
Emissionsmessung	4.2.1	MG1	1		6,5	1	6,5	
Σ AW							225	202,8 im nächst. Jahr

Feuerstättenschau:								
Fahrtpauschale	1.3	FP1	1		6,2	0,2	6,2	
FSS Abgasanlage	3.10.1	FS1	2	10	1,0	0,2	20,0	
FSS Feuerstätte	3.10.2	FS2	4		1,7	0,2	6,8	
Σ AW							33,0	
FS AW anteilig pro Jahr							6,6	

Gebührenberechnungsschema:

Nr.	Bemer-kungen	Abkür-zung	AW	1			2			3			4			5 etc.		
				An-zahl	pro Jahr*)	AW	An-zahl	pro Jahr*)	AW	An-zahl	pro Jahr*)	AW	An-zahl	pro Jahr*)	AW	An-zahl	pro Jahr*)	AW
1																		
1.1	Ohne Feuerstätten-schau	GG	9,2															
1.1.1		GG1	3,5															
1.1.2		GG2	12,9															
1.1.3		GG3	7,5															
1.2		BZG	6,2															
1.3		FP1	1,6															
1.4	(Siehe unten)	FP2																
2																		
2.1		S	0,3															
2.2		SB	0,8															
2.3		RK																
2.3.1		RK1	0,7															
2.3.2		RK2	3,3															
2.3.3		RK3	6,7															
2.3.4		RK4	0,8															
2.4		K																
2.4.1		K1	1,5															
2.4.2		K2	2,4															
2.4.3		K3	6,0															
2.5		AR																
2.5.1		AR1	7,0															
2.5.2		AR2	1,0															
2.5.3		AR3	3,0															
2.5.4		AR4	4,1															
2.5.5																		
2.5.5.1		AR5	6,7															
2.5.5.2		AR6	4,9															
2.5.5.3		AR7	0,8															

279

Nr.	Bemerkungen	Abkürzung	AW	1			2			3			4			5 etc.		
				Anzahl	pro Jahr	AW	Anzahl	pro Jahr	AW	Anzahl	pro Jahr	AW	Anzahl	pro Jahr	AW	Anzahl	pro Jahr	AW
2.6		OK	1,3															
2.7																		
3																		
3.1		SÜ	0,3															
3.2		AÖ	13,8															
3.2.1		AÖ1	7,3															
3.2.2		AÖ2	8,3															
3.2.3		AÖ3																
3.3		A1	15,5															
3.3.1		A11	8,7															
3.3.2		A12	9,7															
3.3.3		A13																
3.4		A2	18,9															
3.4.1		A21	11,7															
3.4.2		A22	12,2															
3.4.3		A23																
3.5		A3	16,0															
3.5.1		A31	8,9															
3.5.2		A32	9,3															
3.5.3		A33																
3.6		RS	0,8															
3.7		WÜ	10,0															
3.8		LL																
3.8.1		LL1	1,0															
3.8.2		LL2	0,5															
3.9		DA	0,8															
3.10		FS																
3.11	Siehe unten																	

Nr.	Bemer-kungen	Abkür-zung	AW	1 An-zahl	1 pro Jahr*)	1 AW	2 An-zahl	2 pro Jahr*)	2 AW	3 An-zahl	3 pro Jahr*)	3 AW	4 An-zahl	4 pro Jahr*)	4 AW	5 etc. An-zahl	5 etc. pro Jahr*)	5 etc. AW
4																		
4.1		M	10,3															
4.1.1		M1	19,1															
4.1.2		M2	17,2															
4.1.3		M3	5,8															
4.1.4		M4																
4.2		MG	6,5															
4.2.1		MG1	15,3															
4.2.2		MG2	13,5															
4.2.3		MG3	5,8															
4.2.4		MG4																
4.3		MFK	62,3															
4.3.1		MF1	57,7															
4.3.2		MF2																
4.4		MFH	75,7															
4.4.1		MF3	70,0															
4.4.2		MF4																
4.5		MA																
4.6		MW																
4.7																		
5	Hier nicht																	
6	relevant																	
			Summe			0,0			0,0			0,0			0,0			0,0
AW-Gebühr			0,99 €			€ -			€ -			€ -			€ -			€ -
Mehrwertsteuer			19%			€ -			€ -			€ -			€ -			€ -
			Summe			€ -			€ -			€ -			€ -			€ -

*) Ohne Eintrag bedeutet 1 Mal pro Jahr

Feuerstättenschau:

Nr.	Bemer-kungen	Abkür-zung	AW	1			2			3			4			5 etc.		
				An-zahl	pro Jahr*)	AW	An-zahl	pro Jahr*)	AW	An-zahl	pro Jahr*)	AW	An-zahl	pro Jahr*)	AW	An-zahl	pro Jahr*)	AW
1																		
1.1		GG																
1.1.2		GG2	3,5															
1.3		FP1	6,2															
3.10		FS																
3.10.1		FS1	1,0															
3.10.2		FS2	1,7															
			Summe			0,0			0,0			0,0			0,0			0,0
AW-Gebühr			0,99 €			- €			- €			- €			- €			- €
Mehrwertsteuer			19%			- €			- €			- €			- €			- €
			Summe			- €			- €			- €			- €			- €
			Gesamt			- €			- €			- €			- €			- €

IX. Schornsteinfegergebührenverzeichnis

– Kurzfassung der Bezeichnungen –

Nr.	Ab-kür-zung	Bezeichnung	Rechtsgrundlage der Tätigkeit	AW
1		**Grundgebühr für jede Begehung (Begehungsgebühr)**		
1.1	GG	Grundwert Gebäude	§ 1 KÜO, §§ 14 und 15 1. BlmSchV, § 13 Abs. 1 Nr. 2 SchfG	
1.1.1	GG1	mit Arbeiten am Schornstein/Abgasanlage		9,2
1.1.2	GG2	ohne Arbeiten am Schornstein/Abgasanlage		3,5
1.1.3	GG3	Ölfeuerungsanlage (Überprüfen + Messen)		12,9
1.2	BZG	Grundwert Bauabnahme	§ .... Landesbauordnung (LBO)	7,5[29]
1.3	FP1	Fahrtpauschale	§ 1 KÜO, §§ 14 und 15 1. BlmSchV, § 13 Abs. 1 Nr. 2 SchfG	6,2[30]
1.4	FP2	Kilometergeld für die An- und Abfahrt	KÜO, SchfG, 1. BlmSchV, LBO	1,6[31]
2		**Kehrgebühr**		
2.1	S	Kehrarbeiten im Schornstein	§ 1 Abs. 1 Nr. 1 KÜO	0,3
2.2	SB	Besteigen des Schornsteins	§ 1 Abs. 1 Nr. 1 KÜO	0,8
2.3	RK	Räucherkammer	§ 1 Abs. 1 Nr. 3 KÜO	
2.3.1	RK1	privat		0,7
2.3.2	RK2	gewerblich		3,3
2.3.3	RK3	Rauchwagen		6,7
2.3.4	RK4	Raucherzeuger		0,8
2.4	K	Abgaskanal	§ 1 Abs. 1 Nr. 1 KÜO	

---

[29] BZG entfällt, wenn die Arbeitsgebühr für Bauabnahmen nach Nr. 5 als Zeitgebühr erhoben wird.
[30] Wird länderspezifisch festgelegt, durch die unterschiedlichen Begehungen und km/h.
[31] Wird länderspezifisch festgelegt, durch die unterschiedlichen Begehungen und km/h.

Nr.	Ab-kür-zung	Bezeichnung	Rechtsgrundlage der Tätigkeit	AW
2.4.1	K1	bis 500 cm² Querschnitt		1,5
2.4.2	K2	über 500 cm² bis 2500 cm² Querschnitt		2,4
2.4.3	K3	über 2500 cm² Querschnitt		6,0
2.5	AR	Abgasrohr	§ 1 Abs. 1 Nr. 1 KÜO	
2.5.1	AR1	für den ersten Meter		7,0
2.5.2	AR2	Zuschlag Länge		1,0
2.5.3	AR3	Zuschlag Richtungsänderung		3,0
2.5.4	AR4	Staubsauger	(nur auf Wunsch des Kunden)	4,1
2.5.5		Zuschläge nicht private Abgasrohre	§ 1 Abs. 1 Nr. 1 KÜO	
2.5.5.1	AR5	wärmegedämmte Reinigungsöffnung		6,7
2.5.5.2	AR6	über Durchgangshöhe		4,9
2.5.5.3	AR7	Schalldämpfer/Zyklon		0,8
2.6	OK	Rauchfang vom offenen Kamin	§ 1 Abs. 1 Nr. 2 i.V.m. Abs. 3 Nr. 4 KÜO	1,3
2.7		Länderspezifische Anlagen und Einrichtungen	§ 1 Abs. 1 Nr. 6 KÜO	
		(z.B. Rauchfänge, Rußkästen, Abschlussklappen, Vorschornsteine, Heizgaszüge)		
3		**Überprüfungsgebühr**		
3.1	SÜ	Überprüfung senkrechter Teil der Abgasanlage	§ 1 Abs. 1 Nr. 1 KÜO	0,3
3.2		Abgaswegüberprüfung Öl	§ 1 Abs. 1 Nr. 1 und 2 KÜO	
3.2.1	AÖ1	erste Prüfstelle		13,8
3.2.2	AÖ2	weitere Prüfstelle im Aufstellungsraum		7,3
3.2.3	AÖ3	weitere Prüfstelle im anderen Aufstellungsraum		8,3
3.3		Abgaswegüberprüfung raumluftabhängige Gasfeuerstätte	§ 1 Abs. 1 Nr. 1 und 2 KÜO	
3.3.1	A11	erste Prüfstelle		15,5
3.3.2	A12	weitere Prüfstelle im Aufstellungsraum		8,7
3.3.3	A13	weitere Prüfstelle im anderen Aufstellungsraum		9,7
3.4		Abgaswegüberprüfung raumluftunabhängige Gasfeuerstätte	§ 1 Abs. 1 Nr. 1 und 2 KÜO	

Nr.	Ab-kür-zung	Bezeichnung	Rechtsgrundlage der Tätigkeit	AW
3.4.1	A21	erste Prüfstelle		18,9
3.4.2	A22	weitere Prüfstelle im Aufstellungsraum		11,7
3.4.3	A23	weitere Prüfstelle im anderen Aufstellungsraum		12,2
3.5		Abgaswegüberprüfung Außenwandgasfeuerstätte	§ 1 Abs. 1 Nr. 1 und 2 KÜO	
3.5.1	A31	erste Prüfstelle		16,0
3.5.2	A32	weitere Prüfstelle im Aufstellungsraum		8,9
3.5.3	A33	weitere Prüfstelle im anderen Aufstellungsraum		9,3
3.6	RS	Reinigungsarbeiten im Ringspalt	§ 1 Abs. 1 Nr. 1 KÜO	0,8
3.7	WÜ	Wiederholungsüberprüfung	§ 1 Abs. 2 KÜO	10,0
3.8	LL	Lüftungsleitung	§ 1 Abs. 1 Nr. 4 KÜO	
3.8.1	LL1	Länge		1,0
3.8.2	LL2	Lüftungsöffnung		0,5
3.9	DA	Dunstabzugsanlage	§ 1 Abs. 1 Nr. 5 KÜO	0,8
3.10		Feuerstättenschau	§ 13 Abs. 1 Nr. 2 SchfG	
3.10.1	FS1	Schornsteingruppe		1,0
3.10.2	FS2	Zuschlag Feuerstätte		1,7
3.11		Länderspezifische Anlagen und Einrichtungen	§ 1 Abs. 1 Nr. 6 KÜO	
		(z.B. Be- und Entlüftungsanlagen)		
4		**Emissionsmessgebühr**		
4.1		Emissionsmessung Öl	§§ 14 und 15 1. BImSchV	
4.1.1	M1	mit Abgaswegüberprüfung		10,3
4.1.2	M2	1. Messstelle ohne Abgaswegüberprüfung		19,1
4.1.3	M3	weitere Messstelle ohne Abgaswegüberprüfung		17,2
4.1.4	M4	Zuschlag über Durchgangshöhe		5,8
4.2		Emissionsmessung Gas	§§ 14 und 15 1. BImSchV	
4.2.1	MG1	mit Abgaswegüberprüfung		6,5

Nr.	Ab-kür-zung	Bezeichnung	Rechtsgrundlage der Tätigkeit	AW
4.2.2	MG2	1. Messstelle ohne Abgaswegüberprüfung		15,3
4.2.3	MG3	weitere Messstelle ohne Abgaswegüberprüfung		13,5
4.2.4	MG4	Zuschlag über Durchgangshöhe		5,8
4.3		Emissionsmessung Kohle	§§ 14 und 15 1. BImSchV	
4.3.1	MF1	1. Messstelle		62,3
4.3.2	MF2	weitere Messstelle		57,7
4.4		Emissionsmessung Holz	§§ 14 und 15 1. BImSchV	
4.4.1	MF3	1. Messstelle		75,7
4.4.2	MF4	weitere Messstelle		70,0
4.5	MA	Auslagenersatz Staubmessung	§§ 14 Abs. 4 und 15 Abs. 4 1. BImSchV	
4.6	MW	Wiederholungsmessung	§§ 14 Abs. 4 und 15 Abs. 4 1. BImSchV	
4.7		Länderspezifische Anlagen und Einrichtungen	§ 1 Abs. 1 Nr. 6 KÜO	
5		**Bauabnahmegebühr**[32]	§ .... Landesbauordnung (LBO)	
5.1	BP	Planprüfung		30,0
5.2	BZ			
5.2.1	BZ1	Bauzustandsbesichtigung		0,9
5.2.2	BZ2	Endabnahme		1,8
5.2.3	BZ3	Endabnahme Außenwandanschluss		4,4
5.3	BAB	Bescheinigung über die Brandsicherheit		10,0
5.4	BAL	Zeitgebühr Verbrennungsluftberechnung		0,8
5.5	BAD	Zeitgebühr Dichtheitsprüfung		0,8
5.6		Länderspezifische Anlagen und Einrichtungen		

---

[32] In Ländern mit abweichenden Verfahren wird eine Zeitgebühr nach Nr. 6.1 empfohlen.

Nr.	Ab-kür-zung	Bezeichnung	Rechtsgrundlage der Tätigkeit	AW
6		**Sonstige Arbeitsgebühren**		
6.1	ZE1	Zeitgebühr Ausbrennen/Ausschlagen/ chemische Reinigung	§ 2 Abs. 1 KÜO	0,8
6.2	ZE2	Zeitgebühr	KÜO	0,8
6.3	ZE3	Zeitgebühr bei asbesthaltigen Anlagen	§ 2 Abs. 2 KÜO	0,8
6.4	ZA	Zuschlag außerhalb des üblichen Arbeitsganges	KÜO, SchfG 1. BlmSchV	10,0
6.5	ZW	Zuschlag Wunschtermin	KÜO, SchfG,1. BlmSchV	
6.5.1	ZW1	Mo – Sa		50 v.H.
6.5.2	ZW2	Sonn- und Feiertag		100 v.H.
6.6	MA	Mahngebühr	KÜO	5,0
6.7		Länderspezifische Anlagen und Einrichtungen	§ 1 Abs. 1 Nr. 6 KÜO	

Abkürzungsverzeichnis

Neben den Abkürzungen in Spalte 2 des Schornsteinfegergebührenverzeichnisses (Anlage 2 zur Muster-KÜO) können in den Aufzeichnungen des Bezirksschornsteinfegermeisters weitere Abkürzungen verwendet werden. ZIV und ZDS schlagen dafür folgende Bezeichnungen vor:

G	=	Gebäude
F	=	Feuerstätte
FS	=	Feuerstättenschau
AA	=	Abgasanlage
AAÜ	=	Abgasanlage für Überdruck
AL	=	Abgasleitung
AGW	=	Abgasweg
BF	=	Brennwertfeuerstätte
HGW	=	Heizgasweg
HGZ	=	Heizgaszug
RA	=	Räucheranlage
AAS	=	senkrechter Teil der Abgasanlage
V	=	Verbindungsstück
M	=	Messung
A	=	Abgaswegüberprüfung
LAS	=	Luftabgasschornstein
LS	=	Lüftungsschacht
NL	=	Nennleistung
BH	=	Bivalente Heizung
ZF	=	Zusatzfeuerstätte
S1	=	Schornstein, der einmal im Jahr gekehrt wird
S2	=	Schornstein, der zweimal im Jahr gekehrt wird
S3	=	Schornstein, der dreimal im Jahr gekehrt wird
S4	=	Schornstein, der viermal im Jahr gekehrt wird[33]
SB1. .... SB$_n$ =		besteigbare Schornsteine, analog S1–S4
k	=	kehren
ü	=	überprüfen
m	=	messen
VA	=	verschiedene Arbeitsgänge (§ 3 Abs. 3, Satz 2 KÜO)
....f	=	Zusatzbezeichnung für eine Tätigkeit alle fünf Jahre nur für die Feuerstättenschau
....g	=	Zusatzbezeichnung für eine Tätigkeit alle zwei Jahre in geraden Jahren
....u	=	Zusatzbezeichnung für eine Tätigkeit alle zwei Jahre in ungeraden Jahren
U1	=	Umrüsten, Schornstein über 400 cm^2 Querschnitt (Arbeitsbuch)
U2	=	Umrüsten, Baustoff des Schornsteins (Arbeitsbuch)
AW	=	Arbeitswert
NE	=	Nutzungseinheit
FP1m	=	Fahrtpauschale Messung
FP1a	=	Fahrtpauschale Abgaswegüberprüfung
FP1f	=	Fahrtpauschale Feuerstättenschau
GG2f	=	Grundwert Feuerstättenschau

---

[33] Bei weiteren Kehrungen im Jahr, wird die Zahl der Kehrungen eingesetzt.

X. Entwurf: Schornsteinfegergebührenverzeichnis mit alternativen Gebührenkürzeln

Auf Vorschlag von Landesinnungsverbänden neigen einige Bundesländer dazu, neue Abkürzungen für die Schornsteinfegergebühren zu verwenden. Ein Vorschlag des Schornsteinfegerhandwerks dazu wird nachstehend abgedruckt:

Nr.	Ab-kür-zung	Bezeichnung	Rechtsgrundlage der Tätigkeit	AW
1		**Grundgebühr für jede Begehung (Begehungsgebühr)**		
1.1	G	Grundwert je Gebäude bei Kehrungen, Überprüfungen, Emissionsmessungen, Abgaswegeüberprüfungen und Feuerstättenschauen	§ 1 KÜO, §§ 14 und 15 1. BImSchV, § 13 Abs. 1 Nr. 2 SchfG	
1.1.1	GSx[34] oder GSy[35]	– für Kehr- und Überprüfungsarbeiten, die an senkrechten Teilen von Abgasanlagen durchgeführt werden		9,2
1.1.2	GPx oder GPy	– für Emissionsmessungen, Abgaswegeüberprüfungen und Feuerstättenschauen, wenn keine Kehr- und Überprüfungsarbeiten an senkrechten Teilen von Abgasanlagen durchgeführt werden		3,5
1.1.3	GÖx oder GÖy	– Werden Überprüfungs- und Messarbeiten nach § 3 Abs. 3 Nr. 2 KÜO in einem Arbeitsgang durchgeführt, erhöht sich die Gebühr nach Nr. 1.1.1 auf (bei **Öl**)		12,9
1.2	GB	– Grundwert je Gebäude bei einer Bauzustandsbesichtigung, Bauabnahme (Endabnahme), örtlichen Prüfung der Mängelbeseitigung vor einer Endabnahme	§ .... Landesbauordnung (LBO),	7,5[36]
1.3	FPx	Fahrtpauschale für die An- und Abfahrt – unter Beachtung von § 3 Abs. 3 KÜO – für jeden notwendigen Arbeitsgang je Nutzungseinheit, in der Arbeiten nach den Nummern 1.1 bis 4.7 durchgeführt werden Für Arbeiten nach Nr. 3.10 kann die Fahrtpauschale höchstens für drei Arbeitsgänge in einem Gebäude berechnet werden.	§ 1 KÜO, §§ 14 und 15 1. BImSchV, § 13 Abs. 1 Nr. 2 SchfG	6,2[37]

[34] x = Anzahl pro Jahr.
[35] y = j, g, u, d, e, z für jährlich, im geraden, ungeraden, durch drei teilbaren Jahr plus eins, plus zwei (07, 10 usw.: y = e; 08, 11 usw.: y = z; 09, 12 usw.: y = d) oder y = f für Feuerstättenschau.
[36] BZG entfällt, wenn die Arbeitsgebühr für Bauabnahmen nach Nr. 5 als Zeitgebühr erhoben wird.
[37] Wird länderspezifisch festgelegt, durch die unterschiedlichen Begehungen und km/h.

Nr.	Ab-kür-zung	Bezeichnung	Rechtsgrundlage der Tätigkeit	AW
1.4	FK	Werden bei Arbeiten nach den Nummern 5 und 6 besondere Fahrten erforderlich, kann für jeden im Kehrbezirk zusätzlich zurückgelegten Kilometer ein besonderes Entgelt erhoben werden Werden Arbeiten nach den Nummern 5 und 6 miteinander verbunden, so sind die Arbeitswerte anteilig umzulegen. Anstelle des besonderen Entgeltes kann auch die Fahrtpauschale nach Nr. 1.3 berechnet werden.	KÜO, SchfG,1. BImSchV, LBO	1,6[38]
2		**Arbeitsgebühr je Kehrung**		
2.1	SKx	Kehrarbeiten an Schornsteinen und sonstigen senkrechten Teilen von Abgasanlagen je Schornstein/Abgasleitung bzw. Schacht, für jeden vollen und angefangenen Meter	§ 1 Abs. 1 Nr. 1 KÜO	0,3
2.2	SBx	Muss der Schornstein zum Kehren innen bestiegen werden, wird abweichend von Nr. 2.1 je Arbeitsminute berechnet	§ 1 Abs. 1 Nr. 1 KÜO	0,8
2.3	R	Räucherkammer für jeden vollen und angefangenen Quadratmeter zu kehrende Fläche	§ 1 Abs. 1 Nr. 3 KÜO	
2.3.1	RPx	– bei privat genutzten Anlagen		0,7
2.3.2	RGx	– bei gewerblich genutzten Anlagen		3,3
2.3.3	RWx	Rauchwagen		6,7
2.3.4	REx	Raucherzeuger, je Arbeitsminute		0,8
2.4	K	Abgaskanal für jeden vollen und angefangenen Meter	§ 1 Abs. 1 Nr. 1 KÜO	
2.4.1	KKx	– bis 500 cm² Querschnitt (klein)		1,5
2.4.2	KMx	– über 500 cm² bis 2500 cm² Querschnitt (mittel)		2,4
2.4.3	KGx	– über 2500 cm² Querschnitt (groß)		6,0
2.5	V	Abgasrohr (Verbindungsstück)	§ 1 Abs. 1 Nr. 1 KÜO	
2.5.1	VEx	– für den ersten Meter (einschließlich Reinigungsöffnung und einer Richtungsänderung)		7,0
2.5.2	VMx	– je weiteren vollen und angefangenen Meter		1,0

---

[38] Wird länderspezifisch festgelegt, durch die unterschiedlichen Begehungen und km/h.

Nr.	Ab-kür-zung	Bezeichnung	Rechtsgrundlage der Tätigkeit	AW
2.5.3	VBx	– je weitere Richtungsänderung (**B**o-gen)		3,0
2.5.4	VFx	– Zuschlag je Rohr bei staub**f**reier Kehrung mittels Staubsauger	(nur auf Wunsch des Kunden)	4,1
2.5.5		– Zuschläge für Abgasrohre, die nicht ausschließlich privat genutzt werden	§ 1 Abs. 1 Nr. 1 KÜO	
2.5.5.1	VRx	– je wärmegedämmte **R**einigungsöff-nung		6,7
2.5.5.2	VDx	– je Abgasrohr über **D**urchgangshöhe (2,5m)		4,9
2.5.5.3	VZx	– Schalldämpfer oder **Z**yklon je Ar-beitsminute		0,8
2.6	OKx	– Rauchfang vom **o**ffenen **K**amin	§ 1 Abs. 1 Nr. 2 i.V.m. Abs. 3 Nr. 4 KÜO	1,3
2.7		Länderspezifische Anlagen und Einrich-tungen (z.B. *Rauchfänge, Rußkästen, Ab-schlussklappen, Vorschornsteine, Heiz-gaszüge aller Backöfen mit Ausnahme der Dampfbacköfen*)	§ 1 Abs. 1 Nr. 6 KÜO	
3		**Arbeitsgebühr je Überprüfung ein-schließlich einer ggf. erforderlichen Kehrung, Feuerstättenschau**		
3.1	S**Ü**y[39] *alter-nativ*	**Ü**berprüfungsarbeiten an **s**enkrechten Teilen von Abgasanlagen je Schornstein/ Abgasleitung bzw. Schacht, für jeden vollen und angefangenen Meter bei	§ 1 Abs. 1 Nr. 1 KÜO	0,3
	S**Ö**y	– flüssigen Brennstoffen (**Ö**l)		
	S**G**y	– **g**asförmigen Brennstoffen		
	S**U**y	– **u**nbenutzten Anlagen		
3.2	**Ö**	Abgaswegeüberprüfung für Feuerstätten mit flüssigen Brennstoffen (**Ö**l)[40]	§ 1 Abs. 1 Nr. 1 und 2 KÜO	
3.2.1	**Ö**Ey	– für die **e**rste Prüfstelle in der Nut-zungseinheit		13,8
3.2.2	**Ö**Ry	– für jede weitere Prüfstelle im selben Aufstellungs**r**aum		7,3

---

[39] y = j, g, u, d, e, z für **j**ährlich, im **g**eraden, **u**ngeraden, durch **d**rei teilbaren Jahr plus **e**ins, plus **z**wei (07, 10 usw.: y = e; 08, 11 usw.: y = z; 09, 12 usw.: y = d).

[40] Die Abgaswegeüberprüfung schließt die Überprüfung der Verbrennungslufteinrich-tungen und die Ausstellung der Bescheinigung mit ein.

Nr.	Ab-kür-zung	Bezeichnung	Rechtsgrundlage der Tätigkeit	AW
3.2.3	ÖNy	– für jede weitere Prüfstelle in einem anderen Aufstellungsraum der selben Nutzungseinheit		8,3
3.3	B	Abgaswegeüberprüfung für raumluftabhängige Gasfeuerstätten (Art **B**)[41]	§ 1 Abs. 1 Nr. 1 und 2 KÜO	
3.3.1	BEy	– für die erste Prüfstelle in der Nutzungseinheit		15,5
3.3.2	BRy	– für jede weitere Prüfstelle im selben Aufstellungsraum		8,7
3.3.3	BNy	– für jede weitere Prüfstelle in einem anderen Aufstellungsraum der selben Nutzungseinheit		9,7
3.4	C	Abgaswegeüberprüfung für raumluftunabhängige Gasfeuerstätten (Art **C**)[42]	§ 1 Abs. 1 Nr. 1 und 2 KÜO	
3.4.1	CEy	– für die erste Prüfstelle in der Nutzungseinheit		18,9
3.4.2	CRy	– für jede weitere Prüfstelle im selben Aufstellungsraum		11,7
3.4.3	CNy	– für jede weitere Prüfstelle in einem anderen Aufstellungsraum der selben Nutzungseinheit		12,2
3.5	W	Abgaswegeüberprüfung für Gasfeuerstätten ohne Gebläse mit Verbrennungsluftzufuhr und Abgasabführung durch die Außenwand[43]	§ 1 Abs. 1 Nr. 1 und 2 KÜO	
3.5.1	WEy	– für die erste Prüfstelle in der Nutzungseinheit		16,0
3.5.2	WRy	– für jede weitere Prüfstelle im selben Aufstellungsraum		8,9
3.5.3	WNy	– für jede weitere Prüfstelle in einem anderen Aufstellungsraum der selben Nutzungseinheit		9,3
3.6	RS	Müssen im Ringspalt Reinigungsarbeiten durchgeführt werden, wird eine zusätzliche Gebühr erhoben, je Arbeitsminute	§ 1 Abs. 1 Nr. 1 KÜO	0,8

---

[41] Die Abgaswegeüberprüfung schließt die CO-Messung, die Überprüfung der Verbrennungslufteinrichtungen und die Ausstellung der Bescheinigung mit ein.

[42] Die Abgaswegeüberprüfung schließt die CO-Messung, die Überprüfung der Verbrennungslufteinrichtungen, die Ausstellung der Bescheinigung und die Ringspaltmessung mit ein.

[43] Die Abgaswegeüberprüfung schließt die CO-Messung, die Überprüfung der Verbrennungslufteinrichtungen, die Ausstellung der Bescheinigung und die Ringspaltmessung mit ein.

Nr.	Ab-kür-zung	Bezeichnung	Rechtsgrundlage der Tätigkeit	AW
3.7	WÜ	Wiederholungsüberprüfungen nach § 1 Abs. 2 KÜO	§ 1 Abs. 2 KÜO	10,0
3.8	L	Verbrennungsluft- und Ablufteinrichtungen nach Anlage 1 Nr. 1.9 und 2.4	§ 1 Abs. 1 Nr. 4 KÜO	
3.8.1	LLy	Leitungen je vollen und angefangenen Meter		1,0
3.8.2	LÖy	Nicht leitungsgebundene notwendige Öffnungen ins Freie		0,5
3.9	DAx	Dunstabzugsanlage, je Arbeitsminute	§ 1 Abs. 1 Nr. 5 KÜO	0,8
3.10	FS	Feuerstättenschau	§ 13 Abs. 1 Nr. 2 SchfG	
3.10.1	FSM	Für jeden vollen und angefangenen Meter von senkrechten Teilen von Abgasanlagen und Gruppen von Abgasanlagen[44,45]		1,0
3.10.2	FSF	Zuschlag je Feuerstätte zur Verbrennung flüssiger und fester Brennstoffe, die keiner Emissionsmessung nach Nr. 4 unterliegen		1,7
3.11		Länderspezifische Anlagen und Einrichtungen *(z.B. Be- und Entlüftungsanlagen nach § 59 SchfG)*	§ 1 Abs. 1 Nr. 6 KÜO	
4	**M**	**Arbeitsgebühr je Emissionsmessung**		
4.1	MÖ	Feuerungsanlagen für flüssige Brennstoffe in der Nutzungseinheit (Öl)	§§ 14 und 15 1. BImSchV	
4.1.1	MÖA	– zusammen mit Tätigkeiten nach den Nummern 3.2 (Abgaswegüberprüfung)		10,3
4.1.2	MÖE	– nicht zusammen mit Tätigkeiten nach den Nummern 3.2 für die erste Messstelle		19,1
4.1.3	MÖW	– nicht zusammen mit Tätigkeiten nach den Nummern 3.2 für jede weitere Messstelle		17,2
4.1.4	MÖD	Zuschlag bei Messstellen über Durchgangshöhe (2,5 m)		5,8

---

[44] Nicht berechnet werden: Längen von Abgasanlagen in Aufstellungsräumen, in denen gleichzeitig eine Abgaswegeüberprüfung durchgeführt wird.
[45] Bei Abgasanlagen außerhalb von Gebäuden werden maximal 3 Meter berechnet.

Nr.	Ab-kür-zung	Bezeichnung	Rechtsgrundlage der Tätigkeit	AW
4.2	MG	Feuerungsanlagen für gasförmige Brennstoffe je Messstelle in der Nutzungseinheit	§§ 14 und 15 1. BImSchV	
4.2.1	MGA	– zusammen mit Tätigkeiten nach den Nummern 3.3–3.5 (Abgaswegüberprüfung)		6,5
4.2.2	MGE	– nicht zusammen mit Tätigkeiten nach den Nummern 3.3–3.5 für die erste Messstelle		15,3
4.2.3	MGW	– nicht zusammen mit Tätigkeiten nach den Nummern 3.3–3.5 für jede weitere Messstelle		13,5
4.2.4	MGD	Zuschlag bei Messstellen über Durchgangshöhe (2,5 m)		5,8
4.3	MK	Feuerungsanlagen für feste Brennstoffe nach § 3 Abs. 1 Nr. 1 bis 3 1. BImSchV (Kohle) in der Nutzungseinheit	§§ 14 und 15 1. BImSchV	
4.3.1	MKE	– für die erste Messstelle		62,3
4.3.2	MKW	– für jede weitere Messstelle		57,7
4.4	MH	Feuerungsanlagen für feste Brennstoffen nach § 3 Abs. 1 Nr. 4 bis 8 1. BImSchV (Holz) in der Nutzungseinheit	§§ 14 und 15 1. BImSchV	
4.4.1	MHE	– für die erste Messstelle		75,7
4.4.2	MHW	– für jede weitere Messstelle		70,0
4.5	MSA	Die Kosten für die Auswertung der Messung staubförmiger Emissionen werden als Auslagen berechnet.	§§ 14 Abs. 4 und 15 Abs. 4 1. BImSchV	
4.6	MW	Bei Wiederholungsmessungen werden die Gebühren wie bei einer Emissionsmessung (Nr. 1 und 4.1 bis 4.5) erhoben	§§ 14 Abs. 4 und 15 Abs. 4 1. BImSchV	
4.7		Länderspezifische Anlagen und Einrichtungen	§ 1 Abs. 1 Nr. 6 KÜO	
5	**B**	**Arbeitsgebühren für Bauabnahmen**[46]	§ .... Landesbauordnung (LBO)	
5.1	BP	Planprüfung		30,0

[46] In Ländern mit abweichenden Verfahren wird eine Zeitgebühr nach 6.1 empfohlen.

Nr.	Ab- kür- zung	Bezeichnung	Rechtsgrundlage der Tätigkeit	AW
5.2	BZ	Bauzustandsbesichtigung, Endabnah- me, örtliche Prüfung der Mängelbeseiti- gung vor einer Endabnahme für jeden vollen und angefangenen Meter von Schornsteinen und sonstigen senkrech- ten Teilen von Abgasanlagen bis zu zwei Schächten		
		Für Reserveschornsteine kann ein **Zu**- schlag nur berechnet werden, wenn eine Feuerstätte angeschlossen ist		
5.2.1	BZP	a) bei einer Bauzustandsbesichtigung, Rohbaubesichtigung, örtlichen **Prü**- fung der Mängelbeseitigung vor einer Endabnahme		0,9
5.2.2	BZE	b) bei einer Endabnahme		1,8
5.2.3	BZW	Zuschlag je Feuerstätte mit Au- ßenwandanschluss		4,4
5.3	BAB	**A**usstellung der **B**escheinigung über die **B**randsicherheit und die sichere Abfüh- rung der Verbrennungsgase von Feue- rungsanlagen		10,0
		Dies gilt auch, wenn lediglich ein Män- gelbericht ausgestellt werden kann.		
5.4	BAL	Setzt die **A**usstellung der Bescheinigung nach Nr. 5.3 eine rechnerische Überprü- fung zur Sicherstellung der Zufuhr der notwendigen Verbrennungsluft für die Feuerstätten voraus, wird ein Zuschlag je Arbeitsminute berechnet		0,8
5.5	BAD	Setzt die **A**usstellung der Bescheinigung nach Nr. 5.3 eine **D**ichtheitsprüfung bei mit Überdruck betriebenen Abgasleitun- gen voraus, wird ein Zuschlag je Ar- beitsminute berechnet		0,8
5.6		Länderspezifische Anlagen und Einrich- tungen		
6	**Z**	**Sonstige Arbeitsgebühren** (zusätzlich)		
6.1	ZBR	Ausbrennen, Ausschlagen oder chemi- sche **R**einigung von kehrpflichtigen An- lagen und Einrichtungen je Arbeitsminute	§ 2 Abs. 1 KÜO	0,8
		Verbrauchsmaterialien für diese Arbeiten können als Auslagen in Rechnung ge- stellt werden.		
6.2	ZKA	Kehr- und Überprüfungsarbeiten, für die **k**eine bestimmten **A**rbeitswerte festge- setzt wurden, je Arbeitsminute	KÜO	0,8

Nr.	Ab-kür-zung	Bezeichnung	Rechtsgrundlage der Tätigkeit	AW
6.3	ZAZ	Reinigung asbest(zement)haltiger Schornsteine und Verbindungsstücke je Arbeitsminute	§ 2 Abs. 2 KÜO	0,8
6.4	ZZT	Zuschlag für Arbeiten nach der KÜO, dem Schornsteinfegergesetz und der I. BImSchV, wenn die Arbeiten außerhalb des üblichen Arbeitsganges ausgeführt werden müssen, weil sie trotz rechtzeitiger Ankündigung ohne triftigen Grund verhindert wurden (zusätzlicher Termin)	KÜO, SchfG 1. BImSchV	10,0
6.5	ZW	Zuschlag zu den angefallenen Arbeitswerten nach den Nummern 1 bis 6 bei Arbeiten, die auf besonderen Wunsch ausgeführt werden	KÜO, SchfG, 1. BImSchV	
6.5.1	ZWN	von Montag – Freitag vor 6.00 Uhr oder nach 18.00 Uhr oder am Samstag (nachts)		50 v.H.
6.5.2	ZWF	an Sonn- und gesetzlichen Feiertagen		100 v.H.
6.6	ZMG	Für eine notwendige Mahnung, wenn eine rückständige Gebühr innerhalb eines Monats nach Zustellung der Gebührenrechnung nicht bezahlt wird (Mahngebühr)	KÜO	5,0
6.7		Länderspezifische Anlagen und Einrichtungen	§ 1 Abs. 1 Nr. 6 KÜO	

Begriffsbestimmungen

Erläuterungen

1. Entstehung

Die Muster-KÜO 2006 sieht 23 Begriffsbestimmungen vor. Werden länder-   **1**
spezifische Anlagen, wie z.b. die Be- und Entlüftungsanlagen nach § 59
SchfG dazukommen, erhöht sich die Anzahl der Begriffsbestimmungen
noch. Die Muster-KÜO 1988 kam noch mit 13 Begriffen aus, die in § 1
dem Verordnungstext vorangestellt wurden. Die Muster-KÜO 2006 hat die
Begriffsbestimmungen in die Anlage 3 gestellt. Damit wird der Verordnungstext sehr schlank, aber wichtige Textteile sind nunmehr in umfangreichen Anlagen übersichtlich dargestellt.

Von den 13 Begriffen der Muster-KÜO 1988 sind noch 6 übrig geblieben: **2**
Abgasweg, Feuerstätte, Heizgasweg, raumluftunabhängige Gasfeuerstätte,
Schornsteine, Verbindungsstücke. Teilweise hat sich auch hier die Definition geändert. Neu hinzugekommen sind die Begriffe: Abgasanlagen, Abgasanlagen für Überdruck, Abgasleitungen, Abgaskanäle, Abgasrohre,
Ablufteinrichtungen, bivalente Heizungen, Brennwertfeuerstätten, Dunstabzugsanlagen, Gebäude, Heizgaszüge, Luft-Abgas-Systeme, Nennleistung, Nutzungseinheiten, Räucheranlagen, senkrechte Teile der Abgasanlagen, Verbrennungslufteinrichtungen. Der Begriff „Ofenrohre" wird jetzt
im Verordnungstext definiert (§ 1 Abs. 1 Nr. 3 Muster-KÜO).

Sämtliche Begriffe wurden – soweit wie möglich – den im Baurecht benutz-   **3**
ten Begriffen angepasst. So wird der – für das ganze Schornsteinfegerhandwerk Identität stiftende Begriff „Schornsteine" – nur noch als „rußbrandbeständige senkrechte Teile der Abgasanlagen" angesehen. Dies erfordert
auch im Schornsteinfegerhandwerk ein Umdenken, da bisher alle senkrechten Schächte als Schornsteine oder Kamine bezeichnet wurden.

2. Allgemeines

Die Anlage 3 bezieht sich auf § 5 des Verordnungstextes. Dieser macht die   **4**
Begriffe für die KÜO bindend. Bei der Auslegung der in der KÜO und in den
Anlagen 1 und 2 verwendeten Begriffe sind die Begriffsbestimmungen der
Anlage 3 maßgebend.

Die Begriffsdefinitionen sind zwar weitgehend aus den baurechtlichen Be-   **5**
griffen entwickelt, sie sind jedoch nur für die Auslegung der KÜO (einschließlich ihrer Anlagen) bindend. Baurechtliche Probleme lassen sich mit
den Begriffsbestimmungen der KÜO juristisch nicht eindeutig klären. Daher

wird der Jurist z.B. weiterhin zitieren: „Feuerstätten i.S. der Muster-KÜO sind: Im oder am Gebäude ortsfest .....".

6   Sind Begriffe der KÜO oder seiner Anlagen weder im Verordnungstext, noch in den Anlagen 1–3 definiert, können hilfsweise die Begriffsbestimmungen aus dem Baurecht, dem Umweltrecht etc. oder aus den Arbeitsblättern des Schornsteinfegerhandwerks (Stand der Technik) herangezogen werden. Die Bezugsquelle sollte jedoch dann zitiert werden.

Verordnungstext Anlage 3 Nr. 1:

1. Abgasanlagen: Bauliche Anlagen, wie Schornsteine, Verbindungsstücke, Abgasleitungen oder Luft-Abgas-Systeme, für die Ableitung der Abgase von Feuerstätten; zu den Abgasanlagen zählen auch Anlagen zur Abführung von Verbrennungsgasen von Blockheizkraftwerken, Wärmepumpen, ortsfesten Verbrennungsmotoren und Brennstoffzellenheizgeräten;

Erläuterungen

1. Verwendung

1   Der Begriff „Abgasanlagen" ist neu in der KÜO. Er wurde aus dem Baurecht übernommen. Die Muster-FeuVO benutzt den Begriff in gleicher Weise wie die Muster-KÜO 2006.

2   Er wird als Sammelbegriff für sämtliche Abgas führende Leitungen von der Feuerstätte (s. Anlage 3 Nr. 11 Muster-KÜO) ins Freie benutzt. Darunter fallen Schornsteine (s. Anlage 3 Nr. 20 Muster-KÜO), Verbindungsstücke (s. Anlage 3 Nr. 22 Muster-KÜO), Abgasleitungen (s. Anlage 3 Nr. 3 Muster-KÜO) und Luft-Abgas-Systeme (s. Anlage 3 Nr. 15 Muster-KÜO). Ist die Feuerstätte ein Blockheizkraftwerk, eine Wärmepumpe, ein ortsfester Verbrennungsmotor oder ein Brennstoffzellenheizgerät, wird der Begriff „Abgasanlage" in gleicher Weise benutzt.

3   Der Begriff „Abgasanlage" wird vor allem in § 1 Abs. 1 Nr. 1 benutzt und beschreibt damit den Umfang der kehr- oder überprüfungspflichtigen Anlagen.

2. Allgemeines

4   Mit der Begriffsbestimmung „Abgasanlage" sind alle Abgas führenden Leitungen vom Abgasstutzen der Feuerstätte bis zum Schornsteinkopf oder sonstigen Mündung ins Freie angesprochen. Dies geht schon daraus hervor, dass mit der Aufzählung der baulichen Anlagen „Schornsteine", „Verbindungsstücke", „Abgasleitungen" und „Luft-Abgas-Systeme" alle Bereiche der Abgasableitung von der Feuerstätte bis zur Ausmündung ins Freie aufgezählt wurden.

Die Aufzählung der baulichen Anlagen „Schornsteine", „Verbindungsstü- **5**
cke", „Abgasleitungen" und „Luft-Abgas-Systeme" ist nur beispielhaft, wie
das Wort „…, wie …" eindeutig anzeigt. Daher sind auch Abgas führende
Teile zwischen Feuerstätte und Mündung ins Freie angesprochen, die nicht
unter diese vier Begriffe zu fassen sind. Voraussetzung ist nur, dass sie für die
Ableitung von Abgasen geeignet und bestimmt sind.

Nicht unter den Begriff „Abgasanlage" fällt die Strömungsstrecke der Ab- **6**
gase innerhalb der Feuerstätte zwischen Feuerraum und Abgasstutzen. Daher beginnt die Strömungsstrecke der Abgasanlage am Abgasstutzen der
Feuerstätte. In der Systematik des § 1 Abs. 1 ist dies ebenfalls abzulesen, da
die Begriffe „Abgasanlagen" und „Heizgaswege" nebeneinander benutzt
werden. Auch der Heizgasweg ist überprüfungspflichtig, aus Gründen des
Handwerksrechts allerdings nicht kehrpflichtig.

Abgasanlagen können nur bauliche Anlagen sein. Das bedeutet, dass sie aus **7**
Baustoffen hergestellt oder aufgebaut worden sind. Darunter fallen nicht
nur Steine, Keramik, Beton und Metalle aller Art, sondern auch Glas,
Kunststoffe und andere denkbare Stoffe.

Ausdrücklich erwähnt wurde in der Nr. 1, dass die Abgasableitungen von **8**
Blockheizkraftwerken, Wärmepumpen, ortsfesten Verbrennungsmotoren
und Brennstoffzellenheizgeräten ebenfalls als Abgasanlagen gelten. Überprüfungspflichtig sind sie allerdings nur mit der Einschränkung des § 1
Abs. 3 Nr. 5 Muster-KÜO.

Unter den Begriff fallen auch die Abgasableitungen der Notstromaggregate **9**
(s. Erl. 60 ff. Anlage 1, Kap. 2 Muster-KÜO), obwohl diese nicht besonders
aufgezählt wurden. Notstromaggregate sind ortsfeste Verbrennungsmotoren, die zur Aufrechterhaltung einer Notstromversorgung eingesetzt werden. Daher sind die Abgasableitungen der Notstromaggregate bereits mit
dem Begriff „ortsfester Verbrennungsmotor" erfasst.

Lüftungsanlagen i.S. des § 41 der Muster-Bauordnung, die gemeinsam zur **10**
Entlüftung von Räumen und zur Ableitung von Abgasen genutzt werden,
sind Abgasanlagen nach Nr. 1 Anlage 3 Muster-KÜO.

Nach § 7 Abs. 1 Muster-FeuVO müssen Abgasanlagen nach lichtem Quer- **11**
schnitt und Höhe, soweit erforderlich auch nach Wärmedurchlasswider-
stand und Beschaffenheit der inneren Oberfläche, so bemessen sein, dass die
Abgase bei allen bestimmungsgemäßen Betriebszuständen ins Freie abgeführt werden und gegenüber Räumen kein gefährlicher Überdruck auftreten
kann. Erfüllen sie das nicht, sind sie nach der Muster-KÜO dennoch als
Abgasanlagen anzusehen. Der BSM muss allerdings eine Mängelmeldung
nach § 13 Abs. 3 SchfG schreiben, wenn die Muster-FeuVO im Land entsprechend umgesetzt ist.

Verordnungstext Anlage 3 Nr. 2:

2. **Abgasanlagen für Überdruck: Abgasanlagen, bei deren Betrieb der statische Druck im Innern höher sein darf als der statische Druck in der Umgebung der Abgasanlage in gleicher Höhe;**

Erläuterungen

1. Verwendung

1 Der Begriff „Abgasanlagen für Überdruck" ist neu in die Muster-KÜO 2006 aufgenommen worden. Er beschreibt Abgasanlagen nach Nr. 1 Anlage 3 Muster-KÜO in einer bestimmten Eignung (Überdruck).

2 Die Abgasanlage für Überdruck wird in Anlage 1 Nr. 2.8 und 3.3 Muster-KÜO verwendet und beschreibt in beiden Fällen eine raumluftabhängige Brennwertfeuerstätte an einer Abgasanlage für Überdruck.

2. Allgemeines

3 Unter den Begriff Nr. 2 Anlage 3 Muster-KÜO fallen nur Abgasanlagen. Diese müssen alle Anforderungen nach Nr. 1 Anlage 3 Muster-KÜO erfüllen.

4 Dazu muss die Abgasanlage dafür ausgelegt sein, dass sie mit Überdruck betrieben werden darf. Dies ist immer nur dann der Fall, wenn sie auch bei Überdruck ausreichend dicht ist.

5 Überdruck ist gegeben, wenn der statische Druck im Innern der Anlage höher ist, als der statische Druck in der Umgebung der Abgasanlage. Als Umgebung der Abgasanlage ist immer der Ort anzusehen, an dem die Verbrennungsluft aufgenommen wird. Gemessen wird in der Umgebung der Abgasanlage in gleicher Höhe, wie die Abgasanlage angebracht ist. Damit hat man den geeigneten Referenzwert.

6 Das Wort „... darf ..." sagt aus, dass der Überdruck nicht dauernd bestehen, sondern die Anlage so ausgeführt sein muss, dass sie einem Überdruck standhalten kann. Dies ist daher nur ein anderer Begriff für erhöhte Dichtheit der Abgasanlage.

7 Nach § 7 Abs. 8 Muster-FeuVO müssen Abgasanlagen für Überdruck innerhalb von Gebäuden:
- im vom Freien dauernd gelüfteten Räumen liegen,
- in Räumen liegen, die eine ins Freie führende Öffnung mit einem lichten Querschnitt von mindestens 150 cm² oder zwei Öffnungen von je 75 cm² oder Leitungen ins Freie mit strömungstechnisch äquivalenten Querschnitten hat,
- soweit sie in Schächten liegen, über die gesamte Länge und den ganzen Umfang hinterlüftet sein oder

– der Bauart nach so beschaffen sein, dass Abgase in Gefahr drohender Menge nicht austreten können.

Erfüllen sie das nicht, muss der BSM eine Mängelmeldung nach § 13 Abs. 3 SchfG schreiben, wenn die Muster-FeuVO im Land entsprechend umgesetzt ist.

Verordnungstext Anlage 3 Nr. 3:

3. Abgasleitungen: Abgasanlagen, die nicht rußbrandbeständig sein müssen;

Erläuterungen

1. Verwendung

Der Begriff „Abgasleitungen" ist neu in der Muster-KÜO 2006. Er beschreibt einen Teil der Abgasanlage nach Anforderungen in der Rußbrandbeständigkeit. Abgasleitungen müssen diese Anforderungen nicht erfüllen.   **1**

Die Abgasleitung wird außer in Nr. 1 Anlage 3 auch in Anlage 2 Nr. 2.1 und 3.1 Muster-KÜO zur Beschreibung einer senkrechten Abgasableitung verwendet, die weder ein Schornstein, noch ein Schacht ist.   **2**

2. Allgemeines

Als Abgasleitung werden alle Abgasanlagen bezeichnet, die nicht rußbrandbeständig sein müssen. Rußbrandbeständig müssen Schornsteine sein (Nr. 20 Anlage 3 Muster-KÜO; § 7 Abs. 7 Muster-FeuVO). Alle senkrechten Teile der Abgasanlagen, die nicht rußbrandbeständig sind, sind Abgasleitungen i.S. der Muster-KÜO.   **3**

Abgasleitungen können auch Verbindungsstücke (Rohre und Kanäle) sein, wenn sie nicht rußbrandbeständig sind.   **4**

Was unter Rußbrandbeständigkeit zu verstehen ist, wird in der Muster-KÜO nicht definiert. Siehe dazu Erl. 4 zu Nr. 20 Anlage 3 Muster-KÜO.   **5**

Verordnungstext Anlage 3 Nr. 4:

4. Abgaskanäle: Verbindungsstücke, die mit Böden, Decken, Wänden oder anderen Bauteilen fest verbunden sind;

Erläuterungen

1. Verwendung

1 Der Begriff „Abgaskanäle" ist neu in der Muster-KÜO 2006. Er beschreibt ein besonderes Verbindungsstück und damit eine Abgasanlage nach Nr. 1 Anlage 3 Muster-KÜO.

2 Der Abgaskanal wird nur in Anlage 2 Nr. 2.4 Muster-KÜO (Schornsteinfegergebührenverzeichnis) verwendet.

2. Allgemeines

3 „Abgaskanäle" sind alle Verbindungsstücke (Nr. 22 Anlage 3 Muster-KÜO), die mit Böden, Decken, Wänden oder anderen Bauteilen fest verbunden sind. Der Abgaskanal verbindet wie das Rohr – oder zusammen mit diesem – die Feuerstätte mit dem senkrechten Teil der Abgasanlage (Schornstein) zu dem Zweck, in dieses die Abgase zu leiten.

4 Fest verbunden ist der Kanal, wenn er nur mit baulichen Änderungen von Böden, Decken, Wänden oder anderen Bauteilen wieder gelöst werden kann. Ein Verbindungsstück, das auf Halterungen liegt und mit einfach lösbaren Schellen befestigt ist, ist kein Kanal i.S. der Nr. 4 Anlage 3 Muster-KÜO.

5 Mit welchen Bauteilen der Abgaskanal fest verbunden ist, ist nicht entscheidend. Die Begriffsbestimmung zählt Böden, Decken und Wänden auf und hat damit die gängigsten Anordnungen erfasst. Da Abgaskanäle auch mit anderen Bauteilen fest verbunden sein können, zeigt, dass dies keine abschließende Aufzählung ist.

6 Ist die Verbindung von der Feuerstätte zur senkrechten Abgasanlage eine freie Verbindung ohne Anbindung an den Boden, die Decke, an eine Wand, oder ein sonstiges Bauteil, handelt es sich um einen Abgaskanal, wenn dieser massiv ausgebaut ist (z.B. mit Ziegel gemauert, mehrschalige Bauweise mit mineralischen Baustoffen).

7 Abgaskanäle sind auch die den Herden oder Öfen nachgeschalteten, meist aus keramischen Platten erstellten Hohlräume, durch die der Rauch zum Zweck der Wärmeabgabe geleitet wird, bevor er über ein weiteres Verbindungsstück in den Schornstein gelangt. Sie werden als Sitzbank (Sitzkunst) oder erwärmter Wandteil (Wandkunst) gebaut. Eine keramische Kachelofensitzbank, die unmittelbarer Bestandteil eines Kachelgrundofens oder mit einem Heizeinsatz für feste, flüssige oder gasförmige Brennstoffe betriebenen Kachelofens und Teil der Feuerstätte ist, ist kein Verbindungsstück und daher nicht kehrpflichtig.

Bei offenen Kaminen ist das Verbindungsstück meist ein Abgaskanal, weil er fest mit der Wand verbunden ist.   **8**

Rauchfänge sind zwar auch Verbindungsstücke, jedoch keine Rauchkanäle im Sinne der Muster-KÜO, weil sie nicht unmittelbar mit der Feuerstätte verbunden sind.   **9**

3. Abgrenzung Kanäle/Rohre

Der Kanal unterscheidet sich vom Rohr dadurch, dass er mit baulichen Anlagen fest verbunden ist. Es ist jedoch nicht erforderlich, dass der Kanal auf seiner ganzen Länge mit Boden, Wand, Decke oder anderen Bauteilen „fest verbunden" (eingebaut, angebaut, aufliegend) ist. Der typische Kanal hat einen rechteckigen Durchmesser. Aber auch runde Leitungen sind Kanäle, wenn sie fest verbunden sind. Das Rohr ist dagegen eine frei in Räumen verlaufende Leitung, die durch Rohrschellen oder durch Aufliegen in Wanddurchbrüchen gehalten wird.   **10**

Bei Verbindungsstücken in Schornsteinqualität aus mineralischen Baustoffen handelt es sich immer um einen Kanal. Verdeckt verlegte Rohre (z.B. innerhalb eines Rapitzkastens) sind Kanäle i.S. der Muster-KÜO.   **11**

Leitungen in Form von Kanälen, die innerhalb einer Feuerstätte angeordnet sind (z.B. bei einem Kachelofen), sind keine Abgaskanäle i.S. der Nr. 4 Anlage 3 Muster-KÜO.   **12**

Beispiel Brennereifeuerstätte: **13**

RÖ

Schornstein

Dieser Teil ist Bestandteil der Feuerstätte. (Wie bei einem Waschkessel)

Brenngut

Dieser Teil ist ein Kanal

RÖ = Reinigungsöffnung

Beispiel Backofenzug s. Abbildungen in Erl. 30 zu § 1 Abs. 1 Muster-KÜO.   **14**

Verordnungstext Anlage 3 Nr. 5:

5. Abgasrohre: Frei in Räumen verlaufende Verbindungsstücke;

Erläuterungen

1. Verwendung

1 „Abgasrohre" sind alle Verbindungsstücke (Nr. 22 Anlage 3 Muster-KÜO), die frei in Räumen verlaufen. Das Abgasrohr verbindet wie der Abgaskanal – oder zusammen mit diesem – die Feuerstätte mit dem senkrechten Teil der Abgasanlage (Schornstein) zu dem Zweck, in diesen die Abgase zu leiten.

2 Das Abgasrohr wird nur in Anlage 2 Nr. 2.5 (Schornsteinfegergebührenverzeichnis) verwendet.

2. Allgemeines

3 „Abgasrohre" sind alle Verbindungsstücke (Nr. 22 Anlage 3 Muster-KÜO), die frei in Räumen verlaufen. Zur Abgrenzung mit den Abgaskanälen s. Erl. 10 zu Nr. 4 Anlage 3 Muster-KÜO.

4 Ein Rohr kann auch die Feuerstätte mit einem Kanal verbinden oder den Kanal mit dem Schornstein. Im Gegensatz zu Kanälen liegen Rohre – abgesehen von ihren Wanddurchführungen – frei und sind erforderlichenfalls durch Halter (Rohrschellen) unterstützt. Als Rohre gelten jedoch auch Verbindungsstücke, die von unten durch die Decke in den Schornstein einmünden, auch wenn diese nur noch in alten Gebäuden anzutreffen sind.

5 Rohre, die als Verbindungsstücke von Feuerungsanlagen benutzt werden, müssen aus form- und hitzebeständigen, nicht brennbaren Baustoffen bestehen. Drosselvorrichtungen, Nebenluftvorrichtungen, Absperrvorrichtungen, Rußabsperrer, Abgasventilatoren und andere ein- oder angebaute Einrichtungen sind Teile des Rohres.

Verordnungstext Anlage 3 Nr. 6:

6. Abgaswege: Heizgaswege und Strömungsstrecken der Abgase innerhalb der Verbindungsstücke;

Erläuterungen

1. Verwendung

Der Begriff „Abgasweg" ist sinngemäß aus der Muster-KÜO 1988 über- **1**
nommen worden. Er bezeichnet die Strömungsstrecke der Abgase vom
Brenner bis zum Eintritt in den senkrechten Teil der Abgasanlage.

Der Begriff Abgasweg wird vor allem für die Abgaswegüberprüfung in **2**
Kap. 3 der Anlage 2 Muster-KÜO verwendet.

2. Allgemeines

Die Begriffsbestimmung für den Abgasweg nach Nr. 6 Anlage 3 Muster- **3**
KÜO umfasst den Heizgasweg und die Strömungsstrecke der Abgase inner-
halb der Verbindungsstücke. Der Heizgasweg wird in Nr. 13 und die Ver-
bindungsstücke in Nr. 22 Anlage 3 Muster-KÜO definiert. Damit beginnt
der Abgasweg innerhalb der Feuerstätte an der Flamme, geht dann über die
Heizgaszüge vom Feuerraum bis zum Abgasstutzen und von dort über
Rohre, Kanäle oder sonstige waagrechte Abgasanlagen in den senkrechten
Teil der Abgasanlage.

Die Strömungsstrecke ist der Weg, den die Verbrennungsgase bzw. Abgase **4**
einer Gasfeuerstätte von ihrer Entstehung am Brenner bis zum Abgaskanal
oder senkrechten Teil der Abgasanlage zurücklegen. Innerhalb der Gasfeuerstätte wird die Strömungsstrecke als Heizgasweg bezeichnet. Mit umfasst
werden vorhandene Strömungssicherungen und Abgasventile.

Die Strömungssicherung ist Bestandteil einer raumluftabhängigen Gasfeu- **5**
erstätte, die den Einfluss von zu starkem Auftrieb, von Stau oder Rückstrom
in der Abgasanlage auf die Verbrennung in der Feuerstätte verhindert
(TRGI). In vielen atmosphärischen Gasfeuerstätten ist die Strömungssicherung nicht ohne nähere Gerätekenntnis erkennbar. Falls es zu einem Abgas-
stau oder einem völligen Verschluss im Abgasweg nach der Strömungssicherung kommt, treten dort am ehesten Abgase aus. Daher ist bei jeder
Abgaswegüberprüfung zu prüfen, ob an der Strömungssicherung Abgasaustritt vorhanden ist.

Abgasklappen sind thermisch oder mechanisch gesteuerte Einrichtungen im **6**
Abgasweg. Sie öffnen sich beim Betrieb der Feuerstätte, sind sonst aber
geschlossen. Die TRGI bezeichnet die Abgasklappen als „Abgasabsperrvor-
richtungen".

Verordnungstext Anlage 3 Nr. 7:

7. Ablufteinrichtungen:

a. **Schächte und sonstige Anlagen und Einrichtungen, die zum Betrieb von Feuerstätten oder zur Lüftung von Räumen mit Feuerstätten erforderlich sind oder deren Betrieb beeinflussen können,**

b. **Abluftschächte, die Räume entlüften und Abgase von Feuerstätten ins Freie leiten;**

Erläuterungen

1. Verwendung

1 Der Begriff „Ablufteinrichtungen" ist neu in der Muster-KÜO 2006. Er beschreibt die notwendigen Schächte, die zur Lüftung von Räumen mit Feuerstätten erforderlich sind, deren Betrieb beeinflussen, oder als gemischter Abluft-/Abgasschacht betrieben werden.

2 Der Begriff „Ablufteinrichtung" ist in § 1 Abs. 1 Nr. 4, in § 2 Abs. 2, in Anlage 1 Nr. 1.9 und 2.4 und in Anlage 2 Nr. 3.8 Muster-KÜO aufgeführt.

2. Allgemeines

3 Der Begriff „Ablufteinrichtungen" wird zweifach verwendet. Anlage 3 Nr. 7 Muster-KÜO unterteilt die Ablufteinrichtungen in baurechtlich notwendige Be- und Entlüftungsanlagen und Abluftschächte, die kombiniert zur Entlüftung von Räumen und Abführung von Abgasen betrieben werden.

4 Ein Schacht ist ein länglicher Hohlkörper, mit Boden und an vier Seiten fest zusammengefügt, der nach oben offen ist. Er besteht meist aus Bauteilen. Ein Schornstein ist ein rußbrandbeständiger Schacht. Nicht rußbrandbeständige Schächte werden zur Abgasableitung oder zur Be- oder Entlüftung von Räumen genutzt.

5 Die „Feuerstätte" ist in Anlage 3 Nr. 11 Muster-KÜO definiert.

6 Ablufteinrichtungen im Sinne der Nr. 7a) Anlage 3 Muster-KÜO sind nur die bauordnungsrechtlich vorgeschriebenen Einrichtungen und Anlagen zur Entlüftung der Aufstellungsräume von Feuerstätten. An die Aufstellungsräume von Feuerstätten werden bauordnungsrechtliche Anforderungen zur Lüftung gestellt.

7 Nach § 42 Abs. 2 der Muster-Bauordnung dürfen Feuerstätten nur in Räumen aufgestellt werden, bei denen nach Lage, Größe, baulicher Beschaffenheit und Benutzungsart Gefahren nicht entstehen. Die Baurechtsbehörde sieht die generalklauselartige Vorschrift hinsichtlich der erforderlichen Be- und Entlüftung des Aufstellungsraumes für Feuerstätten als erfüllt an, wenn die FeuVO eingehalten wird. Diese stellt besondere Anforderungen an Ablufteinrichtung nur noch für:

– Feuerstätten für feste Brennstoffe mit einer Gesamtnennwärmeleistung von mehr als 50 kW. Nach § 6 Abs. 4 Muster-FeuVO müssen Heizräume zur Raumlüftung jeweils eine obere und untere Öffnung ins Freie mit einem Querschnitt von mindestens je 150 cm² oder Leitungen ins Freie mit strömungstechnischen äquivalenten Querschnitten haben,
– Gasfeuerstätten mit Strömungssicherung, wenn der Aufstellraum < 1 m³ je kW Nennleistung der Feuerstätte ist (§ 4 Abs. 4 Nr. 2 Muster-FeuVO).

Die Lüftungsleitungen in Aufstellungsräumen von ortsfesten Verbrennungs- **8**
motoren sind ebenfalls Lüftungsanlagen nach Nr. 7a) Anlage 3 Muster-KÜO.

Abluftschächte nach Nr. 7b Anlage 3 Muster-KÜO sind meist senkrechte **9**
Schächte, die sowohl den Aufstellungsraum einer Gasfeuerstätte entlüften, als auch die Abgase dieser Feuerstätte ins Freie leiten. Dies kann z.b. baurechtlich gem. DIN 18017 erlaubt werden.

Die Ablufteinrichtung ist gleichzeitig der senkrechte Teil der Abgasanlage **10**
und daher bereits nach Nr. 1 Anlage 3 Muster-KÜO erfasst.

Verordnungstext Anlage 3 Nr. 8:

8. Bivalente Heizungen: Heizungen, bei denen die Feuerstätten in Verbindung mit einer Wärmepumpe oder einem Solarkollektor betrieben werden, soweit die Wärmepumpe oder der Solarkollektor nicht ausschließlich der Brauchwassererwärmung dient;

Erläuterungen

1. Verwendung

Der Begriff „Bivalente Heizungen" ist neu in der Muster-KÜO 2006. Er ist **1**
nahezu wortgleich aus § 2 Nr. 2 der 1. BImSchV übernommen worden. Der Begriff beschreibt eine Heizung, deren Energie wechselweise aus einer konventionellen Feuerungsanlage und einer alternativen Energiegewinnung durch einen Solarkollektor oder einer Wärmepumpe kommt.

Der Begriff „Bivalente Heizungen" ist in Anlage 2 Nr. 1.3 Muster-KÜO **2**
aufgeführt und verringert die Kehrpflicht bei bivalenten Heizungen mit einem ausreichenden Pufferspeicher bei Feuerstätten zur Verbrennung fester Brennstoffe.

2. Allgemeines

Bivalente Heizungen sind keine verschiedenartigen Feuerstätten für unter- **3**
schiedliche Brennstoffe. Sie bestehen aus einer Feuerstätte in Kombination mit einer Wärmepumpe oder einem Solarkollektor. Beide Komponenten müssen auf die gleiche Heizung wirken („... in Verbindung mit ..."). Erst

dann kann davon ausgegangen werden, dass die notwendige Heizleistung durch die Feuerungsanlage geringer ist, als bei einem getrennten Betrieb.

4 Wird die Feuerungsanlage für die Heizung, die Wärmepumpe oder den Solarkollektor nur zur Brauchwassererwärmung genutzt, liegt keine bivalente Heizung i.S. der Muster-KÜO vor. Wirken Feuerungsanlage und Wärmepumpe/Solarkollektor gemeinsam nur auf die Brauchwassererwärmung, liegt dagegen ein bivalenter Betrieb vor. Dies wird mit den Worten „... ausschließlich ..." klar ausgedrückt.

5 Nicht darunter fällt somit der sog. „gemischt belegte Schornstein", an den außer Feuerstätten für feste oder flüssige Brennstoffe auch solche für gasförmige Brennstoffe angeschlossen sind. Bei der Anwendung des Begriffes kommt es auf die tatsächliche Nutzung an. Inwieweit die Anschlüsse bauordnungsrechtlich zulässig sind, ist hier ohne Belang.

6 Wärmepumpen und Sonnenkollektoren sind technische Anlagen, die Heizwärme den Umweltmedien (z.B. Wasser, Luft, Boden) entziehen oder mit Hilfe der Sonnenstrahlung erzeugen. Bei der Wärmepumpe wird einem relativ kühlen Wärmespeicher (z.B. dem Grundwasser) Wärmeenergie entzogen und als Heizenergie nutzbar gemacht. Beim Sonnenkollektor wird durch eine besondere Vorrichtung Sonnenenergie absorbiert und in Wärme umgesetzt.

7 Andere alternative Energiegewinnungsformen, wie z.B. die Photovoltaik führen nicht zur bivalenten Heizung, weil sie nicht direkt Wärme erzeugen, sondern Strom. Auch wenn der Strom zur Wärmegewinnung verwendet würde, wird daraus noch keine bivalente Heizung.

8 Der Begriff „Feuerstätte" ist in Nr. 11 Anlage 3 Muster-KÜO definiert.

9 Eine Heizung ist eine Feuerungsanlage zur Gewinnung von Energie, die direkt zur Erwärmung von Aufenthaltsräumen genutzt wird.

Verordnungstext Anlage 3 Nr. 9:

9. Brennwertfeuerstätten: Feuerstätten, bei denen die Verdampfungswärme des im Abgas enthaltenen Wasserdampfes konstruktionsbedingt durch Kondensation nutzbar gemacht wird;

Erläuterungen

1. Verwendung

1 Der Begriff „Brennwerttechnik" ist neu in der Muster-KÜO 2006, da diese Technik im Jahr 1988 noch nicht auf dem Markt war. Es handelt sich um eine besondere Feuerstätte, die auch noch die Energie des im Abgas enthaltenen Wasserdampfes zur Wärmegewinnung ausnutzt.

Der Begriff „Brennwert" ist in Anlage 2 Nr. 2.8, 3.3 und 3.5 Muster-KÜO   **2**
enthalten. Die Muster-KÜO legt für diese Anlagen besondere Überprüfungspflichten fest.

2. Allgemeines

Eine Brennwertfeuerstätte ist eine Feuerstätte i.S. der Nr. 11 Anlage 3 Mus-   **3**
ter-KÜO, die durch ein besonderes Verfahren die Verdampfungswärme des
im Abgas befindlichen Wasserdampfes nutzbar macht. Ob sie dazu in der
Lage ist, geht aus den Herstellerangaben der Feuerstätte hervor.

In Brennwertfeuerstätten werden die Abgase soweit abgekühlt, dass sie den   **4**
Taupunkt „unterfahren" (unterschreiten) und kondensieren. Ein natürlicher
Auftrieb ist daher in der Abgasanlage i.d.R. nicht mehr gegeben. Daher
werden die Abgase einer Brennwertfeuerstätte im Überdruck (mit Ventilator
oder Gebläse) ins Freie transportiert.

Unter Brennwert eines Gases versteht die TRGI die Wärme, die bei voll-   **5**
ständiger Verbrennung eines Kubikmeters Gas – gerechnet im Normzustand
– frei wird, wenn die Anfangs- und Endprodukte eine Temperatur von 25° C
haben und das bei der Verbrennung entstandene Wasser flüssig vorliegt. Der
Brennwert von Öl wird analog definiert. In beiden Fällen wird die Verdampfungswärme des im Abgas enthaltenen Wasserdampfes konstruktionsbedingt durch Kondensation soweit nutzbar gemacht, dass Wasser ausfällt.
Das Abgas wird über eine Abgasleitung abgeführt. Diese umfasst den Weg
vom Abgasstutzen bis zur Ausmündung ins Freie. Der aufwärts führende
Teil der Abgasleitung ist grundsätzlich als senkrechter Teil der Abgasanlage
anzusehen.

In einigen Gemeinden in Deutschland sehen die Abwassersatzungen beson-   **6**
dere Bestimmungen zur Ableitung des Kondensats vor, die vom Gebäudeeigentümer und dem BSM zu beachten sind. Daher kann es notwendig sein,
das Kondensat am Abgasstutzen in einem besonderen Behälter zu fassen und
entsprechend den örtlichen Satzungsbestimmungen zu entsorgen.

Verordnungstext Anlage 3 Nr. 10:

10. Dunstabzugsanlagen: Ortsfeste Einrichtungen zum Aufnehmen von Koch-, Brat-, Grill-, Dörr- oder Röstdünsten und deren Abführung über Rohre, Kanäle oder Schächte ins Freie;

Erläuterungen

1. Verwendung

1 Der Begriff „Dunstabzugsanlagen" ist neu in der Muster-KÜO 2006, obwohl diese Anlagen bereits nach der Muster-KÜO 1988 überprüfungspflichtig waren. Er beschreibt eine Einrichtung, die Wasserdampf und fetthaltige Abluft absaugt und über einen Filter ins Freie abführt. Werden sie nicht regelmäßig gereinigt, stellen sie ein Problem für die Feuersicherheit dar.

2 Der Begriff „Dunstabzugsanlage" ist in § 1 Abs. 1 Nr. 5, in Anlage 1 Nr. 4.1 und in Anlage 2 Nr. 3.9 Muster-KÜO aufgeführt. Die Muster-KÜO legt für diese Anlagen eine jährliche Überprüfungspflicht fest.

2. Allgemeines

3 Eine Dunstabzugsanlage ist eine ortsfeste Einrichtung. Sie muss daher in Gebäuden fest ein- oder angebaut sein. Dunstabzüge in mobilen Einrichtungen (z.B. Verkaufswagen) erfüllen nicht die Anforderung der Nr. 10 Anlage 3 Muster-KÜO.

4 Sie müssen geeignet und bestimmt sein, genau definierte Dünste aufzunehmen. Dies erreichen sie durch eine Absaugeinrichtung oder einfach durch eine Überwölbung (Ablufthaube).

5 Nach der Begriffsbestimmung muss es sich um Dünste von Koch-, Brat-, Grill-, Dörr- oder Röstvorgängen handeln:
- Kochen (von lateinisch coquere, „kochen, sieden, reifen" entlehnt) ist im engeren Sinne das Erhitzen einer Flüssigkeit bis zum Siedepunkt, im weiteren das Garen und Zubereiten von Lebensmitteln allgemein, unabhängig von der Zubereitungsart wie z.B. Backen oder Braten.
- Braten ist trockenes Garen bei starker Hitze. Dabei entstehen an der Oberfläche des Bratguts Verbindungen aus Eiweißen, Fetten und Zuckern, die für die Bräunung und den typischen Geschmack verantwortlich sind.
- Grillen oder schweizerisch Grillieren (aus englisch to grill bzw. französisch griller, von lateinisch craticulum für 'Flechtwerk' und 'kleiner Rost') ist Braten in Wärmestrahlung. Vom Braten in der Pfanne oder im Ofen unterscheidet es sich dadurch, dass für den Garprozess weder direkte Wärmeleitung noch Konvektion eine große Rolle spielt.
- Dörren ist trocknen oder austrocknen, bei dem Flüssigkeiten aus einem Stoff oder Gegenstand, dem Trockengut, durch Verdunstung oder Verdampfung, entzogen wird.

– Rösten, ursprünglich „auf dem Rost braten", bedeutet heute das trockene, fettlose Erhitzen von pflanzlichen Lebensmitteln bei etwa 300°C, um den Geschmack zu verändern. Dabei bilden sich kräftig schmeckende Aromen und Bitterstoffe, die den Appetit anregen. Geröstet werden z.b. Nüsse, Kaffee- und Kakaobohnen, Getreide und Malz. In der Muster-KÜO wird der Begriff Rösten auch synonym zu Braten, Grillen, Sautieren (besondere Form des Kurzbratens) verwendet. Bei der Malzherstellung wird auch von „Darre" gesprochen.

Andere Zubereitungsvorgänge fallen nicht unter die Begriffsbestimmung einer Dunstabzugsanlage i.S. der Muster-KÜO.

Die Dunstabzugsanlage muss die Dünste nicht nur aufnehmen, sondern auch ins Freie abführen. Dazu muss mindestens ein Rohr, ein Kanal oder ein Schacht vorhanden sein. Dunstabzugsanlagen, die nur im Umlaufbetrieb arbeiten und nicht ins Freie ableiten, sind keine Dunstabzugsanlagen i.S. der Muster-KÜO.   **6**

Zur Dunstabzugsanlage gehören alle von wasserdampf- und fetthaltiger Abluft durchströmten Bauteile wie Hauben und Lüftungsdecken, Aerosolabscheider (Filter), Leitungen, Kanäle und deren Befestigungen, Mündungsausbildungen, Kompensatoren, Kondensatabläufe, Schalldämpfer, Ventilatoren, Absperrvorrichtungen, sicherheitstechnische Einrichtungen, brandschutztechnische Ummantelungen und Einrichtungen, Feuerlöscheinrichtungen, Beschichtungen und Verkleidungen sowie Prüf- und Reinigungsöffnungen.   **7**

Dunstabzugsanlagen können als Haubenanlagen, als Lüftungsdecken oder in Kombination ausgeführt werden. Je nach Einbauort herrscht vor dem Ventilator statischer Unterdruck (Saugseite) und danach statischer Überdruck (Druckseite). Undichtheiten auf der Saugseite verringern die bestimmungsgemäße Abluftleistung. Undichtheiten auf der Druckseite können zu äußeren Fettverschmutzungen (Brandgefahr) und zu geruchs- und hygienischen Belästigungen führen. Die Bausubstanz anderer Bauteile kann geschädigt werden.   **8**

Überprüfungspflichtig sind Dunstabzugsanlagen nur, wenn sie nicht ausschließlich privat betrieben werden (s. dazu Erl. 68 zu § 1 Abs. 1 Muster-KÜO).   **9**

Verordnungstext Anlage 3 Nr. 11:

11. Feuerstätten: Im oder am Gebäude ortsfest benutzte Anlagen oder Einrichtungen, die dazu bestimmt sind, durch Verbrennung Wärme zu erzeugen;

Erläuterungen

1. Verwendung

1 Der Begriff „Feuerstätten" war bereits in der Muster-KÜO 1988 enthalten. Er wird jedoch in der Muster-KÜO 2006 neu definiert. Er beschreibt eine Anlage oder Einrichtung, die dazu bestimmt ist, durch Verbrennung Wärme zu erzeugen.

2 Der Begriff „Feuerstätte" ist der am häufigsten benutzte Begriff in der Muster-KÜO. Die Feuerstätte ist der Teil der Feuerungsanlage, der die Wärme erzeugt.

2. Allgemeines

3 Eine Feuerstätte i.S. der Muster-KÜO ist eine Anlage oder Einrichtung. Sie ist ein Bauprodukt i.S. von § 2 Abs. 9 Muster-BauO. Eine offene Feuerstelle ist noch keine Feuerstätte i.S. der Muster-KÜO (z.B. Gasherd). Wird jedoch – wie beim offenen Kamin – darüber ein Rauchfang errichtet und die Abgase abgeleitet, ist dies eine Feuerstätte i.S. von Nr. 11 Anlage 3 Muster-KÜO.

4 Die Anlage oder Einrichtung muss im oder am Gebäude ostsfest stehen. Zum Begriff Gebäude s. Nr. 12 Anlage 3 Muster-KÜO. Im Gebäude ist die Feuerstätte sowohl im Keller, in den Wohn- oder Abstellräumen, unter dem Dach, in der Garage oder im Anbauschuppen. Auch ein eigenes Heizgebäude (früher Kesselhaus) ist ein Gebäude i.S. der Begriffsbestimmung.

5 Am Gebäude ist eine Feuerstätte, wenn sie zumindest an einer Fläche an eine Gebäudewand anstößt. Wenn sie nur mit Halterungen an dem Gebäude festgemacht ist, und ansonsten – wegen der Brandschutzabstände – von der Hauswand einige Zentimeter entfernt steht, erfüllt sie trotzdem den Begriff „angebaut". Nicht angebaut ist ein gemauerter Grill im Garten, der weder umbaut, noch an ein Gebäude angebaut ist.

6 Die Feuerstätte muss auch ortsfest sein. Dies ist i.d.R gegeben, wenn die Feuerstätte einen festen Platz im Gebäude oder am Gebäude hat und an eine Abgasanlage angeschlossen ist. Die Möglichkeit, dass die Feuerstätte mit wenigen Handgriffen versetzt werden kann, verändert diesen Status noch nicht. Ein fahrbarer Grillwagen erfüllt allerdings noch nicht den Begriff der Feuerstätte i.S. der Nr. 11 Anlage 3 Muster-KÜO. Ein Bunsenbrenner für den Chemieunterricht, das Schweißgerät im Keller oder die Lötlampe sind ebenfalls noch keine Feuerstätten i.S. der Muster-KÜO.

Die Anlage oder Einrichtung muss auch noch dazu bestimmt sein, durch   **7** Verbrennung Wärme zu erzeugen. Das Wesen einer Feuerstätte ist die Verbrennung. Daher muss jede Feuerstätte eine Verbrennungseinrichtung haben. Wie diese aussieht und welche Abläufe in der Feuerstätte stattfinden sollen, ist nicht bestimmt. Sie kann einen offenen oder geschlossenen Feuerraum haben, in dem bewegliche Stoffe jeglichen Aggregatzustands verbrannt werden. Durch Verbrennung wird in jedem Fall Wärme frei.

Welchem Zweck die Wärmeerzeugung dient, ist ohne Belang. So sind auch   **8** Einrichtungen zur Gewinnung von Prozesswärme, Räucherkammern, Räucherschränken, Trockeneinrichtungen, Grastrocknungsanlagen oder Feuerstätten zur Volumenverringerung bei der Müllverbrennung, Feuerstätten i.S. der Muster-KÜO.

Ortsfeste Verbrennungsmotoren erfüllen die Anforderungen der Nr. 11 Anlage 3 Muster-KÜO, wenn sie in einem Gebäude oder an einem Gebäude   **9** liegen und eine Abgasabführung vorhanden ist.

3. Verbrennung

In der Feuerstätte muss eine Verbrennung stattfinden. Die Verbrennung ist   **10** eine schnell verlaufende Oxidation (chemische Reaktion, bei der sich ein Stoff mit Sauerstoff verbindet). Bei jeder Verbrennung müssen daher Sauerstoff, ein brennbarer Stoff und Zündtemperatur vorhanden sein. Eine Verbrennung wird es jedoch nur geben, wenn das richtige Mengenverhältnis von Sauerstoff und brennbarem Stoff besteht und die erforderliche Zündenergie eingesetzt wird.

Die Muster-KÜO unterscheidet grundsätzlich zwischen Einrichtungen zur   **11** Verbrennung fester, flüssiger und gasförmiger Stoffe. Die Feuerwehr unterscheidet diese Stoffe ebenso in die Brandklassen A, B und C. Feste Brennstoffe brennen mit Flamme und Glut, flüssige und gasförmige Brennstoffe mit Flamme. Die Brandklasse D – brennbare Metalle – wird in der KÜO nicht besonders betrachtet, da diese nicht in häuslichen Feuerstätten verbrannt werden dürfen. Diese wären im Zweifelsfall als fester Brennstoff zu behandeln.

Verordnungstext Anlage 3 Nr. 12:

12. Gebäude: Jedes selbständig nutzbares Bauwerk, einschließlich der unmittelbar angrenzenden unbewohnten Nebengebäude, wie z.B. Waschküchen, Garagen, Futterküchen oder Stallungen.

Erläuterungen

1. Verwendung

1 Der Begriff „Gebäude" war in der Muster-KÜO 1988 nicht enthalten. Er beschreibt eine bauliche Anlage, die von Menschen betreten werden kann.

2 Der Begriff „Gebäude" wird in Anlage 2 Nr. 1.1 und 1.2 und in den Nummern 11 und 17 der Anlage 3 Muster-KÜO benutzt.

2. Allgemeines

3 Ein Gebäude ist ein Bauwerk. Daher muss es aus Baumaterialien errichtet sein. Die Landesbauordnungen machen dabei keine Einschränkungen. Es muss allerdings standfest sein, überdeckt und von Menschen betreten werden können.

4 Das Gebäude muss auch selbstständig nutzbar sein. Dies ist immer dann gegeben, wenn zur Nutzung des Gebäudes keine anderen Gebäudeteile notwendig sind. Die Art der Nutzung wird nicht vorgegeben. Nutzbar ist das Gebäude, wenn es als Wohnung, Aufenthaltsraum, gewerbliche Produktionsstätte etc. dient. Selbstständige Nutzung ist gegeben, wenn ein eigener Zugang vorhanden ist. Kann das Gebäude nur über ein anderes Gebäude begangen werden, liegt keine selbstständige Nutzung und damit kein Gebäude i.S. der Muster-KÜO vor.

5 Nr. 12 Anlage 3 Muster-KÜO rechnet unbewohnte Nebengebäude zum Gebäude, nicht als eigene Gebäude. So ist eine Garage noch kein eigenes Gebäude i.S. der Muster-KÜO, auch wenn darin eine betriebsbereite Feuerstätte steht. Als Nebengebäude sind jedoch nur die unmittelbar angrenzenden Gebäude anzusehen, wenn sie unbewohnt sind. Ein Nebengebäude mit vermieteter Wohnung ist ein eigenes Gebäude i.S. der Muster-KÜO, auch wenn das Nebengebäude unmittelbar an das Hauptgebäude angrenzt.

6 Unmittelbar angrenzen Nebengebäude, wenn sie sich noch auf dem gleichen Grundstück (gleiche Flurstücknummer) befinden und im räumlichen Zusammenhang stehen. Dies ist gegeben, wenn beide Gebäude angebaut oder über einen baulich verbundenen Zugang verbunden sind.

7 Nr. 12 Anlage 3 Muster-KÜO zählt beispielhaft Waschküchen, Garagen, Futterküchen oder Stallungen auf. Dazu zählen jedoch auch Geräteschuppen oder abgesetzte Wintergärten. Die beispielhafte Aufzählung soll nur den Sinn und Zeck der Regelung besser verständlich machen.

Für die Einstufung durch den BSM ist nicht entscheidend, ob das Neben-   **8**
gebäude eine eigene Hausnummer durch die Gemeindeverwaltung erhalten
hat, oder nicht. Ohne Belang sind auch die Eigentumsverhältnisse über die
Gebäude. Vielmehr ist die Nutzung der einzelnen Gebäude entscheidend für
die Aufnahme in das Kehrbuch.

Verordnungstext Anlage 3 Nr. 13:

**13. Heizgaswege: Strömungsstrecken der Verbrennungs-/Abgase innerhalb
der Feuerstätten;**

Erläuterungen

1. Verwendung

Der Begriff „Heizgaswege" war bereits in der Muster-KÜO 1988 enthalten   **1**
und hat sich auch inhaltlich nicht verändert. Er beschreibt die Strömungsstrecke der Abgase innerhalb der Feuerstätte.

Der Begriff „Heizgaswege" wird in § 1 Abs. 1 und 3 sowie Anlage 3 Nr. 6   **2**
Muster-KÜO benutzt. Auf die Erläuterungen dazu wird hingewiesen.

2. Allgemeines

Der gesamte Abgasweg wird als Strömungsstrecke bezeichnet. Innerhalb der   **3**
Gasfeuerstätte wird das heiße Abgas vor allem zum Zwecke des Wärme-
tausches (Energiestrom) genutzt. Die Muster-KÜO bezeichnet die Strömungsstrecke zwischen Brenner und Abgasstutzen als Heizgasweg. Der
Abgasstutzen liegt meist unmittelbar hinter dem Wärmetauscher.

Der Schornsteinfeger ist zwar verpflichtet, den Heizgasweg zu überprüfen,   **4**
ihn jedoch nicht zu reinigen (kehren). Ist der Heizgasweg verschmutzt,
schreibt der BSM eine Mängelmeldung nach § 13 Abs. 3 SchfG.

Verordnungstext Anlage 3 Nr. 14:

14. Heizgaszüge: Strömungsstrecken der Verbrennungs-/Abgase innerhalb der Feuerstätten zwischen Feuerraum und Abgasstutzen;

Erläuterungen

1. Verwendung

1 Der Begriff „Heizgaszüge" war in der Muster-KÜO 1988 bisher nicht enthalten. Er beschreibt die Strömungsstrecke der Abgase innerhalb der Feuerstätte zwischen Feuerraum und Abgasstutzen.

2 Der Begriff „Heizgaszüge" wird in der Muster-KÜO nur in Anlage 2 bei der Aufzählung landesspezifischer Anlagen und Einrichtungen im Zusammenhang mit den Heizgaszügen der Backöfen benutzt. Eine Beschreibung dazu ist in Erl. 30, 31 zu § 1 Abs. 1 Muster-KÜO enthalten.

2. Allgemeines

3 Ein Heizgaszug ist der Teil des Heizgasweges (s. Nr. 13 Anlage 3 Muster-KÜO) zwischen Feuerraum und Abgasstutzen. Er umfasst insbesondere die Züge im Wärmetauscher.

4 Die Begriffe „Strömungsstrecke" und „Feuerstätte" sind in den Nr. 13 und 11 Anlage 3 Muster-KÜO erläutert. Der Feuerraum ist der Kessel, in dem der Brenner sitzt. Der Abgasstutzen ist das Anschlussstück nach dem Wärmetauscher, in den das Abgasrohr oder der Abgaskanal angeschlossen werden kann. Der Abgasstutzen ist die Grenze zwischen Feuerstätte und Abgasanlage.

Verordnungstext Anlage 3 Nr. 15:

15. Luft-Abgas-Systeme: Abgasanlagen mit nebeneinander oder ineinander angeordneten Schächten; Luft-Abgassysteme führen den Feuerstätten Verbrennungsluft über den Luftschacht aus dem Bereich der Mündung der Abgasanlage zu und führen deren Abgase über den Abgasschacht ins Freie ab;

Erläuterungen

1. Verwendung

1 Der Begriff „Luft-Abgas-Systeme" (LAS) war in der Muster-KÜO 1988 bisher nicht enthalten. Er beschreibt eine Abgasanlage, die in nebeneinander oder ineinander angeordneten Schächten die Verbrennungsluft vom Freien zuführt und die Abgase ins Freie abführt.

Der Begriff „Luft-Abgas-Systeme" wird in der Muster-KÜO nur in Nr. 1   **2**
Anlage 3 benutzt.

2. Allgemeines

Das LAS ist die Abgasanlage von raumluftunabhängigen Gasfeuerstätten.   **3**
Es ist eine Anlage mit zwei nebeneinander oder ineinander angeordneten
Schächten. Beim LAS wird i.d.R. mit einem Ventilator Verbrennungsluft
zugeführt und Abgase der Gasfeuerstätte über das Dach ins Freie abführt.

Die Begriffe „Abgasanlagen", „Schächte" und „Feuerstätten" sind in den   **4**
Erläuterungen zu Nr. 1, 7 und 11 Anlage 3 Muster-KÜO erläutert.

Die Abgasanlagen müssen nebeneinander liegen (zwei Schächte) oder inei-   **5**
nander angeordnet sein (ein enger Schacht wird in einem größeren Schacht
geführt). Ein Schacht führt Verbrennungsluft zur Feuerstätte (Luftschacht),
der andere Schacht führt das Abgas ab (Abgasschacht).

Nach § 7 Abs. 10 Muster-FeuVO sind LAS zur Abgasabführung nur zuläs-   **6**
sig, wenn sie getrennte, durchgehende Luft- und Abgasführungen haben. An
diese Systeme dürfen nur raumluftunabhängige Feuerstätten angeschlossen
werden, deren Bauart sicherstellt, dass sie für diese Betriebsweise geeignet
sind.

Der Mündungsbereich muss so angeordnet sein, dass die Abgase ungehin-   **7**
dert ins Freie gelangen und nicht über den Luftschacht zur Feuerstätte
gelangen können.

Verordnungstext Anlage 3 Nr. 16:

16. Nennleistung:
a. Die auf dem Typenschild der Feuerstätte angegebene Leistung oder
b. die in den Grenzen des Wärmeleistungsbereichs fest eingestellte und auf
    einem Zusatzschild angegebene höchste Leistung der Feuerstätte oder
c. bei Feuerstätten ohne Typenschild die aus dem Brennstoffdurchsatz (Wir-
    kungsgrad 80 %) ermittelte Leistung;

Erläuterungen

1. Verwendung

Der Begriff „Nennleistung" war in der Muster-KÜO 1988 bisher nicht   **1**
enthalten. Er beschreibt die Leistung einer Feuerstätte und wie man diese
ermittelt, wenn diese nicht aus dem Typenschild hervorgeht.

Die Begriffsbestimmung wurde sinngemäß aus § 2 Nr. 10 der Verordnung   **2**
über kleine und mittlere Feuerungsanlagen (1. BImSchV) entnommen. Dort
wird die Nennleistung noch als Nennwärmeleistung bezeichnet.

3   Der Begriff „Nennleistung" wird in der Muster-KÜO nur in Anlage 1 Nr. 1.3 Muster-KÜO benutzt, ist aber auch bei der freiwilligen Emissionsmessung entscheidend (Anlagen bis 11 kW Nennleistung). Die Nennleistung ist vom BSM in seinen Aufzeichnungen nach § 19 SchfG zu erfassen.

2. Allgemeines

4   Die Nr. 16 Anlage 3 Muster-KÜO definiert die Nennleistung unter pragmatischen Gesichtspunkten der Schornsteinfegerarbeiten vor Ort. Es werden drei Wege aufgeführt, wie die Nennleistung ermittelt werden kann. Dabei gibt die Begriffsbestimmung eine Reihenfolge vor.

5   Maßgebend ist zuerst die auf dem Typenschild der Feuerstätte vom Hersteller angegebene Leistung der Feuerstätte. Das Typenschild der Feuerstätte ist die vom Hersteller an der Feuerstätte befestigte Plakette, auf der die Leistungsdaten der Feuerstätte beschrieben sind. Maßgebend für den Schornsteinfeger ist die Nennleistung (Nennwärmeleistung). Ist diese nicht aufgeführt, benötigt der BSM zumindest den Brennstoffdurchsatz, um die Nennleistung zu ermitteln.

6   Wird die Feuerstätte dauerhaft auf einen geringeren Wert eingestellt, ist die höchste Leistung des fest eingestellten Wertes auf einem Zusatzschild an der Feuerstätte anzugeben. Ist ein derartiges Zusatzschild vorhanden, gilt dieser Wert vorrangig vor dem eigentlichen Typenschild.

7   Die Wärmeleistung ist der von einem Gasgerät nutzbar gemachte Wärmestrom in kW oder kJ/S.

8   Die TRGI definiert die Nennwärmeleistung als nutzbar gemachter Wärmestrom in kW. Diese ist abhängig vom zugeführten Wärmestrom. Der Brennstoffdurchsatz ist die Menge des eingesetzten Brennstoffes in einer fest definierten Zeiteinheit.

9   Ist auf einer (alten) Feuerstätte kein Typenschild vorhanden, ist die Nennleistung zu ermitteln. Diese errechnet sich dann auf der Grundlage des Brennstoffdurchsatzes mit einem Wirkungsgrad der Feuerstätte von 80 % nach folgender Formel:

$$Q = \frac{Br \times Hu \times \eta_K}{100}$$

Hierin bedeuten:

Q   = Wärmeleistung (kW)
Br   = Brennstoffbedarf (kg/h; m³/h)
Hu   = Heizwert (kWh/kg; kWh/m³)
η_K = Wirkungsgrad

Hu = spezifischer Heizwert

Heizöl	11,86 kWh/kg
Erdgas	10.38 kWh/m³
Flüssiggas	27,55 kWh/m³

Holz, lufttrocken   4,3 kWh/kg
Koks   8,21 kWh/kg

Beispiel: Öl-Heizungskessel, Brennstoffbedarf (Durchsatz) 1,90 kg/h

$$Q = \frac{1,90 \times 11,86 \times 80}{100} = 18,02 kW = 18 kW$$

Verordnungstext Anlage 3 Nr. 17:

17. Nutzungseinheiten: Gebäude oder Teile von Gebäuden, die selbständig nutzbar sind und einen eigenen Zugang haben (z.B. Wohnungen oder Ähnliches);

Erläuterungen

1. Verwendung

Der Begriff „Nutzungseinheit" (NE) ist neu in der Muster-KÜO, da er erst   **1** mit der Integration der KÜO mit der KÜGebO benötigt wird. Er beschreibt den räumlichen Bereich der gemeinsamen Nutzung von Feuerungsanlagen.

Der Begriff „Nutzungseinheiten" wird in der Muster-KÜO in § 1 Abs. 1   **2** Nr. 6 in der beispielhaften Aufzählung der Be- und Entlüftungsanlagen nach § 59 SchfG und in Anlage 2 Nr. 1.3 (Fahrtpauschale), sowie in Anlage 2 in den Kapiteln 3 und 4 Muster-KÜO, wenn es um die Abgaswegüberprüfung oder Emissionsmessung in der gleichen Nutzungseinheit handelt, benutzt.

2. Allgemeines

Die Nutzungseinheit (NE) ist ein Gebäude oder ein Teil eines Gebäudes. Das   **3** Gebäude ist unter Nr. 12 Anlage 3 Muster-KÜO definiert. Es muss bereits nach der Nr. 12 Anlage 3 Muster-KÜO selbständig nutzbar sein. Typisch dafür ist das Einfamilienhaus. Dies ist von der Begriffsbestimmung sowohl ein Gebäude, als auch eine Nutzungseinheit.

Bei Mehrfamilienhäusern und Mietwohnanlagen umfasst der Begriff „Nut-   **4** zungseinheit" jedoch nicht das gesamte Gebäude oder die Wohnanlage, sondern i.d.R. Teile davon. Die Muster-KÜO geht davon aus, dass der BSM mit jedem Wohnungseigentümer (Eigentumswohnungen) oder Mieter einen besonderen Anlauftermin festsetzen und bei Bedarf vereinbaren wird. Die BSM sind auch angewiesen, wenn es die Arbeitsorganisation zulässt, dem Betreiber der kehr- und überprüfungspflichtigen Feuerungsanlage den Wunschtermin zu ermöglichen. Die neue Muster-KÜO hatte gerade das Ziel, diesen besonderen Service des BSM zu bieten (s. Erl. 30 Einführung).

Teile von Gebäuden sind vor allem Eigentumswohnungen oder vermietete   **5** Wohnungen. Sie müssen selbständig nutzbar sein und einen eigenen Zugang haben. Selbständig nutzbar sind sie, wenn zur Nutzung der Räume keine anderen Gebäudeteile notwendig sind. Darunter fallen auch Büros, Verkaufsräume, Arztpraxen, etc.

6 Einen eigenen Zugang haben die Nutzungseinheiten, wenn sie entweder eine Tür direkt ins Freie oder in ein Treppenhaus, Laubengang etc. haben. Damit ist ausgeschlossen, dass Hinterliegerzimmer und einzelne (evt. vermietete) Zimmer einer Wohnung als selbstständige Einheit angesehen werden.

7 Die Nutzungseinheiten müssen über eigene Feuerungsanlagen oder Teile der Feuerungsanlage verfügen, an denen notwendigerweise Schornsteinfegerarbeiten durchzuführen sind (s. hierzu Erl. 24 zu Anlage 2, Kap. 1 Muster-KÜO).

8 Die beispielhafte Aufzählung „Wohnungen oder Ähnliches" soll nur zur Verdeutlichung der Regelung führen. Der in der KÜO BW bisher verwendete Wohnungsbegriff entspricht dem Begriff „Nutzungseinheit" in der Muster-KÜO. Der Begriff „Nutzungseinheiten" ist jedoch genauer und gibt zu weniger Abgrenzungsdiskussionen Anlass. Unter „Ähnliches" sind Aufenthaltsräume (s. Erl. 19 zu § 1 Abs. 3 Muster-KÜO) anzusehen, die nicht zum Wohnen benutzt werden wie Büros, Verkaufsräume, Produktionsgebäude, Rathäuser etc.

Verordnungstext Anlage 3 Nr. 18:

18. Räucheranlagen: Anlagen zum Konservieren oder zur Geschmacksveränderung von Lebensmitteln. Sie bestehen aus Raucherzeuger, Räucherschrank oder -kammer sowie den dazugehörigen Verbindungsstücken;

Erläuterungen

1. Verwendung

1 Der Begriff „Räucheranlage" war in der Muster-KÜO 1988 bisher nicht enthalten. Der Bund-Länder-Ausschuss sah im Jahr 1988 Räucheranlagen noch als länderspezifische Anlagen an. Der Begriff beschreibt eine besondere Abgasanlage, die zum Konservieren oder zur Geschmacksveränderung von Lebensmitteln verwendet wird.

2 Der Begriff „Räucheranlage" wird in der Muster-KÜO in § 1 Abs. 1 Nr. 3 und in Anlage 2 Nr. 2.3 Muster-KÜO benutzt.

2. Allgemeines

3 Räucheranlagen sind Anlagen zur Konservierung oder Geschmacksveränderung von Lebensmitteln. Der typische Vorgang ist das Beräuchern von Fleisch, Wurst oder Fisch von einem eigenen Raucherzeuger oder mit dem Abgas einer Feuerstätte zur Verbrennung von Holz.

Durch das Beräuchern wird das Rauchgut konserviert und/oder geschmack- **4**
lich verändert. Konserviert heißt haltbar machen. Ein geräucherter Schinken
ist wesentlich haltbarer als das rohe Schinkenfleisch. Das bedeutet aber
noch nicht, dass er auf Dauer haltbar gemacht wird. Auch konservierte
Waren aus tierischer oder pflanzlicher Herkunft verderben, der Prozess setzt
allerdings wesentlich später ein als bei nicht konservierter Ware.

Die geschmackliche Veränderung kann nahezu bei allen geräucherten Le- **5**
bensmitteln angenommen werden. Daher fallen alle geräucherten Lebensmittel unter die Begriffsbestimmung der Nr. 18 Anlage 3 Muster-KÜO.

Die Anlage muss jedoch Lebensmittel räuchern. Als Lebensmittel (früher **6**
auch Nahrungsmittel, historisch Viktualien) bezeichnet man die Nahrung
des Menschen. Sie werden in der EU-Basis-Verordnung Lebensmittelrecht
(VO 178/2002) wie folgt definiert: Lebensmittel sind alle Stoffe oder Er-
zeugnisse, die dazu bestimmt sind oder von denen nach vernünftigem Ermessen erwartet werden kann, dass sie in verarbeitetem, teilweise verarbeitetem oder unverarbeitetem Zustand von Menschen aufgenommen werden.
Zu Lebensmitteln zählen auch Getränke, Kaugummi sowie alle Stoffe, einschließlich Wasser, die dem Lebensmittel bei seiner Herstellung oder Ver-
oder Bearbeitung absichtlich zugesetzt werden. Nach der Verordnung Lebensmittelrecht gehören nicht zu den Lebensmitteln: Futtermittel, lebende
Tiere, soweit sie nicht für das Inverkehrbringen zum menschlichen Verzehr
hergerichtet worden sind, Pflanzen vor dem Ernten, Arzneimittel, kosmeti-
sche Mittel, Tabak und Tabakerzeugnisse, Betäubungsmittel und psycho-
trope Stoffe, Rückstände und Kontaminanten. Nicht darunter fallen auch
Anlagen, die Rauch nur für einen Produktionsprozess erzeugen, bei dem
keine Lebensmittel verändert werden sollen (z.B. bei der Herstellung von
Lederwaren oder rauchgeschwärzter Bretter).

Die Kehrpflicht ergibt sich aus Anlage 1 Nr. 1 Muster-KÜO über den Begriff **7**
„Feuerstätte" (s. auch Erl. 8 zu Nr. 11 Anlage 3 Muster-KÜO).

3. Raucherzeuger, Räucherkammer, Räucherschrank und deren Verbindungsstücke

Nach der Nr. 18 Anlage 3 Muster-KÜO besteht die Räucheranlage aus **8**
Raucherzeuger, Räucherschrank oder Räucherkammer sowie den dazuge-
hörigen Verbindungsstücken. Im Aufbau werden drei Ausführungsarten von
Räucheranlagen unterschieden:

– Ortsfeste Räucherkammern, mit oder ohne eigene Feuerung,
– örtsveränderliche Räucherschränke, in der Regel aus Stahlblech,
– Koch- und Garschränke.

Eine Räucherkammer ist ein aus Baustoffen hergestellter ortsfester Raum, **9**
der dazu bestimmt und geeignet ist, dass Lebensmittel offen im Rauch liegen
oder hängen, der von einer Feuerstätte oder einem Raucherzeuger zugeleitet
wird. Der Raum muss durch eine Tür oder in sonstiger Weise zugänglich
sein.

10 Bei einer ortsfesten Räucherkammer **ohne** eigene Feuerung wird der Rauch von einer Feuerstätte zur Verbrennung von Holz entweder

– über ein Verbindungsstück in die Räucherkammer und von dort wieder durch ein Verbindungsstück über den Schornstein
– oder vom Schornstein direkt in die Räucherkammer und von dort wieder direkt wieder über den Schornstein

ins Freie geleitet. Bei der letzten Ausführung ist die Räucherkammer lediglich eine kammerähnliche Aufweitung des Schornsteins.

11 Auch Räucheranlagen mit nachgeschalteter Abgasreinigung, die nicht an eine Abgasanlage angeschlossen sind, fallen unter die Begriffsbestimmung der Nr. 18 Anlage 3 Muster-KÜO.

12 Bei einer ortsfesten Räucherkammer **mit** eigener Feuerung kann diese innerhalb oder außerhalb der Räucherkammer (Raucherzeuger) liegen. Die eigene Feuerung ist ein Raucherzeuger i.S. der Nr. 18 Satz 2 Anlage 3 Muster-KÜO. Der Raucherzeuger ist im Prinzip eine Feuerstätte nach Nr. 11 Anlage 3 Muster-KÜO, die allerdings keine Wärme erzeugen muss, sondern nur Rauch.

13 Räucherkammer kann auch ein vom Erdboden bis zum Dach reichender Raum sein, wie er im Schwarzwald noch vereinzelt anzutreffen ist. Die in diesem Fall an der Decke befindliche Überwölbung der offenen Feuerstätte, meist aus Flechtwerk mit Lehm überzogen, mischt die Rauchgase mit der Raumluft so, dass sie auf eine ungefährliche Temperatur abkühlen können. Diese Anlage wird dort „Hurte" genannt. Der offene Raum wird als Kalträucheranlage genutzt. Die Hurte ist nicht kehrpflichtig (s. Erl. 34 zu § 1 Abs. 1 Muster-KÜO).

14 Räucherschränke sind keine ortsfesten Räume, sondern Schänke aus feuerbeständigem Material (meist aus Metall), in die die Räucherware gelegt oder gehängt wird. Der Rauch wird über Verbindungsstücke durch den Schrank geleitet.

15 Zur Räucheranlage gehören auch die zum Betrieb erforderlichen Verbindungsstücke (Rohre oder Kanäle), auch wenn sie von einem Raucherzeuger kommen.

16 Nicht ausdrücklich in Nr. 18 Anlage 3 Muster-KÜO aufgeführt ist der Rauchwagen. Ein Rauchwagen ist ein bewegliches, meist fahrbares Gestell, auf dem die zu räuchernde Ware beim Räuchern aufliegt oder hängt. Dieser ist somit ebenfalls dem Rauch ausgesetzt, wie die Räucherkammer.

17 Die Muster-KÜO unterstellt in Nr. 2.3.3 Anlage 2 Muster-KÜO, dass der Rauchwagen zusammen mit der Räucheranlage kehrpflichtig ist. Dies ist nur der Fall, wenn der Rauchwagen als fester Bestand der Räucherkammer oder des Räucherschrankes angesehen werden kann. Daran bestehen erhebliche Zweifel, da die Rauchwagen i.d.R. fahrbar sind. Es wird daher empfohlen, dass die Begriffsbestimmung in Nr. 18 Anlage 3 Muster-KÜO um die Worte „...und Räucherwagen" ergänzt wird.

4. Trockeneinrichtungen (Darren)

Trockeneinrichtungen (Darren) erfüllen die Begriffsbestimmung der Nr. 18   **18**
Anlage 3 Muster-KÜO nicht, auch wenn sie Lebensmittel konservieren oder
geschmacklich verändern. Es fehlt die Räucherkammer oder der Räucherschrank. Ausgenutzt wird hier vorrangig nicht der Rauch, sondern die
Wärme der Abgase. Zweifel könnten dabei bei einer Grünkerntrocknungs-
anlage aufkommen, bei der die Grünkerne durch den Rauch geschmacklich
verändert werden. Dies ist allerdings nur ein Nebenprodukt, vorrangig
werden die Grünkerne getrocknet, nicht geräuchert. Daher fallen die Grün-
kerntrocknungsanlagen nicht unter die Räucheranlagen nach Nr. 18 Anlage
3 Muster-KÜO.

Darren sind Anlagen und Einrichtungen zur Ausnutzung der Rauchgastem-   **19**
peratur zum Trocknen von Tabak, Getreide, Früchten bzw. zum Räuchern
von Fleisch, Wurst, Fisch. Dabei kühlen die Rauchgase in einem Maße ab,
dass häufig der Kondensationspunkt unterschritten wird. Es bildet sich dann
Wasserdampf, der sich zusammen mit den unverbrannten Verbrennungs-
rückständen als teerartiger Niederschlag in den Verbindungsstücken
(Rauchrohren), d.h. als Glanzruß absetzen kann. Insbesondere bei Trockeneinrichtungen können auch größere Mengen von Flugasche und Staubruß
auftreten.

Verordnungstext Anlage 3 Nr. 19:

19. **Raumluftunabhängige Feuerstätten: Feuerstätten, denen die Verbrennungsluft über dichte Leitungen direkt aus dem Freien zugeführt wird
und bei denen bei einem statischen Überdruck in der Feuerstätte gegenüber dem Aufstellraum kein Abgas in Gefahr drohender Menge in den
Aufstellungsraum austreten kann;**

Erläuterungen

1. Verwendung

Der Begriff „raumluftunabhängige Feuerstätten" war bereits in der Muster-   **1**
KÜO 1988 enthalten, bezog sich allerdings nur auf die raumluftunabhängige Gasfeuerstätte. Die Begriffsbestimmung hat sich jedoch wesentlich
verändert.

Der Begriff „raumluftunabhängige Feuerstätten" wird in der Muster-KÜO   **2**
in Anlage 2 Nr. 2.8, 3.2, 3.5 für die unterschiedlichen Überprüfungspflichten und in Anlage 2 Nr. 3.3 für eine unterschiedliche Gebührenbemessung
benutzt.

2. Allgemeines

3 Raumluftunabhängige Feuerungsanlagen werden in längeren Intervallen überprüft als raumluftabhängige Feuerungsanlagen. Daher muss gewährleistet sein, dass derartige Anlagen auch für die Feuersicherheit eine höhere Qualität aufweisen. Dies ist gegeben, wenn die Verbrennungsluft nicht aus dem Aufstellraum, sondern über dichte Leitungen direkt aus dem Freien zugeführt wird. In der Feuerstätte selbst muss ein Überdruck bestehen.

4 Der Begriff Feuerstätte ist aus Nr. 11 Anlage 3 Muster-KÜO abzuleiten. Verbrennungsluft ist die Luft, die dem Verbrennungsprozess der Anlage den notwendigen Sauerstoff zuführt. Leitungen sind die verbindenden Teile der Verbrennungslufteinrichtung nach Nr. 23 Anlage 3 Muster-KÜO. Der Überdruck ist in Erl. 49 zu Kap. 3, Anlage 1 Muster-KÜO beschrieben. Aufstellraum ist der Raum, in dem die Feuerstätte aufgestellt ist.

5 Eine raumluftunabhängige Feuerstätte liegt nur vor, wenn zwei Voraussetzungen gegeben sind:

– Die Verbrennungsluft wird über dichte Leitungen direkt aus dem Freien zugeführt.

– Auch bei einem statischen Überdruck in der Feuerstätte muss verhindert werden, dass kein Abgas in Gefahr drohender Menge in den Aufstellungsraum austreten kann.

6 Die Leitungen sind dicht, wenn sie luftundurchlässig sind. Dies gilt auch für deren Übergänge und Anschlussstücke. Der Hersteller kennzeichnet die raumluftunabhänige Feuerstätte aufgrund europäischer Produktnormen oder allgemeiner bauaufsichtlicher Zulassungen.

7 Direkt aus dem Freien wird die Luft zugeführt, wenn sie außerhalb eines Gebäudes angesaugt wird und auf direktem Weg – ohne Unterbrechung – auf der ganzen Länge in dichten Leitungen in die Feuerstätte geführt wird. Die Luft muss auch jederzeit ungehindert nachströmen können.

8 Ein Überdruck in der Feuerstätte entsteht durch den Einsatz von Ventilatoren und Gebläseeinrichtungen. Das Austreten des Abgases in den Aufstellungsraum wird durch druckdichte Abgasanlagen (s. Erl. 3–7 zu Nr. 2 Anlage 3 Muster-KÜO) erreicht. Soweit diese in Schächten liegen, müssen sie über die ganze Länge hinterlüftet sein (§ 7 Abs. 8 Nr. 3 Muster-FeuVO).

9 Die „Gefahr drohende Menge" ist in der KÜO nicht definiert. Sie werden als dicht angesehen wenn der CO-Gehalt von 30 ppm in der Raumluft nicht überschritten wird. Siehe auch § 7 Abs. 3 Nr. 2 Muster-FeuVO.

Verordnungstext Anlage 3 Nr. 20:

20. Schornsteine: Senkrechte Teile der Abgasanlagen, die rußbrandbeständig sind;

Erläuterungen

1. Verwendung

Der Begriff „Schornsteine" war bereits in der Muster-KÜO 1988 enthalten, **1** bezog sich allerdings auf alle senkrecht führenden Schächte oder Rohre. Die Muster-KÜO 2006 verwendet den Begriff nur noch für rußbrandbeständige senkrechte Teile von Abgasanlagen.

Der Begriff „Schornstein" wird in der Muster-KÜO in § 1 Abs. 3 Nr. 3, **2** Anlage 2 Nr. 2.1, 2.2, 2.7, 3.1, 5.2, 6.3 und in Anlage 3 Nr. 1 benutzt.

2. Allgemeines

Ein Schornstein ist ein senkrecht geführtes Teil der Abgasanlage (Nr. 21 **3** Anlage 3 Muster-KÜO), wenn dieses rußbrandbeständig ist.

Was unter Rußbrandbeständigkeit zu verstehen ist, wird in der Muster-KÜO **4** nicht definiert. Da es sich um die baurechtliche Anforderung an Abgasanlagen handelt, ist der baurechtliche Begriff hilfsweise heranzuziehen. Danach sind Anlagen rußbrandbeständig, wenn sie als solche gekennzeichnet sind. Die Kennzeichnung ging bisher z.B. aus der allgemeinen bauaufsichtlichen Zulassung hervor. Nach den europäischen Normen für Abgasanlagen erfolgt zukünftig die Kennzeichnung durch den Hersteller oder Errichter. Ein „G" in der Kennzeichnung bedeutet „rußbrandbeständig", wenn die Abstandsangabe zu brennbaren Bauteilen eingehalten wird (Zahlenwert in mm hinter dem „G", Beispiel: G50 = 5 cm Abstand).

Ein Schornstein, der nicht (mehr) als Abgasanlage, sondern baurechtlich **5** vorgeschrieben zur Lüftung von Räumen genutzt wird, ist im Sinne der Muster-KÜO kein Schornstein mehr, sondern eine Lüftungsanlage. Diese ist allerdings als notwendige Verbrennungslufteinrichtung überprüfungspflichtig (§ 1 Abs. 1 Nr. 4 Muster-KÜO).

Wird ein rußbrandbeständiges senkrechtes Teil einer Abgasanlage für die **6** Ableitung von Abgasen von Feuerstätten zur Verbrennung von flüssigen und gasförmigen Brennstoffen genutzt, bleibt es beim Begriff „Schornstein". Für die Kehr- oder Überprüfungspflicht macht dies keinen Unterschied.

Verordnungstext Anlage 3 Nr. 21:

21. Senkrechte Teile der Abgasanlagen: Vom Baugrund oder von einem Unterbau ins Freie führende Teile der Abgasanlagen

Erläuterungen

1. Verwendung

1   Der Begriff „senkrechte Teile der Abgasanlagen" ist neu in der Muster-KÜO 1988. Er wurde notwendig, da Schornsteine nur noch senkrechte Teile der Abgasanlagen sind, die rußbrandbeständig sind.

2   Der Begriff „senkrechte Teile der Abgasanlagen" wird in der Muster-KÜO in § 1 Abs. 3 Nr. 3, Anlage 2 Nr. 2.1, 2.2, 2.7, 3.1, 5.2, 6.3 und in Anlage 3 Nr. 1 benutzt.

2. Allgemeines

3   Der senkrechte Teil der Abgasanlage führt vom Baugrund oder von einem Unterbau ins Freie. Dazu müssen zwei Voraussetzungen vorliegen:

– Die Abgasanlage muss auf dem Baugrund oder einem Unterbau stehen.
– Die Abgasanlage muss am oberen Ende ins Freie führen.

4   Senkrecht wird eine Abgasanlage geführt, wenn sie aufwärts führend ist. Baurechtlich zulässige senkrechte Teile der Abgasanlagen müssen nicht durchgehend lotrecht sein. Das Schrägführen, Ziehen oder Schleifen wegen des Grundrisses, der Konstruktion oder Ansicht des Gebäudes ändert nichts an der Tatsache, dass die Abgasanlage aufwärts führend und damit senkrecht i.S. der Muster-KÜO ist.

5   Auf dem Baugrund steht der senkrechte Teil der Abgasanlage, wenn er auf dem gewachsenen Boden oder einer Bodenplatte des Gebäudes aufgesetzt ist.

6   Auf einem Unterbau steht das senkrechte Teil der Abgasanlage, wenn dieses auf einem gemauerten, betonierten oder sonst aus Bauteilen (z.B. auch die Feuerstätte selbst) hergestellten Aufbau steht oder auf einer dafür geeigneten Geschossdecke aufgesetzt ist. Auf welcher Höhe die senkrechte Abgasanlage aufgesetzt ist, ist unerheblich.

7   Ist die Feuerungsanlage als Dachheizzentrale ausgebaut, ist ein senkrechter Teil einer Abgasanlage vorhanden, auch wenn die Abgasanlage von der Feuerstätte direkt durch die Dachhaut ins Freie führt, weil diese auf der Feuerstätte aufgebaut ist (Unterbau). Ist keine Reinigungsmöglichkeit für den senkrechten Teil der Abgasanlage vorhanden, so dass die Überprüfung nur visuell oder messtechnisch möglich ist, ist die Abgasanlage nicht i.S. der Nr. 21 Anlage 3 Muster-KÜO zu werten. Bei einer erforderlichenfalls notwendigen Reinigung ist eine Mängelmeldung nach § 13 Abs. 1 Nr. 3 SchfG auszustellen.

Verordnungstext Anlage 3 Nr. 22:

22. Verbindungsstücke: Bauliche Anlage zwischen dem Abgasstutzen der Feuerstätte und dem senkrechten Teil der Abgasanlage;

Erläuterungen

1. Verwendung

Der Begriff „Verbindungsstücke" wurde bereits in der Muster-KÜO 1988   **1**
als Sammelbegriff für Rauchrohre und Rauchkanäle benutzt. Er wird jetzt für sämtliche verbindende Anlagen zwischen der Feuerstätte und dem senkrechten Teil der Abgasanlage benutzt.

Der Begriff „Verbindungsstücke" wird in der Muster-KÜO in § 1 Abs. 3   **2**
Nr. 3, Anlage 2 Nr. 6.3 und in Anlage 3 Nr. 1, 4, 5, 6 und 18 benutzt.

2. Allgemeines

Verbindungsstücke sind alle Teile der Abgasanlage zwischen dem Abgas-   **3**
stutzen der Feuerstätte und dem senkrechten Teil der Abgasanlage. Die Abgasanlage allgemein ist in Nr. 1, die Feuerstätte in Nr. 11 und der senkrechte Teil der Abgasanlage in Nr. 21 der Anlage 3 Muster-KÜO definiert. Auf die Erläuterungen dort wird hingewiesen.

Wie die Abgasanlage selbst, muss auch das Verbindungsstück eine bauliche   **4**
Anlage sein (s. Erl. 7 zu Nr. 1 Anlage 3 Muster-KÜO). Verbindungsstücke sind auch die Verbindungsleitungen von Blockheizkraftwerken, Wärmepumpen, ortsfesten Verbrennungsmotoren und Brennstoffzellenheizgeräten (s. Erl. 8 zu Nr. 1 Anlage 3 Muster-KÜO).

Der Abgasstutzen ist das Anschlussstück nach den Heizgaszügen der Feu-   **5**
erstätte, an dem das Verbindungsstück angeschlossen werden kann. Der Abgasstutzen ist die Grenze zwischen Feuerstätte und Abgasanlage.

Verbindungsstücke können als Abgasrohre (Nr. 4 Anlage 3 Muster-KÜO)   **6**
oder Abgaskanäle (Nr. 5 Anlage 3 Muster-KÜO) ausgebildet sein.

Drosselvorrichtungen, Nebenluftvorrichtungen, Absperrvorrichtungen,   **7**
Rußabsperrer, Abgasventilatoren und andere ein- oder angebaute Einrichtungen sind Teile der Verbindungsstücke und mit diesen zu kehren bzw. zu überprüfen.

Verordnungstext Anlage 3 Nr. 23:

23. Verbrennungslufteinrichtungen: Einrichtungen und Öffnungen zur Zuführung von Außenluft zum Zwecke der Verbrennungsluftversorgung von Feuerstätten (einschließlich Öffnungen zum Zwecke des Verbrennungsluftverbundes usw.);

Erläuterungen

1. Verwendung

1 Der Begriff „Verbrennungslufteinrichtungen" wurde in der Muster-KÜO 1988 nicht verwendet. Belüftungsanlagen wurden seinerzeit noch unter dem Begriff „Lüftungsanlagen" geführt. Als Verbrennungslufteinrichtungen werden nach der Muster-KÜO 2006 alle Einrichtungen und Öffnungen zur Verbrennungsluftversorgung von Feuerstätten genannt.

2 Der Begriff „Verbrennungslufteinrichtungen" wird in der Muster-KÜO in § 1 Abs. 1 Nr. 4, Abs. 2 Nr. 2, § 2 Abs. 2, in Anlage 1 Nr. 1.9 und 2.4, in Anlage 2 Nr. 3.5, 3.8, 5.4 und in den Fußnoten zur AGWÜ, sowie in Anlage 3 Nr. 15 und 18 benutzt.

2. Allgemeines

3 Nach den Bauordnungsvorschriften der Länder dürfen Feuerstätten nur in Räumen aufgestellt werden, bei denen nach Lage, Größe, baulicher Beschaffenheit und Benutzungsart Gefahren nicht entstehen. Dabei werden auch Anforderungen an die Zuführung der notwendigen Verbrennungsluft gestellt. § 3 Muster-FeuVO präzisiert diese Anforderungen für raumluftabhängige Feuerstätten, § 6 Muster-FeuVO für Heizräume (Feuerstätten für feste Brennstoffe mit einer Nennleistung von insgesamt mehr als 50 kW) und § 7 Muster-FeuVO für Feuerstätten für gasförmige Brennstoffe ohne Abgasanlagen. Die dazu notwendigen Einrichtungen und Öffnungen sind Verbrennungslufteinrichtungen i.S. der Muster-KÜO.

4 Zu den Verbrennungslufteinrichtungen zählen alle Einrichtungen und Öffnungen, die Verbrennungsluft von außen der Feuerstätte zuführen. Gleichgestellt sind die Öffnungen zur Sicherung des Verbrennungsluftverbundes.

5 Die „Feuerstätte" ist in Nr. 11 Anlage 3 Muster-KÜO definiert. Verbrennungsluft ist die Luft, die dem Verbrennungsprozess der Anlage den notwendigen Sauerstoff zuführt.

6 Einrichtungen können Schächte, Kanäle, Rohre oder sonstige Leitungen sein. Dazu zählen auch Mauerkästen. Öffnungen (einschließlich Lüftungsgitter) sind Wanddurchbrüche, die nicht besonders ausgestaltet sind.

7 Eine Verbrennungslufteinrichtung ist nur gegeben, wenn die Einrichtung Luft von Außen zuleitet. Außen ist außerhalb eines Gebäudes, somit im Freien.

Die Luftzuführung muss zum Zwecke der Verbrennungsluftversorgung ein-   **8**
gerichtet sein. Leitungen, die lediglich Räume belüften, ohne dass diese zur
Verbrennungsluftversorgung erforderlich sind, sind keine Verbrennungslufteinrichtungen i.S. der Muster-KÜO.

3. Verbrennungsluftverbund

Der Klammerzusatz in Nr. 23 bezieht sich auf die Zuführung von Außen-   **9**
luft. Sind die Öffnungen zwar nicht zur direkten Verbrennungsluftversorgung erforderlich, jedoch zur Sicherung des erforderlichen Verbrennungsluftverbundes, sind sie ebenfalls Verbrennungslufteinrichtungen i.S. der
Muster-KÜO, wenn sie mit einer Einrichtung oder Zuführung von Außenluft kombiniert sind.

Im Verbrennungsluftverbund wird die notwendige Verbrennungsluft über   **10**
Räume mit Verbindung zum Freien, die mit dem Aufstellungsraum der
Feuerstätte durch Verbrennungsluftöffnungen von mindestens 150 cm^2 in
Verbindung stehen, sichergestellt.

Der Gesamtinhalt der Räume, die zum Verbrennungsluftverbund gehören,   **11**
muss mindestens 4 m^3 je 1 kW Nennleistung der Feuerstätten, die gleichzeitig betrieben werden können, betragen. Räume ohne Verbindung zum
Freien sind auf den Gesamtrauminhalt nicht anzurechnen.

Verordnungstext Anlage 3 Nr. 24:

**24. Länderspezifische Anlagen wie Be- und Entlüftungsanlagen: Gewerblich
und privat genutzte Einrichtungen, die der Belüftung (Zuluft) und Entlüftung (Abluft) von Räumen dienen, einschließlich der Absperrvorrichtungen gegen Feuer und Rauch.**

Erläuterungen

1. Verwendung

Der Begriff „Be- und Entlüftungsanlagen" wurde in der Muster-KÜO 1988   **1**
nicht verwendet. Er kam erst mit der Änderung des SchfG nach dem Einigungsvertrag in den neuen Bundesländern in die Kehrordnungen. Die Muster-KÜO hat diese Anlagen als länderspezifische Anlagen nur als beispielhafte Aufzählung aufgenommen. Siehe hierzu die Erl. 70 ff. zu § 1 Abs. 1
Muster-KÜO.

Der Begriff „Be- und Entlüftungsanlagen" wird in der Muster-KÜO nur   **2**
beispielhaft als länderspezifische Anlage und Einrichtung in § 1 Abs. 1
Nr. 6 benutzt.

2. Allgemeines

3 Den Begriff „Be- und Entlüftungsanlagen" können nur Bundesländer in die KÜO aufnehmen, die unter den Geltungsbereich des § 59 SchfG fallen (neue Bundesländer). Für alle anderen Bundesländer fehlt die Rechtsgrundlage. § 1 Abs. 2 SchfG lässt nur Anlagen und Einrichtungen zu, die zum Zwecke der Feuersicherheit erforderlich sind. Die Überprüfung von Be- und Entlüftungsanlagen wäre eine Maßnahme des allgemeinen Gesundheitsschutzes (Schimmelpilz), nicht der Feuersicherheit.

4 Be- und Entlüftungsanlagen sind Einrichtungen zur Belüftung und Entlüftung von Räumen, einschließlich der Absperrvorrichtungen gegen Feuer und Rauch.

5 Einrichtungen der Be- und Entlüftung sind Schächte, Kanäle und Leitungen, einschließlich ihrer Ventilatoren, Überströmeinrichtungen, Filter und Lüftungsgitter.

6 Belüftung ist dabei die Heranführung der Zuluft (Luft aus dem Freien, Frischluft), Entlüftung ist die Abführung der Abluft (verbrauchte Luft). Je nach Bauart der Lüftungsanlagen können diese in einem Schacht/Kanal/Leitung geführt werden, oder getrennt. Die in der Praxis vorhanden Lüftungsanlagen sind im Arbeitsblatt Nr. 301 des ZIV genau beschrieben.

7 Absperrvorrichtungen gegen Feuer und Rauch sind Brandschutzklappen, die eine Brandübertragung von einem Geschoss zum anderen wirksam verhindern.

Stichwortverzeichnis

Die fettgedruckte Zahl nach dem Stichwort verweist auf die Seitenzahl, dahinter kommt bei der Muster-KÜO die Verordnungsstelle (z.B. § 1 Abs. 1 oder Anl. 1 Nr. 2.1), danach kommt in Klammern die Randnummer. Beispiel: **Abgasanlage 1** § 1 Abs. 1, **15** Anl. 3 Nr. 1, **43** (7), **46** (15), **52** (44 ff.), **298** (1 ff.) = Seite 1 § 1, Abs. 1, Seite 15 Anlage 3 Nr. 1, Seite 43 Randnummer 7, Seite 46, Randnummer 15, Seite 52 Randnummer 44 und folgende Randnummern, Seite 298 Randnummer 1 und folgende Randnummern.

A

Abgasanlage 1 § 1 Abs. 1, **15** Anl. 3 Nr. 1, **43** (7), **46** (15), **52** (44 ff.), **298** (1 ff.)

Abgasanlage für Überdruck 300 (1 ff.)

Abgasanlage im Freien 47 (18)

Abgaskanal 8 Anl. 2 Nr. 2.4, **15** Anl. 3 Nr. 4, **43** (7), **215** (21–24), **302** (1 ff.), **327** (6)

Abgasklappe 43 (7), **44** (9)

Abgasleitung 15 Anl. 3 Nr. 3, **43** (7), **53** (46), **54** (56), **137** (44), **301** (1 ff.)

Abgasreinigung 47 (25)

Abgasrohr 8 Anl. 2 Nr. 2.5, **15** Anl. 3 Nr. 5, **43** (7), **216** (25 ff.), **304** (1 ff.), **327** (6)

Abgasschornstein (s. Schornsteine)

Abgasstutzen 315 (3), **327** (5)

Abgasüberwachungseinrichtung 143 (5)

Abgasventilator 43 (7), **44** (9), **46** (17), **53** (47), **144** (11), **327** (7)

Abgaswächter 143 (5)

Abgasweg 15 Anl. 3 Nr. 6, **305** (1 ff.)

Abgaswegüberprüfung (auch Abgaswegeüberprüfung) 9 Anl. 2 Nr. 3.2–3.5, **53** (49 ff.), **225** (11 ff.)

Abluft 242 (79)

Ablufthaube 242 (69), **243** (75)

Abluftschacht 15 Anl. 3 Nr. 7 b, **306** (4)

Ablufteinrichtung 1 § 1 Abs. 1, **5** Anl. 1 Nr. 1.9, Nr. 2.4, **10** Anl. 2 Nr. 3.8, **15** Anl. 3 Nr. 7, **43** (7), **54** (55), **128** (52 ff.), **134** (21–23), **231** (38–41), **306** (1 ff.)

Abschlussklappe 1 § 1 Abs. 1, **9** Anl. 2 Nr. 2.7, **43** (7), **50** (36), **220** (49)

Absperrvorrichtung 46 (17), **53** (47), **327** (7), **330** (7)

Aerosolabscheider 56 (66)

Altersstruktur der Feuerungsanlagen 36 (47)

Anhörung 40 (3)

Ankündigung der Kehr- und Überprüfungsarbeiten 3 § 3 Abs. 1, **91** (1 ff.)

Ankündigung von Bauabnahmen 260 (43–47)

Anlauftermine 32 (27)

Äquivalenzprinzip 169 (19)

Arbeitsgang 3 § 3 Abs. 3, **13** Anl. 2 Nr. 6.4, **45** (11), **60** (74), **265** (22–33)

Arbeitsstudien (s. Arbeitszeitgutachten)

Arbeitswert 3 § 4 Abs. 2

Arbeitszeit 267 (38)

Arbeitszeitgutachten 25 (13), **169** (20 ff.), **177** (34 ff.), **193** (76, 77)

Arbeitswert 110 (16–19), **173** (25)

Asbesthaltige Anlagen 2 § 2 Abs. 2, **13** Anl. 2 Nr. 6.3, **87** (1 ff.), **264** (16–21)

Aufenthaltsraum 73 (19)

Aufstellraum 9 Anl. 2 Nr. 3.2–3.5, **225** (16)

Ausbrennen 2 § 2 Abs. 1, **13** Anl. 2 Nr. 6.1, **45** (12), **263** (5–11)

Auslagen 3 § 4 Abs. 3, **12** Anl. 2 Nr. 4.5, **13** Anl. 2 Nr. 6.1, **109** (12–15), **251** (27–28)

Auspuffanlagen 75 (33–35), **139** (52)

Ausschlagen 2 § 2 Abs. 1, **13** Anl. 2 Nr. 6.1, **45** (12), **84** (8), **263** (5–11)

Außenwandgasfeuerstätte 1 § 1 Abs. 2, **10** Anl. 2 Nr. 3.5, **12** Anl. 2 Nr. 5.2.3, **68** (20), **154** (38 ff.)

Auswirkungen der Muster-KÜO 2006 34 (35 ff.)

B

Backhaus 48 (30)

Backofen 1 § 1 Abs. 1, **9** Anl. 2 Nr. 2.7, **43** (7), **48** (29), **220** (51)

Bauabnahme 7 Anl. 2 Nr. 1.2, **12** Anl. 5.2, **208** (37), **253** (1 ff.)

Bauabnahmegebühr 12 Anl. 2 Nr. 5

Baucontainer 160 (64)

Stichwortverzeichnis

Bau- und Umweltrecht 33 (33)
Bauzustandsbesichtigung 7 Anl. 2 Nr.
1.2, 12 Anl. 2 Nr. 5.2
Begehungsgebühr 7 Anl. 2 Nr. 1
Begriffe 4 § 5, 33 (34), 113 (1–3), 297 ff.
Belgien 18 (2)
Belüftungsanlage 1 § 1 Abs. 1, 2 § 1 Abs.
3, 6 Anl. 1 Nr. 4.2, 11 Anl. 2 Nr. 3.11,
16 Anl. 3 Nr. 24, 43 (7), 57 (70 ff.),
62 (81), 162 (12 ff.), 238 (67 ff.), 329
(1 ff.)
Bescheinigung über die Brandsicherheit
13 Anl. 2 Nr. 5.3, 257 (26–33)
Bescheinigung über die Messung einer
Feuerungsanlage 3 § 3 Abs. 4
Besondere Fahrt 208 (36)
Beseitigung der Rückstände 3 § 3 Abs. 5
Bestiegene Schornsteine 8 Anl. 2 Nr. 2.2,
213 (9–11)
Bezirksschornsteinfegermeister 23 (6)
Bivalente Heizung 5 Anl. 1 Nr. 1.3, 15
Anl. 3 Nr. 8, 122 (15 ff.), 307 (1 ff.)
Blockheizkraftwerk 1 § 1 Abs. 2, Abs. 3,
9 Anl. 1 Nr. 2.7, 10 Anl. 1 Nr. 3.4, 76
(35), 138 (48), 158 (50 ff.)
Brandschutzklappen 330 (7)
Brandsicherheit 79 (8)
Brennereifeuerstätte 303 (13)
Brennstoffzellenheizgerät 5 Anl. 1 Nr.
2.7, 6 Anl. 1 Nr. 3.4, 138 (51), 158
(50 ff.)
Brennwertfeuerstätte 5 Anl. 1 Nr. 2.7, 6
Anl. 1 Nr. 2.8, Nr. 3.3., Nr. 3.5, 15
Anl. 3 Nr. 9, 137 (43), 308 (1 ff.)
Bürocontainer 160 (64)
Bürohilfe (s. Bürokraft)
Bürokosten (s. Bürozeiten)
Bürozeiten 173 (24), 175 (29), 185 (58)
Bund-Länder-Ausschuss 25 (12)
Bundesimmissionsschutzgesetz 81 (1 ff.)

C

Chemische Reinigung 2 § 2 Abs. 1, 13
Anl. 2 Nr. 6.1, 45 (12), 84 (9), 263
(5–11)
CO-Grenzwert 65 (5), 66 (10 ff.)
CO-Messung 1 § 1 Abs. 2, 38 (50, 51),
65 (6 ff.)
CO-Sensoren 5 Anl. 1.8

D

Dachheizzentrale 274 (Musterhaus 12),
326 (7)
Dänemark 19 (2)

Dampfbackofen 1 § 1 Abs. 1, 9 Anl. 2
Nr. 2.7, 43 (7), 220 (51)
Darre (s. Trockeneinrichtung)
Dauernd unbenutzte Anlagen 2 § 1 Abs.
3 Nr. 1, 5 Anlage 1 Nr. 1.10, Nr. 2.5,
129 (61–64), 134 (24–26)
Dichtigkeitsprüfung 13 Anl. 2 Nr. 5.5,
259 (38–42)
Drempel 243 (75)
Drosseleinrichtung 43 (7), 46 (17), 53
(47), 327 (7)
Dunstabzugsanlage 1 § 1 Abs. 1, 6 Anl. 1
Nr. 4.1, 10 Anl. 2 Nr. 3.9, 15 Anl. 3
Nr. 10, 43 (7), 56 (66 ff.), 62 (81),
104 (21), 161 (7–10), 231 (42–46),
310 (1 ff.)
Durchgangshöhe 9 Anl. 2 Nr. 2.5.5.2, 11
Anl. 2 Nr. 4.1.4, Nr. 4.2.4, 218 (39),
250 (23–26)

E

Einigungsvertrag 58 (72)
Einzelfeuerstätte 74 (24)
Einzellüftungsanlage 243 (75)
Emissionsmessung 11 Anl. 2 Nr. 4, 38
(52), 136 (35), 141 (62), 246 (1 ff.)
Endabnahme (s. Bauabnahme)
Entlüftungsanlage 1 § 1 Abs. 1, Abs. 3, 6
Anl. 1 Nr. 4.2, 11 Anl. 2 Nr. 3.11, 16
Anl. 3 Nr. 24, 43 (7), 57 (70 ff.), 62
(81), 162 (13 ff.), 238 (67 ff.), 329
(1 ff.)
Erholungszeit 190 (66, 67)
Estland 19 (2)
Etagenheizung 74 (25, 26)
Euro 110 (18)

F

Fachtechnisches Hearing (s. Technisches
Hearing)
Fahrtpauschale 7 Anl. 2 Nr. 1.3, 186
(59 ff.), 193 (75), 200 (21 ff.)
Fälligkeit der Gebühren 3 § 4 Abs. 3,
111 (20, 21), 168 (16)
Ferndiagnose 143 (5)
Feste Brennstoffe 5 Anl. 1 Nr. 1.1–1.10,
46 (14)
Feststofffeuerungsanlage 103 (16–18),
123 (24–33)
Feststoffmessung 12 Nr. 4.3, Nr. 4.4
Feuerraum 316 (4)
Feuersicherheit 2 § 1 Abs. 4
Feuerstätte 15 Anl. 3 Nr. 11, 312 (1 ff.)
Feuerstättenschau 11 Anl. 2 Nr. 3.10,
103 (19, 20), 177 (33), 232 (47 ff.)

Finnland 19 (2)
Flüssige Brennstoffe 5 Anl. 1 Nr. 2.1–
2.10, 46 (14), **132** (8 ff.)
Flüssiggas 46 (14)
Frankreich 19 (2)
Freistehende Abgasanlagen 1 § 1 Abs. 3,
72 (14, 15)
Freiwillige Emissionsmessung 5 Anl. 1
Nr. 2.6, **125** (33), **135** (34–41)
Fuchs 50 (38)

G

Gasfeuerstätte 1 § 1 Abs. 2, 6 Anl. 1 Nr.
3.1–3.5, **102** (9–12), **142** (1 ff.), **145**
(17 ff.), **248** (14–17)
Gasgerätenorm 65 (5)
Gebäude 15 Anl. 3 Nr. 12, **197** (5), **314**
(1 ff.)
Gebühren 3 § 4, **107** (1 ff.), **165** (6 ff.)
Gebührenauffangtatbestand **264** (12–
15)
Gebühreneinzug **168** (15)
Gebührenfälligkeit (s. Fälligkeit der Ge-
bühren)
Gebührenstrukturenvergleich **172**
(23 ff.)
Gebührenverzeichnis (s. Schornsteinfe-
gergebührenverzeichnis)
Gefahr drohende Menge **324** (9)
Gegenstrom 55 (62), 56 (63)
Gelegentliche Benutzung **126** (42 ff.),
133 (19, 20)
Geschäftskosten **181** (46–51)
Gitternetzmessung **243** (75)
Gleichheitssatz Art. 3 GG **169** (18)
Gleichstrom 56 (64)
Griechenland 19 (2)
Großbritannien 20 (2)
Grundgebühr 7 Anl. 2 Nr. 1, **193** (75),
196 (1 ff.)
Grundwert Bauzustandsbesichtigung
199 (15 ff.), **257** (23)
Gruppen von Abgasanlagen 11 Anl. 2
Nr. 3.10.1

H

Haspel 45 (12, 13)
Hauptschacht **243** (75)
Haushaltswäschetrockner (s. Wäsche-
trockner)
Hausschornstein (s. Schornstein)
Heizgasweg 1 § 1 Abs. 1, Abs. 3, 15 Anl.
3 Nr. 13, 43 (7), 48 (29), 62 (81), 75
(29 ff.), **315** (1 ff.)

Heizgaszug 1 § 1 Abs. 1, 9 Anl. 2 Nr.
2.7, 15 Anl. 3 Nr. 14, 43 (7), **316**
(1 ff.)
Heizperiode, übliche 5 Anl. 1 Nr. 1.2,
121 (11 ff.)
Heizungsherd 74 (27)
Hinterlüftung 54 (56 ff.)
Historie 17 (1)
Holzbackofen 48 (30)
Holzfeuerstätte **249** (20–22)
Holzhackschnitzelheizung **120** (4)
Holzpelletsheizung 5 Anl. 1 Nr. 1.4, **123**
(19–23)
Hurte 50 (34), **322** (13)

I

Immissionsschutzmessungen (s. Emissi-
onsmessung)
Inkrafttreten 4 § 6, **114** (1–5)
Irland 20 (2)

J

Jahresrechnung 3 § 4 Abs. 3, **111** (22,
23)

K

Kamin (s. Schornstein)
Kaminputztüre (s. Reinigungstüre)
Kaminofen 51 (39)
Kanal **302** (10)
Kanalmessung **243** (75)
Kehrarbeiten 8 Anl. 2 Nr. 2.1, **212** (1 ff.)
Kehrbesen (s. Reinigungswerkzeug)
Kehrbezirk 24 (7, 8)
Kehren 45 (12), **145** (15)
Kehrfrist 78 (4–14), 96 (4 ff.)
Kehrgebühr (s. Grundwertzuschlag)
Kehrintervalle (s. Kehrfrist)
Kehrmatrix 97 (8)
Kehrmonopol 23 (4)
Kehrpflicht 1 § 1 Abs. 1, 5 Anlage 1, 41
(1 ff.), 45 (12), 62 (81), 84 (4), **115**
(1 ff.)
Kehrwerkzeug (s. Reinigungswerkzeug)
Kilometergeld 8 Anl. 2 Nr. 1.4, **208**
(34 ff.)
Kleinbetragsregelung **111** (23)
Koch- und Garschränke 1 § 1 Abs. 1, 43
(7), 47 (23, 27), **215** (20)
Kohle- und Koksfeuerstätte **120** (2), **249**
(18, 19)
Kohlenmonoxid 64 (3)
Kohlenmonoxidanteil 1 § 1 Abs. 2

Stichwortverzeichnis

Kohlenmonoxidmessung (s. CO-Messung)
Kohleheizung 1 § 1 Abs. 1, 249 (18, 19)
Kompressionswärmepumpe 1 § 1 Abs. 3, 76 (35)
Kontrahierungszwang 23 (3)
Küchenablufthaube 239 (69)

L

Lebensmittel 321 (6)
Lettland 20 (2)
Litauen 20 (2)
Luft-Abluft-Schornstein (LAS) 15 Anl. 3 Nr. 15, 43 (7), 53 (48), 153 (35), 316 (1 ff.)
Lüftungshauptleitung 243 (75)
Lüftungshauptschacht 243 (75)
Lüftungsleitung 243 (75), 307 (8)
Lüftungskanal 239 (69), 243 (75)
Lüftungsöffnung 239 (69)
Luftvolumenstrommessung 239 (69), 243 (75)

M

Mahngebühr 14 Anl. 2 Nr. 6.6, 268 (43–51)
Mängel an Feuerungsanlagen 37 (48, 49), 43 (7)
Malta 20 (2)
Mechanisch beschickte Feuerungsanlage 125 (32)
Mehrfachbelegung (senkrechter Teil der Abgasanlage, Schornstein) 6 Anl. 1, 116 (6)
Meidinger Scheibe 243 (75)
Messbescheinigung 105 (1 ff.)
Messgeräte 65 (7)
Messöffnung 11 Anl. 2 Nr. 4.1–4.4
Messstelle (s. Messöffnung)
Motorische Lüftungsanlage 243 (75)
Mündungsaufsatz 239 (69), 243 (75)
Musterhäuser 269 ff.

N

Nebengebäude 314 (5, 6)
Nebenluftvorrichtung 43 (7), 46 (17), 53 (47), 327 (7)
Nebenschacht 243 (75)
Nennleistung 5 Anl. 1 Nr. 1.3, 15 Anl. 3 Nr. 16, 317 (1 ff.)
Nennwärmeleistung (s. Nennleistung)
Niederlande 21 (2)
Notstromaggregat 6 Anl. 1 Nr. 2.10, 141 (60–64)

Nutzungseinheit 9 Anl. 2 Nr. 3.2.–3.5, 11 Nr. 4.1–4.4, 16 Anl. 3 Nr. 17, 201 (24–26), 243 (75), 319 (1 ff.)

O

Ofenrohr 1 § 1 Abs. 3, 72 (16 ff.)
Offener Kamin 1 § 1 Abs. 3, 9 Anl. 2 Nr. 2.6, 50 (38), 51 (39), 126 (39), 127 (45, 46), 219 (43, 44), 303 (8)
Öffnungen ins Freie 10 Anl. 2 Nr. 3.8.2
Ölbrennwertgerät 135 (29), 137 (42 ff.)
Ölfeuerungsanlage 102 (13–15), 131 (1 ff.), 248 (10–13)
Österreich 21 (2)

P

Planprüfung 12 Anl. 2 Nr. 5.1
Polen 21 (2)
Portugal 21 (2)
Projektgruppe 25 (13), 26 (15–17), 180 (42)
Prüfungsbescheinigung 105 (1 ff.)
Pufferspeicher 5 Anl. 1 Nr. 1.3

R

Räucheranlage 1 § 1 Abs. 1, 8 Anl. 2 Nr. 2.3, 16 Anl. 3 Nr. 18, 43 (7), 47 (19 ff.), 214 (12–19), 320 (1 ff.), 321 (8–13)
Räucherkammer (s. Räucheranlage)
Räucherschrank 47 (21), 322 (14)
Rauchfahne (s. Abgasfahne)
Raucherzeuger 8 Anl. 2 Nr. 2.3.4, 47 (20), 215 (19), 322 (12)
Rauchfang 1 § 1 Abs. 1, 9 Anl. 2 Nr. 2.6, 9 Anl. 2 Nr. 2.7, 43 (7), 49 (31), 49 (32–34), 219 (43, 44, 45), 220 (47), 303 (9)
Rauchkanal 43 (7)
Rauchröhrchen 56 (65)
Rauchrohr 42 (3–6), 43 (7)
Rauchrohrprüfung 226 (18)
Rauchschornstein (s. Schornstein)
Rauchwagen 8 Anl. 2 Nr. 2.3.3, 47 (22), 215 (18), 322 (17)
Raumluftabhängige Gasfeuerstätte 6 Anl. 1 Nr. 3.1, Nr. 3.3., Nr. 3.4, Nr. 3.5, 148 (23 ff.), 156 (44 ff.), 225 (17)
Raumluftunabhängige Gasfeuerstätte 6 Anl. 1 Nr. 3.2, Nr. 3.4, Nr. 3.5, 16 Anl. 3 Nr. 19, 150 (29 ff.), 225 (17), 323 (1 ff.)
Rechtsgrundlagen der KÜO 35 (43, 44), 39 (1, 2)

REFA-Gutachten (s. Arbeitszeitgutachten)

Regelmäßig benutzte Feuerstätte 121 (11–14), 133 (13–16)

Regeln der Technik 1 § 1 Abs. 1, 60 (75 ff.)

Reinigungswerkzeug 44 (7, 9), 45 (12), 85 (12)

Reserveschornstein 12 Anl. 2 Nr. 5.2, 255 (20)

Ringspalt 10 Anl. 2 Nr. 3.6, 55 (61), 56 (65), 229 (29–31)

Rohbauabnahme 12 Anl. 2 Nr. 5.2.1, 356 (16)

Rohre 302 (10)

Rückstände entfernen 3 § 3 Abs. 5, 106 (1–3)

Rußabsperrer 43 (7), 46 (17), 327 (7)

Rußkasten 1 § 1 Abs. 1, 9 Anl. 2 Nr. 2.7, 43 (7), 50 (35), 220 (48)

Rüstzeit 173 (24), 191 (68–71)

Rußbrandbeständigkeit 325 (4, 6)

S

Sachkunde 90 (9, 10)

Sammelschachtanlage 243 (75)

Schacht 55 (58), 224 (7), 243 (75)

Schalldämpfer 9 Anl. 2 Nr. 2.5.5.3, 44 (9), 219 (40)

Schornstein 16 Anl. 3 Nr. 20, 43 (7), 325 (1 ff.)

Schornsteinfegergebührenverzeichnis 7 Anl. 2, 109 (11), 192 (72 ff.)

Schornsteinfegergebührenverzeichnis-alternative Gebührenkürzel 289 ff.

Schornsteinfegergebührenverzeichnis-Kurzfassung 283 ff.

Schornsteinkamera 52 (45)

Schweden 21 (2)

Schwefelarmes Heizöl 139 (54–57)

Selbstkalibrierende kontinuierliche Regelung des Verbrennungsprozesses 140 (58, 59), 143 (4), 159 (58–61)

Senkrechter Teil der Abgasanlagen 16 Anl. 3 Nr. 21, 213 (4–8), 223 (3–8), 326 (1 ff.)

Solarkollektor 307 (3), 308 (4, 6)

Slowakei 22 (2)

Slowenien 22 (2)

Spanien 22 (2)

Spezifizierte Rechnung 192 (74)

Statistik 36 (45 ff.)

Staubfreie Kehrung 9 Anl. 2 Nr. 2.5.4, 217 (34), 218 (35)

Staubsauger (s. staubfreie Kehrung)

Steuerabsetzbarkeit von Schornsteinfegergebühren 112 (24, 25)

Stillgelegte Anlagen 80 (15 ff.)

Strohfeuerstätte 249 (20–22)

Strömungssicherung 142 (1)

Struktur des Schornsteinfegerwesens 23 (3 ff.)

Stundenverrechnungssatz 183 (50)

T

Technisches Hearing 26 (14), 27 (18 ff.)

Technische Angaben über Feuerungsanlagen (TAF) 255 (11–15)

Trockeneinrichtung 47 (26), 323 (18, 19)

Tschechische Republik 22 (2)

Typenschild 318 (5, 9)

U

Überdruck 15 Anl. 3 Nr. 2, 55 (60)

Übergangsbestimmungen 114 (3)

Überprüfungsfrist 78 (4–14), 96 (4 ff.)

Überprüfungsgebühr 9 Anl. 2 Nr. 3.1, 223 (1 ff.)

Überprüfungsmatrix 97 (8)

Überprüfungspflicht 1 § 1 Abs. 1, 5 Anl. 1, 51 (40 ff.), 115 (1 ff.)

Umsatzsteuer (s. Mehrwertsteuer)

Unbenutzte Anlagen 1 § 1 Abs. 3, 2 § 1 Abs. 4, 5 Anl. 1 Nr. 1.10, Nr. 2.5, 70 (5 ff.), 129 (61 ff.), 134 (24–26), 224 (9, 10)

unentgeltliche Arbeiten 167 (9)

Ungarn 22 (2)

Unmittelbarer Zwang 95 (18)

V

Verbindungsstück 16 Anl. 3 Nr. 22, 43 (7), 46 (16), 47 (28), 53 (46), 73 (20), 74 (28), 303 (11), 327 (1 ff.)

Verbrennung 44 (10), 312 (10, 11)

Verbrennungsgüte 127 (48 ff.)

Verbrennungsluftverbund 13 Anl. 2 Nr. 5.4, 259 (34–37), 329 (9–11)

Verbrennungslufteinrichtung 1 § 1 Abs. 1, 5 Anl. 1 Nr. 1.9, Nr. 2.4, 10 Anl. 2 Nr. 3.8, 16 Anl. 3 Nr. 23, 43 (7), 54 (52–54), 128 (52 ff.), 134 (21–23), 231 (38–41), 328 (1 ff.)

Verbrennungsmotor 1 § 1 Abs. 2, Abs. 3, 5 Anl. 1 Nr. 2.7, 10 Anl. 1 Nr. 3.4, 76 (35), 138 (50), 158 (50 ff.)

Verbundschachtanlage 243 (75)

Verteilzeit 173 (24), 191 (68–71)

Stichwortverzeichnis

Verweigerte Kehrung 203 (31a)
Vorgabezeit 173 (24)
Vorgabezuschlag 191 (70)
Vorschornstein 1 § 1 Abs. 1, 9 Anl. 2 Nr.
   2.7, 43 (7), 50 (37), 220 (50)

W

Wärmegedämmte Reinigungsöffnung 9
   Anl. 2 Nr. 2.5.5.1, 218 (38)
Wärmepumpe 1 § 1 Abs. 2, 9 Anl. 1 Nr.
   2.7, 10 Anl. 1 Nr. 3.4, 138 (49), 158
   (50 ff.), 307 (3, 4, 6)
Wäschetrockner 1 § 1 Abs. 2, 68 (18,
   19), 76 (36 ff.)
Wegezeit 177 (32)
Wiederholungsmessung 12 Anl. 2 Nr.
   4.6, 250 (29, 30)
Wiederholungsüberprüfung 10 Anl. 2
   Nr. 3.7, 68 (15 ff.), 230 (32–37)

wirtschaftliche Rahmenbedingungen 24
   (9)
Wohnung 73 (18), 243 (75)
Wohnwagen 159 (62–64)
Wunschtermin 13 Anl. 2 Nr. 6.5, 267
   (34–42)

Z

Zeitmengengerüst 175 (28), 183 (52 ff.)
Zentralheizung 126 (38)
Zentrallüfter 239 (69), 243 (75)
Zusammenlegungstabelle 101 (8)
Zusammenlegung von Kehr- und Über-
   prüfungsarbeiten 99 (1 ff.)
Zusatzfeuerstätte 125 (36), 126 (37, 40,
   41)
Zuständigkeiten 40 (4)
Zwangsmaßnahmen 94 (14 ff.)
Zyklon 9 Anl. 2 Nr. 2.5.5.3, 219 (41)
Zypern 22 (2)